Hannah Siebern

Barfuß im Regen

Impressum
2014 Hannah Siebern
48653 Coesfeld

Deutsche Erstausgabe 09/2014

Korrektorat und Satz: Corinna Rindlisbacher
Cover: Casandra Krammer
Coverschrift: Claudia Kolb

Über die Autorin

Hannah Siebern wurde 1986 in Münster (NRW) geboren und studierte an der Uni Dortmund Erziehungswissenschaften. Geschichten schrieb sie schon als Kind leidenschaftlich gerne. Ihre ersten Werke handelten von fiktiven Abenteuern, die sie mit ihren Freundinnen erlebte. Jahre später entdeckte sie dann ihre Liebe zu Fantasyromanen und schrieb mit 23 ihr erstes komplettes Buch. Inzwischen lebt sie mit ihrem Freund und ihrem Hund in Coesfeld und arbeitet bereits an ihrem nächsten Romanprojekt.

Mit dem fünften Teil der Nubilaserie hat die junge Autorin ihre erste Buchreihe abgeschlossen und freut sich nun auf neue Geschichten, mit denen sie sich befassen kann.

Foto: Thorsten Epping

Besuchen Sie Hannah Sieberns Blog unter:
hannahsiebern.blogspot.de

Autorenseite auf facebook:
www.facebook.com/hannah.siebern

Oder schreiben Sie ihr eine Mail unter:
hannah@nubila-roman.de

Prolog

Mexiko 2010

Die Flecken an meinen Armen färbten sich langsam von blau zu grün. Die an meiner Brust waren immer noch sehr dunkel und die Kratzer an meinem Bauch brannten wie Feuer. So viele blaue Flecken und Kratzer hatte ich nicht mehr gehabt, seitdem ich mich im Alter von sechs mit meiner Sandkastenliebe Joshua gestritten hatte.

Mit Tränen in den Augen betrachtete ich meinen Körper im Spiegel, während der CD-Player meine Lieblingslieder von den Beatles spielte. Ich schüttelte den Kopf. Wie hatte es bloß so weit kommen können?

Ich wandte mich von dem Spiegel ab und checkte ein weiteres Mal meinen Koffer. Nur noch drei Tage. Dann würde ich zurück nach Deutschland fliegen. Meine Mutter war krank und das kam mir gerade recht, um der Situation zu entfliehen, in die ich mich selber gebracht hatte. Ich musste hier weg. Es ging einfach nicht mehr anders. Ich hatte mir lange genug eingeredet, dass es besser werden würde. Aber das stimmte nicht. Ich brauchte Abstand zu diesem Land und den Menschen, die ich so sehr lieben gelernt hatte. Ich musste nach Hause, um wieder einen klaren Kopf zu bekommen.

„Janna!", rief in diesem Moment eine fröhliche Stimme und mein Magen zog sich sofort schmerzhaft zusammen.

Da war er. Rogelio Sanchez Alvaro. Mein Mann. Wir waren seit vier Jahren zusammen und seit sechs Monaten verheiratet. Obwohl ich ihn fast jeden Tag sah und auch seine hässlicheren Seiten kannte, fand ich ihn immer noch attraktiver als jeden anderen Mann, den ich bisher kennengelernt hatte. Er war zwar kaum größer als ich, aber dank regelmäßigem Training gut in Form, und er hatte einen athletischen Körper. Sein krauses, schwarzes Haar, die dunklen, verführerischen Augen und seine dunkle Hautfarbe hatten es mir vom ersten Moment an angetan. Ich liebte seine Stimme, seinen Geruch und den Geschmack seiner Haut auf meinen Lippen.

Wir hatten so viel gemeinsam durchgemacht, so viele Hochs und Tiefs erlebt, und trotzdem machte sein Auftauchen mich jetzt nervös. Es war so viel passiert und ich wusste einfach nicht mehr, was ich denken oder glauben sollte.

Offenbar hatte Rogelio tatsächlich gute Laune, denn er kam lächelnd auf mich zu und schloss mich in die Arme. Sein vertrauter Geruch, mit dem ich so viele zärtliche Stunden in Verbindung brachte, schlug mir entgegen und ich kämpfte wieder mit den Tränen. Warum nur war das alles passiert? An welcher Stelle hatte es begonnen schiefzulaufen? Und warum war ich jetzt hier? Mein Gott. Dabei hatte ich doch nie etwas anderes gewollt, als ihn zu lieben und zurückgeliebt zu werden.

„Leona? Que paso?", fragte er mich und strich mir fürsorglich die Träne von der Wange. „Warum weinst du? Hast du … hast du Schmerzen? Zeig mal."

Leona war ein Kosewort, das er für mich benutzte, weil meine Haare morgens wie eine Löwenmähne von meinem Kopf abstanden. Für gewöhnlich mochte ich dieses Wort, aber jetzt gerade erschien es mir wie Hohn. Rogelio zog mein T-Shirt nach oben und schnalzte mit der Zunge, als er meine blauen Flecke sah. Seine Hände ballten sich zu Fäusten.

„Das alles wäre nie so weit gekommen, wenn du einfach auf mich gehört hättest", sagte er vorwurfsvoll. „Wenn diese Männer nicht … Ach, verdammt. Ich hätte sie einfach umbringen sollen."

Ich erwiderte nichts. Es war mir egal, was er tat, solange er mich nur nicht daran hinderte, nach Deutschland zurückzukehren. Denn die Macht dazu hatte er. Das war mir klar. Ich hatte schon so oft Geschichten darüber gehört, wie Männer die Pässe ihrer Frauen versteckten oder sie in ihr Zimmer einsperrten, um sie am Gehen zu hindern. Ich hätte nie gedacht, dass ich einmal selbst in eine solche Lage kommen würde. Rogelio liebte mich. Das war mir klar. Aber gerade deswegen wollte er mich auf gar keinen Fall verlieren. Trotzdem konnte ich nicht bleiben. Nicht nach dem, was geschehen war. Nicht mehr …

„Ich … ich mache mir viel mehr Sorgen um meine Mutter", schwindelte ich.

„Ach, Janna. Deine Mutter ist wie Unkraut. Die vergeht nicht. Sie hat nur eine kleine Operation am Knie. Ich kann ja verstehen, dass sie dich braucht, damit du auf deine kleinen Geschwister aufpasst. Aber sobald sie wieder fit ist, kommst du zu mir zurück. Ganz einfach."

Ich nickte. Ganz einfach. Nur dass es eben überhaupt nicht einfach war.

„Du wirst doch zu mir zurückkommen, oder?", fragte er, obwohl ich ihm anmerkte, dass er die Frage nicht ernst meinte.

Wir waren verheiratet. Die Frage, ob ich zurückkommen würde, stellte sich für ihn überhaupt nicht. Es war ganz selbstverständlich. Dennoch fühlte ich mich verpflichtet, ihm zu antworten.

„Natürlich komme ich zurück." Ich lächelte ihn so gut es ging an und er zog mich wieder in die Arme.

„Dann ist ja gut, Jannita, mi leona alemana. Ich werde dich vermissen."

„Ich dich auch", sagte ich und wusste im selben Moment, dass es der Wahrheit entsprach.

Trotz allem, was geschehen war, würde ich ihn vermissen. Seine Scherze, sein Lachen, wie er mir Lieder sang und Gedichte vortrug. Ich würde vermissen, wie er mich küsste und verwöhnte. Ich würde seinen Geruch vermissen, seine Stimme und seine Berührungen. Seine Art, mich zum Lachen zu bringen, und die Tatsache, dass er meinen Körper in- und auswendig kannte. Ich würde die stundenlangen Telefonate vermissen, während deren wir uns gegenseitig Zärtlichkeiten ins Ohr säuselten, und vieles, vieles mehr.

Trotzdem ging ich nicht davon aus, dass ich noch einmal zurückkommen würde. Zuviel war passiert. Zuviel war geschehen. Dieses Land, das ich stets stolz als meine zweite Heimat bezeichnet hatte, hatte mein Vertrauen in die Menschheit und auch mein Vertrauen in Rogelio zerstört.

Eine Träne lief mir über die Wange, als die CD ‚All you need is love' spielte. Alles, was du brauchst, ist Liebe? Ich wünschte, es wäre so. Aber manchmal brauchte es einfach mehr als nur das.

Kapitel 1

Deutschland 2013

Die Dortmunder Universität war vor allem eins: zweckdienlich. Im Gegensatz zur Münsteraner Universität standen die Gebäude nicht so weit auseinander, dass man die Pausen vollständig dafür nutzen musste, von einer Vorlesung zur nächsten zu kommen. Stattdessen gab es einen Nord- und einen Südcampus. Die Fakultät für Lehramt befand sich auf dem Südcampus.

„Ich freue mich, dass Sie so zahlreich erschienen sind“, sagte Dr. Hart.

Er war der Dozent für das Seminar Wissenschaftsdidaktik, das ich belegte, um mehr über die wissenschaftliche Seite meiner Arbeit zu erfahren. Sein Name wollte jedoch nicht recht zu seinem Äußeren passen. Mit seinem runden Gesicht und dem dicken Bauch schien er alles andere als hart zu sein. Auch sein strahlendes Lächeln und seine hohe Stimme passten überhaupt nicht zu dem Namen.

Ich sah mich in dem Raum um. Wir waren vielleicht zwölf Personen und es hatten sicher nicht mehr als fünfzehn Leute Platz. Zahlreich war meiner Meinung nach etwas anderes. Ich war es gewohnt, Vorlesungen mit mehr als hundert Kommilitonen zu besuchen, offenbar war es im Master Erziehungswissenschaften aber normal, dass nur so wenige Personen anwesend waren.

„Fängt der Unterricht für gewöhnlich zur vollen

Stunde an oder um Viertel nach?“, fragte Dr. Hart und blickte auf die Uhr. Es war kurz nach zehn.

„Um Viertel nach“, antwortete ein Junge, der wohl zu den Erziehungswissenschaftlern gehören musste.

„Na, dann kommen vielleicht ja noch ein paar“, sagte Dr. Hart lächelnd und trat zur Tafel. „Ich würde vorschlagen, dass wir schon Mal die Anwesenheit kontrollieren und jeder etwas zu seinen Erwartungen an dieses Seminar sagt. Ich fange an. Mein Name ist Dr. Michael Hart und ich unterrichte an der Fakultät zwölf im Bereich Schulentwicklungsforschung. Eigentlich wollte ich in die Sozialpädagogik, aber wie so viele andere bin ich in die Forschung einfach hineingerutscht.“

Ich lächelte. Dr. Hart war mir sympathisch, was nicht unbedingt selbstverständlich war. Es gab einige Dozenten, mit denen ich gar nichts anfangen konnte, aber im Allgemeinen waren die Gruppen ja auch so groß, dass es ohnehin egal war. Bei Dr. Hart hingegen vermutete ich, dass er die Namen der Studenten aus seiner Gruppe sehr bald kennen würde.

„Michaela Bach?“, fragte Dr. Hart und ein dünnes blondes Mädchen hob die Hand.

„Das bin ich“, sagte sie. „Ich studiere EW im Master und erhoffe mir von dem Seminar, meine Fertigkeiten in der Präsentation zu verbessern.“

Dr. Hart nickte. „Sehr gut“, sagte er und rief weitere Namen auf, bis ich an der Reihe war. „Janna Meyer Sansches.“

„Sanchez“, gab ich zurück. „Aber Meyer genügt.“

Dr. Hart nickte wieder und betrachtete mich abschätzend. „Sanchez?“, wiederholte er fragend. „Ist das was Spanisches?“

„Mexikanisch“, gab ich zurück und wurde rot. Er sollte bitte nicht weiter danach fragen. Wirklich nicht. Das wäre mir nur unangenehm.

Als hätte er meine Gedanken erraten, beließ er es dabei und lächelte mich stattdessen an. „Also, Frau Meyer“, sagte er. „Studieren Sie auch EW im Master?“

Alle, die vor mir dran gewesen waren, hatten so ziemlich dasselbe geantwortet, deshalb war er überrascht, als ich den Kopf schüttelte. „Nein“, erklärte ich. „Ich studiere Spanisch und Pädagogik auf Lehramt.“

„Ach. Und ist Wissenschaftsdidaktik dann eine Pflichtveranstaltung?“

„Nein. Eigentlich nicht. Die meisten haben etwas aus der praktischen Pädagogik gewählt, aber ich interessiere mich auch für die wissenschaftliche Seite des Berufsfeldes.“

„Sehr schön“, sagte Dr. Hart anerkennend. „So eine Einstellung lob ich mir. Mal sehen. Wer ist denn der Nächste? Ah ja. Christoph Ohlenberg.“

Nachdem die Vorstellung zu Ende war und zwei weitere Leute zu uns gestoßen waren, bat Dr. Hart uns Namensschilder zu machen, um sich unsere Namen leichter merken zu können. Ich tat ihm den Gefallen, verzichtete allerdings auf das Sanchez auf meinem Schild. Bis wir fertig waren, hatte Dr. Hart schon wieder eine neue Idee.

„Zum Kennenlernen habe ich mir gedacht, dass wir erstmal ein kleines Spiel machen.“

Ich hatte Mühe, nicht die Augen zu verdrehen. Dr. Hart schien ein sehr fröhlicher Zeitgenosse zu sein und wahrscheinlich sollte ich froh sein, dass sein Seminar nicht so trocken war wie die meisten anderen. Aber ein Spiel? Also bitte. Wie alt waren wir denn? Sechs?

„Also. Die Situation ist folgende: Eine alte Frau vergräbt in ihrem Garten eine rote Socke. Warum tut sie das? Finden Sie vierzig Gründe.“

Einen Moment war es völlig still. Dann hob Christoph eine Hand. Er schien ein junger Mann zu sein, der gern aus der Reihe fiel. Er trug eine Glatze, eine Brille und komplett schwarze Kleidung. In gewisser Weise erinnerte er mich an Joker, den Hauptdarsteller aus dem Film ‚Full Metal Jacket', den Rogelio mir einmal vorgesetzt hatte. Von der Szene, wie der dicke Kerl sich in der Toilette die Rübe wegballert, hatte ich eine Woche lang Albträume gehabt.

„Sie hat in der Socke ihren Hamster vergraben", schlug Joker vor und ich lächelte, als Dr. Hart einen Strich an die Tafel machte. So funktionierte das Spiel also.

„Sie brauchen sich nicht melden", stellte Dr. Hart klar. „Rufen Sie einfach etwas rein. Ich kriege das schon hin."

„Sie hat die zweite Socke verloren", sagte ich laut und Dr. Hart machte den nächsten Strich.

Dann lief es erstmal flüssig.

„Sie ist geistig verwirrt und weiß nicht, was sie tut." Joker.

„Sie mag die Farbe Rot nicht." Michaela.

„Sie will die Socke für ihren Hund verstecken, damit der sie sucht." Joker.

So ging es weiter, bis wir circa fünfzehn Striche an der Tafel hatten. Dann kam der Fluss ins Stocken und selbst Joker, der bestimmt die Hälfte der Anregungen gegeben hatte, schien nicht mehr weiterzuwissen. Konzentriert starrten wir alle auf die Tafel, als könnte die uns zu einer neuen Idee inspirieren. Das war natürlich Unsinn, weil dort einfach nur die Striche standen, aber möglicherweise half das Starren ja trotzdem. Noch zwanzig Ideen? Wie sollte das denn bitte schön gehen?

„Kommen Sie schon, meine Lieben", sagte Dr. Hart. „Denken Sie scharf nach. Welchen Grund könnte eine Frau haben, eine rote Socke im Garten zu vergaben? Da fällt Ihnen doch mit Sicherheit noch etwas ein, oder?"

„Sie will einen Sockenbaum pflanzen", sagte in diesem Moment jemand von der Tür aus und alle drehten sich um.

Mir war gar nicht aufgefallen, dass jemand die Tür geöffnet hatte, aber dort stand mit einem breiten Grinsen ein weiterer Student. Er war groß, schlank, hatte dunkelblondes, verstrubbeltes Haar und sah verdammt gut aus. Ich wusste sofort, dass ich diesen Jungen kannte. Aber erst, als er grinste und sich dabei zwei Grübchen an seinen Wangen zeigten, wusste ich auch woher.

Vor mir stand Joshua Martin. Meine Sandkastenliebe aus Kindertagen.

Als ich Josh kennenlernte, war er vier Jahre alt und stand bei zwölf Grad Außentemperatur barfuß im Regen. Mit meinen fünf Jahren war ich beinahe einen Kopf größer als er und beobachtete interessiert, wie er draußen in der Pfütze herumspielte.

„Mama?", fragte ich. „Was macht der Junge da draußen?"

Meine Mutter, die gerade dabei war, sich für die Frühschicht umzuziehen, strich mir über den Kopf und sah aus dem Fenster.

„Er spielt im Regen. Das siehst du doch."

„Darf er das?"

„Hm. Das kann ich dir nicht so genau sagen, Spätzchen. Besonders gut ist es sicherlich nicht."

„Warum nicht?"

„Weil ihm kalt sein muss und er krank wird."

„Soll ich ihn reinholen, Mama?"

„Du kannst ihn nicht einfach mit reinnehmen, Janna, Schatz. Wir kennen ihn ja gar nicht. Nachher rufen seine Eltern die Polizei. Aber du kannst ihm sagen, dass er nach Hause gehen soll. Ich schätze, dass er zu der Familie gehört, die letzte Woche nebenan eingezogen ist.

Zieh dir deine Regensachen und Stiefel an. Dann kannst du rausgehen mit ihm reden, ja?“

„Okay!“, rief ich und beeilte mich, der Aufforderung nachzukommen.

Draußen angekommen blieb ich einige Schritte von Josh entfernt stehen und beobachtete ihn fasziniert, wie er fröhlich in der Pfütze spielte. Er trug keinen Regenmantel und war schon völlig durchnässt. Bisher hatte er mich noch nicht bemerkt, sondern spielte ganz selbstverloren in der Pfütze. Es war, als würde er die Kälte des Regens überhaupt nicht wahrnehmen.

„Was machst du da?“, fragte ich und kam einen Schritt näher.

Sofort drehte sich der Junge zu mir um und lächelte mich an. Er hatte ein ansteckendes Lächeln und wunderschöne graue Augen.

„Ich übe schwimmen“, erklärte der Junge. „Willst du mitmachen?“

Ich schüttelte den Kopf. „Ich kann schon schwimmen“, erklärte ich stolz. Trotzdem kam ich näher und hockte mich neben den Jungen auf den Boden. „Deine Augen sehen so aus wie Nebel“, stellte ich fest.

Das taten sie tatsächlich. Sie waren so grau und geheimnisvoll wie dichter Nebel. Eine wunderschöne Farbe in einem fröhlichen Gesicht.

„Nebel ist nass“, erklärte Josh ernst. „Genau wie Regen.“

„Ja. Und Regen ist kalt“, setzte ich hinzu. „Und wenn dir kalt ist, musst du nach Hause gehen. Das hat meine Mama gesagt.“

„Mir ist aber gar nicht kalt“, versicherte Josh mir. „Komm doch rein. Dann siehst du, dass es nicht kalt ist.“

Ich runzelte die Stirn und tat dann wie geheißen. Mit meinen gelben Gummistiefeln trat ich in die Pfütze. Doch Josh schüttelte sofort den Kopf. „Nein“, sagte er.

„Mit Stiefeln macht das doch keinen Spaß. Du musst ohne Stiefel reinkommen."

„Aber meine Mama …"

„Es ist nicht kalt. Wirklich nicht."

Skeptisch sah ich ihn an und blickte mich dann nach meiner Mama um, konnte sie hinter dem Fenster aber nicht erkennen. Mir war klar, dass ich Ärger bekommen würde, wenn ich meine Stiefel auszog, aber ich wollte so gerne wissen, ob der Junge recht hatte. Er behauptete, es wäre nicht kalt, und das konnte ich mir beim besten Willen nicht vorstellen.

Schließlich siegte die Neugier. Ich zog mir die Stiefel von den Füßen und stellte mich ins Wasser.

„Waaah", sagte ich. „Das ist ja wohl kalt."

„Du musst herumlaufen", erklärte Josh. „Dann spürst du es nicht. Komm. Wir laufen zur nächsten Pfütze."

Er rannte los und ich lief ihm so schnell wie möglich hinterher. Er spritzte mich nass, ich spritzte zurück und wir liefen immer weiter in die Felder hinein. Als unsere Eltern uns eine Stunde später fanden, waren wir völlig verdreckt und so durchgefroren, dass wir unsere Zehen und Finger kaum noch spürten. Am nächsten Tag hatte ich einen neuen Freund und noch dazu eine ordentliche Lungenentzündung.

Von meiner Mutter hatte ich später erfahren, dass Josh Wahrnehmungsstörungen hatte und daher die Kälte nicht so gut spüren konnte wie ich. Er merkte es auch häufig nicht, wenn er mir beim Spielen wehtat. Aber ich war hart im Nehmen, und da ich ein ganzes Stück größer war als er, konnte ich mich gut gegen ihn behaupten. In den nächsten Jahren waren Josh und ich die allerbesten Freunde geworden und zusammen zum Kindergarten und in die Grundschule gegangen. Mit der Naivität der Jugend hatte ich erwartet, dass es immer so weitergehen würde und unsere Freundschaft ewig halten könnte.

Aber wie es bei Kindheitsträumen meistens so ist, war dann alles ganz anders gekommen.

„Sehr gut“, sagte Dr. Hart begeistert zu Josh und machte einen weiteren Strich an die Tafel. „Fällt Ihnen noch etwas ein?“

Josh ging zu einem der Tische und setzte sich mir genau gegenüber hin. Er trug eine schicke Markenjeans und ein schwarzes T-Shirt mit der Aufschrift: ‚This is a black T-shirt‘. Sehr philosophisch. Seine Haare standen in alle Richtungen ab und wirkten nicht, als hätte er sich lange damit beschäftigt.

„Sie hat jemanden umgebracht und die Socke steckt noch in dem dazugehörigen Schuh“, sagte er und handelte sich dadurch einen bösen Blick von Joker ein.

„Wunderbar!“, stieß Dr. Hart hervor und überschlug sich fast vor Begeisterung.

Ich verzog den Mund. Was dieser Kerl konnte, konnte ich schon lange.

„Es könnte doch auch sein, dass das Gegenteil der Fall ist und die Frau versucht, eine Stelle zu markieren“, bemerkte ich. „Also sozusagen eine Spur zu legen. Vielleicht hat sie darunter etwas vergaben, was von Bedeutung ist, und will die Stelle wiederfinden.“

Josh sah in meine Richtung, blickte dann auf mein Namensschild und lächelte breit. In gewisser Weise erinnerte er mich dabei an Heath Ledger, den Schauspieler aus meinem früheren Lieblingsfilm: ‚10 Dinge, die ich an dir hasse‘. Er hatte das gleiche spöttische Grinsen. Doch während ich es bei Heath Ledger immer niedlich fand, regte es mich jetzt schrecklich auf. Hatte er mich tatsächlich jetzt erst bemerkt? Mich vielleicht im ersten Moment noch nicht einmal erkannt? Das war doch wirklich die Höhe.

„Ja, ja“, sagte Dr. Hart. „Weiter so. Weiter.“

„Wie soll man denn etwas markieren, wenn die Socke vergraben ist?“, fragte Joker skeptisch und ich warf ihm einen bösen Blick zu, weil er mich aus meinen Gedanken gerissen hatte.

„Ganz einfach, indem man eine Spitze herausgucken lässt“, erklärte ich. „Lass dir doch lieber was Neues einfallen.“

„Hattet ihr schon den vergrabenen Hamster?“, fragte Josh und Dr. Hart nickte.

„Ja. Haben Sie das Spiel schon Mal gemacht?“

„Nicht genau das“, erklärte er und zuckte lässig mit den Schultern. „Aber ich weiß, dass die naheliegendsten Dinge immer als Erstes genannt werden.“

„Wie wäre es dann mit einem Hamsternest?“, fragte ich schnell, bevor jemand anders auf die Idee kommen konnte. „So als Höhle.“

„Wer baut denn für einen Hamster eine Höhle?“, fragte Joker ungläubig und ich schnaubte missbilligend.

Musste er denn jede meiner Ideen in Frage stellen?

„Na ja. Feldhamster sind vom Aussterben bedroht“, erklärte Josh in Jokers Richtung. „Angenommen, die alte Dame wäre Naturschützerin, könnte das Bauen einer Hamsterhöhle durchaus plausibel sein.“

Als er mir verschmitzt zuzwinkerte, wandte ich mich demonstrativ der Tafel zu. Was sollte das denn nun wieder? Ich war durchaus dazu imstande, mich selbst zu verteidigen. Versuchte er etwa mich anzubaggern? Das war doch wirklich nicht zu fassen.

„Vielleicht ist sie allergisch auf die Farbe Rot“, schlug Michaela vor und sorgte somit dafür, dass wir uns wieder auf die Tafel konzentrierten.

„Ja“, sagte Dr. Hart, der alle unsere bisherigen Vorschläge akzeptiert hatte. „Sehr gut. Noch drei.“

„Sie hat die Socke vom Nachbarn geklaut, weil sie ihn

nicht leiden kann“, sagte Joker. „Und damit man sie nicht bei ihr findet, hat sie sie vergraben.“

Ich schnaubte. „Wie langweilig“, sagte ich. „Dann kannst du auch gleich sagen, sie ist eine Kindesentführerin und die Socke gehörte einem der Kinder. Das wäre zumindest dramatischer.“

„Lasse ich auch gelten“, erklärte Dr. Hart. „Eins noch.“

Alle wurden still und gingen in sich. Einige im Raum hatten in der gesamten Zeit nichts gesagt und würden vermutlich auch jetzt nichts sagen. Wer den letzten Vorschlag machen würde, lag wahrscheinlich jetzt zwischen Joker, Josh, Michaela und mir. Angestrengt dachte ich nach. Mir war klar, dass von diesem Spiel keine Note abhing, aber mein Ehrgeiz war geweckt und ich wollte wirklich gern diejenige sein, die den letzten Hinweis gab. In dem Moment öffnete Josh den Mund.

„Es ist ein Zeichen“, sagte er. „Aber kein Zeichen für ein Versteck, sondern eins an ihren Liebhaber. Sie ist verheiratet, und jedes Mal, wenn ihr Mann aus dem Haus ist, dann vergräbt sie die Socke im Garten, um ihrem Nachbarn dadurch ein Zeichen zu geben, dass er rüberkommen kann. So können sie sich problemlos treffen.“

Sprachlos starrte ich ihn an. Auf so etwas wäre ich nun wirklich nicht gekommen und einige im Raum begannen zu lachen. Dr. Hart hingegen war völlig aus dem Häuschen.

„Wunderbar!“, sagte er. „Ganz wunderbar. Es freut mich, dass Sie auch noch kommen konnten, Herr …“

„Ich stehe nicht auf Ihrer Liste“, antwortete Josh. „Ich bin ein Nachrücker und hoffe, dass in dem Kurs noch Platz ist.“

„Für jemanden wie Sie schaffe ich notfalls Platz. Und wenn ich ein paar Leute rauswerfen müsste.“ Er zwinkerte. „Das war natürlich nur ein Scherz. Hier wird überhaupt keiner rausgeworfen. Jeder, der freiwillig kommt, darf auch bleiben."

Josh lächelte. „Mein Name ist Martin."

„Ja? Und der Nachname?", fragte Dr. Hart irritiert.

„Das ist mein Nachname. Ich heiße Joshua Martin", erklärte er und sah mich an. „Aber Freunde nennen mich Josh."

Ich schluckte. Na, das konnte ja noch lustig werden.

„Janna!", rief Josh hinter mir. „Janna Meyer."

Ich lief schneller und weigerte mich, mich umzusehen. Josh und ich mochten vor vielen Jahren einmal Freunde gewesen sein, aber ich hatte keinerlei Interesse daran, meine Bekanntschaft mit ihm wieder aufzufrischen. Leider sah es nicht so aus, als würde er das einfach so akzeptieren.

„Janna. Nun bleib doch mal stehen", wiederholte Josh und packte mich am Arm.

Unwillig drehte ich mich zu ihm herum und sah in sein breit grinsendes Gesicht und seine grauen Augen. Wie kam es überhaupt, dass Josh sich so sehr freute mich zu sehen, obwohl ich selber das ganz und gar nicht so empfand? War das nicht irgendwie verboten?

„Du bist es tatsächlich", stellte er fest und zog mich in eine spontane Umarmung.

Sofort versteifte ich mich. Meiner Ansicht nach war Joshua Martin ein völlig Fremder, den ich nur von früher mal kannte. Doch offenbar empfand er das anders.

„Mann. Wie lange ist das jetzt her?", fragte er grinsend. „Bestimmt schon zehn Jahre, oder?"

„Keine Ahnung", sagte ich reserviert. „Das müsstest du doch besser wissen. Du bist immerhin damals weggezogen."

Joshua runzelte die Stirn und schien zu versuchen meine Stimmung einzuschätzen. „Hey", sagte er entschuldigend. „Das war doch nicht meine Schuld damals. Meine Mutter ist nach Kanada gezogen und ich musste mitkommen. Es ist ja nicht so, als hätte ich die Wahl gehabt."

„Nein. Daran hattest du keine Schuld. Aber daran ist ja auch nicht unsere Freundschaft zerbrochen, oder?"

Josh sah mich abschätzend an. „Du meinst die Sache mit dem Tagebuch? Bist du deswegen immer noch sauer? Mann. Wir waren doch noch Kinder. Ich habe damals schon versucht, mich dafür zu entschuldigen. Ich konnte schließlich nicht wissen, was da drin steht. Für mich war das nur eine Mutprobe, die es zu bewältigen galt."

Ich antwortete nicht, sondern starrte ihn einfach nur böse an. Als ich dreizehn war, hatte Josh mir mein Tagebuch entwendet, um damit vor seinen Freunden zu prahlen. Er hatte natürlich nicht wissen können, dass die Jungs den Inhalt vor der gesamten Klasse vorlesen würden, und auch nicht, dass mein Tagebuch überfüllt gewesen war mit kleinen Liebesbriefchen an ihn. Allein bei dem Gedanken daran wurde ich wieder rot.

„In meinem ganzen Leben habe ich noch nie etwas Peinlicheres erlebt als an diesem Tag", erklärte ich. „Ich habe mir damals vorgenommen, dir das nie zu verzeihen."

„Wenn ich gewusst hätte, was in dem Tagebuch steht, dann hätte ich es nicht genommen. Mensch, Janna. Ich war damals noch ein kleiner Junge. Das ist zehn Jahre her."

Ich atmete einmal tief durch und versuchte mich zu entspannen. Natürlich hatte er recht. Die Tatsache, dass ich ihn so anfuhr, hatte vermutlich mehr damit zu tun, dass ich im Allgemeinen schlecht auf Männer zu sprechen war, seitdem ich in Mexiko so schlechte Erfahrungen gemacht hatte. Josh kam mir da als Sündenbock wohl gerade recht. Trotzdem musste ich mir eingestehen, dass ich mich übermäßig zickig verhielt, und ich gab mir Mühe, das zu ändern.

„Du hast recht“, sagte ich. „Es ist lange her. Ich verstehe aber trotzdem nicht, was du überhaupt hier machst. Lebst du nicht mehr in Kanada?“

Ein paar Monate nach unserem Streit wegen des Tagebuchs war sein Vater gestorben und Josh war mit seiner kanadischen Mutter zurück nach Nordamerika gezogen. Seit damals hatte ich nichts mehr von ihm gehört und vermutlich hatte mich das mehr verletzt als die Tatsache, dass er mein Tagebuch geklaut hatte.

„Doch. Ich mache nur gerade ein Auslandssemester und wohne solange bei meiner Oma.“

„Die Schäferhundeoma?“, fragte ich und Joshua musste lachen.

„Ja. Genau die“, sagte er. „Eigentlich heißt sie Annerose. Aber inzwischen hat sie keinen Hund mehr. Ihr letzter Hund ist vor drei Jahren gestorben und sie traut sich einfach nicht, mit einem Welpen noch mal von vorne anzufangen. Wir nennen sie inzwischen alle Granny.“

„Granny?“

„Ja. Die Kurzform von Grandmother. Meine Geschwister sprechen kaum Deutsch, deswegen Granny.“

Meine Mundwinkel zuckten. Joshuas Großmutter hatte immer in der Wohnung über Joshs Eltern gewohnt und wir hatten häufig mit ihrem Hund im Garten gespielt. Ich schätzte die alte Dame sehr. Leider hatte ich sie schon seit vielen Jahren nicht mehr gesehen und konnte nur hoffen, dass es ihr gut ging.

„Und du?“, fragte Josh. „Mann. Das letzte Mal, als wir uns gesehen haben, warst du noch größer als ich. Und jetzt …“

Ich verzog den Mund und mir wurde mit einem Mal bewusst, dass er recht hatte. Joshua überragte mich um mindestens zehn Zentimeter und vermutlich war er inzwischen auch einiges stärker als ich. Instinktiv machte ich einen Schritt zurück, aber Joshua schien es gar nicht zu bemerken.

„Wohnt deine Familie denn noch in Dortmund?"

Ich schüttelte den Kopf.

„Nein", sagte ich. „Wir sind schon vor Jahren umgezogen. Nach Dülmen, wenn du es genau wissen willst. Ich pendele."

Josh nickte lächelnd.

„Mein Gott. Meine Mutter wird ausflippen, wenn ich ihr erzähle, dass wir einen Kurs zusammen haben. Das ist ja wirklich der Hammer. Sie und Sonja haben ab und zu noch Kontakt. Wusstest du das?"

Ich schüttelte den Kopf. Das hatte ich nicht gewusst. Aber ich musste zugeben, dass ich mich auch nie sonderlich für die sozialen Beziehungen meiner Mutter interessiert hatte. In den letzten Jahren war ich einfach viel zu sehr mit meinen eigenen Problemen beschäftigt gewesen.

„Ich hab gehört, du warst in Mexiko. Stimmt das? Hablas español?"

Sofort errichtete ich meine Sicherheitsschranken wieder und ging auf Ablehnung. Ich wollte nicht über Mexiko reden. Weder mit Josh noch mit jemand anderem. Aber vor allem Josh ging meine Zeit dort überhaupt nichts an.

„Ja. Ich war in Mexiko", gab ich knapp zurück. „Und ja. Spanisch lernt man da automatisch, wenn man mehr als ein paar Monate dort ist."

Josh nickte wissend. „So wie ich automatisch Englisch und Französisch lernen musste."

Ich runzelte die Stirn. „Spricht man in Kanada nicht überall Englisch?"

„Na ja. Die meisten können natürlich Englisch, aber

es gibt auch ein paar Gebiete, in denen hauptsächlich Französisch gesprochen wird. Meine Familie wohnt in einem Grenzgebiet. Ich spreche zwar viel besser Englisch, aber ich verstehe beides."

„Dazu noch fließend Deutsch. Respekt."

Joshua zuckte mit den Schultern und sah dabei fast wieder aus wie der süße Junge, den ich in Erinnerung hatte.

„Rennst du eigentlich immer noch im Winter nackt durch den Regen?", fragte ich aus einem Impuls heraus.

Als Joshua grinste, wurde mir klar, dass das eine sehr verfängliche Frage gewesen war, und ich bereute meine Worte sofort.

„Das willst du wohl gerne wissen, was?", fragte er neckisch. „Wie wäre es, wenn du mich mal in Kanada besuchen kommst? Dann findest du es heraus."

Ich schluckte. Nicht nur wegen des zweideutigen Angebots, sondern auch, weil es unwahrscheinlich war, dass ich jemals nach Kanada gehen würde. Als ich nichts mehr sagte, wurde Josh offenbar klar, dass dieses Gespräch etwas Gezwungenes an sich hatte. Denn er kratzte sich am Kopf und sah mich ratlos an.

„Tja. Also … Ich muss dann jetzt auch mal los, in die nächste Vorlesung. Gibt zwar keine Anwesenheitspflicht, aber wenn man am ersten Tag nicht da ist, wird man nicht in die Liste aufgenommen. Ich denke, wir sehen uns ja dann noch."

Ich nickte. „Klar. Wir haben ja denselben Kurs."

„Okay. Dann sag ich mal: bis nächste Woche. See you."

„Ja. Bis dann. Mach's gut."

„Du auch. Und, Janna …"

„Hm."

„Hat mich gefreut, dich mal wiederzusehen."

„Mich auch", murmelte ich und war froh, als er endlich verschwunden war.

Kapitel 2

Deutschland 2013

Zuhause angekommen hängte ich meinen Schlüssel an einen der dafür vorgesehenen Haken und rief laut: „Bin da! Wer noch?"

Statt einer Antwort watschelte mir sofort meine alte Retrieverhündin entgegen und ich beugte mich automatisch zu ihr hinunter, um sie zu herzen und zu streicheln.

„Cindy!", rief ich. „Da bist du ja, mein Liebling. Mein Schätzchen, mein allerliebster, bester Hund aller Zeiten. Wie geht es dir?"

„Wenn du noch weiter so an ihrem Hals hängst, kriegt sie gleich keine Luft mehr und es geht ihr ganz und gar nicht mehr gut", feixte meine jüngere Schwester Luisa, die gerade aus der Küche kam, und ich verdrehte die Augen.

Luisa war das komplette Gegenteil von mir. Während ich immer der natürliche Typ gewesen war und mich in allen Dingen eher zurückgehalten hatte, war Luisa mit ihren sechzehn Jahren eine kleine Diva, die niemals ungeschminkt das Haus verließ und stets im Mittelpunkt stehen musste.

„Dein alter Hund hat heute Morgen übrigens wieder in den Flur gepinkelt und ich musste es wegmachen", sagte Luisa vorwurfsvoll. „Ganz ehrlich. Das ist echt nervig."

„Sie ist inkontinent", erinnerte ich meine Schwester. „Sie ist immerhin zwölf Jahre alt. Umgerechnet wären das vierundachtzig Menschenjahre. Komm du erstmal in das Alter. Dann reden wir weiter."

Luisa warf mir einen bösen Blick zu und lächelte dann gehässig. „Na. Es ist zumindest eine Beruhigung, dass du vor mir in das Alter kommen wirst."

Ich überlegte, etwas zu erwidern, ließ es dann aber bleiben. Luisa und ich waren nie ein Herz und eine Seele gewesen. Dafür war unser Altersunterschied einfach zu groß. Acht Jahre waren für Luisa wie eine ganze Ewigkeit und ich erschien ihr mit meinen vierundzwanzig Jahren unglaublich alt. Im Nachhinein kam es mir aber auch unglaublich vor, dass ich ungefähr in ihrem Alter gewesen war, als mein ganzes Mexiko-Abenteuer begonnen hatte.

„Zankt ihr euch schon wieder?", rief meine Mutter aus der Küche und streckte ihren Kopf um die Ecke.

Sie trug eine Kochschürze um die breiten Hüften und hatte ihr mittellanges Haar nach hinten gesteckt, damit es sie nicht störte.

„Nein. Ich habe ihr nur gesagt, dass Cindy total undicht ist", erklärte Luisa und ich blähte die Backen.

Nur weil Luisa sich nicht für Tiere interessierte, war das noch lange kein Grund, meinen Liebling so herunterzumachen. Cindy war nun einmal alt. Daran konnte man nichts machen. Ich wünschte mir auch, dass es anders wäre, aber die Zeit konnte man einfach nicht zurückdrehen. Und selbst wenn … hätte ich wahrscheinlich noch mal genau dieselben Fehler gemacht.

„Ruft doch mal Max runter", bat meine Mutter. „Das Essen ist fertig."

„Machst du?", fragte ich Luisa und diese schüttelte den Kopf.

„Nee", sagte sie. „Mach du mal. Auf mich hört er eh nicht."

Ich schnaubte und drückte meiner Hündin noch

einen Luftkuss aufs Fell, ohne sie dabei wirklich zu berühren. Dann stieg ich die Treppe nach oben, um das jüngste Familienmitglied aus dem Zimmer zu zerren.

Max, eigentlich Maximilian, war gerade in der ‚Mein Leben ist nur echt, wenn ich online bin'-Phase. Dementsprechend schwer war es, ihn von seinem Computer wegzukriegen. Er war zwölf und spielte mit Vorliebe World of Warcraft. Offenbar war er darin sogar ziemlich gut, denn er hatte tatsächlich schon echtes Geld verdient, indem er fertig ausgebildete Charaktere verkaufte. Ich hatte zwar keine Ahnung, wie das funktionierte, aber solange Max es wusste, war ja alles gut.

Ich ging an meinem Zimmer vorbei und klopfte an der nächsten Tür, mit der Aufschrift: ‚Eltern verboten – Süßigkeiten, Geld und Bier bitte auf der Fußmatte ablegen'. Natürlich war er mit seinen zwölf Jahren viel zu jung, um tatsächlich Alkohol zu trinken, aber der Rest des Spruches passte ganz gut.

„Max?", rief ich.

Keine Antwort.

Ich klopfte noch einmal.

„Max?"

Als ich wieder nichts hörte, öffnete ich einfach die Tür und sofort kam mir ein Schwall stickiger Luft entgegen. Obwohl es mitten am Tag war, hatte Max die Fenster verdunkelt und hockte mit Kopfhörern vor seinem Bildschirm. Ich ging kurzerhand zu ihm und hob den Kopfhörer an.

„Max", sagte ich und er zuckte zusammen.

„Janna. Wie kannst du mich nur so erschrecken?", fragte er. „Na toll. Jetzt hat der Kobold mir den Kopf abgehackt."

„Tut mir leid. Das wollte ich nicht", sagte ich reumütig.

„Ach, nicht so schlimm. Der Charakter war eh Mist.

Ich bau mir die Tage einen neuen auf. Was'n los? Hab nicht viel Zeit. Gleich findet eine Schlacht statt."

„Es gibt Essen, Brüderchen. Und wenn du nicht willst, dass Mama Stunk macht, solltest du dringend nach unten kommen und deine Schlacht auf später verschieben."

Max schüttelte den Kopf. „Du hast wirklich gar keine Ahnung von Online-Spielen, oder, Janna?", tadelte er. „Eine Schlacht kann man nicht einfach verschieben. Da stecke nicht nur ich mit drin, sondern auch noch zehn weitere Player. Und wenn ich die hängen lasse, habe ich ein echtes Problem. Dann helfen die mir auch nie wieder. Nee, nee. Das kann ich nicht verschieben. Verklicker Mama das bitte mal. Und sag ihr, wenn sie wieder den Stecker zieht, dann lerne ich heute Nacht nicht für den Mathetest."

Erstaunt sah ich ihn an. Eigentlich war Max immer so ein liebes Kind gewesen, aber in letzter Zeit hatte sein Computerkonsum bedenkliche Ausmaße angenommen. Da ich aber tatsächlich keine Ahnung von World of Warcraft hatte, beschloss ich, ihn gewähren zu lassen, und ging lieber nach unten zu meiner Mutter. Luisa und unser Vater saßen bereits am Tisch.

„Kein Erfolg?", fragte er.

Ich schüttelte den Kopf.

„Hat er gesagt, warum er nicht runterkommen will?", fragte meine Mutter.

„Ja. Er muss eine Schlacht führen. Gegen Trolle oder Kobolde oder irgendetwas in der Art."

Luisa trommelte mit ihren frisch manikürten Nägeln auf die Tischplatte und sah uns ungeduldig an. „Können wir jetzt vielleicht essen? Ich habe Hunger und dann will ich los."

„Los? Wo willst du denn hin?"

Luisa zuckte mit den Schultern. „Noch ein paar

Freunde treffen. Keine Sorge, ich bin um zehn wieder zu Hause."

„Du hast morgen Schule, junge Dame", erinnerte meine Mutter sie und Luisa nickte.

„Ich werd schon nicht verschlafen. Jetzt chill mal, Mama. Alles easy."

„Ich zeig dir gleich, was easy ist", grummelte meine Mutter und setzte sich zu uns an den Tisch.

Da ich so viel in der Uni zu tun hatte, kam ich häufig erst spät nach Hause und musste alleine essen. Leider war die Uni fast eine Stunde mit dem Zug von meinem Heimatort Dülmen entfernt und es lohnte sich für mich nicht, zwischen den Vorlesungen nach Hause zu kommen. Zu meiner Enttäuschung musste ich feststellen, dass es Fisch gab. So etwas kochte meine Mutter zwar selten, aber offensichtlich hatte ich heute genau den falschen Tag erwischt, um pünktlich zum Essen zu Hause zu sein.

„Gibt es noch etwas anderes?", fragte ich vorsichtig.

Offenbar hatte das nun das Fass zum Überlaufen gebracht.

„Weißt du was, Janna?", fragte sie. „Koch beim nächsten Mal doch einfach selber. Oder noch besser: Such dir endlich eine eigene Bude und zieh aus. Und nimm deinen alten, undichten Köter gleich mit. Ich habe jetzt endgültig die Nase voll von euch allen."

„Aber ..."

„Nichts aber. Wirklich. Du weißt doch genau, dass es uns im Moment finanziell nicht so gut geht, Janna. An der Schule wurden Lehrerstellen gekürzt und euer Vater hat in den letzten zwei Jahren nichts Neues gefunden. Ich mache fast jeden Tag Nachtschichten im Krankenhaus, damit wir über die Runden kommen. Trotzdem nehme ich mir jeden Abend die Zeit, um euch Essen zu machen. Aber wird das irgendwie gewürdigt?

Nein. Natürlich nicht. Stattdessen bekomme ich zu hören: Ich kann nicht essen, ich muss Computer spielen. Oder: Mach schnell. Ich hab Hunger und will zu meinen Freunden. Oder: Gibt es nichts anderes? Das mag ich nicht."

Sofort bekam ich ein schlechtes Gewissen. Es stimmte schon. Meine Eltern machten eine schwierige finanzielle Phase durch und taten alles, um uns Kinder das nicht merken zu lassen, sondern uns den gleichen Lebensstandard zu erhalten wie bisher. Es tat mir auch wirklich leid, dass ich sie nicht entlasten konnte. Aber das Studium war mir wichtig und ich wollte es auf keinen Fall abbrechen. Nachdem ich so viel anderes hatte aufgeben müssen, wollte ich wenigstens daran weiter festhalten.

Um die schlechte Laune meiner Mutter nicht noch weiter anzufachen, begnügte ich mich mit Kartoffeln und Salat, mein Vater lobte das gute Essen und Luisa aß schweigend.

„Du errätst nie, wen ich heute getroffen habe", sagte ich schließlich, um die Stimmung wieder etwas zu bessern. „Joshua Martin."

Meine Mutter sah auf. „Birgits Sohn?", fragte sie überrascht. „Ich dachte, die wären in Kanada."

Meine Mutter und Birgit waren früher einmal gute Freundinnen gewesen, aber so eng, wie Josh es dargestellt hatte, schien der Kontakt wohl doch nicht mehr zu sein.

„Das dachte ich auch. Aber Josh macht wohl gerade ein Austauschsemester in Dortmund."

„Josh?", fragte mein Vater. „War das nicht der Junge, der in der Schule durch die Scheibe gerannt ist?"

Meine Mutter nickte. „Ja. Genau der. Es war ein Wunder, dass dabei nichts Schlimmeres passiert ist. Er hatte bloß ein paar Kratzer. Janna und er waren damals ein Herz und eine Seele."

„Ein Herz und eine Seele?“ Mein Vater lachte. „War das nicht der Junge, mit dem sie sich ständig geprügelt hat? Sie hatte doch jedes Mal, nachdem sie bei ihm war, blaue Flecken und Kratzer.“

Meine Mutter verzog das Gesicht. „Trotzdem wollte sie jedes Mal wieder zu ihm“, erinnerte sie sich. „Du warst ganz vernarrt in diesen Jungen. Ihr seid sogar barfuß durch den Regen gelaufen und habt euch einmal nackt im Schnee gewälzt. Ich habe fast einen Herzinfarkt bekommen, weil ich Angst hatte, dass ihr krank werdet. Josh war ein tolles Kind. Er wusste nur leider nicht, wann er dir wehtat.“

Ich schwieg und steckte mir eine Kartoffel in den Mund. Diese Erlebnisse hatte ich fast verdrängt. Es stimmte. Josh hatte mir tatsächlich häufig wehgetan als Kind. Trotzdem war mir das nicht negativ in Erinnerung geblieben. Viel eher erinnerte ich mich daran, dass wir stundenlang Tischfußball gespielt hatten und auf Bäumen herumgeklettert waren. Wir hatten uns auch häufig gerauft, aber ich hatte ihm das nie übel nehmen können. Wie eine Verrückte hatte ich ihm jedes Mal verziehen und war wieder zu ihm gelaufen, sobald er mit mir spielen wollte. Ob dieses Verhalten von mir damals schon richtungsweisend gewesen war? Werden Menschen vielleicht als Opfer geboren? Der Gedanke gefiel mir ganz und gar nicht.

„Das letzte Mal, als ich mit Birgit geschrieben habe, sagte sie mir, Josh hätte sich sehr verändert seit damals“, sprach meine Mutter weiter. „Angeblich ist er überhaupt nicht mehr aggressiv, sondern geht jeder Konfrontation konsequent aus dem Weg. Ist vielleicht auch besser so.“

Ich nickte und stocherte in meinem Essen. Plötzlich war mir der Appetit vergangen. Nun, wo meine Mutter mich an all diese kleinen Details erinnert hatte, verspürte ich erst recht keine Lust, Josh wiederzusehen. Ich hatte in meinem Leben genug Gewalt erlebt. Ich hatte es zwar erfolgreich geschafft, die Details meiner Trennung vor meiner Familie geheim zu halten, aber sie hatten genug mitbekommen, um sich ihren Teil zu denken.

Direkt nach dem Essen stand Luisa auf, stellte ihren Teller auf die Anrichte und war schneller verschwunden, als man gucken konnte. Ich schüttelte den Kopf und stellte ihren Teller mit meinem zusammen in die Spülmaschine. Das alte Ding stammte aus einer Zeit, als uns noch keine finanziellen Probleme geplagt hatten, aber das schien bereits eine ganze Weile her zu sein.

„Janna", sagte mein Vater, als meine Mutter außer Hörweite war. „Hättest du vielleicht einen Moment Zeit für mich? Es gibt da etwas, worüber ich gerne mit dir sprechen würde."

Ich nickte. „Natürlich, Papa. Was ist denn los?"

Mein Vater bedeutete mir, ihm ins Wohnzimmer zu folgen, und ich kam seiner stummen Bitte ohne zu zögern nach. Er war ein eher schweigsamer Mann und ich konnte mich kaum daran erinnern, wann wir das letzte Mal ein richtiges Vater-Tochter-Gespräch gehabt hatten. Sicherlich war es länger her, als gut für uns sein konnte.

Als wir beide auf der Couch saßen, sah mein Vater mich besorgt an.

„Janna", begann er. „Wie viele Schulden hast du noch?"

Überrascht sah ich ihn an. Meine Schulden und mein Bedürfnis nach Geborgenheit waren der einzige Grund gewesen, warum ich nach meiner Zeit in Mexiko nicht sofort in ein Studentenwohnheim gegangen war. Ich hatte Zeit gebraucht, um mich wieder zu fangen. Und ich hatte das Geld, das ich beim Kellnern verdiente, gebraucht, um einen Kredit abzubezahlen, den ich damals für mich und Rogelio aufgenommen hatte.

„Ich habe vor einem halben Jahr die letzte Rate bezahlt", sagte ich wahrheitsgemäß. Es war ein erhebendes Gefühl, endlich schuldenfrei zu sein, und aus Gewohnheit hatte ich das Geld einfach weiter zur Seite gelegt. Lieber etwas auf der hohen Kante haben, als mich wieder zu verschulden. Es würde wohl eine Weile dauern, bis ich mich daran gewöhnt hatte, nicht mehr jeden Cent umdrehen zu müssen.

„Gut", sagte mein Vater. „Das ist gut. Sehr gut sogar."

Er schwieg, als wüsste er nicht, wie er fortfahren sollte, und ich ergriff seine Hand.

„Papa", sagte ich. „Was ist los? Was willst du mir sagen?"

„Nun ja. Janna. Deine Mutter und ich. Wir … wir haben uns überlegt, ob es nicht doch langsam an der Zeit für dich wäre auszuziehen. Ich meine … du bist vierundzwanzig und die meisten deiner Studienkollegen stehen doch auf eigenen Beinen, oder?"

Ich schluckte. Sie wollten mich rauswerfen? Damit hatte ich nicht gerechnet. Meine Mutter hatte zwar in den letzten Monaten immer mal wieder Andeutungen in diese Richtung gemacht, aber ich hatte es, um ehrlich zu sein, nicht ernst genommen.

„Ich …", begann ich und brach wieder ab.

Mein Elternhaus wieder zu verlassen, war auf Dauer unausweichlich. Das war mir durchaus bewusst, und mir war klar, dass es nur vernünftig war. Aber es machte mir auch Sorgen. Es war ein großer Schritt zurück in Richtung Selbstständigkeit. Eine Selbstständigkeit, vor der ich die letzten Jahre konsequent geflohen war. Es gab jedoch auch ein sehr viel praktischeres Problem.

„Papa. Ich würde ja gerne ausziehen. Aber das kann ich mir überhaupt nicht leisten. Selbst eine Studentenwohnung kostet mindestens dreihundert Euro im Monat. Und dann kommen noch die Lebensmittelkosten und so weiter dazu. Das geht überhaupt nicht. So viel verdiene ich nie im Leben als Kellnerin."

Mein Vater schüttelte den Kopf. „Das weiß ich doch, Schätzchen. Aber die Tatsache, dass wir eine andauernde finanzielle Flaute haben, hat auch einen entscheidenden Vorteil. Als du mit dem Studium angefangen hast, habe ich noch zu viel verdient, aber inzwischen bin ich seit zwei Jahren auf einer halben Stelle als Lehrer angestellt. Das bedeutet, dir steht BAföG zu."

Überrascht sah ich ihn an. Natürlich. Das BAföG-Amt interessierte sich immer nur für die Zahlen von vor zwei Jahren. Dieses System erschien mir zwar unlogisch und ungerecht, aber es war nun einmal so. Das bedeutete aber auch, dass ich inzwischen ein Anrecht darauf hatte und es mit Sicherheit für die nächsten zwei Jahre in Anspruch nehmen konnte.

Langsam nickte ich. „Das … das klingt ja toll, Papa", sagte ich und fühlte eine nervöse Freude in mir aufsteigen.

Ich könnte ausziehen. In zwei Monaten war damit zu rechnen, dass ich die erste Überweisung bekam, und falls ich schon eher eine Wohnung fand, konnte ich die Miete bestimmt von meinem Ersparten bezahlen. Vielleicht konnte ich in ein Studentenwohnheim oder einer WG, oder …

In diesem Moment stupste meine alte Hündin mich an, weil sie gestreichelt werden wollte, und ich bekam einen Kloß im Hals. Wenn ich auszog, dann … dann würde ich sie wahrscheinlich nicht mitnehmen können. Sie konnte keine Treppen mehr steigen, war inkontinent und in einem Wohnheim waren Tiere sowieso nicht erlaubt.

„Ich … ich kann nicht ausziehen", sagte ich betrübt zu meinem Vater. „Ich kann doch Cindy nicht einfach hier zurücklassen. Sie hat nicht mehr allzu lange und es würde mich umbringen zu wissen, dass ich sie in den letzten ein oder zwei Jahren, die ihr noch bleiben, allein gelassen habe."

Mein Vater rieb sich nachdenklich das Kinn und seufzte dann.

„Ich finde es immer wieder faszinierend, wie sehr du an diesem Hund hängst. Ein Wunder, dass du sie damals nicht mit nach Mexiko genommen hast."

Ich schüttelte den Kopf. „Das ging zu dem Zeitpunkt nicht. Wenn ... wenn es geklappt hätte, dann hätte ich sie nachgeholt. Aber ... ich wusste nicht, was mich erwartet. Ich wollte nicht, dass ..." Meine Stimme brach weg und ich wusste einfach nicht mehr, was ich sagen sollte.

„Ist ja schon gut, Janna." Unbeholfen tätschelte er meine Schulter. „Weißt du, wir wollen dich ja gar nicht rauswerfen. Wirklich nicht. Von unseren drei Kindern warst du immer die Einfachste und wir lieben dich sehr."

„Die Einfachste? Du meinst abgesehen von der Sache mit Mexiko? Ich weiß doch, wie sehr Mama damals gelitten hat."

Mein Vater nickte. „Ja. Abgesehen davon natürlich. Ich hätte ja niemals erwartet, dass du einmal so einen Sturkopf entwickeln würdest."

Seine Mundwinkel zuckten und auch ich musste lächeln. So schlimm die Zeit gewesen war, inzwischen schaffte ich es manchmal doch, darüber zu lachen.

„Wenn ich mich an etwas festgebissen habe, dann bleibe ich dabei, Papa. Das solltest du eigentlich wissen. Die einzige Person, die mich dann noch umstimmen kann, bin ich selbst."

„Das weiß ich. Und deswegen wollen wir dich auch nicht zum Ausziehen zwingen. Du hast diese Zeit zu Hause gebraucht, um herauszufinden, was du im Leben tun willst. Inzwischen bist du im Master und ich hoffe, dass du deine Entscheidung, in meine Fußstapfen zu treten und Lehrerin zu werden, nicht bereust. Deine

Mutter und ich glauben nur, dass es dir vielleicht ganz gut tun würde, mal eine Weile ein typisches Studentenleben zu führen. So mit dreckiger Küche, lauten Partys, verrückten Leuten und so weiter und so fort. Wenn du das nie ausprobierst, wirst du es später vielleicht bereuen."

Ich nickte und streichelte Cindy gedankenverloren über den Kopf.

„Okay. Danke, Papa. Ich werde darüber nachdenken."

Kapitel 3

Deutschland 2013

Gesucht: Hundefreundliche Wohnung im Erdgeschoss. Zu sofort. Bitte melden bei Janna Meyer unter folgender Telefonnummer: 0177/8923330

„Wirklich, Janna?", fragte Alexis mit leuchtenden Augen, als sie meinen Aushang gelesen hatte. „Du willst ausziehen? Que padre. Wie cool ist das denn?"

Ich lächelte. Alexis war seit drei Jahren meine allerbeste Freundin. Sie war Mexikanerin und erfüllte alle gängigen Klischees. Sie war mittelgroß, hatte dickes, schwarzes Haar, das ihr bis zu den Hüften reichte, einen üppigen Körper und ein überschäumendes Temperament. Sie war chronisch unpünktlich und liebte scharfes Essen. Paradoxerweise hatte ich sie durch Rogelio kennengelernt, weil die beiden in Deutschland zusammen einen Sprachkurs belegt hatten.Doch im Gegensatz zu meiner Beziehung lief ihre eigene Ehe mit einem Deutschen namens Elma ganz wunderbar.

Ich hatte mich riesig gefreut, dass Alexis und ich beide an der TU Dortmund angenommen worden waren. In den letzten Jahren hatte ich in Münster studiert und sie hatte gearbeitet, daher hatte sich unsere Freundschaft auf gelegentliche Treffen und Telefonate beschränkt. Aber ich war mir sicher, dass sich das in nächster Zeit ändern würde. Alexis war wirklich ein toller Mensch. Ich genoss es, mit ihr zusammen zu sein und mein Spanisch weiterhin praktizieren zu können, und Alexis war froh jemanden zu haben, der ihr Land kannte und sie daher verstand, wenn sie von Tacos, Enchiladas oder Quesadillas schwärmte.

„Ja, ich ziehe aus", sagte ich. „Ich denke, es ist an der Zeit."

Alexis nickte ernst. „Si. Du bist vierundzwanzig. Wenn du noch viel länger zu Hause bleibst, kommst du vielleicht gar nicht mehr auf die Knie."

„Du meinst auf die Beine", sagte ich und unterdrückte ein Lächeln.

Alexis winkte ab. „Como sea. Aber eins verstehe ich nicht", sagte Alexis und rollte dabei jedes Mal das R mit der Zunge. „Warum gehst du nicht in ein Studentenwohnheim?"

Ich schüttelte den Kopf. „Ich will meine Hündin nicht zu Hause lassen. Cindy braucht mich. Das bringe ich einfach nicht übers Herz."

Alexis machte nicht den Eindruck, als würde sie das verstehen. Für die meisten Mexikaner waren Hunde nur ein Mittel zum Zweck. Entweder hielten sie sie als Hofhunde, zum Schutz gegen Einbrecher, oder als Schoßhündchen und behandelten sie wie Kuscheltiere. Ich war dort niemandem begegnet, der ein solch liebevolles und kameradschaftliches Verhältnis zu seinem Hund hatte, wie es bei mir und Cindy der Fall war. Ich hatte sie, seit ich zwölf war, und abgesehen von meiner Zeit in Mexiko hatten wir so gut wie alles miteinander geteilt.

„Nun gut", säuselte Alexis. „Aber es wird sicher nicht einfach, eine Wohnung zu finden, wo du einen Hund mitbringen kannst. Die meisten Zimmer sind doch schon weg."

Ich nickte gedankenverloren. Da hatte sie sicher recht, aber der Gedanke, Cindy nur noch an den Wochenenden zu sehen, behagte mir ganz und gar nicht. Weder meine Mutter noch meine Geschwister brachten die nötige Geduld für sie auf und es schmerzte mich zu sehen, wie sehr sie den anderen zur Last fiel. Früher war das noch nicht so schlimm gewesen. Da hatte Cindy ewig ausgehalten und geduldig gewartet, bis man sie nach draußen ließ. Aber heute musste sie mindestens alle vier Stunden nach draußen. Das würde zwar schwer mit meinem Schulplan vereinbar sein, aber ich musste es zumindest versuchen.

„Janna!", rief in diesem Moment eine bekannte Stimme. „Hey. Wer hätte gedacht, dass wir uns so schnell wiedersehen?"

Sofort machte mein Herz einen kleinen Sprung und ich drehte mich herum. Josh trug heute ein weißes Shirt, auf dem ‚Make love not war' stand, und grinste mich breit an.

„Hi", sagte ich. „Die … die Uni ist ja nicht besonders groß. Da kann es schon öfter vorkommen, dass man sich über den Weg läuft."

Der Kommentar war zwar nicht besonders originell, aber etwas Besseres fiel mir auf die Schnelle nicht ein, um meine Nervosität zu überbrücken.

„Hola", sagte Alexis und stupste mich an. Sofort erinnerte ich mich an meine guten Manieren und stellte die beiden einander vor.

„Oh. Tut mir leid", sagte ich. „Josh. Das hier ist Alexis. Eine gute Freundin aus Mexiko. Alexis. Das ist Josh. Er macht im Moment ein Austauschsemester hier."

„Ach wirklich?", fragte Alexis. „Du bist gar kein Deutscher?"

„Na ja. Halb", erklärte Josh. „Mein Vater war Deutscher und meine Mutter ist Kanadierin. Wir sind zurück nach Kanada, als ich zwölf war. Dort lebe ich seither. Janna war früher meine Nachbarin."

Ich nickte bestätigend und sah mich dann nach einer Möglichkeit um, zu entkommen. Josh machte mich unsicher und ich hatte keine Lust, mich weiter mit ihm zu befassen. Doch Alexis hatte anscheinend andere Pläne.

„Was ist denn mit deinem Vater?", fragte Alexis und Joshs Miene verfinsterte sich.

„Er ist gestorben, als ich zwölf war", erklärte er.

„Oh. Das ... das wusste ich nicht. Lo siento mucho. Das tut mir wirklich leid."

„Ach, schon gut. Es ist lange her und ich denke kaum noch daran."

Ich runzelte die Stirn. Joshs Vater war ein sehr netter Mann gewesen, der seinen Sohn über alles geliebt hatte, obwohl dieser ständig dummes Zeug im Kopf hatte. Als er gestorben war, war für Josh eine Welt zusammengebrochen. Ich konnte mir kaum vorstellen, dass er tatsächlich nicht mehr daran dachte.

„Tja", sagte ich. „Wirklich tragisch das Ganze. Hör mal. War schön, dich wiederzusehen, Josh. Aber ich muss jetzt leider auch in den nächsten Kurs. Kommst du, Alexis?"

„Äh. Si. Claro", sagte sie. „Bis bald, Josh."

„Ja, bis bald", sagte dieser und sah uns verwirrt hinterher.

„Oye. Que te pasa? Was ist denn in dich gefahren?", fragte Alexis, sobald wir außer Hörweite waren. „Der ist doch total süß. Und du behandelst ihn wie einen Ortstreicher."

„Landstreicher meinst du", sagte ich. „Außerdem stimmt das gar nicht. Ich hatte nur keine Lust, mich mit ihm zu befassen. Das ist alles."

„Aber warum denn nicht? Mal ehrlich, Janna. Wie lange ist es her, dass du mit einem Typen mehr getan hast, als ihn von Weitem zu betrachten?"

Ich wurde rot. „Das weißt du ganz genau", nuschelte ich.

„Ungeküsst seit drei Jahren", sagte Alexis und schnalzte missbilligend mit der Zunge, als wenn das etwas Verbotenes wäre.

„Nicht ganz", schränkte ich ein. „Bei Rock am Ring, da …"

„Ach ja. Stimmt ja", sagte Alexis und lächelte breit. „Der komische Kerl, der mir später an die Hupen wollte."

Ich wurde noch röter und senkte beschämt den Kopf. „Ich war ganz schön betrunken", erinnerte ich sie. „Sonst hätte ich den Kerl bestimmt nicht geküsst. Es war auch einer der schrecklichsten Küsse überhaupt. Wir haben gar nicht harmoniert."

„So, so. Harmoniert nennt man das also. Und nur weil es damals so schlecht gelaufen ist, hast du beschlossen, es nicht mehr zu versuchen?"

Frustriert warf ich die Arme nach oben. „Es ist ja nicht unbedingt so, als würden die Kerle bei mir Schlange stehen."

Alexis schüttelte den Kopf. „Du könntest dich ja auch ein bisschen mehr hermachen." Sie zog an meinen dunkelblonden Haaren, die ich zu einem einfachen Zopf zusammengebunden hatte. „Du schminkst dich nicht, kleidest dich wie eine Nonne und gehst fast nie aus. Ein Wunder, dass ich dich damals dazu überreden konnte, zu Rock am Ring zu gehen."

Ich verschränkte die Arme und sah Alexis böse an. „In Mexiko, da …"

„Mexiko, Mexiko. Dort warst du eine exotische Schönheit unter all den morenas: la guera alemana. Hier hingegen bist du einfach nur eine unter vielen. Ich weiß, wie hübsch du sein kannst, wenn du es darauf anlegst. Warum versteckst du das alles nur so?"

Ich schüttelte den Kopf. Ich wusste es selber nicht so genau. Mir war klar, dass Rogelio nicht annähernd so lange um mich getrauert hatte, wie ich um ihn. Soweit ich wusste, hatte er sich ziemlich schnell wieder mit anderen Frauen getröstet, und es machte mich wirklich traurig, dass ich selber nicht dazu imstande war, einen solchen Schritt zu wagen. Ich war einfach nicht der Typ für One-Night-Stands und zu etwas Festem war ich noch nicht bereit. Theoretisch wusste ich natürlich, dass nicht alle Männer gleich waren. Verdammt. Nicht einmal alle Mexikaner waren gleich. Meine Gastbrüder waren zum Beispiel tolle Kerle. Ich hatte einfach nur Pech gehabt und war zur falschen Zeit am falschen Ort gewesen. Dass Rogelio sich dann auch noch als Mistkerl entpuppt hatte, hatte alles nur noch schlimmer gemacht.

„Ich muss jetzt wirklich zu meiner Vorlesung", sagte ich. „Sehen wir uns nachher in der Mensa?"

Alexis nickte langsam. „Claro que si", sagte sie und drückte mir einen Kuss auf die Wange. „Keine Sorge. Ich mag dich auch als, wie sagt man? Graue Laus?"

Ich lachte. „Graue Maus", korrigierte ich sie. „Ich hoffe, um als Laus bezeichnet zu werden, ist es noch ein bisschen zu früh."

Kapitel 4

Deutschland 2013

Die Woche verging, ohne dass sich jemand auf meine Annonce meldete und ohne dass ich Josh wiedersah. Ich musste jedoch zugeben, dass ich ihm auch ausgewichen war. Mir war klar, dass ich mich kindisch verhielt. Josh hatte mir nichts getan und es gab keinen Grund ihn zu meiden. Dennoch setzte ich mich am nächsten Montag bewusst auf die andere Seite des Raumes, als wir wieder Wissenschaftsdidaktik bei Dr. Hart hatten. Er war ohnehin gerade in ein Gespräch mit einem indischen Mädchen vertieft, lächelte aber, als er mich sah. Zaghaft erwiderte ich das Lächeln, bevor ich mich auf den Unterricht konzentrierte.

Wieder einmal war unser Dozent bestens gelaunt und lächelte uns beim Eintreten fröhlich an.

„Ist das nicht ein himmlisches Wetter heute?", fragte er und zeigte nach draußen.

Tatsächlich hatten wir achtzehn Grad und Wolken, aber nachdem der Sommer insgesamt nicht besonders gut gewesen war, konnte man das heutige Wetter wohl schon als gut bezeichnen.

„Ich hoffe, Sie hatten alle ein schönes Wochenende."

Zustimmendes Gemurmel ertönte und es hätte mich nicht gewundert, wenn Dr. Hart uns dazu aufgefordert hätte, unsere Wochenenderlebnisse miteinander zu teilen. Da ich jedoch hauptsächlich damit beschäftigt gewesen war, nach einer passenden Wohnung zu suchen, hätte ihn mein Beitrag zu diesem Thema mit Sicherheit enttäuscht.

„Also nun. Ich habe mir etwas Besonderes für diesen Kurs überlegt. Nachdem ich Ihnen in der letzten Woche ja einen groben Überblick zu dem Thema Wissenschaftsdidaktik gegeben habe, wäre es mir am liebsten, wenn Sie in dem Bereich selber ein paar Erfahrungen sammeln würden. Ich möchte, dass Sie in den nächsten Monaten ein kleines wissenschaftliches Projekt machen, in Form von Interviews oder Fragebögen. Das Thema steht Ihnen völlig frei. Am Ende des Semesters werden wir dann eine Art Tagung veranstalten, zu der Sie alle eingeladen sind und bei der Sie Ihre Projekte vorstellen werden. Ach, das wird ein Spaß."

Er hatte sich richtig in Rage geredet.

„Sie müssen das natürlich nicht alleine machen. Ich schlage vor, dass wir Zweiergruppen bilden. Einige von Ihnen haben mit solchen Projekten bisher sicher wenig Erfahrung. Daher ist es gut, wenn Sie sich gegenseitig helfen können."

Als er den Kommentar mit der Erfahrung machte, sah er mich besonders lange an, als wäre ihm bewusst, dass ich so etwas in meinem Lehramtsstudium nicht gelernt hatte. Womit er natürlich recht hatte, aber trotzdem störte mich sein Blick. Ich lernte schnell und hatte keine Lust, eine Extrawurst zu bekommen, nur weil ich einem anderen Studiengang angehörte.

„Also. Wer möchte zusammenarbeiten?", fragte Dr. Hart und ich blickte mich unbehaglich um.

Abgesehen von Josh kannte ich niemanden, und der wurde offenbar sofort von dem Mädchen an seiner Seite gefragt, ob sie eine Gruppe bilden wollten. Die anderen sechs Mädchen hatten ziemlich schnell drei Zweiergruppen gebildet. Da kam ich also auch nicht unter. Neben mir saß Christopher, der Junge, den ich letztes

Mal im Stillen Joker getauft hatte. Er war mir zwar nicht gerade sympathisch gewesen, aber besser als gar kein Partner. Unsicher sprach ich ihn an.

„Äh … Weißt du schon, mit wem du das Projekt machst?“

Er sah mich mit arroganter Miene an und nickte. „Ja. Das weiß ich. Und zwar alleine. Ich habe schon eine Idee für ein Projekt und brauche niemanden, der mir da reinpfuscht.“

Gekränkt ließ ich mich zurücksinken und sah mich entmutigt um. Das sah nicht gut aus. Gar nicht gut.

„So“, sagte Dr. Hart, nachdem er die meisten Paarungen aufgeschrieben hatte. „Wer fehlt jetzt noch?“ Suchend sah er in die Runde und sein Blick blieb an mir hängen. „Fräulein Meyer“, sagte er. „Was ist denn mit Ihnen?“

Ich schluckte. Es war mir unangenehm noch keinen Partner zu haben. „Ich weiß nicht“, gab ich zu. „Ich habe noch niemanden. Ist denn überhaupt noch wer übrig?“

Dr. Hart sah durch seine Liste und schüttelte den Kopf. „Hm. Da Herr Weber ja offenbar allein vortragen will, …“

„Janna könnte noch bei uns mitmachen“, schlug Josh in diesem Moment vor und ich sah überrascht zu ihm hinüber. „Eine Dreiergruppe wäre doch okay, oder? Du hast doch nichts dagegen, Devi?“

Das indische Mädchen schüttelte sofort den Kopf und wirkte auf mich ziemlich gleichgültig. Ich fragte mich, warum sie diesen Kurs überhaupt belegt hatte.

„Wunderbar“, sagte Dr. Hart. „Ganz wunderbar. Dann wäre das auch schon geklärt. Damit Sie genug Zeit für Ihre Projekte haben, wird der reguläre Unterricht in den nächsten Wochen ausfallen. Sie können natürlich trotzdem diesen Raum nutzen, um sich zu treffen und über das Projekt zu sprechen. Ich werde aber erst im Dezember wieder dazustoßen. Bis dahin erwarte ich, dass Sie Ihr Thema geplant haben und zumindest schon der theoretische Hintergrund erarbeitet ist. Diese Veranstaltung bringt Ihnen zwanzig Creditpoints ein, daher erwarte ich auch ein wenig Engagement."

Ich seufzte innerlich. Vielleicht hätte ich doch einen anderen Kurs wählen sollen. Jetzt durfte ich mich also jede Woche mit Josh und dieser Devi beschäftigen. Nicht ganz das, was ich mir vorgestellt hatte, aber was tat man nicht alles für die Uni?

Nachdem Dr. Hart mit seinen Ausführungen geendet hatte, schlenderte ich zu Josh und Devi hinüber und lehnte mich an den Tisch. Dabei fiel mir sofort auf, wie gewöhnlich ich im Vergleich zu diesem Mädchen wirken musste. Sie war klein und zierlich, wogegen ich fast plump wirkte, obwohl ich kein Übergewicht hatte. Außerdem war ihr Gesicht sehr schön geschnitten und ließ mich direkt an die Bollywood-Filme denken. Zum Glück ging es bei diesem Projekt nicht um Äußerlichkeiten.

„Janna", sagte Josh erfreut. „Freut mich, dass du dabei bist. Das hier ist Devi aus Mumbai. Sie macht im Moment genau wie ich ein Austauschsemester und kann noch nicht so gut Deutsch. Dafür ist sie gut in Statistik und kann uns später die gesamten Berechnungen und Tabellen machen. Den praktischen Teil mit den Fragebögen und so weiter übernehmen wir beide dann."

Ich nickte einfach, weil ich keine Ahnung hatte, was ich sagen sollte. Ich hatte noch nie eine Umfrage oder Ähnliches durchgeführt und war absolut schlecht in Mathe. Wenn Devi diesen Part übernehmen wollte, war mir das also mehr als recht.

„Wenn wir uns das zu dritt aufteilen, dann wird es

sicherlich schnell gehen. Gibst du mir deine E-Mail-Adresse? Oder sollen wir das über Facebook regeln?"

Ich zögerte. Eigentlich behagte mir weder noch. Aber da wir uns ja irgendwie kurzschließen mussten, entschied ich mich für Facebook.

„Ich habe ein verstecktes Profil", erklärte ich, ohne genauer zu erläutern warum. „Wenn ihr mir eure Namen aufschreibt, kann ich aber gerne eine Gruppe gründen und euch hinzufügen."

Devi nickte. Offenbar wurde Facebook auch in Indien genutzt. Die beiden schrieben mir ihre Namen auf, und als ich den Raum verließ, folgten sie mir ganz automatisch Richtung Mensa. Erst kurz davor verabschiedete sich Devi, weil sie noch einen Termin hatte. Josh hingegen blieb hartnäckig an meinen Fersen und folgte mir bis zur Essensausgabe.

„Und?", fragte er, nachdem er genau wie ich das Curryhühnchen genommen hatte. „Hast du schon eine Wohnung gefunden?"

„Woher weißt du …"

„Ich habe deine Anzeige gesehen. Da war es nun wirklich nicht schwer zu erraten. Du hast also einen Hund?"

Ich nickte und hielt im Saal nach Alexis Ausschau. „Ja. Cindy. Sie ist fast dreizehn."

„Oh. Na, das ist ja schon ein stolzes Alter. Ist sie denn noch fit?"

„Na ja. Sie kann nicht mehr am Fahrrad laufen, falls du das meinst, aber eine Stunde Spazierengehen kann man trotzdem noch mit ihr. Sie frisst wie ein Scheunendrescher und genießt jede Art von Streicheleinheiten."

„Was für eine Rasse ist sie?"

„Eine Retrieverkreuzung. Ihre Mutter war halb Labrador und halb Golden Retriever. Der Vater sah aus wie ein reiner Labi, aber die Züchterin hat damals gesagt, dass auch noch ein Schäferhund drin steckt."

„Oh. Ein Mischling also."

„Nein", beharrte ich. „Bei einem Mischling weiß man nicht mehr, was drin ist. Bei einer Kreuzung schon. Cindy ist doch keine Promenadenmischung."

„Hey. Ist ja gut", sagte Josh und hob entschuldigend die Hände. „Ich wollte deinen Hund nicht beleidigen."

„Warum läufst du mir eigentlich hinterher?", fragte ich patzig. „Ist das wieder so eine blöde Mutprobe deiner Freunde? Oder hast du hier vielleicht noch gar keine?"

Joshua öffnete den Mund, um etwas zu sagen, aber schloss ihn dann wieder. Sofort taten mir meine Worte leid, als mir klar wurde, dass ich vielleicht gar nicht so falsch lag. Er war ja gerade erst angekommen und hängte sich wahrscheinlich nur an mich dran, weil er tatsächlich niemanden kannte. Doch interessanterweise schienen Josh meine Worte nicht verletzt zu haben, denn er lächelte und zuckte dann mit den Schultern.

„Du hast recht. Ich habe dich bedrängt", sagte er. „Das tut mir leid. Ich gehe dann mal zu meinen Freunden und lasse dich in Ruhe. Einverstanden?"

Erstaunt sah ich ihn an und nickte. Mit so einer Reaktion hatte ich nicht gerechnet. Die meisten Leute wären aufgrund meiner Worte beleidigt gewesen und hätten sich mit einer patzigen Antwort zurückgezogen. Josh hingegen gab mir das Gefühl, als wäre er es, der etwas falsch gemacht hatte, und nicht ich. Sprachlos sah ich zu, wie er durch den Raum lief und sich an einen großen Tisch mit lauter ausländischen Studenten setzte. Natürlich. Wie kam ich darauf, dass er keine Kontakte hatte? Er machte gerade ein Auslandssemester, genau wie viele andere Studenten auch. Es war nur logisch, dass diese sich dann zusammentaten. So ähnlich war es bei meinem Schüleraustausch in Mexiko auch gewesen. Einen Großteil meiner Zeit hatte ich damals mit Belgiern, Türken und Brasilianern verbracht.

Josh wurde sofort von allen herzlich begrüßt und lächelte freundlich in die Runde. Beschämt wandte ich mich ab und fand schließlich Alexis, die mit zwei weiteren Studienkolleginnen an einem Tisch saß und mir wie immer einen Platz freigehalten hatte. Als ich auf sie zukam, fiel mir das erste Mal auf, dass im Prinzip eher ich es war, die kaum Freunde hatte. Dadurch, dass ich nicht vor Ort wohnte, hatten sich nie ernsthafte Freundschaften mit meinen Kommilitonen entwickelt. Eigentlich war das peinlich. Ich studierte seit über drei Jahren und war noch auf keiner einzigen Studentenparty gewesen. Stattdessen hatte ich mich immer nur auf den Stoff konzentriert und ansonsten an meinen Jugendfreunden aus Dülmen festgehalten. Allerdings hatten diese sich inzwischen auch weiterentwickelt, waren fortgezogen und hatten nur noch selten für mich Zeit. Seufzend setzte ich mich neben Alexis.

„Hola, Janna. War das gerade wieder dieser chico guapo aus Kanada?“, fragte sie lächelnd und zwinkerte mir zu.

Ich verdrehte die Augen und schüttete mir ein Glas Wasser ein. „Ja. Das war Josh“, sagte ich. „Wir sind jetzt in einer gemeinsamen Lerngruppe.“

„Das ist ja toll.“

Alexis lächelte breit und ich schüttelte den Kopf. Ja. Ganz toll.

„Das heißt, ihr werdet ganz viel Zeit zusammen verbringen.“

„Freu dich nicht zu früh. In der Gruppe ist auch noch eine hübsche Inderin, die vermutlich ein Auge auf Josh geworfen hat. Da werde ich wohl nicht mithalten können.“

Das stimmte zwar nicht ganz. Eigentlich war Devi sogar bemerkenswert gleichgültig gewesen, aber das musste Alexis ja nicht wissen.

„Du hast viel zu wenig Selbstbewusstsein, amiga", erklärte sie. „Wenn du einen Jungen willst, dann musst du auch um ihn kämpfen."

Ich verdrehte die Augen. „Ale. Ich will diesen Jungen aber gar nicht. Hallo. Er war meine Sandkastenliebe und hat mich in die peinlichste Situation meines Lebens gebracht, indem er mein Tagebuch den Wölfen zum Fraß vorgeworfen hat. Und wozu? Um von den anderen Jungs Anerkennung zu bekommen."

Alexis schüttelte den Kopf. „Wie alt wart ihr da?"

„Dreizehn. Na ja. Er war erst zwölf."

„Und das willst du ihm immer noch vorhalten? Mit zwölf hat mein Cousin sich einmal meine Zahnbürste in den Po gesteckt, weil er wütend auf mich war. In dem Alter kann man Jungs doch noch gar nicht ernst nehmen."

Amüsiert sah ich sie an und musste dann lachen. „Ernsthaft? In den Po?"

Alexis verdrehte die Augen. „Wehe, du sagst das weiter. Darum geht es ja eigentlich auch gar nicht. Ich glaube, dass es dir gut täte, mal wieder mit einem Jungen auszugehen. Es ist viel zu lange her."

Ich schüttelte den Kopf und konzentrierte mich auf mein Essen. Wenn ich mich jemals wieder auf einen Jungen einlassen würde, dann nur auf einen, mit dem ich wirklich eine normale Beziehung führen konnte und wegen dem ich nicht ins Ausland gehen musste, nur weil er mit der deutschen Mentalität nicht zurechtkam. So etwas wollte ich nie wieder erleben.

„Janna!", rief Luisa, als ich am nächsten Tag von der Uni kam und gerade die Treppe nach oben laufen wollte.

„Ja?"

„Es kam vorhin ein Anruf für dich aus Mexiko."

Ich spürte sofort, wie meine Pulsfrequenz sich erhöhte und ich weiche Knie bekam. Bitte nicht, dachte ich. Bitte, bitte, bitte nicht.

„Wer … wer war es denn?"

„Bin mir nicht ganz sicher. Sie sprach gebrochenes Englisch."

Sie. Gott sei Dank. Wenn es eine Frau war, dann konnte es schon mal nicht Rogelio gewesen sein. Denn egal, wie sehr Luisa in Gedanken war, ich hielt es für unwahrscheinlich, dass sie es schaffen würde, meinen Ex mit einer Frau zu vertauschen.

„Ich glaube, sie hat gesagt, ihr Name sei Letica, oder so."

„Leticia meinst du?"

„Ja, ja. So was in der Art."

Ich lächelte sofort erleichtert. Leticia war meine Gastmutter aus Mexiko, mit der ich in all den Jahren den Kontakt gehalten hatte. Sie hatte sich immer eine Tochter gewünscht, aber einen Sohn nach dem anderen bekommen. Meine vier Gastbrüder waren zwar alle toll, aber ich konnte schon verstehen, warum sie mich als Tochterersatz angenommen hatte.

„Danke", sagte ich zu Luisa. „Ich werde sie gleich zurückrufen."

Sofort sah ich auf die Uhr. Es war zwanzig Uhr abends, also dreizehn Uhr in Mexiko. Mit etwas Glück würde ich sie sogar erreichen. Ich nahm mir das schnurlose Telefon, ging in mein Zimmer, schloss die Tür und ließ mich auf mein großes Bett fallen, das ich schon besessen hatte, als ich zwölf war. Auch die Regale und der Schreibtisch waren uralt. Das Einzige, was ich mir vor zwei Jahren neu geholt hatte, war der Kleiderschrank, weil der alte unter der Last meiner Klamotten zusammengebrochen war. Ich kaufte mir zwar nicht ständig etwas Neues, aber ich hatte eine große Abneigung dagegen etwas wegzuwerfen. Daher besaß ich auch immer noch eine Vitrine, die komplett mit Spardosen gefüllt war, die ich als Kind gesammelt hatte. Vor allem die von Diddl hatten es mir angetan und ich besaß von den süßen Mäusespardosen sicher zehn verschiedene.

Aus meinem Handy suchte ich die Telefonnummer meiner Gastmutter heraus und wählte dann eine Billignummer vor, die ich seit Jahren auswendig kannte. Während meines Abiturs hatte ich immer wieder Streit mit meinen Eltern gehabt, weil ich jeden Abend mit Rogelio telefonierte und die Kosten ins Unermessliche angewachsen waren. Eine Freundin hatte mir dann den Tipp mit den Billignummern gegeben, die man im Internet finden konnte. Dadurch zahlte ich nur wenige Cent pro Minute und konnte sehr viel Geld einsparen.

Es tutete ein paar Mal. Dann ging meine Gastmutter ans Telefon.

„Bueno", sagte sie, was der universellen Telefonbegrüßung in Mexiko entsprach.

Offenbar wollte dort niemand seinem Anrufer mitteilen, wer am anderen Ende war. Immerhin sollte man ja wissen, wo man gerade angerufen hatte.

„Lety?", fragte ich daher verunsichert.

„Si."

„Ah. Sehr gut", sagte ich erleichtert auf Spanisch. „Ich bin's: Janna."

„Ah, Janna. Wie schön, dass du zurückrufst! Ich glaube, ich hatte vorhin deine Mutter am Telefon."

„Nein. Das war meine Schwester."

„Ach, wirklich? Ich dachte, die wäre noch so klein. Wie alt ist sie denn inzwischen?"

„Sechzehn."

„Sechzehn? Meine Güte. Wie ist das denn wieder so schnell passiert?"

Ich lächelte. Lety war eine unglaublich herzliche Frau, die äußerlich gar nicht dem entsprach, was man bei einer Mexikanerin erwartet hätte. Sie war groß, kräftig gebaut und blond. Ihre Haut war relativ hell und auch ihr Mann war hellhäutig und hatte sogar blaue Augen. Es war den Leuten daher sehr leicht gefallen, mich als die Tochter des Hauses zu betrachten.

„Hugo ist doch inzwischen auch schon erwachsen", gab ich zu bedenken.

„Si. Si. Das stimmt natürlich. Er studiert inzwischen in Guadalajara Medizin."

Ich nickte. Hugo war der jüngste meiner Gastbrüder. Als ich bei Leticia und ihrer Familie gelebt hatte, war er gerade mal zwölf gewesen und ich siebzehn. Seit damals hatte sich sehr viel verändert und die Entfernung machte es schwer, auf dem Laufenden zu bleiben.

„Aber erzähl mal. Wie geht es dir, Janna? Was macht die Uni?"

Ich seufzte und erzählte ihr dann ausgiebig von meinem Alltag. Leticia und ich telefonierten leider viel zu selten, aber dennoch war sie immer wieder in meinen Gedanken und ich vermisste sie sehr.

„Warum ich dich eigentlich anrufe", begann Lety schließlich. „Es gibt eine tolle Neuigkeit. David ist verlobt und wird bald Vater."

Überrascht klappte ich den Mund auf und wieder zu. David war kaum älter als ich und die letzten Male, die ich mit Lety gesprochen hatte, hatte es nicht so geklungen, als wäre er in einer festen Beziehung. Vermutlich war die Verlobung nur zustande gekommen, weil das Mädchen schwanger war. Aber wer war ich schon, andere zu verurteilen? Immerhin hatte ich selber schon mit zwanzig geheiratet und das unter anderem, damit mein Verlobter eine Aufenthaltsgenehmigung bekam. Es war zwar keine Scheinehe gewesen, aber ich hatte die Entscheidung, Rogelio zu heiraten, trotzdem aus den falschen Gründen getroffen. Unter normalen Umständen wäre ich auf jeden Fall zuerst mit meinem Partner zusammengezogen.

Lety erzählte mir noch eine Weile von der bevorstehenden Hochzeit, aber ich ertappte mich dabei, dass ich gar nicht mehr richtig zuhörte. Stattdessen sah ich durch mein Zimmer, bis mein Blick an einem Bilderrahmen hängen blieb, in dem zwei Fotos waren. Einmal das meiner mexikanischen Gastfamilie mit Lety, meinem Gastvater Jorge und meinen vier Gastbrüdern, und daneben das von meiner leiblichen Familie mit Luisa, Max und meinen Eltern. Beide Familien liebte ich sehr, aber seitdem ich Mexiko den Rücken gekehrt hatte, fühlte es sich so an, als hätte ich auch Lety und ihrer Familie den Rücken gekehrt. Denn seit der Trennung war ich nicht wieder dort gewesen und ich hatte es in absehbarer Zukunft auch nicht vor. Die Gefahr, Rogelio dort wieder zu begegnen, war mir einfach zu groß. Für eine solche Begegnung war ich auch nach drei Jahren noch nicht bereit und wusste auch nicht, ob ich jemals dafür bereit sein würde.

Kapitel 5

Mexiko 2006

Als ich Rogelio das erste Mal sah, trug er einen weißen Karateanzug mit braunem Gürtel. In diesem Outfit sah er so attraktiv aus, dass ich beinahe alles Spanisch vergessen hätte, was ich in meinen ersten drei Monaten in Mexiko gelernt hatte. Er haute mich einfach um. Das dunkle, krause Haar, sein Gesicht und seine Statur. Es war, als wäre in meinem Inneren plötzlich eine Stimme wach geworden, die einfach nur ganz laut schrie: Den will ich! Den und sonst keinen!

„Janna", flüsterte Hugo und rammte mir seinen Ellenbogen in die Rippen. „Mach den Mund zu. Du sabberst."

Schnell schloss ich meinen Mund wieder und sah zu meinem kleinen Gastbruder hinunter. Hugo war zwölf und genauso unmexikanisch wie seine Eltern. Mit seinen blonden Haaren und den hellbraunen Augen hätte er genauso gut mein leiblicher Bruder sein können. Rogelio hingegen war so typisch mexikanisch, dass es fast schon lächerlich war. Ein heißblütiger, rassiger Lateinamerikaner, den ich so attraktiv fand, dass ich mir plötzlich total underdressed vorkam.

„Buenas tardes", begann Rogelio und lenkte unsere Aufmerksamkeit wieder auf den Unterricht. „Wie ich sehe, haben wir heute Zuwachs bekommen."

Er sah Hugo und mich an und ich errötete leicht. Obwohl Hugo einen ganzen Kopf kleiner war als ich, hätte ich mich am liebsten hinter ihm versteckt. Rogelio lächelte freundlich und entblößte dabei eine Reihe ebenmäßiger Zähne. Noch ein Pluspunkt. Eindeutig.

„Ich bin Rogelio. Euer Prof", erklärte er und reichte zuerst mir und dann Hugo die Hand. Sein Händedruck war fest und angenehm.

Meiner hingegen hatte sich wahrscheinlich angefühlt wie ein toter Fisch. Plötzlich verfluchte ich mich dafür, dass ich keine Schminke aufgetragen hatte. Verdammt. Wer hätte denn auch ahnen können, dass unser Karatelehrer so jung und gut aussehend sein würde?

„Ich bin Hugo", erklärte mein Gastbruder. „Und das hier ist Janna. Sie kann nicht so gut sprechen."

„Das stimmt überhaupt nicht", widersprach ich schnell und hätte Hugo am liebsten eine Kopfnuss gegeben.

„Janna? Das ist ein schöner Name. Woher kommst du?"

„Deutschland", erklärte ich.

„Aber du sprichst Spanisch, ja?"

Ich zuckte mit den Schultern.

„Ein bisschen?"

„Ach. Sie versteht fast alles", stellte Hugo klar. „Sie tut nur manchmal so, als würde sie uns nicht verstehen."

Er zwinkerte Rogelio zu und ich bekam wieder Lust, ihm den Hals umzudrehen. Da lernte ich endlich mal einen gut aussehenden Typen kennen und dann musste Hugo mir gleich alles vermasseln.

„Ich gebe mir Mühe", versicherte ich dem Prof. „Aber ich kenne noch nicht alle Wörter."

„Das ist kein Problem. Wie lange bist du denn schon in Mexiko?"

„Seit drei Monaten", sagte ich.

Drei lange Monate, in denen ich mehr gesehen hatte als jemals zuvor in meinem Leben. Es war eine interessante Zeit gewesen, in der ich immer wieder mit Heimweh zu kämpfen hatte, weil es mir anfangs schwergefallen war, neue Freunde zu finden. Aber Aufgeben lag einfach nicht in meiner Natur, und daher war ich jetzt hier und begleitete Hugo zu dieser Karatestunde.

„Habt ihr beiden schon mal Karate gemacht?“, fragte Rogelio.

Ich schüttelte den Kopf. „Nein. Ich habe als Kind mal Kickboxen ausprobiert. Aber das ist lange her.“

Rogelio nickte. „Und du?“, fragte er Hugo.

„Ich auch nicht. Aber ich will es unbedingt lernen. In der Schule hat Pedro mir letzte Woche eins auf die Rübe gegeben und das will ich ihm unbedingt heimzahlen.“

Rogelio sah Hugo missbilligend an und beugte sich dann zu ihm hinunter.

„Hör mal, Hugo. Eins musst du von Anfang an wissen: Karate dient nur zur Selbstverteidigung oder zur Verteidigung anderer. Man darf es nie verwenden, um Menschen einfach so Schaden zuzufügen. Das geht gegen den Kodex. Karate ist eine Kampfkunst. Die Betonung liegt auf Kunst. Es dient dazu, den Körper zu stählen und in Form zu bringen. Natürlich lehrt es auch, dem Gegner Schaden zuzufügen, aber das ist eher eine Art Nebeneffekt und sollte nur im Notfall angewandt werden. Sollte ich jemals erfahren, dass du die Dinge, die ich dich lehre, missbrauchst, dann werde ich dich nicht mehr unterrichten. Haben wir uns verstanden?“

„Aber, wenn Pedro …“

„Wenn Pedro dich angreift, dann darfst du dich verteidigen. Aber du darfst ihn nicht selber angreifen, um ihm etwas heimzuzahlen. In Ordnung?“

Hugo nickte widerwillig.

Ich sah ihm an, dass er alles andere als zufrieden war, aber er nahm die Erklärung hin und wagte es nicht, seinem Lehrer ein weiteres Mal zu widersprechen. Auch auf mich wirkte der Karatelehrer einschüchternd. Nicht nur wegen seines hübschen Gesichts, sondern auch wegen der Fertigkeiten, die er verkörperte. Karate war für mich immer etwas gewesen, das ich bewundert hatte, ohne je den Wunsch zu verspüren, es selbst zu erlernen. Aber jetzt, wo ich Rogelio dabei beobachtete, wie er den Unterricht begann, fing ich plötzlich an, meine Einstellung darüber zu ändern.

Die Übungen machten Spaß. Meine Kondition war zwar nicht besonders gut, aber Rogelio gab mir keinen Moment das Gefühl, zu schlecht für diese Sportart zu sein. Im Gegenteil. Er zeigte viel Geduld mit mir und hatte auch keine Probleme damit, etwas zweimal zu erklären, wenn ich es nicht auf Anhieb verstand.

Als meine Gastmutter Leticia uns nach der Stunde abholte, glühte mein Gesicht vor Aufregung und ich konnte es kaum erwarten, in zwei Tagen zur nächsten Stunde zu erscheinen.

„Und?“, fragte Lety. „Wie hat es euch gefallen?“

„Es war super“, antwortete Hugo und ließ sich in den Sitz neben mir fallen. „Hier will ich auf jeden Fall wieder hin.“

„Und du, Janna?“

„Hm?“

„Wie hat es dir gefallen?“, fragte Lety.

Ich hatte gar nicht richtig zugehört und zuckte mit den Schultern, weil ich immer noch nach draußen zu Rogelio sah.

„Janna fand es auch super“, antwortete Hugo für mich. „Sie hat sich total in den Prof verknallt.“

„Das stimmt doch gar nicht“, widersprach ich.

„Janna und der Prof“, sang Hugo und machte Kussgeräusche.

Ich schlug nach ihm und sah dann noch einmal aus dem Fenster. Rogelio stand an der Tür zu der kleinen Turnhalle, in der die Übungen stattfanden, und winkte mir nach. Ein kleines Lächeln lag auf seinem Gesicht und ich spürte, wie mein Herz anfing, schneller zu schlagen. Schüchtern winkte ich zurück.

Hugo irrte sich. Ich war nicht verknallt in Rogelio. Noch nicht. Aber die Chancen standen leider verdammt gut, dass sich das schon bald ändern würde.

Kapitel 6

Deutschland 2013

Die folgenden Tage verliefen ruhig. Ich ging zu meinen Vorlesungen, aß mittags mit Alexis und ging abends mit Cindy spazieren. Noch immer hatte ich keinen einzigen Anruf von jemandem, der eine Wohnung für mich hatte, was mich langsam frustrierte.

„Warum fragst du nicht einen Makler?“, schlug Alexis vor. „So haben Elma und ich damals unsere Bude gefunden.“

Ich schüttelte den Kopf. „Das ist mir zu teuer. Ich habe gehört, ein Makler nimmt zwei Monatsmieten als Provision. Dann habe ich ja kein Geld mehr, um mich einzurichten. Nein. Das geht nicht. Dann bleibe ich lieber zu Hause.“

„Und was, wenn du es mal im Internet versuchst?“

„Wo denn da?“

„Na, über Facebook. Studenten sind doch alle total loco mit Facebook. Vielleicht findet sich ja was.“

„Na ja. Ich weiß nicht …“

„Was hast du denn zu verlieren?“

„Keine Ahnung. Im Internet trifft man alle möglichen komischen Gestalten. Ich weiß ja nicht …“

„Vamos, Janna. Wer nichts wagt, hat sowieso verloren, oder wie war das noch mal?“

Ich lächelte und nickte dann. Also gut. Ich konnte es ja zumindest einmal versuchen.

Die erste WG, die ich besichtigen durfte, lag nicht weit vom Campus entfernt und wurde bereits von drei Mädchen bewohnt. Dementsprechend winzig war das Zimmer, das sie übrig hatten. Es waren vielleicht fünf Quadratmeter, in denen ich mit Cindy zusammen nie im Leben genug Platz haben würde. Die Mädchen hatten mir nämlich sofort klargemacht, dass der Hund in der Küche und im Flur nichts zu suchen hatte. Das war also schon mal ein Reinfall.

Das nächste Zimmer war bei einer Privatperson. Es war eine Frau Mitte fünfzig, die selber fünf Hunde hatte, und sie den ganzen Tag frei in der Wohnung herumlaufen ließ. Als ich hereinkam, bemerkte ich sofort den unangenehmen Geruch von nassem Hund, der offenbar auch dann in den Tapeten hing, wenn die Hunde überhaupt nicht mehr nass waren. Das Zimmer wäre zwar groß genug, aber ich fühlte mich in der Atmosphäre so unwohl, dass ich lieber verzichtete.

Die nächste Alternative war noch schlimmer. Es war ebenfalls ein Privathaushalt, aber dieses Mal von einem älteren Mann um die siebzig, der davon ausging, dass ich die gesamten Putzarbeiten übernahm, wenn ich bei ihm wohnte. Darunter fiel kochen, Wäsche waschen, bügeln, wischen und die Einkäufe erledigen. Als er mir dann auch noch dreist in den Hintern kniff, machte ich schnell, dass ich wieder wegkam.

„Alexis. Es ist zum Wahnsinnigwerden!", stöhnte ich in der Mensa. „Es kann doch nicht sein, dass alle Zimmer, in denen ich Cindy mitnehmen kann, so schrecklich sind. Das kann ich mir einfach nicht vorstellen."

„Vielleicht solltest du deine perrita dann einfach doch zu Hause lassen, Janna. Ich weiß ja, wie gern du sie hast, aber es geht wohl nicht anders."

Energisch schüttelte ich den Kopf. „Erst gestern habe ich gesehen, wie Max ihr einen Tritt gegeben hat, weil sie ihm im Weg lag. Ich weiß, dass er das nicht böse gemeint hat, aber Cindy ist einfach nicht mehr so schnell und ich habe Angst, dass er und Luisa sich nicht genug um sie kümmern, wenn ich weg bin. Papa ist zwar relativ viel da, aber er konnte sich noch nie besonders für Hunde erwärmen und hat damals auch nur ungern zugestimmt, als ich darauf bestanden habe, einen Hund zu bekommen. Ich musste sie so lange allein lassen, als ich in Mexiko war. Das mache ich nicht noch einmal. Auf gar keinen Fall. Ich kann sie nicht dalassen. Oder besser gesagt: Ich will es nicht."

„Wen kannst du nicht dalassen?", fragte eine bekannte Stimme hinter mir.

Ich drehte mich zu Josh um und mein Herz machte einen kleinen Satz. Ich konnte nicht genau erklären wieso, aber irgendwie fühlte ich mich in Joshs Gegenwart unbehaglich. Schnell versuchte ich dieses Gefühl zu überspielen und ließ ihn durch meine Blicke wissen, dass er unerwünscht war. Leider ließ er sich aber nicht so leicht abwimmeln, sondern sah Alexis lächelnd an und deutete auf den freien Stuhl neben ihr.

„Ist der noch frei?"

„Si. Claro." Alexis lächelte so fröhlich, als wäre sie nicht glücklich verheiratet, sondern gerade auf Bräutigamschau und absolut zu haben. Josh setzte sich hin und sah mich an. Seine nebelgrauen Augen fixierten mich mit einer Intensität, die mir unter die Haut ging.

„Also jetzt noch mal", sagte Josh. „Es geht doch sicher noch um die Wohnungssuche, oder?"

Als ich ansetzte ihn zu fragen, wie er das nun schon wieder erraten hatte, deutete er auf die Wohnungsbeschreibungen, die ich vor mir ausgebreitet hatte. Schnell schob ich die Zettel unter meine Mappe, aber Alexis schien nicht der Meinung zu sein, dass es Joshua nichts anging, wie es mit meiner Suche voranging.

„Janna hat eine perra vieja“, erklärte sie. „Einen alten Hund. Und in keine Wohnung darf dieser Hund mit rein.“

Josh nickte.

„Ja. Das kann ich mir vorstellen“, sagte er. „Ich hatte früher auch einen Hund, aber der ist leider gestorben.“

Ich zog die Augenbrauen nach oben, weil ich gar nicht so genau wissen wollte, wie der Hund gestorben war. Als Kind war es kaum möglich gewesen, Josh mit Tieren allein zu lassen. Wie bei allen Dingen fehlte ihm schlicht die Empathie und er bemerkte es nicht, wenn er ihnen wehtat. Ich erinnerte mich noch, dass er dem Nachbarshund einmal so heftig am Schwanz gezogen hatte, dass dieser ihm ins Gesicht biss. Jetzt, wo ich daran dachte, erkannte ich sogar noch die leichte Narbe an seiner Wange. Zum Glück war es kein schlimmer Biss gewesen, weil der Hund trotz allem noch Beißhemmungen gehabt hatte. Josh hatte Gott sei Dank etwas daraus gelernt und Hunde danach mit erheblich mehr Vorsicht behandelt.

„Kannst du deinen Hund denn nicht bei deinen Eltern lassen?“, fragte Josh.

„Nein, verdammt!“, zischte ich aggressiver als beabsichtigt. Ich hatte einfach die Nase voll davon, mir Ratschläge von Leuten abzuholen, die keine Ahnung hatten. „Wolltest du was Bestimmtes?“

Joshua sah mich an, ohne auf meine Feindseligkeit einzugehen, und ich staunte wiederholt, wie gleichgültig er in Bezug auf zwischenmenschliche Signale war. Meine zickige Art schien ihn überhaupt nicht zu beeindrucken.

„Du hast dich über Facebook nicht gemeldet“, sagte Josh und ich bekam sofort ein schlechtes Gewissen. Das hatte ich komplett vergessen. Dabei hatte ich doch vorgeschlagen, eine Gruppe einzurichten.

„Ich habe mit Devi jetzt abgemacht, dass wir uns

nächsten Freitag bei mir zu Hause treffen, um das mit dem Projekt durchzusprechen. Um sieben Uhr. Passt dir das?“

Ich ging im Kopf kurz meinen Terminplan durch und schüttelte dann den Kopf.

„Freitags muss ich mindestens bis sechs Uhr arbeiten. Wenn ich dann noch bis nach Dortmund fahren muss, schaffe ich das nicht pünktlich.“

„Dann vielleicht halb acht?“

Ich nickte.

„Ja. Das könnte schon eher klappen.“

„Gut. Dann wäre das ja geklärt.“ Er lächelte. „Dann sehen wir uns Freitag.“

„Moment!“, rief ich ihm hinterher. „Ich brauche noch die Adresse.“

Irritiert runzelte Josh die Stirn. „Weißt du die denn nicht mehr?“

„Wo… woher?“

„Es ist dasselbe Gebäude, in dem wir damals schon gewohnt haben. Das neben eurem alten Haus.“

„Aber … ich dachte, das gehört euch gar nicht mehr.“

„Tut es auch nicht. Früher gehörte es meinem Vater und jetzt gehört es meiner Oma. Sie hatte doch früher schon die obere Wohnung und inzwischen wird die untere halt vermietet. Ich hatte wirklich Glück, dass die letzten Mieter vor ein paar Monaten rausgegangen sind. Jetzt wohne ich unten. Perfekter geht es doch nicht, oder?“

Er zwinkerte mir zu und ich hatte das blöde Gefühl, als hätte ich etwas nicht mitbekommen. Dann verabschiedete Josh sich und ließ mich und Alexis allein zurück.

„Also du kannst mir ja erzählen, was du willst, aber der Kerl flirtet mit dir“, sagte sie.

Ich schüttelte den Kopf. Bei jedem anderen Jungen hätte ich ihr zugestimmt, aber nicht bei Josh. Nett und freundlich zu sein gehörte einfach zu seinem Wesen. Flirten sah bei ihm wahrscheinlich ganz anders aus. Zumindest hoffte ich das.

„Luigi. Das kann doch nicht dein Ernst sein", warf ich meinem Chef vor. „Ich hatte dir vorher gesagt, dass ich keine Zeit habe, länger zu machen. Ich muss zu einem Uniprojekt."

„Dio cane. Und ich kann den anderen nicht sagen, dass sie keine Pause bekommen", erwiderte dieser und knallte einen Erdbeerbecher vor mir auf den Tresen. „Du kannst Schlussmachen, sobald sie wieder da sind."

Frustriert warf ich die Arme nach oben und griff mir den Eisbecher, um ihn an seinen Tisch zu bringen. Für Oktober war es an diesem Freitag ungewöhnlich warm und es waren mehr Kunden gekommen, als mein italienischer Chef erwartet hatte. Da ich meine Kolleginnen aber auch nicht hängen lassen wollte, blieb mir nichts anderes übrig, als in den sauren Apfel zu beißen und weiterzumachen. Ich jobbte in der Dülmener Eisdiele schon seit meinem siebzehnten Lebensjahr und hatte mir damit auch meine häufigen Besuche in Mexiko finanziert. Mit meinem Chef kam ich normalerweise gut aus, aber wenn es nicht so lief, wie er es gerne hätte, konnte er ganz schön ungemütlich werden.

Am liebsten hätte ich Josh angerufen und ihm abgesagt, aber ich hatte ja seine Handynummer nicht. Aufgrund meiner Sturheit hatte ich also jetzt nur die Wahl, ihn zu versetzen oder mich nach der Arbeit zu beeilen, damit ich wenigstens noch einigermaßen pünktlich kam.

Ich entschied mich eine Stunde später für Zweiteres. Statt nach Hause zu gehen, mich zu duschen und umzuziehen, fuhr ich in meiner Arbeitskleidung auf direktem Wege mit dem Fahrrad zum Bahnhof und erwischte den Zug nach Dortmund noch gerade so.

Als ich saß, konnte ich zumindest einmal durchatmen und schrieb Josh eine Nachricht bei Facebook, dass ich später kommen würde. Mindestens eine Stunde später, um genau zu sein, aber das würde schon kein Problem sein. Wir wollten schließlich nur ein Thema aussuchen und nicht das gesamte Projekt am ersten Tag machen.

Kapitel 7

Deutschland 2013

Als ich in meiner alten Nachbarschaft in Dortmund-Dorstfeld ankam, durchflutete mich ein eigenartiges Gefühl der Nostalgie. Ich war ewig nicht mehr hier gewesen. Obwohl ich inzwischen in Dortmund studierte, hatte es mich noch nicht wieder in diesen Stadtteil verschlagen. Warum auch? Hier fanden schließlich keine Vorlesungen statt.

Es wunderte mich, dass sich so wenig verändert hatte. Die gleichen kleinen Häuschen, der alte Spielplatz mit der kaputten Schaukel und die schönen Bäume am Wegesrand. Ich hatte sehr viele gute Erinnerungen an diesen Ort und fand es immer noch schade, dass wir fortgezogen waren. Dülmen war zwar auch schön und ich verstand, dass wir hingehen mussten, wo es für meine Eltern Arbeit gab. Trotzdem fiel es mir schwer, nicht an meine Kindheit zu denken, während ich unser altes Haus betrachtete. Es war inzwischen halb neun und ich sollte mich eigentlich beeilen. Dennoch kam ich nicht umhin, das helle Gebäude mit den dunklen Fensterläden zu betrachten und mich zu fragen, wer es wohl jetzt bewohnte.

„Hallo, Fräulein“, sagte in diesem Moment eine ältere Dame. „Sie stehen mir im Weg.“

„Oh“, brachte ich hervor und sprang sofort zur Seite, um die Frau mit ihrem Rollator vorbeizulassen. Sie steuerte direkt auf das Haus zu, das ich als Joshuas in Erinnerung hatte und ich kniff die Augen zusammen.

„Sind … sind Sie die Großmutter von Josh?“, fragte ich etwas unsicher und kramte in meinem Gedächtnis.

In meiner Erinnerung war Joshs Großmutter aufrecht gegangen und hatte erheblich mehr Pfunde auf den Hüften gehabt. Ich hoffte, dass die Gewichtsabnahme nicht einer Krankheit zu verschulden war. Die alte Frau sah sich nach mir um und schob nun ihrerseits ihre Brille zurecht.

„Ja, das bin ich“, sagte sie. „Kenne ich Sie?“

„Ja … Ich meine … Na ja. Sie kannten mich, als ich noch kleiner war. Ich bin Janna Meyer. Wir … wir haben früher in diesem Haus hier gelebt.“

„Aaaah. Janna. Natürlich erinnere ich mich. Du gute Güte. Das ist ja schon eine Ewigkeit her. Wie geht es dir denn, Mädchen? Was macht deine Mutter?“

„Der geht es gut. Ich … ich wollte eigentlich Joshua besuchen. Ist er da?“

„Oh. Das weiß ich nicht, Kind. Der Junge erzählt mir ja nichts. Als ich das Haus verlassen habe, war er nicht da. Aber das ist ja auch schon drei Stunden her, nicht wahr? Ich war einkaufen.“

Sie zeigte auf ihren vollen Korb am Rollator und ich nickte.

„Soll ich Ihnen helfen, das Zeug nach oben zu tragen?“, fragte ich zuvorkommend.

„Oh ja. Das wäre lieb, Janna. Würdest du das wohl tun?“

Sie schloss die Tür auf und wir kamen in einen Flur, an den ich mich gut erinnern konnte. Links führte eine Treppe nach oben zu den Räumlichkeiten von Joshs Großmutter. Das wusste ich noch. Und gegenüber ging es zu Josh und seinen Eltern. Aber es war alles viel heller als früher.

„Wir haben renoviert, nachdem Birgit damals nach Kanada gegangen ist“, erklärte Joshs Großmutter, als hätte sie meine Gedanken gehört. „Wurde auch mal höchste Zeit."

Ich nickte und griff beherzt nach den Tüten. Joshs Großmutter stellte währenddessen ihren Rollator zur Seite und verfrachtete ihren schmalen Körper in einen Treppenlift, der für sie bereitstand.

„Es wäre wunderbar, wenn du die Tüten einfach vor der Tür oben abstellen könntest, Janna, Schätzchen", sagte sie lächelnd. „Den Rest schaffe ich dann schon alleine."

„Sicher?", fragte ich skeptisch, während sie einen Knopf drückte, der sie langsam die Treppe hinaufbeförderte.

„Ja, ja. Natürlich. Keine Sorge. Das schaffe ich schon."

Ich tat wie geheißen und lief an ihr vorbei die Treppe hoch. Dort stellte ich die Tüten vor die Tür und machte mich wieder an den Abstieg. Ich verstand nicht ganz, warum Joshs Großmutter unbedingt oben wohnen wollte, obwohl sie die Treppen gar nicht mehr bewältigen konnte. Vielleicht hatte sie sich aber auch einfach an die Wohnung gewöhnt und wollte sie nicht wieder aufgeben.

„Auftrag erledigt", sagte ich auf dem Weg nach unten. „Kann ich Ihnen sonst noch irgendwie helfen?"

„Nein, nein", sagte sie im Vorbeifahren. „Geh du ruhig zu Josh runter, Kind. Er wartet sicher schon auf dich."

Ich nickte. Da hatte sie wahrscheinlich recht.

Unten klopfte ich direkt an die Tür. Ich musste nicht lange warten, bis Josh erschien.

„Janna", sagte er irritiert und rieb sich die Augen, als hätte er geschlafen.

Auch seine Kleidung wirkte nicht, als hätte er noch mit Besuch gerechnet. Er trug nur lange Boxershorts und ein T-Shirt mit der Aufschrift: ‚Der frühe Vogel kann mich mal'. Seine Haare standen ihm verstrubbelt vom Kopf ab.

Verwundert sah ich auf die Uhr. Es war doch erst neun. Wie konnte er da schon schlafen? Vor allem, wo wir doch verabredet waren.

„Ich … komme ich ungelegen? Ich weiß ja, dass ich zu spät dran bin, aber …"

„Zu spät?", fragte Josh. „Du bist zu früh. Eine ganze Woche, um genau zu sein. Als ich nächsten Freitag sagte, meinte ich auch nächsten und nicht diesen. Hatte ich das falsch ausgedrückt? Ach, Mist. Deutsch ist manchmal verwirrend."

„Oh." Ich wurde rot. „Das tut mir so leid. Ich wollte nicht …Ach Mist. Ich habe mich so beeilt und mir extra freigenommen."

Josh grinste, wodurch wieder die süßen Grübchen an seinen Wangen erschienen.

„Schon gut. Komm doch rein. Wir können uns ja trotzdem über das Projekt unterhalten."

„Aber das müssen wir nicht", sagte ich sofort.

Ich hatte damit gerechnet, dass Devi hier sein würde. Mit Josh alleine in der Wohnung zu sein, machte mich nervös.

„Ach, Unsinn. Ich lasse dich doch nicht hier vor der Tür stehen. Komm schon rein, aber zieh bitte die Schuhe aus."

Er ließ die Tür offen stehen und erwartete offensichtlich, dass ich ihm folgte. Also streifte ich meine Arbeitsschuhe ab und ging auf Socken hinter Josh her.

Die Wohnung war überraschend sauber. Kein Haar war auf dem Boden zu finden und es war alles penibel aufgeräumt. Wir gingen als Erstes durch den langen Flur, den ich von früher kannte, vorbei an zwei Zimmern, von denen das eine Joshs Kinderzimmer und das andere das Schlafzimmer der Eltern gewesen war. Dann kamen wir ins Wohnzimmer.

Natürlich sah es nicht mehr so aus, wie ich es in Erinnerung hatte. Es war größer, was bedeuten musste, dass sie die Wand zum früheren Büro eingerissen hatten, um mehr Platz zu schaffen. Die schweren Ledermöbel und der alte Schrank waren weg. Dafür stand hier jetzt eine hübsche, weiße Couch mit Lederbezug. Aber der Schnitt war derselbe und auch der Geruch ließ mich automatisch an früher denken. War das Wohnzimmer früher schon gefliest gewesen? Ich erinnerte mich nicht mehr.

„Warte eben", bat Josh. „Ich ziehe mir nur kurz eine Hose an."

Ich nickte und lief langsam an den Schränken entlang, auf denen Fotos von Josh und seiner Familie standen. Offenbar hatte man alles getan, um die Wohnung hübsch für ihn einzurichten. So viel Aufwand, nur für ein Semester. Aber vielleicht hatte die alte Dame sonst nicht viel zu tun und freute sich, wenn sie es ihrem Enkel so gemütlich wie möglich machen konnte.

Eine Minute später war Josh wieder da.

„So. Setz dich doch", sagte er. „Was möchtest du trinken?"

„Ich … äh. Wasser wäre gut."

Josh lächelte. „Ansonsten habe ich auch nur Cola. Und die mochtest du ja nicht, wenn ich mich richtig erinnere."

„Das weißt du noch?" Überrascht sah ich ihn an.

Er strich sich die Haare zurück und nickte. Dann holte er aus dem Wohnzimmerschrank zwei Gläser und eine Flasche Mineralwasser.

„Du mochtest keine Cola und ich durfte keine", sagte er. „Deswegen hast du mir immer wieder deine zugesteckt, obwohl du genau wusstest, dass ich dadurch total durchdrehe. Wenn ich heute darüber nachdenke, war das nicht besonders nett."

Ich biss mir auf die Unterlippe. „Ich weiß", gab ich zu. „Aber du hast so gequengelt."

Josh lächelte und goss mir ein. Dann schob er mir das

Glas entgegen. „Tust du heute immer noch alles, wenn ich nur lange genug quengele?", fragte er mit einem anzüglichen Unterton.

Erschrocken sah ich ihn an und entspannte mich, als ich an seinem Grinsen erkannte, dass er mich nur aufziehen wollte.

„Danke", sagte ich und nippte etwas davon. „Es tut mir leid, dass ich hier so unangekündigt reinschneie. Ich … ich hatte dir extra bei Facebook geschrieben."

„Ach, wirklich?", fragte Josh überrascht. „Das habe ich gar nicht mitbekommen. Ich war … beschäftigt."

Ich traute mich nicht zu fragen, womit er beschäftigt gewesen war, also setzte ich mich auf der Couch zurecht und sah in den Garten, der direkt vom Wohnzimmer über eine Terrasse zu erreichen war. Soweit ich mich erinnerte, war er nicht besonders groß, aber es gab einen kleinen Weg hinter dem Tor, der direkt in den Wald hineinführte. Josh und ich hatten als Kinder dort ganz häufig gespielt.

„Es ist komisch, wieder hier zu sein", gab ich zu.

„Tja. Was meinst du, wie ich mich erst gefühlt habe. Immerhin war das hier lange mein Zuhause."

Ich nickte und räusperte mich dann. „Also gut", sagte ich. „Genug in der Vergangenheit geschwelgt. Wenn du der Meinung bist, wir können ruhig über das Projekt reden, dann sollten wir das auch tun. Also. Was hast du dir vorgestellt?"

„Na ja. Ich habe wie gesagt mit Devi ausgemacht, dass wir den praktischen Teil übernehmen und sie die Auswertung. Den Vortrag müssen wir dann natürlich gemeinsam halten. Das Thema können aber im Prinzip wir beide aussuchen."

„Und? Schon irgendwelche Ideen?"

„Ja. In der Tat. Ich hatte mir überlegt, dass wir in eine Schule gehen und die Kinder nach ihrem Medienkonsum befragen könnten. So wie bei der KIM-Studie. Du weißt schon."

Ich schüttelte den Kopf. Ich wusste es nicht. Ich kannte wohl die PISA-Studie und auch von der IGLU-Studie hatte ich schon gehört. Die KIM-Studie war mir hingegen kein Begriff.

„Und du willst eine deutsche Studentin sein?", fragte Josh irritiert. „Ich dachte, du studierst Pädagogik."

„Lehramt", korrigierte ich. „Das ist nicht das Gleiche. Pädagogik gehört zwar zu meinen Hauptfächern, aber da lerne ich eher etwas über Piaget und Erik Erikson. Erklär mir doch einfach, was die KIM-Studie ist."

„Also gut. KIM steht für ‚Kinder und Medien, Computer und Internet'."

„Müsste es dann nicht eigentlich KMCI-Studie heißen?", fragte ich.

Josh schüttelte den Kopf. „Tut es aber nicht. Und der Name ist ja eigentlich auch egal. Es geht dabei um eine Untersuchung zum Medienverhalten von Kindern. Es wird also abgefragt, wie häufig und wie lange sie fernsehen, welche Medien sie besitzen und wie wichtig diese ihnen sind. So was eben in der Art."

„Okay. Aber wenn es diese Untersuchung schon gibt, warum sollen wir sie dann noch mal machen?"

„Diesmal nehmen wir uns nicht die Kinder vor, sondern eher die Lehrer. Das heißt, wir befragen die Kinder nach ihrem Medienbesitz und versuchen dann herauszufinden, was die Lehrer darüber wissen. Also, ob sie mit ihren Schätzungen richtig oder total danebenliegen. Das könnte wirklich spannend werden."

„Ist das nicht ein viel zu großes Projekt für so kurze Zeit?"

„Ach was. Das klappt schon. Wir müssen nur zusehen, dass wir früh genug loslegen, und wir sollten uns ganz explizit auf einige wenige Fragen beschränken."

„Und welche Schule hattest du dabei im Sinn?"

„Na, die Funke Grundschule hier in Dortmund."

„Du meinst unsere alte Grundschule?"

Überrascht sah ich ihn an, als er nickte.

„Klar. Warum nicht?"

Ja. Warum auch nicht?, dachte ich und nippte wieder an meinem Glas.

In diesem Moment hörte ich von nebenan Schritte.

„Joshi?", fragte eine verschlafene, weibliche Stimme und ich erstarrte.

„Ich dachte, es wäre niemand sonst zu Hause", raunte ich, aber Josh blieb die Ruhe selbst und zuckte nur mit den Schultern.

„Joshi", säuselte die Stimme. „Wo bist du denn? Komm doch wieder ins Bett, dann können wir …"

Die Frau verstummte, als sie nur mit einem Bettlaken bekleidet in der Wohnzimmertür ankam und ihr klar wurde, dass ein fremdes Mädchen bei ihrem Angebeteten auf der Couch saß. Unbewusst versuchte ich, mir ein Bild von ihr zu machen. Sie schien etwas älter zu sein als ich und hatte ein hübsches Gesicht asiatischer Herkunft. Ihr dunkles Haar war zerzaust, was keinen Zweifel mehr daran ließ, was sie und Joshua getrieben hatten, während ich seiner Oma dabei geholfen hatte, die Einkäufe nach oben zu bringen.

„Wer ist die denn?", fragte das Mädchen.

Sofort sprang ich auf. „Das ist nicht wichtig", erklärte ich sofort. „Ich wollte sowieso gerade gehen."

„Warum denn? Wir sind doch noch gar nicht fertig", protestierte Josh.

„Oh doch. Das sind wir. Fix und fertig sogar."

Schnell eilte ich an dem Mädchen vorbei und zog mir meine Schuhe an. Bevor Josh noch etwas sagen konnte, war ich schon zur Tür hinaus und auf dem Bürgersteig. Erst dort fiel mir durch den kalten Wind auf, dass ich meine Jacke drinnen vergessen hatte. Am liebsten hätte ich aus Stolz auf die Jacke verzichtet, aber leider steckte mein Portemonnaie in der Jackentasche und somit auch mein Zugticket und alle meine Papiere. Und darauf konnte ich dann doch nicht verzichten. Mit hochrotem Kopf klingelte ich an der Tür und eine Sekunde später stand Joshua mit irritierter Miene vor mir. Meine Jacke hatte er sich lässig über die Schulter gehängt und er trug bereits Schuhe, als hätte er gerade vorgehabt, mir zu folgen.

„Äh, danke“, sagte ich und war froh, das fremde Mädchen nicht hinter ihm zu sehen. Die Situation war mir furchtbar peinlich. Am liebsten hätte ich mich sofort umgedreht und wäre weggerannt, aber Josh schien andere Pläne zu haben.

„Komm. Ich bringe dich noch zum Bahnhof“, sagte er und schob mich nach draußen.

„Äh. Das ist aber nicht nötig“, sagte ich halbherzig.

„Doch, doch“, erwiderte Josh. „Die Kriminalität ist hier in Dorstfeld in den letzten Jahren ganz schön gestiegen. Könnte daran liegen, dass hier immer mehr Ausländer leben. Nicht, dass ich Vorurteile habe. Das wäre ja ganz schön paradox, wo mein Freundeskreis praktisch nur aus Ausländern besteht.“ Er zwinkerte mir zu. „Trotzdem habe ich die Erfahrung gemacht, dass es besser ist, die Mädchen zum Bahnhof zu bringen, als sie alleine gehen zu lassen.“

„Das ist … nett von dir. Aber was ist mit deiner Freundin? Stört es sie nicht, wenn du mich bringst?“

Josh sah mich einen Moment verwirrt an und musste dann lachen.

„Ach. Du meinst Xia. Keine Sorge. Wir sind nicht zusammen. Sie bringe ich nachher auch noch zum Bahnhof.“

Ich nickte.

„Stört es deine Oma gar nicht, wenn du fremde Mädchen mit nach Hause bringst?“

„Nein, nein. Solange ich Rücksicht nehme, ist das kein Problem. Ohne ihr Hörgerät hört Granny ohnehin kaum noch etwas. Und außerdem ist es ja nicht so, als würde ich jede Woche jemanden mit nach Hause bringen."

Ich nickte und konzentrierte mich auf den Gehweg. Waren die Steine hier früher auch schon so klein gewesen? Irgendwie waren sie mir als Kind größer vorgekommen.

„Wann fährt dein Zug denn?", fragte Josh, als wir am Bahnhof ankamen.

„Er müsste in ein paar Minuten hier sein."

Josh nickte. „Dann ist gut. Wie gefällt dir denn meine Wohnung?"

„Gut", sagte ich sofort. „Super. Sie ist wirklich toll. Ich hätte nie gedacht, dass du so ordentlich bist."

Josh rieb sich das Kinn, als wäre ihm das Kompliment unangenehm. „Nun ja. Ich fürchte, ich habe einen kleinen Ordnungsfimmel."

„Tatsächlich? Das hattest du früher aber noch nicht."

Ich erinnerte mich genau daran, dass sein Kinderzimmer immer das reinste Chaos gewesen war. Schlimmer noch als meins.

„Na ja. Ich habe gemerkt, dass Ordnung mir hilft, mein Leben zu organisieren. Ich fühle mich wohler, wenn alles seinen Platz hat."

In diesem Moment frischte der Wind auf und ich zog meine dünne Jacke enger um die Schultern. Jetzt erst fiel mir auf, dass Josh überhaupt keine Jacke und auch keinen Pullover trug.

„Sag mal, ist dir nicht kalt?"

„Bis gerade nicht. Aber jetzt, wo du es sagst, merke ich es auch. Waren es nicht heute Nachmittag noch neunzehn Grad?"

Ich nickte. „Ja. Wir hatten in der Eisdiele einiges zu tun."

„Du jobbst in der Eisdiele?“

„Ja. Das ist im Herbst der beste Job, den man sich vorstellen kann. Kaum Kundschaft, man kann zwischendurch lesen und ich darf so viel Eis essen, wie ich möchte.“

Josh lächelte. „Das kann ich mir vorstellen. Du hast früher auch schon so viel Eis gegessen. Was war noch mal deine Lieblingssorte? Stracciatella?“

Überrascht sah ich ihn an. „Das weißt du noch?“

„Ich weiß die meisten Dinge noch, die ich im Laufe meines Lebens gelernt habe. Ich habe ein ziemlich gutes Gedächtnis. Weißt du denn nicht mehr, was ich am liebsten mochte?“

„Doch“, gab ich zu. „Erdbeere. Das ist nämlich die einzige Sorte, die ich nicht mag. Und dir hat es immer Spaß gemacht, mir genau von dieser Sorte eine Kugel mitzubringen.“

Josh grinste. „Oh ja. Das weiß ich noch. Magst du Erdbeere immer noch nicht?“

„Es geht so.“ Ich verzog das Gesicht und wir mussten beide lachen.

„Es ist wirklich schön, dass wir uns wiedergetroffen haben“, bemerkte Josh und ich war erstaunt über die Aufrichtigkeit in seiner Stimme.

„Ja“, gab ich zu. „Irgendwie schon.“

Nachdenklich sah ich ihn an und fragte mich, was wohl passiert wäre, wenn er damals nicht fortgezogen wäre. Wären wir beste Freunde geblieben, so wie wir es uns geschworen hatten, oder wäre uns irgendwann die Pubertät dazwischen gekommen und wir hätten uns zerstritten? Vielleicht hätte aus uns sogar ein Liebespaar werden können und mir wäre das ganze Mexiko-Desaster erspart geblieben. Aber was gewesen wäre wenn, würden wir wohl nie erfahren und in gewisser Weise machte mich das traurig.

„Du, ich glaube, da kommt mein Zug“, sagte ich, als ich die Lichter in der Ferne leuchten sah. „Nett von dir, dass du mich gebracht hast.“

„Kein Problem. Das mache ich nächste Woche gerne wieder. Und dann habe ich auch abgesehen von Devi keine anderen Mädchen da. Versprochen.“

Er lächelte und ich spürte, wie ich errötete. Meine Güte. War ich schon immer so ein Jammerlappen in der Nähe eines gut aussehenden Mannes gewesen? Ich hoffte ja mal nicht. Aber ich hatte um ehrlich zu sein keine Ahnung.

„Ach ja. Bevor ich es vergesse. Hier ist übrigens meine Handynummer. Dann kannst du mich beim nächsten Mal anrufen, wenn es Unklarheiten wegen des Termins gibt.“

Ich nickte und nahm eine Visitenkarte entgegen.

Joshua Martin
Webdesigner

„Du hast deine eigene Firma?“, staunte ich.

„Ja.“

„Warum studierst du dann Pädagogik?“

„Ganz ehrlich?“

Ich nickte.

„Weil es einfach ist. Meine Familie nervt mich ständig damit, dass ich endlich einen Abschluss machen soll und Pädagogik kann ich studieren, ohne dafür meine Arbeit am Computer aufgeben zu müssen.“

„Warum dann nicht Informatik?“

Er zuckte mit den Schultern. „Vielleicht wollte ich ja meinen Horizont erweitern.“

Skeptisch sah ich ihn an.

„Du kannst dir ja mal meine Arbeit im Internet ansehen“, schlug er vor.

„Das werde ich."

Der Zug hielt an und ich drückte auf den Knopf, der die Türen öffnete.

„Danke, Josh, und … tut mir leid, dass ich dir dein Date versaut habe."

Er winkte ab. „Schon gut. Mir tut es leid, dass ich dich nicht vorgewarnt habe. Mach's gut, Janna. Wir sehen uns."

Ich nickte und stieg dann schnell ein, bevor sich noch jemand beschweren konnte, dass ich die Tür blockierte. Ich suchte mir einen Platz am Fenster und sah noch, wie Josh ein letztes Mal winkte, bevor der Zug anfuhr. Da stand er in seinem dünnen T-Shirt und schien überhaupt nicht zu frieren. Ein eigenartiger Kerl, das musste man schon sagen. Josh war eindeutig eine Nummer für sich.

Kapitel 8

Deutschland 2013

„Es ist nicht zu fassen, Ale. Du kannst dir gar nicht vorstellen, was für eine schreckliche Wohnung ich mir heute angesehen habe."

Ich klemmte das Telefon zwischen Schulter und Ohr und lud mir eine Fanta auf mein Essenstablett.

„Erzähl", sagte Alexis auf der anderen Seite. „Es tut mir ja leid, dass ich heute nicht da sein kann. Dieses Blockseminar ist stinklangweilig. Ich würde viel lieber mit dir in der Mensa essen."

Ich lächelte. Alexis war wirklich süß.

„Das war die Wohnung von einem Messi. Ganz ehrlich. So ein Gestank. Das hast du noch nicht erlebt. Überall Müll. Das kannst du dir gar nicht vorstellen."

Nach der Wohnung mit den vielen Hunden und der mit dem alten Lustgreis hatte ich gedacht, es könnte nicht mehr schlimmer kommen, aber da hatte ich mich wohl geirrt. Schlimmer ging immer.

„Amiga. Lass dich nicht unterkriegen. Das wird schon noch. Du musst einfach nur Geduld haben."

Ich sah, wie Josh mir von der anderen Seite des Raumes aus zuwinkte, und nickte vorsichtig zurück. In diesem Moment hörte ich, wie ein weiterer Anrufer anklopfte.

„Oh, Ale. Ich muss schlussmachen. Vielleicht ist das ja diesmal der perfekte Vermieter."

„Na, ich drücke dir die Daumen. Meld dich später, si?"

„Klar. Bis dann."

Ich legte auf und drückte sofort auf Annehmen. Die Nummer war unbekannt.

„Janna Meyer", sagte ich in der Hoffnung, einen potenziellen Vermieter am Apparat zu haben.

„Janna. Como estas, Leona?"

Mehr brauchte ich nicht, um zu wissen, wer es war. Sofort sackte mir das Herz in die Hose und ich war so erschrocken und überrumpelt, dass ich zu zittern begann. Das Tablett rutschte mir aus der Hand, ich versuchte es aufzufangen, aber im gleichen Moment entglitt mir noch zusätzlich das Handy und mit einem großen Scheppern und Klirren, fiel alles zu Boden.

Einen Moment lang stand ich einfach nur da und starrte die Bescherung an. Ich verstand im ersten Moment gar nicht, dass ich es war, die dieses Chaos verursacht hatte. Die gesamte Mensa schien mich anzustarren, aber ich fühlte mich trotzdem außerstande, mich zu rühren. Erst als einige Leute begannen, meine Sachen einzusammeln, fand ich langsam den Weg in die Realität zurück.

„Oh Gott, das tut mir so leid", stotterte ich, während ich versuchte, die Scherben des Tellers wieder zusammenzusammeln.

Eine Putzhilfe aus der Küche kam dazu, weil der Boden durch die Tomatensoße völlig verdreckt war.

„Telefonieren und Tablett tragen gleichzeitig war noch nie eine gute Idee", sagte sie mit genervtem Unterton.

„Ich … ich … Das wollte ich nicht."

Ich zitterte immer noch und schaffte es kaum, die Scherben richtig anzufassen. Mein Gott. Warum musste so etwas auch immer mir passieren? Warum war ich überhaupt dran gegangen, wenn die Nummer unbekannt war? Ich hätte es wirklich besser wissen müssen.

„Janna", sagte in diesem Moment Josh und zog mich auf die Beine. „Lass nur. Die Leute machen das schon."

Ich schüttelte den Kopf. Ich wollte helfen. Ich hatte

dieses Chaos angerichtet und wollte es auch wieder beseitigen.

„Hier", sagte Josh und hielt mir mein Handy entgegen. „Ich habe es da hinten auf dem Boden gefunden."

Dankbar nickte ich und streckte die Hand danach aus. Da erst fiel mir auf, dass das Rote an meinen Händen nicht bloß Tomatensoße sein konnte. Auch Josh sah es sofort.

„Janna. Du blutest ja."

„Oh", sagte ich und starrte meine Hand an.

Wie es aussah, hatte ich mir mit den Scherben wohl einen ordentlichen Schnitt zugefügt. Ich spürte zwar noch nichts davon, aber das würde sicherlich kommen, sobald ich mich wieder ein bisschen beruhigt hatte.

„Komm mit", sagte Josh und zog mich unerbittlich Richtung Toiletten.

„Aber ich … Ich muss doch noch zahlen."

„Vergiss es, Janna. Wir kümmern uns jetzt erstmal um deine Hand."

Er zog mich hinter sich her und ich protestierte noch nicht einmal, als er mich mit ins Männerklo zog. Vermutlich war es einfacher, als Frau im Männerklo geduldet zu werden, als umgekehrt. Eigentlich unlogisch, wenn man bedachte, dass die meisten Männer schön aufgereiht nebeneinander im Stehen pinkelten, während die Frauen jeweils eine eigene Kabine hatten.

Josh hielt meine blutende Hand unter das fließende Wasser und betrachtete sie eingehend.

„Ist nicht besonders tief", urteilte er. „Ein bisschen Desinfektionsmittel und ein Pflaster sollten reichen."

„Okay. Hast du zufällig so was dabei?" Langsam beruhigte ich mich wieder.

Josh schüttelte den Kopf. „Nicht hier", gab er zu und zog ein Taschentuch aus seiner Tasche.

„Hier. Drück das auf die Wunde und komm mit. Ich weiß, wo wir eins herbekommen."

In den Räumlichkeiten der Fachschaft für Pädagogik war ich noch nie gewesen. Aber Josh kannte sich hier aus, denn er wurde sofort freundlich von einem jungen Mann mit langen Rastazöpfen begrüßt.

„Hey, Josh. Was geht ab?“

„Bei mir ist alles gut“, sagte Josh und klatschte den Mann ab. „Aber meine Freundin hat sich geschnitten. Wir bräuchten einmal den Erste-Hilfe-Kasten.“

Der Mann nickte. „Kein Ding. Du weißt ja, wo alles ist.“

Josh nickte und zog mich in den hinteren Teil des Raumes, wo er einen Kasten aus einem Schrank zog.

„Na, du scheinst dich ja ganz gut hier auszukennen“, bemerkte ich.

Josh zuckte mit den Schultern. „Die anderen Austauschstudenten und ich hängen hier oft rum, wenn wir Freistunden haben. Ist doch eigentlich ganz bequem.“

Ich verzog den Mund. Die alten Sofas wirkten muffig und kamen mir gar nicht so bequem vor, aber zur Not würde es wohl gehen.

„Setz dich“, befahl Josh und drückte mich hin.

Ich widersprach nicht, als er sich neben mich hockte und meine Hand inspizierte.

„Au!“, rief ich, als Josh das Tuch hochnahm. Die Wunde in meinem Handballen fing sofort wieder an, zu bluten. „Sicher, dass das nicht genäht werden muss?“, fragte ich.

„Nein, nein. Keine Sorge. Das ist rein oberflächlich. Es blutet jetzt nur, weil das Tuch sich daran festgesetzt hatte.“

Er tupfte die Wunde routiniert ab und ich staunte, dass er dabei so vorsichtig war.

„Das sieht aus, als hättest du das schon öfter gemacht.“

„Hm? Na ja. Ich habe vier jüngere Geschwister. Da gab es schon einige Verletzungen.“

„Vier?“, fragte ich überrascht. „Mir war gar nicht bewusst, dass du überhaupt Geschwister hast.“

Wenn ich darüber nachdachte, musste ich zugeben, dass er es irgendwann schon einmal erwähnt hatte, aber es war mir nicht wirklich im Gedächtnis geblieben.

„Mein leiblicher Vater wollte nie so viele Kinder. Ich glaube, das war einer der wenigen Punkte, in denen meine Mutter und er sich nie einig waren. Vielleicht hätte sie ihn auch noch überredet, ein paar weitere zu bekommen, aber dann war ja der Flugzeugunfall."

Er verstummte und tupfte weiter Jod auf meine Wunde. Das Thema schien ihm schwerzufallen.

„Das Flugzeug musste damals notlanden, nicht wahr?"

Josh nickte. „Mein Vater war auf einer Geschäftsreise in China. Als er zurückkam, gab es Turbulenzen. Schlimme Turbulenzen. Ich habe mich später mal erkundigt und aus den Medienberichten entnommen, dass ein Triebwerk ausgefallen ist. Bei der Notlandung gab es dann Komplikationen und die Maschine ist explodiert."

Er schüttelte den Kopf und ich sah, wie sich auf seinen Armen eine Gänsehaut bildete. Vermutlich dachte er genau wie ich gerade daran, wie schrecklich die letzten Minuten im Leben seines Vaters gewesen sein mussten. Darüber durfte man gar nicht so lange nachdenken.

„Seit ich von dem Tod meines Vaters erfahren habe, habe ich es nicht mehr geschafft, ohne zu zittern in ein Flugzeug zu steigen", gab Josh zu. „Ich brauche jedes Mal Beruhigungspillen."

„Oh Gott. Das ist ja schrecklich."

Josh erwiderte nichts, sondern befasste sich weiter mit meiner Wunde.

„Ich glaube, meine Mutter und ich hatten großes Glück, dass sie bald nach Vaters Tod Andrew kennengelernt hat", griff er das Thema schließlich wieder auf. „Er hat mich immer wie einen Sohn behandelt und mich nie spüren lassen, dass ich nicht sein leibliches Kind bin. Das rechne ich ihm hoch an. Meine Geschwister sind alle in Kanada geboren. Sarah ist neun, Laura ist sieben und die Zwillinge sind erst fünf."

„Wow. Und ich dachte, ich hätte junge Geschwister."

Josh lächelte. „Tja. Du siehst also: Ich bin es gewohnt, mich um Kratzer zu kümmern. Einer meiner Geschwister hat eigentlich immer ein aufgeschürftes Knie."

Ich nickte. Das kannte ich von Max. Auch er hatte sich früher ständig wehgetan. Inzwischen bestand wohl die größte Gefahr darin, dass er eine Sehnenscheidenentzündung vom Computerspielen bekam.

„So. Fertig", sagte Josh und strich über das Pflaster.

Ein Kribbeln durchfuhr meinen Körper und ich sah ihn erstaunt an. Sein Blick, der mir direkt in die Seele zu blicken schien, verursachte mir eine Gänsehaut. Die meisten Menschen hatten eine Art natürlicher Scheu, Fremden länger als notwendig in die Augen zu sehen. Aber entweder betrachtete Josh mich nicht als Fremde oder er besaß diese Scheu einfach nicht. Auf jeden Fall war ich es, die schließlich den Blick von seinem Gesicht abwandte und stattdessen auf sein T-Shirt sah.

‚I'm not perfect – just awesome' stand darauf.

„Eingebildet bist du auch gar nicht?", fragte ich und zog meine Hand zurück.

Josh grinste. „Nicht eingebildet. Nur ehrlich."

Ich boxte ihn leicht gegen den Arm und verschränkte dann die Hände ineinander.

„Danke für deine Hilfe", sagte ich heiser. „Ich … Das war wirklich nett von dir."

„Kein Ding. Und jetzt erzähl mal. Was um Himmels willen hat dich denn so aufgewühlt?"

Ich schluckte. Ich konnte Josh unmöglich von Rogelio erzählen. Das war immer mein kleines Geheimnis gewesen und sollte es auch bleiben. Wenn ich meinen damaligen Freundinnen kaum davon berichtet hatte, wie konnte ich es dann ihm erzählen? Völlig ausgeschlossen.

„Ich habe mir gestern eine tolle Wohnung angesehen und heute eine Absage dafür bekommen. Ich denke, das hat mich etwas aus der Bahn geworfen."

Skeptisch runzelte Josh die Stirn. „Und das hat dich so aufgewühlt?"

Er betrachtete mich, als wollte er allein durch seinen Blick herausfinden, ob ich log. Schnell sah ich auf meine Hände, um ihm auszuweichen.

„Ich hatte mich sehr auf diese Wohnung gefreut. Nun sitzen Cindy und ich wieder auf der Straße."

„Das klingt ja fast, als hätte deine Mutter euch rausgeworfen."

Ich schüttelte den Kopf. „Nein. Natürlich nicht. Aber für mich wird es wirklich langsam Zeit, auf eigenen Beinen zu stehen. Ich hätte nicht gedacht, dass Wohnungssuche so schwierig ist. Das frustriert mich."

Josh nickte.

„Hör mal", sagte er. „Weißt du … Ich habe mit Granny über dein Problem geredet und sie hat gesagt, dass es ihr überhaupt nichts ausmachen würde, wenn du bei mir einziehst."

Sprachlos sah ich ihn an.

„Aber … meinst du das ernst?"

„Nein. Das war nur ein Scherz, um dich zu ärgern. Natürlich meine ich das ernst, Sweetie. Sonst würde ich das wohl kaum sagen."

Unsicher sah ich ihn an. Joshs Wohnung war wunderschön und lag in genau der richtigen Gegend. Aber ich musste zugeben, dass der Gedanke, mit ihm zusammenzuwohnen, mich nervös machte.

„Ich weiß nicht, ob das so eine gute Idee ist", gab ich zu.

„Warum nicht? Hast du Angst, dass ich mich wieder an deinen Tagebüchern vergreife? Dieser Phase bin ich entwachsen. Versprochen. Ich bin inzwischen sehr gut darin, Grenzen anderer Menschen zu respektieren."

„Darum geht es nicht. Ich schreibe überhaupt keine Tagebücher mehr. Was nicht heißt, dass ich dir diese Sache nicht mehr übel nehme …“

„Natürlich nicht“, pflichtete Josh mir bei. „Liegt es am Geld? Da können wir uns sicher einigen. Ich nehme die Miete nämlich auch gerne in Naturalien.“

Er zwinkerte mir zu und mir wurde ganz heiß.

„Hör mal, Josh“, sagte ich schnell. „Genau so etwas meine ich. Ich kann es nicht brauchen, von dir blöd angemacht zu werden. Deine Wohnung hat mir gut gefallen, aber ich habe keine Lust, mich mit deinen Annäherungsversuchen auseinandersetzen zu müssen.“

„Ach. Wäre es denn wirklich so schlimm, etwas mit mir anzufangen? Ich sehe doch gar nicht so schlecht aus.“

Er lächelte schelmisch und ich schüttelte entschieden den Kopf.

„Ich meine das ernst, Josh. Ich habe eine schwere Beziehung hinter mir und überhaupt keinen Nerv dafür, mich mit aufdringlichen Männern herumzuschlagen.“

Sofort wurde Josh ernst. „Ich verspreche hiermit, dass ich dich auf keinen Fall zu irgendetwas drängen werde, wenn du zu mir ziehst. Keine sexuelle Belästigung. Versprochen.“

„Und Cindy?“

„Wer ist Cindy?“

„Na, mein Hund. Nur wegen dem habe ich doch überhaupt so Probleme bei der Wohnungssuche.“

„Ach so. Stimmt ja. Cindy ist natürlich auch herzlich willkommen. Gar kein Problem.“

Nachdenklich sah ich Josh an und nickte dann. „Also fein“, sagte ich und streckte ihm die Hand entgegen. „Wenn wir uns auf einen Preis einigen können, bin ich dabei.“

Er lachte. „Das kriegen wir schon hin. Und zur Not kannst du ja noch mal auf das Angebot mit der Zahlung in Naturalien zurückkommen. Ich habe zwar versprochen, dass ich dich nicht bedränge, aber anders herum sind dir da keine Grenzen gesetzt. Tu dir also keinen Zwang an. Ich bin für alles offen."

Nachdem Josh meine Wunde versorgt hatte, bestand er darauf, dass ich ihn wieder in die Kantine begleitete. Mir war der Appetit zwar vergangen, aber Josh holte trotzdem etwas zu essen für mich und bestand darauf, dass ich mich zu ihm und den anderen Austauschstudenten an den Tisch setzte. Da Alexis noch nicht wieder an der Uni war und ich ansonsten alleine sitzen müsste, willigte ich ein.

Im ersten Moment war es mir unbehaglich, so vielen fremden Leuten auf einmal ausgesetzt zu sein, aber die Leute waren alle ganz locker und begrüßten mich wie eine alte Freundin.

„Freunde. Das ist Janna", sagte er in die Runde. „Sie ist zwar Deutsche, spricht aber fließend Englisch und Spanisch, weil sie ein Jahr in Mexiko verbracht hat. Außerdem ist sie eine der coolsten Personen, die ich kenne."

Am liebsten wäre ich davongerannt, aber statt zu lachen, bedachten alle am Tisch mich mit einem freundlichen Lächeln, was dafür sorgte, dass ich mich gleich ein wenig besser fühlte.

„Janna. Das hier vorne ist Alejandro aus Peru. Er kann noch nicht so gut Deutsch und um genau zu sein, auch nicht so gut Englisch. Da wird er sich bestimmt freuen, wenn du Spanisch mit ihm redest."

Ich nickte dem dunkelhaarigen Jungen zu, der so aussah, als wäre er mindestens fünf Zentimeter kleiner als ich. Im Sitzen war das aber schwer zu erkennen. Er war nicht unbedingt hübsch, hatte aber ein nettes Lächeln und erinnerte mich zum Glück in keinster Weise an Rogelio.

„Hola“, sagte er freundlich. „Me da mucho gusto conocerte.“

Ich nickte ihm freundlich zu und lächelte. Die Freude war ganz meinerseits.

„Das daneben sind Wilma und Olle aus Schweden. Sie studieren beide Soziologie.“

Eine dralle Braunhaarige stand auf und reichte mir die Hand, der schmale Junge neben ihr tat es ihr gleich.

„Schön, dich kennenzulernen, Janna“, sagte sie mit einem kräftigen Akzent.

Ich lächelte.

„Devi kennest du ja schon“, sagte Josh und zeigte auf die Inderin. „Sie gehört zu den Erziehungswissenschaftlern. Dann haben wir da noch Tanju aus China. Er studiert Mathe und ist hier unser Überflieger.“

Ich nickte dem jungen Mann zu und ging im Kopf noch einmal die Namen durch, in dem verzweifelten Versuch, sie mir alle zu merken.

„Claire stammt aus Frankreich und studiert irgendwie von allem etwas.“

„Non. Ce n'est pas vrais“, sagte sie. „Das stimmt nicht. Ich studiere nur, was mich interessiert, und das ist vieles.“

Ich nickte. Claire war eine sehr schöne Blondine mit lackierten Fingernägeln und einer großen Brille, die fast die Hälfte ihres Gesichts einnahm. Ich hatte keine Ahnung, ob das zurzeit modern war, und hielt mich daher mit Kommentaren zurück.

„Oye, Janna“, sprach Alejandro mich an. „Und du warst also in Mexiko?“

Ich nickte. Es war eigenartig, mit jemand anderem als Alexis Spanisch zu sprechen. In Deutschland hatte ich selten die Gelegenheit dazu, aber ich war sofort Feuer und Flamme. Ich liebte diese Sprache und fand es schade, dass ich nur noch so selten die Gelegenheit fand, sie zu benutzen.

„Ja. Ich war in Guanajuato", erklärte ich. „Warst du schon mal in Mexiko?"

Alejandro nickte. „Ich habe dort Verwandtschaft und war schon zweimal da. Aber das hier ist das erste Mal, dass ich den Ozean überquere."

„Und dann nach Deutschland?"

Alejandro verzog den Mund. „Das war nicht meine erste Wahl, glaub mir. Ich wollte eigentlich nach England oder Frankreich, aber da war nichts mehr frei."

Ich musste lachen. „Mexiko war damals auch nicht meine erste Wahl", gab ich zu. „Ich wollte eigentlich nach Australien oder Kanada."

„Aber?"

„Aber ich habe mich bei dem Vorstellungsgespräch beim Rotary Club ganz schön blamiert. Sie haben mir Fragen dazu gestellt, wie groß Deutschland ist und wie viele Einwohner es hat. Ich hatte keine Ahnung, also mussten sie mir helfen. Glaub mal. Seit damals habe ich diese Zahlen nie wieder vergessen. Ich hatte einen totalen Blackout. Das war wirklich peinlich. Als sie wissen wollten, welche Regierungsform Deutschland hat, kam ich partout nicht auf den Begriff Demokratie. Gott! Die müssen gedacht haben, ich wäre geistig minderbemittelt. Ein Wunder, dass sie mich überhaupt weggeschickt haben. Dabei war ich immer sehr gut in der Schule. Alles nur Bulimie learning."

„Bulimie learning?"

„Ja. Alles reinstopfen, bei der Prüfung wieder auskotzen und am Ende nichts davon zurückbehalten."

Alejandro lachte. „Und woher kennst du Josh?", fragte er.

„Von früher. Als wir noch klein waren, war er mein Nachbar."

„Hier in Dortmund?"

„Ja. Meine Familie ist erst später nach Dülmen gezogen."

„Oh. Das ist ja schön. Und jetzt willst du wieder nach Dortmund ziehen?"

Überrascht sah ich ihn an. Hatte Josh etwa meine halbe Lebensgeschichte ausgeplaudert?

„Ja", gab ich zu. „Ich schätze, darauf wird es hinauslaufen."

„Das ist schön. Dann sehen wir uns vielleicht öfter."

Ich nickte und widmete mich dann meinem Essen. Ich hatte nicht mehr viel Zeit bis zur nächsten Vorlesung und es gab so einiges, worüber ich mir Gedanken machen wollte. Die große Frage war jetzt schließlich: Konnte ich mir wirklich vorstellen, mit Josh zusammenzuziehen?

Kapitel 9

Deutschland 2013

Als ich zu Hause ankam, verspürte ich nicht annähernd die Euphorie vom Wochenende. Ich freute mich zwar, dass ich dank Josh jetzt trotzdem ausziehen konnte, war aber mit den Gedanken voll und ganz bei meinem Handy. Seit es heruntergefallen war, war es aus, und ich hatte mich noch nicht getraut, es wieder anzumachen. Nicht nur, weil ich befürchtete, dass es kaputt sein könnte, sondern auch weil ich Angst hatte, dass Rogelio noch einmal versuchte mich anzurufen. Ich hasste es, wenn er das tat. Das war schon seit Jahren so, selbst zu der Zeit, als wir noch eine Fernbeziehung führten. Es hatte eine Zeit gegeben, in der ich ständig den Klingelton gewechselt hatte, weil ich bei dem Klingeln fast wahnsinnig geworden wäre.

Eigentlich hätte ich schon damals erkennen müssen, dass es nicht gesund sein konnte, mit jemandem zusammen zu sein, der mir jedes Mal einen halben Herzinfarkt einbrachte, wenn er mich anrief.

Nachdenklich strich ich über das unbeschädigte Display und drückte dann den Startknopf. Es dauerte eine Weile, bis das Zeichen von Samsung erschien. Dann wurde mein Pin abgefragt und ich sah mit Erleichterung, dass alles noch funktionierte. Kurze Zeit danach piepte mein Handy.

Zwei verpasste Anrufe und eine SMS.

„Llamame, por favor. Necesito hablar contigo." Ruf mich bitte an. Ich muss mit dir reden.

Natürlich. Warum rief man auch sonst jemanden an, wenn man nicht mit ihm sprechen wollte? Ich seufzte und nahm das Festnetztelefon zur Hand. Völlig aus dem Gedächtnis rief ich die Festnetznummer von Rogelios Familie an. Es dauerte nicht lange, bis mich eine junge Frau begrüßte.

„Bueno?"

„Äh …"

Ich wusste nicht, was ich sagen sollte. Hatte ich mich verwählt oder hatte Rogelio vielleicht eine neue Freundin, die bei ihm wohnte?

„Malu?", fragte ich auf gut Glück.

„Si? Wer ist denn da?", fragte sie auf Spanisch.

Erleichtert atmete ich aus. „Hier ist Janna", erklärte ich. „Janna, aus Deutschland."

„Ah. Janna. Que gusto. Wie schön, dass du anrufst. Es ist ja schon ewig her."

„Ja. Das stimmt."

Malu hieß eigentlich Maria de la luz und war Rogelios kleine Schwester. Sie war ungefähr so alt wie Luisa, aber in den letzten drei Jahren hatte sich ihre Stimme erheblich verändert.

„Wie geht's dir denn?", fragte Malu und ich seufzte.

„Dein Bruder macht mich fertig", gab ich zu. „Er hat heute mehrfach versucht mich anzurufen, aber ich war in der Uni und konnte nicht drangehen. Weißt du, was er will?"

Malu schwieg einen Moment und räusperte sich dann. „Kann sein", sagte sie. „Aber ich denke, es ist besser, wenn er dir das selber sagt."

„Okay. Ist er denn da?"

„Ja. Ja, natürlich. Warte, ich rufe ihn." Sie hielt das Telefon zur Seite und rief dann laut: „Rogelio!"

„Si!"

„Telefono."

„Esta bien."

Sie ging wieder dran. „Er kommt gleich."

„Ist gut. Danke, Malu."

„Kein Problem. Und schreib mir mal wieder."

„Mach ich."

„Malu. Ich bin dran", sagte in diesem Moment Rogelio. „Leg auf."

„Esta bien", sagte sie und dann war ich mit Rogelio alleine.

Einen Moment lang sagte keiner von uns etwas und wir hörten einander nur beim Atmen zu. Doch dann räusperte Rogelio sich und begann.

„Janna. Bist du noch da?"

„Klar. Dachtest du, ich lege einfach wieder auf?"

„Wäre nicht das erste Mal."

„Da hast du mir ja auch immer einen guten Grund gegeben."

Im Laufe unserer Fernbeziehung hatte ich mir angewöhnt aufzulegen, sobald Rogelio so wütend auf mich war, dass er begann, mich zu beschimpfen. Leider hatte diese Vorgehensweise aber nicht mehr funktioniert, sobald er in natura vor mir stand. Das waren dann die Situationen gewesen, die irgendwann eskalieren mussten.

„Komm schon, Leona. Ich will nicht mit dir streiten."

Bei dem Klang dieses Kosenamens bekam ich Bauchschmerzen und biss mir auf die Unterlippe. Der Name erinnerte mich so schmerzhaft an unsere schönen Zeiten, dass es körperlich wehtat.

„Also gut", sagte ich. „Wenn du nicht streiten willst, was willst du dann?"

„Ich habe wieder Post von Alexis bekommen."

Ich versteifte mich. Alexis und ich hatten die Vereinbarung getroffen, dass sie mir nicht jedes Mal davon berichtete, wenn Post für Rogelio bei ihr eintraf. Sie war bei der Scheidung unser Mittelsmann und leitete alles nach Mexiko weiter. Obwohl ich ihr sehr dankbar dafür war, wollte ich es nicht jedes Mal wissen, wenn wieder ein Brief für ihn gekommen war.

„Okay. Und?"

„Der Termin für die Scheidung steht fest?"

„Ja. Der 15.01. Dann wird es ernst."

„Das ist gut."

„Ach."

Ich war überrascht. In den letzten Jahren hatte Rogelio der Scheidung sehr skeptisch gegenübergestanden. Vermutlich hatte er sich eingeredet, irgendwann würde ich ihm wohl wieder vergeben, und mit der Scheidung musste er sich eingestehen, dass dies mit Sicherheit nicht mehr geschehen würde.

„Ja. Meiner Freundin gefällt es nicht, dass ich immer noch verheiratet bin."

Einen Moment lang konnte ich nicht antworten. Es war das erste Mal, dass er von einer anderen Frau sprach. Natürlich war ich nicht so naiv zu glauben, dass er die letzten drei Jahre so abstinent gelebt hatte wie ich, aber trotzdem war es etwas anderes etwas zu vermuten, als es tatsächlich zu wissen.

Eigentlich sollte mich das gar nicht mehr treffen. Im Gegenteil. Ich sollte froh sein, dass er eine andere hatte und dadurch von mir abgelenkt war. Aber trotzdem kränkte mich der Gedanke. Wie häufig hatte er wohl schon Sex gehabt, während ich hier in Deutschland in meinem Zimmer saß und keine Lust hatte auszugehen, weil ich keinen Spaß mehr dabei empfand. Es war frustrierend.

Im Prinzip war ich gar nicht sauer, dass er unsere Beziehung hinter sich gelassen und eine Freundin hatte, sondern eher darüber, dass ich nicht dazu imstande war, dasselbe zu tun. Jedes Mal, wenn mir ein Mann zu nahe kam, schrillten bei mir alle Alarmglocken und ich zog mich zurück. Dabei wollte ich so gerne wieder glücklich sein. Rogelio schaffte das. Warum dann ich nicht, zum Teufel?

„Und?", fragte ich schließlich mit Bitterkeit in der Stimme. „Behandelst du sie gut?"

Rogelio lachte auf. „Aber natürlich behandel ich sie gut. Sie ist doch meine Freundin."

„Ja. Das war ich auch einmal."

Einen Moment war es still.

„Janna. Ich weiß, dass ich dir wehgetan habe, und das tut mir leid. Ich denke noch häufig an dich und für mich wirst du immer meine deutsche Löwin bleiben. Die erste große Liebe meines Lebens."

Ich spürte, wie mir eine Träne die Wange hinunterlief, und wischte sie ärgerlich weg. Ich wollte nicht wegen Rogelio weinen. Nicht schon wieder. Es gab auch überhaupt keinen Grund dazu.

„Gibt es sonst noch etwas, worüber du mit mir reden wolltest?", fragte ich. „Sonst lege ich nämlich jetzt auf. Ich habe noch für die Uni zu lernen."

„Warum klingst du denn jetzt so traurig, Leona? Kann … kann es sein, dass du mich immer noch liebst?"

Ich schnaubte so abfällig wie möglich.

„Auf meine Art werde ich dich vermutlich immer lieben, Rogelio. Aber das bedeutet nicht, dass ich mir unsere Zeit zurückwünsche. Ob du es glaubst oder nicht, ich bin sehr zufrieden mit meinem jetzigen Leben. Ich komme im Studium sehr gut klar, ich ziehe bald mit meinem Hund in eine eigene Wohnung, ich habe keine Schulden mehr und irgendwann, wenn ich soweit bin, werde ich auch wieder einen Mann in mein Leben lassen."

„Du hast also nicht …"

„Das geht dich nichts an, Rogelio. Schon lange nicht mehr."

„Also doch. Hätte mich auch sehr gewundert."

„War sonst noch was?“

Am anderen Ende der Leitung herrschte Stille.

„Gut“, sagte ich. „Dann hasta luego. Und liebe Grüße an deine novia.“

Mit diesen Worten legte ich auf, zog mir die Decke über den Kopf und fing an, ausgiebig zu weinen.

Kapitel 10

Mexiko 2006

Ich verpasste keine einzige Karatestunde. Dreimal in der Woche ging ich hin und trainierte, so viel ich konnte. Ich hatte Blut geleckt und ich schlug mich gar nicht so schlecht. In meinem Bemühen, Rogelio zu beeindrucken, übte ich auch zu Hause die einzelnen Katas, um so schnell wie möglich zu lernen. Ich ging zwar weiterhin regelmäßig zur Schule und traf mich auch ab und zu mit Klassenkameraden, aber die meiste Zeit war ich in Gedanken bei Rogelio. Es war mir fast peinlich, dass dieser junge Mann es so schnell geschafft hatte, mein Interesse zu erwecken. Und das, obwohl er noch überhaupt nichts getan hatte, um mir zu signalisieren, dass er ebenfalls Interesse hatte. Im Gegenteil. Er war immer der strenge Lehrer, der vernünftige junge Mann mit dem ernsten Gesichtsausdruck. Während er Unterricht gab, war er völlig in seinem Element. Ich konnte gar nicht genug davon bekommen, ihn dabei zu beobachten.

„Ich will heute nicht zum Karate", erklärte Hugo eines Tages, kurz bevor es losgehen sollte. „Es regnet in Strömen. Da macht das keinen Spaß."

Ich sah aus dem Fenster und musste zugeben, dass er recht hatte. Es regnete wirklich in Strömen und ich machte mir Sorgen, ob ich Lety dazu überreden könnte, mich trotzdem zu fahren. Nicht, dass am Ende die Straße davonfloss und wir irgendwo im Graben landeten.

„Bringst du mich trotzdem hin, Lety?“, fragte ich und sah sie flehentlich an. „Bitte. Ich möchte so gerne hin.“

„Ich weiß nicht, ob das so eine gute Idee ist, Janna. Einige der Straßen stehen komplett unter Wasser, wenn es so schüttet.“

„Aber es ist doch gar nicht so weit.“

Das stimmte zwar nicht ganz, aber das war mir egal. Die Turnhalle von Rogelio lag bei gutem Wetter eine halbe Stunde entfernt. Bei diesem Wetter konnte es auch schnell doppelt so lang dauern. Das Abwassersystem in Querétaro war nicht an allen Stellen gut ausgebaut und es konnte durchaus gefährlich sein, bei solchem Regen Auto zu fahren.

„Ich weiß nicht“, sagte Lety. „Wäre es denn so schlimm, wenn du den Unterricht heute mal ausfallen lässt?“

Ich nickte. „Ja. Ich bin gerade so gut drin im Training.“

Skeptisch sah sie mich an. Nach drei Wochen konnte man wohl kaum schon davon ausgehen, gut trainiert zu sein. Sie strich sich mit den lackierten Nägeln nachdenklich über ihre stark bemalten Lippen und überlegte. Lety gehörte zu den Menschen, die niemals ungeschminkt aus dem Haus gingen. Sie war immer perfekt gestylt und beschwerte sich regelmäßig über die überflüssigen Pfunde auf ihren Hüften. Trotzdem war sie nicht pingelig und fasste überall mit an.

„Weißt du … ich glaube nicht, dass das so eine gute Idee ist“, sagte sie schließlich. „Es ist gefährlich. Ich könnte dich vielleicht hinbringen, aber wer weiß, ob der Regen noch stärker wird. Dann bekomme ich dich vielleicht nicht wieder nach Hause.“

Ich verdrehte die Augen. Es nervte mich manchmal, dass Lety sich solche Sorgen um mich machte. Sie schien mit mir noch vorsichtiger zu sein als mit ihren Söhnen, was vermutlich daran lag, dass ich mich in Mexiko nicht auskannte und als Mädchen wohl eher Gefahr lief, überfallen zu werden. In gewisser Weise hatte ich dafür sogar Verständnis. Sie hatte immerhin die Verantwortung für mich. Aber trotzdem wollte ich unbedingt, dass sie ihre Meinung änderte.

„Ich muss doch gleich sowieso in die Stadt", sagte mein Gastvater plötzlich, der die ganze Zeit still neben uns gegessen hatte. Er war ein gemütlicher Mann, der mich immer an Balu den Bären aus dem Dschungelbuch erinnerte. Er sagte selten etwas, wenn er nicht gefragt wurde. „Ich muss überprüfen, ob der Keller im Laden vollgelaufen ist. Auf dem Rückweg kann ich Janna dann wieder abholen."

Meine Gastfamilie hatte zwei Standbeine. Einmal den Laden meines Gastvaters, in dem er Lampen verkaufte, und den Festplatz in der Nähe des Hauses, der von jedem für Festivitäten gemietet werden konnte. Ich bezweifelte zwar, dass der Keller des Lampenladens voll war, nickte aber trotzdem begeistert.

„Oh ja. Das ist eine tolle Idee."

Leticia sah uns beide zweifelnd an. Offensichtlich war sie da anderer Meinung.

„Vielleicht solltest du auch nicht fahren, cielo", sagte sie zu ihrem Mann. „Bei dem Regen kommt man auf den Straßen doch kaum durch."

Mein Gastvater winkte ab. „Ich habe doch den Landrover. Damit komme ich auch durchs Hochwasser, wenn's sein muss", erklärte er. „Wenn Janna unbedingt zum Karateunterricht will, dann nehme ich sie mit."

Ich grinste. „Danke, Jorge. Ganz vielen lieben Dank."

„Gerne, Jannita. Das ist doch gar kein Problem."

Leticia verschränkte die Arme und sah uns beide an, als würde sie das ganz anders sehen. Aber ich beachtete sie nicht. Hauptsache ich kam zu Rogelio. Alles andere war mir vollkommen gleichgültig. Wie befürchtet hatte ich mich Hals über Kopf in meinen Karatelehrer verknallt und mit jedem Tag, den ich bei ihm verbrachte, wurde es schlimmer. Es war nicht nur sein Aussehen, sondern auch die Art, wie er mit den Kindern in seiner Gruppe umging, die mich faszinierte. Er zeigte eine Engelsgeduld mit ihnen und war in allen Dingen sehr respektvoll seinen Schülern gegenüber. Das Kribbeln, das ich jedes Mal in seiner Gegenwart verspürte, war so schön, dass ich am liebsten Tag und Nacht bei ihm geblieben wäre, nur um es immer wieder zu verspüren.

Als wir mit dem Auto vor der Turnhalle vorfuhren, war nur die kleine Tür geöffnet, weil das Wasser wohl sonst alles überschwemmt hätte.

„Bist du dir sicher, dass der Unterricht überhaupt stattfindet?", fragte Jorge.

Ich nickte. Rogelio hatte gesagt, dass er jeden Tag Unterricht gab. Ausnahmen schien es nicht zu geben.

„Ja", bestätigte ich. „Ganz sicher."

„Also gut. Dann mal viel Vergnügen. Ich hole dich in einer Stunde wieder ab."

„Danke", sagte ich mit glänzenden Augen und drückte ihm ein Küsschen auf die Wange. „Bis später."

Ich öffnete die Tür und rannte die drei Meter bis zur Turnhalle. Obwohl es wirklich nicht weit war, waren meine Haare sofort durchnässt und meine Jogginghose klebte an mir wie Kaugummi.

„Janna", sagte Rogelio freudig überrascht, als er mich sah. „Ich hätte ja nicht gedacht, dass du es heute schaffst."

Er lächelte mich an, was mein Herz dazu veranlasste, gleich doppelt so schnell zu schlagen, und er bedeutete mir, mich zu den anderen zu gesellen. Abgesehen von mir waren nur Rogelios kleine Schwester Malu und drei andere Kinder da. Der Rest hatte bei dem Wetter vermutlich beschlossen, dass es sicherer war, zu Hause zu bleiben.

„Mein Gastvater hat mich gebracht", erklärte ich und hoffte, dass Rogelio mein rotes Gesicht auf den kalten Regen schieben würde.

„Wunderbar", sagte er. „Dann kann es ja losgehen."

Die Stunde verging schneller, als ich erwartet hatte. Da wir nur so wenige waren, hatte Rogelio umso mehr Zeit, uns einzeln Tipps zu geben und uns zu helfen. Ich versuchte alles richtig zu machen, aber bei den Katas gelang mir in einigen Positionen die Stellung meiner Arme nicht ganz. Wenn Rogelio dann zu mir kam, um sie zu korrigieren, hatte ich plötzlich das Gefühl, nur noch Pudding statt Muskeln in meinen Armen zu haben, und die Spannung zu halten wurde noch schwieriger. Trotzdem genoss ich jede Sekunde seiner Nähe und wünschte mir, er würde mir einfach Privatunterricht geben, damit ich ihn mit den anderen Kindern nicht teilen musste.

„Du bist unkonzentriert heute", stellte Rogelio fest, als er zum dritten Mal meine Armstellung korrigierte, was mich zusehends nervöser machte.

„Nein. Ich … das liegt wahrscheinlich an dem vielen Regen."

„Ja, sicher", sagte Rogelio und lächelte mich wieder an.

Er hatte ein so schönes Lächeln, dass mir dabei fast das Herz stehen blieb. Wie konnte ein Karatelehrer nur so unverschämt gut aussehen? Es war doch kein Wunder, wenn man sich dann nicht konzentrieren konnte.

„Warum ist Hugo heute nicht mitgekommen?", fragte Rogelio dann.

Ich wurde knallrot und sah weg. Wenn ich zugab, dass Hugo wegen des Regens keine Lust gehabt hatte, dann wurde es zu offensichtlich, wie wichtig mir diese Stunden waren. Das wollte ich nicht riskieren, also griff ich zu einer Notlüge.

„Er ist krank", behauptete ich. „Bauchweh."

„Oh. Na, dann richte ihm gute Besserung von mir aus."

„Ja, klar", sagte ich schnell. „Das wird schon wieder. Nächstes Mal ist er sicherlich wieder dabei."

Rogelio nickte. „Sag mal. Wird in Deutschland eigentlich auch viel Karate praktiziert?"

Ich zuckte mit den Schultern. „Keine Ahnung", gab ich zu. „Ich weiß, dass es in meiner Stadt ein Karatecenter gibt. Aber ich war noch nie dort."

Nachdenklich sah Rogelio mich an. „Ich kenne einen deutschen Karatelehrer von meinem letzten Seminar in Cancún. Er ist wirklich gut und er hat mich eingeladen, ihn mal in Deutschland zu besuchen. Er spricht sehr gut Spanisch und gibt ab und zu Kurse in Südamerika. Ist Deutschland teuer?"

Mir schoss sofort durch den Kopf, dass er überhaupt nichts zahlen müsste, wenn er bei mir wohnen würde, aber ich hielt mich lieber zurück.

„Na ja. Teurer als Mexiko ist es schon. Unsere Lebensmittel sind teurer und natürlich die Miete. Aber wenn man nur zu Besuch ist, sollte das eigentlich kein Problem sein."

Rogelio neigte den Kopf. „Wohnst du in der Nähe von Berlin?", fragte er.

„Oh nein", erwiderte ich. „Das sind von mir aus fünfhundert Kilometer."

Rogelio runzelte die Stirn. „Das ist doch nicht weit", sagte er. „Weißt du, wie viele Kilometer es von hier aus bis nach Cancún sind?"

Ich schüttelte den Kopf. Tatsächlich hatte ich keine Ahnung.

„Eintausendachthundert."

„Oh. Das ist dann wohl noch eine Ecke mehr."

Er nickte und wandte sich dann wieder den anderen Kindern zu, um ihnen auch bei ihren Übungen zu helfen. Ich musste mich zusammenreißen, um meine Enttäuschung darüber nicht zu zeigen. Rogelio gehörte mir nicht alleine und es war auch nicht klar, ob es jemals dazu kommen würde. Ich hatte zwar das Gefühl, dass er mir mehr Aufmerksamkeit schenkte als den anderen Schülern, aber das konnte auch daran liegen, dass er meine Herkunft spannend fand. Vermutlich hätte er sich jeder anderen Deutschen gegenüber genauso verhalten.

„Janna", sagte die kleine Malu. „Wollen wir die Kata noch einmal durchgehen?"

Ich seufzte und nickte dann.

„Klar doch", sagte ich. „Irgendwann muss ich es ja mal richtig hinkriegen."

Pünktlich um sieben Uhr wurden die drei anderen Kinder abgeholt und ich war die Einzige, die noch übrig blieb.

„Wahrscheinlich verspätet mein Gastvater sich nur ein bisschen", vermutete ich. „Wenn das okay ist, dann werde ich einfach noch ein bisschen hier warten."

Rogelio sah mich an und nickte. „Ja. Das ist kein Problem. Wenn du nichts dagegen hast, dann würde ich gerne schon duschen gehen."

Ich nickte. Einerseits war ich enttäuscht, weil ich davon ausgegangen war, dass er mich in der Turnhalle nicht allein lassen würde. Andererseits verstand ich ihn. Ich konnte mir gerade auch nichts Schöneres vorstellen als eine Dusche.

„Kein Problem", sagte ich daher. „Ich bin sicher, er wird auch jeden Moment kommen."

„Meine Schwester wird dir noch ein bisschen Gesellschaft leisten."

Ich sah zu dem Mädchen hinüber, das ungefähr im selben Alter sein musste, wie meine eigene Schwester und lächelte sie an.

„Das ist aber lieb von dir", sagte ich.

„Ach. Das mache ich gerne. Vielleicht kannst du mir ja ein bisschen von Deutschland erzählen. Ist es da schön?"

Es dauerte noch fast eine halbe Stunde, bis der dunkle Truck endlich an der Straße hielt.

„Ist er das?", fragte Malu.

Ich nickte. Es regnete immer noch stark und ich konnte Jorge kaum erkennen, aber wer sollte es sonst sein, wenn nicht mein Gastvater?

„Vielen Dank, dass du mit mir gewartet hast", sagte ich. „Das war wirklich lieb von dir."

„Immer gerne." Sie grinste breit. „Und nächstes Mal erzählst du weiter von der Berliner Mauer?"

Ich nickte. Meine Geschichtskenntnisse waren zwar mangelhaft, aber da das Mädchen noch weniger wusste als ich, beeindruckten sie meine Geschichten offensichtlich.

„Bis nächste Woche", sagte ich und ging nach draußen in den Regen.

„Bis dann", sagte Malu und schlug die Türe hinter mir zu.

Schnell machte ich mich daran, die Straße zu überqueren, und versuchte zu missachten, dass das Wasser mir dabei in die Schuhe lief. Doch gerade, als ich fast bei dem Truck angekommen war, ließ dieser den Motor wieder an und fuhr vor meiner Nase davon. Völlig konsterniert starrte ich ihm hinterher.

„Jorge!", schrie ich. „Warte!"

Doch es war nicht Jorge. Jetzt, wo ich so nah war, erkannte ich einige Heckaufkleber von Totenköpfen und Rockbands, die mein Gastvater ganz sicher nicht auf dem Auto hatte. Es war ein ähnliches Automodell, aber es war ganz sicher nicht der Wagen von meiner Gastfamilie.

Frustriert stand ich im Regen und sah mich um.

„Scheiße", flüsterte ich. Das konnte doch alles nicht wahr sein.

Wo blieb mein Gastvater nur?

Um nicht noch mehr durchzuweichen, ging ich zurück zur Turnhalle und klopfte an. Ich wartete einen Moment, aber niemand öffnete.

„Scheiße", wiederholte ich laut und bollerte erneut gegen die Tür. „Hey! Ist da noch jemand?"

Ich schlug immer wieder gegen die Tür, aber niemand öffnete. Vermutlich war Rogelios Schwester inzwischen auch schon in den hinteren Teil des Gebäudes gegangen, um sich zu duschen. Ich konnte es ihr nicht verübeln, aber mir war so verdammt kalt im Regen, dass ich unmöglich länger hier stehen konnte.

„So ein verdammter Kackmist", schimpfte ich und durchwühlte meine Taschen nach Kleingeld.

Zu meiner Erleichterung fand ich ein paar Pesos und beschloss, mir ein Taxi zu nehmen. Das Wetter war zwar mies, aber wenn ich es zu einer großen Straße schaffte, dann war ich mir sicher, dass ich ein Taxi finden würde. Frustriert stapfte ich los und lief immer die Straße hinunter.

Es waren kaum Autos unterwegs und Fußgänger schon gar nicht. Ich schlotterte inzwischen vor Kälte und hatte auch ein ganz schlechtes Gefühl dabei, ganz alleine durch die Straßen von Querétaro zu laufen. Ich kannte mich hier zu wenig aus und hatte bereits zu viele Geschichten über die Gefahren von Mexiko gehört, die mir Sorge bereiteten. Trotzdem hatte ich meiner Ansicht nach keine andere Wahl. Ich konnte ja nicht einfach im Regen stehen bleiben. Da würde ich mir am Ende den Tod holen. Es war zwar schon Ewigkeiten her, aber ich erinnerte mich immer noch gut an die Lungenentzündung, die ich mir eingefangen hatte, nachdem ich mit meiner Sandkastenliebe Josh im Regen gespielt hatte. So etwas wollte ich in Mexiko nicht unbedingt noch einmal erleben.

Ich verschränkte die Arme vor der Brust und lief einfach immer weiter die Straße entlang, bis ich an eine Hauptstraße kam. Hier fuhren erheblich mehr Autos, darunter auch ein paar Busse. Aber ein Taxi konnte ich auf den ersten Blick nicht erkennen.

Frustriert und zitternd sah ich mich um und ging ein paar Schritte weiter die Straße hinunter. Ich war bisher noch nie alleine Bus gefahren, aber eigentlich konnte das ja gar nicht so schwer sein. In Deutschland war das schließlich auch kein Problem.

An der Bushaltestelle konnte ich mich zumindest ein kleines bisschen unterstellen.

„Disculpa", sagte ein kleiner Junge hinter mir und sah mich mit riesigen Augen an. „Un Peso, por favor."

Ich betrachtete das Kind und überlegte. Man hatte mir eingebläut, den Straßenkindern in Mexiko kein Geld zu geben, weil es ihre Situation meistens nicht verbesserte, sondern sie das Geld sofort an ihre Eltern abdrücken mussten. Dennoch sah ich den Jungen als Chance für mich, hier wegzukommen.

„Ich gebe dir einen Peso, wenn du mir erklären kannst, wie ich nach Hause komme. Ich muss zur Calle…"

„Janna!", rief in diesem Moment eine herrische Stimme.

Ich zuckte zusammen und sah auf. Rogelio saß in einem roten Truck und hielt die Tür von innen auf.

„Steig ein!"

Sein Tonfall ließ keinen Widerstand gelten und klang so befehlsgewohnt, dass es mir eine Gänsehaut über den Rücken jagte. Ich gab dem Jungen den Peso und ging wie in Trance zu dem Auto. Ich zitterte inzwischen so heftig, dass ich es kaum schaffte, richtig einzusteigen. Zum Glück war das Auto sehr alt und hatte fleckige Ledersitze, sodass ich mir keine Sorgen machen musste, mit meinen nassen Klamotten alles zu ruinieren.

„Ich mache alles nass", bemerkte ich trotzdem.

„Mach die Tür zu", sagte Rogelio und starrte mich so böse an, als hätte ich soeben ein Kapitalverbrechen begangen.

Ich schloss die Tür, und ohne darauf zu warten, dass ich mich anschnallte, fuhr Rogelio los. Ich wurde in den Sitz gedrückt und angelte schnell nach dem Gurt.

Erst nach zwei Minuten Fahrt passte Rogelio seine Geschwindigkeit den Wetterverhältnissen an und sah mich vorwurfsvoll an.

„Tu so etwas nie wieder", sagte er grimmig.

„Äh … Was genau? Mich ausschließen? Oder versuchen nach Hause zu kommen?"

„Alleine abends durch diese Nachbarschaft laufen", erklärte Rogelio ernst.

Er trug jetzt nicht mehr den Karateanzug, sondern Jeans, Cowboystiefel und ein schwarzes Hemd, das ihm unwahrscheinlich gut stand. Sein ernstes Gesicht sah so atemberaubend gut aus, dass mein Herz wieder anfing, Tango zu tanzen. Dieser Mann war kein Schwätzer, sondern jemand, der bereit war, die Menschen zu beschützen, die in seiner Obhut standen. Und offensichtlich gehörte ich heute Abend dazu.

„Es ist gefährlich, hier allein herumzulaufen", fuhr Rogelio fort. „Erst letzte Woche wurde in der Nachbarschaft jemand erschossen, weil er sich mit den falschen Leuten angelegt hatte. Selbst ich kann mir nur so viel erlauben, weil mich die Leute hier von klein auf kennen und respektieren. Verdammt. Sei froh, dass du nicht meine Freundin bist, sonst würde ich dir jetzt ordentlich den Hintern versohlen."

Ich sagte nichts, sondern sank nur immer weiter in die Polster zurück. Mir den Hintern versohlen? Das konnte er doch nicht ernst meinen, oder? Andererseits war er so wütend, dass ich es ihm durchaus zutrauen würde.

„Ich habe geklopft“, sagte ich kleinlaut. „Was hätte ich denn tun sollen?“

„Weiter klopfen. Irgendwann hätte dich schon jemand gehört.“

Betreten sah ich zu Boden.

„Woher wusstest du denn ... Ich meine ... Warum hast du mich gesucht?“

Rogelio sah wieder starr geradeaus auf die Straße. „Deine Gastmutter hat angerufen“, erklärte er. „Dein Gastvater hatte auf dem Weg hierher einen Unfall. Er ist von der Straße abgekommen und in den Graben gefahren.“

„Was? Warum sagst du das denn nicht gleich? Wie geht es ihm?“

„Es geht ihm gut. Er ist nicht verletzt, aber er stand eine Weile unter Schock. Als er es endlich schaffte, das Telefon zu bedienen, war schon viel Zeit vergangen. Er ist immer noch etwas durcheinander, daher hat deine Gastmutter mich gebeten, mich um dich zu kümmern. Als ich dann gesehen habe, dass du nicht mehr unten bist, habe ich mich sofort auf die Suche nach dir gemacht.“

Ich nickte. Eigentlich sollte ich Rogelio dankbar sein für seinen Einsatz, aber seine Wut schüchterte mich ein.

„Wo bringst du mich jetzt hin?“, fragte ich vorsichtig.

„Nach Hause natürlich“, erklärte er. „Oder wolltest du irgendwo anders hin?“

„Nein, nein. Ich ...“

Ich zitterte. Mir war immer noch so schrecklich kalt und ich fühlte mich ganz furchtbar ausgelaugt.

„Hier“, sagte Rogelio und reichte mir eine große Lederjacke. „Zieh die an. Das ist ja nicht mit anzusehen, wie sehr du frierst.“

Ich nickte und schlüpfte in die viel zu große Jacke hinein. Sofort wurde mir etwas wärmer und ich genoss den leichten Geruch von Rogelios Parfüm, der dem Kleidungsstück anhaftete. Es roch männlich und überaus verführerisch. Sofort wurden meine Knie wieder weich.

Den Rest des Weges verbrachten wir größtenteils schweigend. Mir fiel aber auf, dass Rogelio mir immer wieder verstohlene Blicke zuwarf, so als wollte er etwas sagen, hätte es sich aber im letzten Moment wieder anders überlegt. Als wir an einem langen Schotterweg ankamen, sah Rogelio mich fragend an.

„Wohnt deine Gastfamilie hier?", fragte er.

Ich nickte. „Einfach dem Weg folgen. Da ist genug Platz am Ende, um zu wenden."

Rogelio gab wieder Gas und blieb schließlich vor dem großen Tor zum Hof meiner Gasteltern stehen. Er machte den Motor aus und sah mich an.

„So. Da sind wir dann also."

Ich nickte und wollte die Jacke ausziehen, doch Rogelio schüttelte den Kopf.

„Behalt sie an. Du kannst sie mir übermorgen wieder mit zum Unterricht bringen."

„Wirklich?"

„Natürlich. Gar kein Problem."

„Tja. Ähm. Dann danke, würde ich sagen. Und danke, dass du mich hergebracht hast."

„Auch das ist kein Problem und ich tue es gerne wieder."

Er fixierte mich mit seinen dunklen Augen und erneut hatte ich das Gefühl, dass er mir etwas sagen wollte. Er räusperte sich.

„Janna. Wie lange wirst du noch in Mexiko bleiben?"

Ich zuckte die Schultern.

„Na ja. Also geplant ist ein ganzes Jahr. Also werde ich sicher noch acht oder neun Monate hier bleiben."

„Hast du in Deutschland denn gar keinen Freund, der auf dich wartet?“

Ich wurde rot und schüttelte den Kopf. „Nein“, erklärte ich und schluckte. „Kein Freund.“

Rogelio nickte wissend, als hätte ich ihm soeben ein wichtiges Puzzleteil überreicht.

„Und später?“, fragte er. „Ich meine … gefällt dir Mexiko? Könntest du dir vorstellen, noch mal zurückzukommen?“

„Ich finde Mexiko toll“, sagte ich wahrheitsgemäß. „Sicher würde ich gerne noch mal wiederkommen. Das kommt wahrscheinlich immer nur auf das Geld an. Der Flug ist ja nicht gerade billig.“

Rogelio nickte und sah mich wieder an. Seine braunen Augen wirkten bei so wenig Licht fast schwarz und ich bekam eine Gänsehaut.

„Ich … ich denke, ich sollte jetzt reingehen. Lety macht sich bestimmt schon Sorgen.“

„Ja. Das stimmt.“

„Dann … sehen wir uns übermorgen?“

„Ja.“

Er wollte den Blick nicht von mir lösen und mir ging es genauso. Meinetwegen hätten wir ewig hier sitzen können, während der Platschregen auf das Autodach donnerte. Mit der Lederjacke war mir nicht einmal mehr kalt.

„Also … ich geh dann jetzt mal“, sagte ich und griff nach der Tür.

Rogelio nickte und sah mir zu, wie ich langsam in den Regen hinausstieg. Ich winkte ihm noch einmal zu und lief dann zum Tor hinüber, um es zu öffnen. Es war nicht ganz einfach, aber schließlich gelang es mir. Doch bevor ich hindurchgehen konnte, wurde ich noch einmal zurückgehalten.

„Janna!“, rief Rogelio.

Er war aus dem Auto gestiegen und kam völlig durchnässt auf mich zu.

„Ja?"

Ich stand vor ihm und versuchte zu missachten, dass der kalte Regen in meine Haut hineinstach.

„Würdest du morgen mit mir ausgehen?", fragte er.

Verunsichert sah ich ihn an. Natürlich wollte ich mit ihm ausgehen. Das wünschte ich mir schon seit dem ersten Moment, als ich ihn gesehen hatte. Trotzdem war ich jetzt etwas überrumpelt.

„Ich weiß nicht, ich ..."

Ohne mich ausreden zu lassen, beugte Rogelio sich vor und drückte mir einen Kuss auf die eisigen Lippen. Das Gefühl war so wunderschön und neu für mich, dass es mich völlig überwältigte. Ich hielt mich an seiner Schulter fest, um nicht umzukippen, und versuchte das Gefühl seiner Lippen auf den meinen so lange wie möglich auszukosten. Viel zu schnell löste er sich wieder von mir.

„Noch mal", sagte er dann und sah mich an. „Würdest du morgen Abend mit mir ausgehen?"

Mein Herz klopfte mir bis zum Hals und ich fühlte mich außerstande zu antworten, daher nickte ich nur.

„Sehr gut", sagte Rogelio und lächelte. „Dann hole ich dich morgen um sieben ab, einverstanden?"

Wieder nickte ich mechanisch und sah zu, wie Rogelio selbstsicher zurück zu seinem Auto schlenderte und einstieg. Er winkte mir zu, was vermutlich bedeuten sollte, dass er darauf wartete, dass ich hineinging. Also winkte ich zurück und verschwand hinter dem Tor.

Als ich es wieder verschlossen hatte, lehnte ich mich dagegen und versuchte erfolglos, mein Herz in geordnete Bahnen zu zwingen. Erst ein paar Minuten später schaffte es der Regen, mich dazu zu bringen, ins Haus zu gehen. Ich beruhigte erst einmal Lety, ging dann direkt unter die heiße Dusche und ließ mich danach ins Bett fallen.

Wow. Es war zwar nur ein sehr kurzer Kuss gewesen, der nicht mal als Knutschen bezeichnet werden konnte, aber trotzdem hatte er mir das Gefühl gegeben, im siebten Himmel zu sein. Ich war noch jung und ich war noch unerfahren, aber trotzdem wusste ich, dass ich dabei war, in das größte Abenteuer meines Lebens zu rutschen, und ich freute mich schon wie verrückt darauf.

Kapitel 11

Deutschland 2013

„Sag mal … estas completamente loca? Bist du jetzt vollkommen wahnsinnig geworden?“

Ungerührt schob ich eine Gabel mit Hühnchensticks zum Mund und sah Alexis von der Seite an.

„Warum willst du denn jetzt plötzlich mit Josh zusammenziehen?“

„Warum denn nicht? Du hast doch gesagt, du findest ihn süß.“

„Ja. Ich wollte, dass du mit ihm ausgehst und Sex mit ihm hast, si? Nicht, dass du zu ihm in die Wohnung ziehst.“

Ich zuckte mit den Schultern. „Er hat es mir angeboten und ich glaube, es ist die perfekte Lösung. Josh braucht einen ruhigen Mitbewohner und ich brauche einen Ort, wo ich Cindy mit hinnehmen kann. So ist uns beiden geholfen.“

„Weiß Rogelio davon?“

Sofort versteifte ich mich. „Warum sollte er davon wissen? Denkst du, ich erzähle es ihm sofort? Mensch, Alexis. So was geht ihn doch gar nichts mehr an.“

„Na ja. Er hat mich gestern angerufen und mich nach dir ausgefragt. Er meinte, du wärst am Telefon so komisch gewesen.“

„Er hat dich angerufen? Wann?“

„War schon spät“, sagte sie ausweichend. „Tut mir leid. Wir hatten ja ausgemacht, dass ich dir von so was nichts erzähle.“

„Du hast ihm doch hoffentlich nichts über mich gesagt, oder?"

Böse sah ich sie an. Ich wollte nicht, dass Rogelio über mich Bescheid wusste. Es ging ihn gar nichts an, dass ich nach drei Jahren immer noch keinen neuen Freund hatte und er sollte auch nicht wissen, dass unsere gemeinsame Vergangenheit mich immer noch verfolgte. Das alles wollte ich hinter mir lassen und ich hatte das Gefühl, dass ich mit meinem Auszug endlich einen Schritt in die richtige Richtung tat.

„Claro que no", entrüstete Alexis sich. „Ich habe ihm nur gesagt, dass es dir gut geht, und er alles andere dich fragen soll."

„Hm … er hat eine neue Freundin. Wusstest du das?"

„Jannita. Es ist drei Jahre her. Natürlich hat er eine neue Freundin. Dachtest du etwa, er ist ins Kloster gegangen, nur weil du ihn verlassen hast? So einer ist er nicht."

Ich schüttelte den Kopf. „Nein. Natürlich nicht. Ich … ich weiß auch nicht, warum mich das so getroffen hat."

„Ist schon gut, chiquita. So was ist völlig normal. Ich habe mal gelesen, dass man ungefähr die Hälfte der Beziehungslänge braucht, um über sie hinwegzukommen. Wie lange wart ihr noch mal zusammen?"

„Vier Jahre."

„Oh."

Ja. Genau. Oh. Ich war siebzehn, als ich mit Rogelio zusammenkam. Wir hatten während meines Austauschjahres acht schöne gemeinsame Monate verbracht, in denen ich meine Unschuld und mein Herz verloren hatte. Danach war ich zurück nach Deutschland gegangen, um mein Abitur zu machen und wir hatten zwei Jahre lang eine Fernbeziehung geführt. Dann hatten wir beschlossen, dass Rogelio mich für das Studium nach Deutschland begleiten würde. Dort hatten wir dann auch geheiratet, als ich zwanzig war. Bloß hatte ihm Deutschland leider nicht gefallen. Im Gegenteil. Er hatte es gehasst und mir das auch deutlich gezeigt. Vermutlich hätte ich damals schon wissen müssen, dass das mit uns nicht funktionieren würde. Aber ich war jung und verdammt dickköpfig gewesen, also hatte ich für etwas gekämpft, das mir überhaupt nicht gut tat, und musste am Ende dafür bezahlen.

Ich seufzte.

„Ich frage mich schon manchmal, ob es an mir lag“, gab ich zu. „Immerhin war es beim ersten Mal wirklich mein Fehler gewesen, dass ich nicht auf ihn gehört habe … Wenn ich nicht so stur gewesen wäre, dann … Ach, ich weiß auch nicht. Vielleicht …“

„Si. Como no. Gib dir nur selber die Schuld, Jannita. Andale. Mach nur weiter.“ Sie sah mich böse an. „Rogelio ist ein verdammter pendejo, weil er mit seiner Eifersucht und seinen Aggressionen alles kaputt gemacht hat. Ganz ehrlich? Seine neue Freundin tut mir leid. Denn es wird nur eine Frage der Zeit sein, bis er sie genauso behandelt wie dich. Er kann gar nicht anders. Er ist einfach ein Mistkerl.“

Ich sah mich unangenehm berührt um, weil ich Angst hatte, uns könnte jemand belauschen. Aber die anderen Studenten schienen in ihre eigenen Gespräche vertieft zu sein und Alexis fuhr einfach in ihrem Redeschwall fort.

„Du hättest überhaupt nichts anders machen können, Jannita. Du bist völlig in Ordnung. Er ist es, bei dem etwas nicht stimmt. Dieser Mann hat einfach einen Kellerschaden.“

Ich musste grinsen. „Du meinst Dachschaden“, korrigierte ich sie.

„Qué? Ah. Si. Dachschaden. Como sea. Du weißt schon, was ich meine.“

Ich nickte. „Danke, Alexis. Aber das alles bestätigt

mich eigentlich nur noch mehr in meinem Entschluss, endlich auszuziehen. Ich habe mich die letzten drei Jahre versteckt wie in einem Schneckenhaus. So kann ich nicht weitermachen. Ich muss endlich raus in die Welt."

„Ah ja. Und deshalb fängst du erstmal in Dortmund an, ja?"

Ich musste lachen. „Lass mich", sagte ich. „Du wirst schon sehen. Das wird sicherlich toll."

Am Freitagabend besprach ich mit Devi und Josh die Einzelheiten für unser Projekt und war überrascht, dass Devi mit allen unseren Vorschlägen einverstanden war. Offensichtlich hatte sie keine große Lust auf das ganze Projekt und war froh, dass wir uns darum kümmerten. Am Samstag begann dann mein Umzug.

Es ging überraschend schnell. Ich hatte nicht viele Dinge, die ich mitnehmen wollte, und das Zimmer war nicht besonders groß. Es war bisher als Gästezimmer eingerichtet gewesen, insofern brauchte ich keine neuen Möbel kaufen. Der Raum hatte ein Einzelbett, das aber nur über eine Leiter erreichbar war, weil direkt darunter der Schreibtisch stand. Auch wenn dies eine optimale Platznutzung bedeutete, fand ich es ungewohnt. In dem Raum waren außerdem noch ein Kleiderschrank und ein Regal. Mehr brauchte ich nicht, immerhin erwartete ich hier keinen Männerbesuch.

„Mein Gott", keuchte Josh, während er einen Karton aus dem Auto meines Vaters in mein Zimmer trug. „Was zur Hölle ist denn hier drin?"

„Bücher", sagte ich und zwinkerte ihm übermütig zu. „Steht sogar drauf."

„Du bist wohl noch nicht oft umgezogen, was, Sweetie? Bücher packt man immer in unterschiedliche Kartons, damit das Gewicht verteilt ist. Sonst kann man die Dinger ja kaum heben."

„Ach. Stell dich nicht so an. Hier gibt es ja noch nicht mal Treppen."

„Hier wirst du jetzt also wohnen?", fragte mein Vater, als wir alles ins Zimmer und in den Flur gestellt hatten und Josh nach oben gegangen war, um mit seiner Großmutter zu reden.

Ich grinste breit und nickte fröhlich. „Ja. Ist das nicht toll?"

„Es ist ein schönes Haus und eine tolle Wohnung", gab mein Vater zu. „Mir gefällt nur der Gedanke nicht, dass du mit einem jungen Mann zusammenwohnst."

„Warum nicht?", fragte Luisa. „Josh ist doch total süß."

Sie hatte beim Umzug kaum geholfen, aber sie war offensichtlich neugierig auf meine neue Wohnung gewesen. Josh hatte sie mit seinem Charme sofort um den kleinen Finger gewickelt.

„Gerade das macht mir ja Sorgen", erklärte mein Vater. „Ich will nicht, dass er die Situation ausnutzt. Janna hat noch nie ganz alleine gelebt. Nicht, dass sie sich am Ende einsam fühlt und er …"

„Ach, Unsinn, Georg", ging meine Mutter dazwischen. „Josh ist ein guter Junge. Er hat sich super gemacht und außerdem ist wahrscheinlich jeder Mann besser als Rogelio."

„Mama!", rief ich empört, aber mein Vater musste lachen.

„Was denn? Ist doch so. Rogelio war ein schrecklicher Macho und hat dich behandelt, als wärst du sein Eigentum. Du kannst von Glück reden, dass du diese Ehe so unbeschadet überstanden hast."

Ich biss mir auf die Zunge, um ihr nicht zu sagen, dass ich mehr abgekriegt hatte, als sie wusste. Ich wollte sie da nicht mit reinziehen. Es war inzwischen alles so lange her und ich wollte nicht, dass sie damit belastet wurde. Trotzdem störte es mich, dass sie so altklug daher redete.

„Sollen wir noch bleiben, um dir beim Auspacken zu helfen?“, fragte mein Vater und ich schüttelte den Kopf.

„Nein. Danke, aber das schaffe ich schon allein. Zur Not ist Josh ja auch noch da.“

„Wo ist er überhaupt?“, fragte meine Mutter.

„Ich glaube, er ist nach oben gegangen, zu seiner Oma.“

„Oh. Da werde ich auch mal eben schnell Hallo sagen. Ich habe ihr ja so viel zu erzählen.“

„Warte!“, rief Luisa. „Ich komme mit.“

Schnell wuselte sie meiner Mutter hinterher und ich schüttelte verständnislos den Kopf.

„Wie hältst du das eigentlich mit den beiden aus?“, fragte ich meinen Vater.

Mein Vater zeigte erst auf sein rechtes Ohr und dann auf sein linkes. „Hier rein. Da wieder raus.“

Ich lachte und fing an, meine Klamotten zu sortieren.

Zwei Stunden später waren meine Eltern endlich weg und ich hatte die meisten meiner Sachen eingeräumt. Auf dem Schreibtisch lagen Fotos von meiner Familie und meinen Freunden, auf der Fensterbank standen ein paar meiner alten Spardosen und der Kleiderschrank platzte fast aus allen Nähten, weil ich es auch beim Umzug nicht geschafft hatte, etwas wegzuschmeißen.

Cindy lag im Wohnzimmer in ihrem Körbchen und schien sich bereits an ihre neue Umgebung zu gewöhnen.

„Na? Alles klar soweit?“, fragte Josh und ich schreckte zusammen.

„Himmel. Josh. Kannst du nicht klopfen?“

„Sorry. Die Tür war offen. Mir war nicht klar, wie ich dann klopfen sollte.“

Ich seufzte. „Ist ja gut. Okay. Was gibt's denn?“

„Nichts. Ich wollte nur nachsehen, ob du noch Hilfe brauchst.“

„Nein. Ich komm schon klar. Es ist nicht mehr viel. Das schaffe ich allein."

„Okay. Hast du Lust, nachher mit was trinken zu gehen? Am Wochenende unternehme ich meistens was mit den anderen Austauschstudenten. Aber ich wette, sie würden sich freuen, wenn du auch mitkommst. Alejandro hat schon nach dir gefragt. Du kannst Alexis mitnehmen, wenn du möchtest."

Ich schüttelte den Kopf. „Das ist nett, aber ich möchte das hier erst alles sortieren. Alexis kann an den Wochenenden sowieso selten. Ihr Mann ist viel unterwegs, und wenn er dann am Wochenende mal da ist, wollen sie die Zeit zusammen genießen."

„Ach. Sie ist verheiratet?"

„Ja. Was dagegen?"

„Nein, nein. Aber … ist sie dafür nicht noch etwas jung?"

„Sie ist achtundzwanzig. Ich finde nicht, dass das zu jung ist."

Ich konnte nicht verhindern, dass ich sofort in Verteidigungshaltung ging. Dass Alexis schon seit vier Jahren verheiratet war, ging ihn genauso wenig etwas an, wie die Tatsache, dass ich gerade dabei war, mich scheiden zu lassen. Ein paar Geheimnisse musste man schließlich noch haben dürfen.

„Mit achtundzwanzig studiert sie noch?"

Ich zuckte die Schultern. „Sie hat spät angefangen. In Mexiko hat sie in einer Apotheke gearbeitet. Da muss man keine Ausbildungen für so etwas haben. Als sie dann nach Deutschland kam, hat sie beschlossen, noch einmal die Schulbank zu drücken, weil sie sonst hier keinen Job bekommen hätte. Ihr Mann verdient aber ganz gut und ich glaube, ihr macht die Uni richtig Spaß."

„Kann ich verstehen. Na ja. Vielleicht kann sie ja mal mit ihrem Mann zusammen mitkommen."

Ich nickte. Daran hatte ich noch gar nicht gedacht. Sicher. So alt war Elma noch gar nicht. Er wurde dieses Jahr dreißig und war vielleicht gar nicht so abgeneigt, auch mal einen drauf zu machen. Mit den beiden alleine auszugehen, hatte ich immer abgelehnt, weil ich mir wie das fünfte Rad am Wagen vorgekommen wäre, aber wenn Josh und seine Freunde dabei waren … Warum nicht?

„Ich werde sie fragen", versprach ich. „Ist sonst noch was?"

„Nein. Das war alles", sagte Josh lächelnd, als hätte ich ihn nicht gerade schroff abgewiesen. „Wobei: eins noch. Ich freue mich wirklich, dass du hier bist, Janna. Das meine ich ganz ehrlich."

Mit diesen Worten verschwand er in seinem Zimmer und ich konnte ihm nur verdutzt hinterherstarren. Woher nahm er nur diese Gelassenheit? Bewundernswert. Da hatte ich tatsächlich das Gefühl, mit meiner Biestigkeit offene Türen einzurennen.

Kapitel 12

Deutschland 2013

Als Josh weg war, machte ich erst einmal einen ausführlichen Spaziergang mit Cindy und stellte dabei fest, dass ich die Gegend immer noch gut im Gedächtnis hatte. Obwohl ich seit mehr als zehn Jahren nicht mehr hier gewesen war, erkannte ich sogar ein paar Nachbarn wieder, die mich freundlich grüßten.

Wieder zu Hause machte ich mich an die letzten Kisten. Ich stellte mein Shampoo und die Schminksachen in die Fächer, die Josh für mich im Bad freigeräumt hatte. Leider gab es hier keine separaten Bäder und ich konnte nur hoffen, dass das nicht zu Problemen führen würde. Ich sah mich um und betrachtete dann ungewöhnlich lange Joshs Rasierer. Wie lange war es her, dass ich das Bad mit jemandem geteilt hatte, der sich das Gesicht rasierte? Meine Eltern hatten ein eigenes Bad und da Max noch keinerlei Bartwuchs hatte, besaß er natürlich keinen. Rogelio hatte sich täglich rasieren müssen. Andernfalls hätte er schnell ausgesehen wie ein Waldschrat. Ich schüttelte mich bei dem Gedanken daran und ging zurück in mein Zimmer.

Dort angekommen seufzte ich und zog eine Kiste zu mir heran, um die ich von Anfang an einen großen Bogen gemacht hatte. Sie war die einzige ohne Beschreibung, und daher wusste ich genau, was ich darin finden würde.

Erinnerungen.

Ich öffnete die Pappe und zog einige Büchlein, Karten, Alben und Schmuckstücke hervor, die ich alle rund um mich herum verteilte. Es waren alles Dinge aus Mexiko und ich hatte keine Ahnung, was ich damit machen sollte. Wegschmeißen wollte ich sie nicht. Dafür waren mir diese Erinnerungen zu wertvoll. Ich hatte nach der Trennung zwar symbolisch ein Bild von Rogelio verbrannt, aber das bedeutete nicht, dass ich unsere gemeinsame Zeit auslöschen wollte. Wenn ich alles vernichtete, dann würde ich das irgendwann einmal bereuen. Spätestens, wenn ich in fünfzig Jahren über die ganze Geschichte hinweg war und meinen Enkeln ein paar Fotos von dem Mann zeigen wollte, der ihr Großvater hätte werden können.

Ich lächelte bei dem Gedanken und griff nach dem ersten Fotoalbum. ‚Mein Austauschjahr' stand darauf. Es waren viele verschiedene Fotos darin. Ich auf einer der Pyramiden von Teotihuacán. Ich am Strand von Acapulco und Cancún. Ich beim Schnorcheln, beim Feiern und beim Lachen. Ich mit meiner Gastfamilie beim Essen oder bei der Besichtigung vom Peña de Bernal, einem riesigen Felsen mitten im flachen Land. Damals hatte mir das Reisen unheimlich viel Spaß gemacht und ich hatte die Rundreisen vom Rotary Club sehr genossen. Wir waren so ziemlich bei jeder Pyramide des Landes gewesen, hatten die schönsten Strände kennengelernt und die wildesten Partys gefeiert und uns in zig verschiedenen Sprachen unterhalten. Es war einfach nur toll gewesen. Ich blätterte weiter und kam dann zu den Bildern, auf denen Rogelio mit abgebildet war.

Wir beide auf einer Party. Wir beide auf der Burg in Querétaro. Wir beide auf einem Motorrad und wir beide im Karateanzug.

Als ich in dem Album ein Bild fand, auf dem Rogelio nur mit einem Handtuch bekleidet lässig an einem Stuhl lehnte, konnte ich nicht anders, als gedankenverloren mit einem Finger über seine trainierte Brust zu fahren. Verdammt. Er sah einfach so unverschämt gut aus und ich vermisste ihn immer noch. Wie häufig ich davon geträumt hatte, wieder bei ihm zu sein und ihn noch einmal berühren zu können.

In den ersten Monaten unserer Trennung war es regelrecht schmerzhaft gewesen. Obwohl mein Kopf wusste, dass es keinen Sinn ergab, ihm noch einmal zu verzeihen, wurde ich von meinem Körper betrogen, der sich mit jeder Faser nach Rogelio sehnte. Nur die Tatsache, dass es nicht möglich war, ihn mal eben zu besuchen, hatte mich damals davon abgehalten, wieder in seine Arme zu sinken.

Nicht innere Stärke hatte mich gerettet, sondern Distanz. Diese Erkenntnis war bitter und machte mir nur zu deutlich, was für eine Versagerin ich war.

Nachdenklich strich ich über die anderen Fotoalben, bis ich bei dem weißen Hochzeitsalbum hängen blieb. Ich schlug es auf und schluckte. Die Bilder machten mich traurig, aber sie schmerzten nicht mehr so sehr wie noch vor einigen Jahren. Ich nahm das als gutes Zeichen und fing an zu blättern.

Auf den Fotos war ich in einem wunderschönen, cremefarbenen Hochzeitskleid zu sehen, in dem ich aussah wie eine Prinzessin. Das Kleid war zwar sehr schlicht, mit einer kurzen Schleppe und wenig Tüll oder anderem Schnickschnack, aber der Gesamteindruck war trotzdem wunderschön. Es war schulterfrei und am Bauch ein wenig gerafft, was perfekt meinen untrainierten Bauch kaschierte. Meine Haare waren kunstvoll nach oben gesteckt und einige Perlen zierten meine Frisur. Rogelio hingegen trug einen schicken grauen Anzug und sah darin unheimlich gut aus. Er war der erste Mann in meinem Leben gewesen, den ich gewollt hatte und der mich auch gewollt hatte. Bis dahin war es immer so gewesen, dass ich jemanden mochte und er mich nicht, oder anders herum.

Als Rogelio und ich uns kennenlernten, hatte ich natürlich noch nicht damit gerechnet, dass wir einmal heiraten würden. Aber inzwischen war mir klar, dass es wohl einfach keine andere Möglichkeit gegeben hatte. Ganz oder gar nicht. Einen Mittelweg gab es bei Fernbeziehungen auf Dauer nicht. Ich hatte mich für ganz entschieden, musste aber feststellen, dass es gar nicht ging.

Ich blinzelte eine Träne weg, als ich die Bilder ansah, auf denen ich mit meinen Geschwistern und Eltern zu sehen war. Auf einigen Fotos war mein Lächeln echt gewesen. Auf anderen hingegen wirkte es, als hätte ich mich regelrecht zwingen müssen zu lächeln. Und genauso war es auch gewesen. Ich hatte an diesem Tag nicht durchgehend glücklich sein können, weil ich mir nicht hundertprozentig sicher gewesen war, das Richtige zu tun.

Meine Mutter hatte recht. Rogelio war nie der Richtige für mich gewesen. Er war von Anfang an herrisch und bestimmend gewesen und hatte mich eingeengt. Meine Liebe zu ihm hatte mich dafür blind gemacht und ich hatte auf die harte Tour lernen müssen, dass mein Lieblingssong von den Beatles nicht stimmte und man leider doch mehr als nur Liebe braucht, um eine glückliche Beziehung zu führen.

Als hätte sie meine Gedanken erraten, klingelte in diesem Moment mein Telefon.

„Ja?", fragte ich und gab mir Mühe, dabei nicht zu schniefen.

„Hallo, Janna, hier ist Lizzy … Sag mal, weinst du?"

„Lizzy?"

„Klar. Sag ich doch. Was ist denn los, Süße?"

Ich schluchzte. Lizzy, eigentlich Elizabeth, war meine Cousine und engste Vertraute aus Schultagen. Sie war bei meiner Hochzeit damals meine Trauzeugin gewesen. Sie war nicht immer einfach, aber das war ich auch nicht.

„Ach, nichts", sagte ich. „Ich sehe mir nur gerade das Hochzeitsalbum an."

„Aber warum machst du denn so was? Ich wusste ja gar nicht, dass du masochistisch veranlagt bist."

Ich lachte auf, fing aber sofort wieder an zu schluchzen.

„Ich bin umgezogen", erklärte ich. „Und jetzt muss ich meine alten Erinnerungsstücke sortieren."

„Ganz ehrlich? Den Ring und die Fotos kannst du ja gerne behalten, wenn du sie dir nicht ständig ansiehst. Aber schmeiß den ganzen Rest weg. Die Briefe, die Karten, die getrockneten Rosen … weg mit dem Zeug. Das ist doch alles nur Ballast."

Ich nickte, obwohl sie es nicht sehen konnte, und klappte mein Album zu.

„Lizzy?"

„Hm?"

„Glaubst du, ich bin selber schuld an allem, weil ich ihn geheiratet habe, obwohl ich wusste, was für ein Mann er ist?"

Eine Weile sagte Lizzy nichts, aber dann seufzte sie schwer. „Das ist doch keine Frage der Schuld. Glaubst du, dass es etwas besser gemacht hätte, wenn du ihn nicht geheiratet hättest?"

„Ich glaube nicht", gab ich zu. „Ich musste das tun. Ich frage mich trotzdem, ob es nicht irgendwie schlimmer ist, wenn man mit offenen Augen in sein Unglück rennt. Denn ich habe geahnt, was passieren würde. Ich habe es geahnt und ich musste es trotzdem selber erfahren."

Lizzy brummte. „Ja. Und du hast es erfahren. Und

jetzt weißt du es besser und kannst es in Zukunft anders machen."

„Ich werde mir auf jeden Fall die größte Mühe geben."

„Das ist mein Mädchen. Warum ich aber eigentlich anrufe … Mann. Das ist jetzt schwerer, als ich erwartet hatte."

Sofort wurde ich hellhörig. Eigentlich war Lizzy kein Mensch, dem es schwerfiel, mit der Sprache herauszurücken. Dass sie jetzt zögerte, machte mich stutzig.

„Rücks raus", sagte ich ernst.

„Na ja. Du weißt ja, dass ich jetzt schon eine Weile mit Erich zusammen bin."

„Eine Weile? Du meinst ein Jahr. Und das, nachdem du den armen Steffen gnadenlos abserviert hast."

Lizzy schnaubte. Steffen war ihre Jugendliebe gewesen. Die beiden waren sechs Jahre zusammen gewesen und hatten sogar zwei Jahre zusammengelebt. Aber dann hatten sie von einem Tag auf den anderen beschlossen sich zu trennen. Für den Freundeskreis war das völlig unerwartet gekommen.

„Steffen und ich hatten uns auseinandergelebt", erklärte sie.

„Ja. Und das hatte gar nichts damit zu tun, dass Erich dir schöne Augen gemacht hat."

„Komm schon, Janna. Das ist ungerecht."

Das stimmte. Erich war vierzehn Jahre älter als Lizzy und ein Bekannter ihres Onkels väterlicherseits. Er hatte sie schon als Kind gekannt, aber sich nie für sie interessiert. Zumindest nicht bis zu dem Moment, als sie plötzlich eine erwachsene Frau und Single war. Mit ihren ungewöhnlich großen Brüsten, den krausen Locken und dem weiblichen Körperbau war sie eine Frau, die man einfach nicht übersehen konnte. Zwei Wochen nach der Trennung waren die beiden zusammen im Bett gelandet und seit einem halben Jahr wohnten sie zusammen. Ich staunte immer wieder, wie schnell das manchmal gehen konnte.

„Also gut. Ich sag es jetzt einfach." Lizzy holte tief Luft. „Liebe Janna. Ich würde dich gerne im Januar zu meiner Hochzeit einladen."

Ich stockte. Hochzeit? Lizzy wollte heiraten? Mein Gott. Erst mein Gastbruder und dann Lizzy? Was war denn zurzeit hier los? Als Nächstes erzählte Luisa mir noch, dass sie sich vermählen wollte.

„Tja … äh … herzlichen Glückwunsch. Denke ich."

„Danke!", jubelte Lizzy. „Ich werde heiraten. Ist das nicht spannend?"

„Klar. Bestimmt. Hast du dir das denn auch wirklich gut überlegt?"

Lizzy seufzte und ich konnte mir vorstellen, wie sie die Augen verdrehte.

„Natürlich habe ich mir das überlegt. Ich weiß, dass wir noch nicht ewig zusammen sind, aber Erich und ich passen einfach perfekt zueinander."

Dagegen konnte ich nichts sagen. Trotz des Altersunterschiedes ergänzten die beiden sich hervorragend. Er war Anwalt und sie war Arzthelferin. Sie brachte Ordnung und Struktur in sein Leben und er ermöglichte ihr dafür den Lebensstil, den sie sich immer erträumt hatte. Dennoch beunruhigte es mich, dass Erich fast genauso eifersüchtig sein konnte wie Rogelio. Er schrie sie zwar nicht an, aber er strafte sie gern mit Schweigen oder versagte ihr die kleinen Geschenke, die er ihr für gewöhnlich mitbrachte.

„Ich freue mich für dich", sagte ich schließlich. „Ich will nur einfach nicht, dass du so sehr auf die Nase fällst wie ich."

„Janna. Es tut mir leid, das sagen zu müssen, aber deine Ehe war von Anfang an zum Scheitern verurteilt."

Rein aus Gewohnheit hätte ich am liebsten protestiert,

weil ich es ungerecht fand, dass die Leute über etwas urteilten, von dem sie keine Ahnung hatten. Aber da es tatsächlich schiefgegangen war, fehlte mir die Munition.

„Du hast ja recht", gab ich zu.

„Du bist mir also nicht böse, weil ich es dir nicht eher gesagt habe?"

„Nein. Ich verstehe dich schon."

„Na, Gott sei Dank. Ich wollte dich nämlich auch noch fragen, ob du …"

„Lust hast, deine Trauzeugin zu werden?", ergänzte ich. „Es wäre mir eine Ehre. Aber wehe, ich muss ein hässliches Kleid tragen."

Lizzy verstummte.

„Lizzy?"

„Äh ja. Sorry. Hör mal. Ich weiß ja, dass ich bei dir Trauzeugin war, aber …"

Mein Herz sank. Sie hatte schon jemand anderen gefragt. Ich wusste nicht genau warum, aber das verletzte mich.

„Wer?", fragte ich.

„Nadine."

„Ehrlich? Ausgerechnet Nadine?"

Nadine war auch eine Cousine von uns beiden, mit der ich aber nie gut zurechtgekommen war. Ich fand sie zu stürmisch, zu oberflächlich und zu unecht. Durch sie ersetzt zu werden, fand ich schrecklich.

„Das musst du verstehen, Janna. Nadine ist doch jetzt mit diesem Wilderich von Ghalen verheiratet. Sie als Trauzeugin zu haben, bedeutet, dass sie auch einiges für die Hochzeit übernehmen wird. Dank ihrer Connections können wir die Feier in einem Schloss in Münster machen, wo sonst kaum ein freier Termin zu kriegen ist. Es heißt wirklich nicht, dass ich sie lieber mag als dich. Bestimmt nicht!"

Ich sagte gar nichts. Ich war ernsthaft enttäuscht. Meiner Meinung nach sollte man seine Trauzeugin nach dem Gefühl aussuchen und nicht nach dem Geldbeutel. Es fiel mir schwer, ihr das nicht übel zu nehmen. Doch bevor ich dazu etwas sagen konnte, redete Lizzy bereits weiter.

„Ich … ich wollte dich um noch etwas bitten“, gab sie zu. „Ich … ich hätte gerne einen Junggesellenabschied.“

Vor Stauen klappte mir der Mund auf. Damit hätte ich nicht gerechnet. Lizzy war zwar früher nie ein Kind von Traurigkeit gewesen, aber Erich war sehr eifersüchtig. Ich selber hatte damals auf einen Junggesellenabschied verzichtet, weil ich mich vor Rogelios Reaktion gefürchtet hatte. Da Lizzy damit jedoch keine Probleme zu haben schien, war ich gespannt, was sie nun von mir erwartete.

„Einen Junggesellenabschied also“, sagte ich. „Und?“

„Na ja. Organisieren wird den Nadine. Ich habe nur Angst, dass sie sich etwas Komisches ausdenkt. Du kennst dich mit eifersüchtigen Männern ja aus. Wäre es möglich, dass du vielleicht … ein bisschen auf sie einwirkst?“

Ich schluckte.

Ich sollte mich also mit unserer Cousine anlegen, damit diese es bei der Planung des Junggesellenabschieds nicht übertrieb? Na, das konnte ja lustig werden.

„Tja. Vielleicht hättest du doch jemand anders als Trauzeugin wählen sollen.“

Den Seitenhieb konnte ich mir nicht verkneifen, obwohl ich wusste, dass es unfair war. Nadine hatte auch Lizzy als Brautjungfer gewählt und sie konnte uns ja schlecht beide nehmen. Ich konnte nachvollziehen, dass sie fürchtete, die Vorbereitungen für eine fremde Hochzeit könnten mich emotional überfordern. Immerhin war meine eigene Ehe kolossal schiefgegangen.

„Und?“, fragte Lizzy dann. „Hast du noch mal was von Mexiko gehört?“

Ich zuckte zusammen, als sie das Land erwähnte, was mir wieder einmal bewies, dass ich über die Geschichte immer noch nicht hinweg war. Ich seufzte und lehnte mich nach hinten.

„Meinst du von Mexiko oder von Rogelio?"

„Beides", sagte sie.

Sie hatte mich vor Jahren einmal zum Urlaub nach Mexiko begleitet und bei der Gelegenheit auch Lety und Rogelios Familie kennengelernt. Sie hatte sich mit allen sehr gut verstanden. Na ja, mit fast allen. Es war ihr gelungen, in der Zeit ein etwas genaueres Bild von Rogelio und seiner Eifersucht zu bekommen, und sie hatte mir damals schon prophezeit, dass das mit uns niemals gut gehen würde. Hätte ich damals auf sie gehört, dann hätte ich mir einiges an Ärger ersparen können.

„David heiratet und Hugo studiert Medizin", erklärte ich. „Und Rogelio … er hat mich vor ein paar Wochen mal angerufen. Er hat jetzt eine feste Freundin und er wird auf jeden Fall zur Scheidung nach Deutschland kommen. Mir wird ganz schlecht, wenn ich nur daran denke."

„Muss er dafür denn kommen?"

„Ja. Es hieß erst, man könnte das in seiner Abwesenheit regeln, aber dann haben wir einen Beschluss vom Gericht bekommen, dass er doch dabei sein muss."

„Und wer bezahlt den Flug?"

Ich schnaubte. „Dreimal darfst du raten."

„Nicht ernsthaft oder?"

Ich warf frustriert die Hände in die Luft. „Was soll ich denn machen? Ich will mich scheiden lassen. Er zwar inzwischen auch, aber er hat kein Geld, um nach Deutschland zu kommen. Also muss ich wohl oder übel dafür sorgen, dass er herkommen kann. Du hast keine Ahnung, was für ein schlechtes Gefühl ich bei der Sache habe. Aber es geht halt nicht anders."

Lizzy seufzte.

„Alles wird gut“, versprach sie. „Wenn du Hilfe brauchst, weißt du ja, wo du sie kriegen kannst.“

„Danke. Und wegen deines Junggesellenabschieds mach dir keine Sorgen. Das wird schon.“

Ich erwachte mitten in der Nacht und verstand zuerst nicht ganz, was mich geweckt hatte. Es war eine fremde Wohnung und ein fremdes Bett, insofern war es kein Wunder, dass ich einen leichten Schlaf hatte. Doch dann hörte ich, wie im Flur etwas umgestoßen wurde und ein Mädchen kicherte.

„Hey, hey“, ertönte Joshs Stimme. „Immer langsam, Kleine. Nicht so laut. Meine Grandma schläft oben. Komm. Ich helfe dir mit den Schuhen.“

Ich verdrehte innerlich die Augen und drückte mir das Kissen aufs Gesicht. Das konnte doch nicht wahr sein. Ich wohnte noch nicht einmal vierundzwanzig Stunden hier und Josh besaß bereits die Frechheit mich zu wecken, indem er irgendeine Schnecke mit in die Wohnung brachte?

„Hast du deinen Eltern Bescheid gesagt, dass du woanders schläfst?“, hörte ich Josh fragen und schüttelte den Kopf. Wie alt war das Mädchen denn, wenn sie noch um Erlaubnis bitten musste?

Da ich kein Interesse hatte zu hören, wie es bei den beiden weiterging, nahm ich mein Handy zur Hand und setzte mir Kopfhörer auf. Dann erhöhte ich die Lautstärke soweit, bis ich das Kichern des Mädchens nicht mehr hören musste. Mir war klar, dass meine Ohren mir das nicht danken würden, aber alles war besser, als Joshs Bettgeschichten mitzukriegen. Eins war klar: Er würde morgen noch einiges von mir zu hören kriegen.

Kapitel 13

Mexiko 2006

„Sieh mal, da oben. Siehst du den Stern da?"
Ich nickte und war mir dabei der Nähe von Rogelio nur zu bewusst.

„Der leuchtet fast genauso schön wie deine Augen."

Ich errötete leicht und schluckte. In den letzten Wochen waren Rogelio und ich so gut wie unzertrennlich geworden. Ich ging immer noch zu den Karatestunden, aber zusätzlich trafen wir uns jedes Wochenende und telefonierten an jedem Abend, an dem wir uns nicht sehen konnten.

Rogelio war der vollendete Gentleman. Er brachte mir Rosen mit, öffnete für mich die Autotüren und begleitete mich über die Straße. Er schickte mir Liebesbriefe und spielte für mich auf seiner Gitarre, so lange bis mir das Ganze wie ein Märchen vorkam.

Mit ihm zusammen zu sein war wunderbarer als alles, was ich mir je erträumt hatte. Er war liebevoll, zärtlich und strahlte eine Männlichkeit aus, die mich einschüchterte und dafür sorgte, dass ich jedes Mal Herzklopfen bekam, wenn ich in seine Nähe kam.

„In Deutschland kann man andere Sternbilder sehen als hier", stellte ich fest und sah wieder zu den Sternen hinauf.

Es war eine wunderbare, laue Nacht und wir befanden uns auf der Ranch von Rogelios Onkel. Ich hatte in Mexiko festgestellt, dass die Tage im Sommer nicht länger wurden wie in Deutschland, sondern es immer gegen acht Uhr abends dunkel wurde. Daher lagen wir nun um neun Uhr abends im Schein der Sterne auf einer Wiese und betrachteten Kopf an Kopf den Himmel. Um uns herum hörte man nichts außer den Grillen und ein paar Vögeln. Es war, als befänden wir uns in einem wunderbaren Kokon, in dem wir völlig von der Außenwelt abgeschottet waren.

„Vermisst du Deutschland?", fragte Rogelio.

Ich zögerte, aber nickte dann. „Ja. Schon ein wenig. Also … nicht allgemein, aber es gibt viele Dinge, die mir fehlen. Ich vermisse meine Freundinnen und meine Familie. Vor allem meinen Hund."

„Cindy?"

„Ja."

Ich hatte ihm von Cindy erzählt und ihm einige Fotos gezeigt. Trotzdem hatte ich das Gefühl, dass er nicht wirklich nachvollziehen konnte, wie sehr ich an dem Tier hing.

„Du könntest sie mit herbringen, weißt du?"

Überrascht setzte ich mich auf. „Warum sollte ich das tun?"

„Na ja. Ich meine … wenn du irgendwann nach Mexiko ziehen möchtest."

Ich schüttelte den Kopf. „Rogelio …"

Es fiel mir schwer, über dieses Thema mit ihm zu sprechen, denn für mich kam es im Moment gar nicht in Frage, in Mexiko zu leben. Es war ein wunderschönes Land und ich fühlte mich hier sehr wohl, aber ich hatte noch so viel vor. Ich wollte mein Abitur machen und studieren. Ich wollte so viel sehen und erreichen. Rogelio war mir zwar wichtig, doch wir waren meiner Ansicht nach noch viel zu jung, um weitreichende Pläne zu machen.

„Schon gut", sagte Rogelio. „Sag nichts. Es sind ja noch ein paar Monate, bis du gehen musst."

Ich nickte und ließ mich wieder zurücksinken.

„Weißt du …", begann ich. „Du könntest ja auch einfach mich besuchen."

„Du meinst in Deutschland?"

Ich nickte. „Es gibt so vieles, was ich dir gerne zeigen würde. Sobald ich in Deutschland bin, kann ich meinen Führerschein machen. Und wenn du dann kommst, können wir überall hinfahren. Nach Hamburg, nach München, nach Berlin …"

Rogelio lächelte nachsichtig. Ihm ging nicht so ganz in den Kopf, warum ich unbedingt für zweitausend Euro einen Führerschein machen wollte, wenn genauso gut er mir das Fahren beibringen konnte. In Mexiko hatte kaum jemand einen Führerschein und die Polizei schien sich auch selten daran zu stören, wenn man ohne fuhr. Trotzdem schreckte ich davor zurück. Der Rotary Club war mit seinen Regeln sehr streng und zu seiner Devise gehörte eigentlich auch, dass ich keinen Freund haben durfte. Meine Gastfamilie wusste zwar von Rogelio, aber ich hatte das Gefühl, dass sie großzügig beide Augen zudrückten.

„Ich werde dich sehr gerne besuchen kommen", erklärte Rogelio. „Ich will schließlich auch deine Familie kennenlernen."

Mein Herz machte einen kleinen Sprung bei dem Gedanken, was meine Eltern wohl zu Rogelio sagen würden. Natürlich hatte ich ihnen bereits ein Foto von Rogelio und mir geschickt, aber mir war klar, dass meine Eltern die Beziehung nicht ganz ernst nahmen. Was sollte aus so einer Beziehung auch schon werden?

„Erzähl mir von ihnen."

„Da gibt es nicht viel zu erzählen. Meine Geschwister sind süß, aber anstrengend, und meine Eltern sind die größten Langweiler, die es gibt. Meine Mutter ist Krankenschwester und mein Vater ist Lehrer. Sie haben sich auf einer Reise quer durch Schottland kennengelernt. Ursprünglich kommt meine Mutter aus dem Osten, aber jemand hat ihr geholfen, über die Mauer zu kommen."

„Das mit der Mauer kommt mir immer noch so unwirklich vor. Deutschland ist doch so ein modernes Land."

Ich zuckte mit den Schultern. „Das war nicht immer so."

„Sind deine Eltern denn … streng mit dir?"

Irritiert sah ich ihn an. „Wie meinst du das?"

„Ich meine … du hast doch meine Eltern vor Kurzem kennengelernt."

Ich nickte. „Ja. Ich fand sie sehr nett."

„Das ist gut. Ich will auch nicht, dass sich das ändert, aber es gibt trotzdem etwas, das du wissen solltest."

Er machte eine Pause, als müsste er sich sammeln. Dann sah er mich an.

„Ich war nicht immer einfach als Kind. Und als ich klein war, da … da hat mein Vater mich verprügelt. Häufig. Er hat mich manchmal auch stundenlang in mein Zimmer gesperrt, weil ich ungehorsam war. Ich war nur neugierig, ob …"

„Nein. So etwas haben meine Eltern nie mit mir gemacht", sagte ich sofort. „Ich kann mich zwar erinnern, dass ich mal eine Ohrfeige bekommen habe, aber eingesperrt oder verprügelt hat man mich nie. Das hört sich ja schrecklich an."

Rogelio nickte. „Ich habe noch nie jemandem davon erzählt", sagte er.

„Wann hat es aufgehört?"

„Es wurde besser, als meine Mutter gedroht hat, meinen Vater zu verlassen. Aber ganz aufgehört hat es erst, als ich mit fünfzehn das erste Mal zurückgeschlagen habe. Ich … ich konnte einfach nicht mehr zulassen, dass er das tut. Weder bei mir, noch bei meiner Mutter."

„Er hat sie auch …?"

„Ja. Aber ich will nicht, dass du jetzt schlecht von ihm

denkst. Er ist immer noch mein Vater und ich liebe ihn. Ich habe dir das nur erzählt, weil … weil ich möchte, dass du alles von mir weißt. Es gibt so vieles, was ich gern mit dir teilen würde, Janna. So vieles, was ich dir zeigen will."

Ich schluckte und sah wieder hinauf zu den Sternen. Diese Offenbarung schockierte mich. Vor allem, da Rogelio seinem Vater die Taten nicht nachzutragen schien. Ob er sich einfach daran gewöhnt hatte, dass sein Vater so war? War das überhaupt möglich? Konnte man sich an so etwas gewöhnen? Ich konnte es mir kaum vorstellen.

„Janna", sagte Rogelio plötzlich und ergriff meine Hand, während er weiterhin in den Himmel hinaufsah.

„Hm?"

„Darf ich dich etwas fragen?"

„Natürlich."

Er zögerte und drückte dann noch mal meine Hand. „Würdest du mit mir schlafen?"

Mein Herz setzte einen Schlag aus und mir wurde ganz heiß. Ich räusperte mich.

„Jetzt?", fragte ich.

Rogelio lachte. Es war ein dunkles, kehliges Lachen, das mir einen wohligen Schauer über den Rücken jagte.

„Wenn du darauf bestehst, gerne", sagte er. „Aber ich meinte das eher allgemein."

Ich spürte ein nervöses Flattern in meinem Magen und wand mich ein wenig. Bisher war dieses Thema bei uns nicht zur Sprache gekommen. Wir hatten uns immer nur tagsüber getroffen und waren meistens unter Leuten gewesen. Aber natürlich hatte ich trotzdem schon darüber nachgedacht. Ich wünschte mir nichts mehr, als Rogelio nahe zu sein. Es gab da nur ein kleines Problem.

„Äh … ich … ich weiß nicht. Es ist nämlich so. Ich habe noch nie …"

Ich verstummte. Überrascht setzte Rogelio sich auf, um mir in die Augen zu sehen.

„Wirklich nicht?", fragte er.

Ich schüttelte den Kopf. „Ist … ist das schlimm?", fragte ich unsicher.

Mir war klar, dass ich mit siebzehn nicht gerade früh dran war, aber ich hatte gehört, dass bei den Mexikanern viele noch länger warteten, wenn sie sich nicht sogar für die Hochzeit aufsparten.

„Schlimm?", fragte Rogelio und strich mir mit dem Finger über die Wange. „Machst du Witze? Das ist die wunderbarste Neuigkeit überhaupt." Er lächelte. „Du weißt gar nicht, wie sehr ich mir gewünscht habe, bei dir der Erste zu sein."

Ich schluckte. So wunderbar fand ich das gar nicht. Im Gegenteil. Mir war meine Unerfahrenheit peinlich und ich fühlte mich unwohl, weil ich nicht wusste, was von mir erwartet wurde.

„Könntest du dir denn vorstellen, es mit mir zu tun?"

Mein Mund wurde trocken und mein Herz klopfte bis zum Hals. Ich hatte schreckliche Angst, aber war gleichzeitig so freudig erregt, dass ich gar nicht wusste, was ich antworten sollte. Daher nickte ich einfach.

Rogelio lächelte kurz und wurde dann wieder ernst. Der Blick aus seinen dunklen Augen war so intensiv, dass es mir beinahe Angst machte, und eine Hitzewelle schoss direkt in meinen Unterleib und breitete sich dort aus.

„Oh, Janna. Du hast keine Ahnung, wie viel mir das bedeutet", sagte er und beugte sich dann zu mir herunter, um mich zu küssen.

Kapitel 14

Deutschland 2013

Als ich am nächsten Morgen aufwachte, dröhnte mein Kopf, als hätte ich am Vortag zu viel getrunken. Stöhnend nahm ich die dröhnenden Kopfhörer ab und warf sie zu Boden. Nie wieder. So eine Nacht würde ich mir nie wieder antun. Ich sah auf die Uhr und stellte fest, dass es bereits nach neun war. Am liebsten wäre ich noch liegen geblieben, aber Cindy musste raus. Sie konnte in ihrem Alter nicht mehr so lange anhalten, also würde ich wohl oder übel aufstehen müssen.

Ohne einen Blick auf Joshs Zimmer rechts von mir zu werfen, tapste ich zum Badezimmer, das schräg gegenüber lag. Doch als ich die Hand ausstreckte, um die Tür zu öffnen, schwang diese von innen auf und ich stieß genau mit der Nase gegen Joshs nackten Oberkörper. Erschrocken taumelte ich zurück.

„Oh, Janna. Good morning. Na? Gut geschlafen die erste Nacht?"

Er trug nur ein Handtuch um die Hüften, sein Haar hatte er lässig nach hinten gestrichen und er war frisch rasiert. Außerdem dampfte seine Haut von der warmen Dusche und erweckte den Eindruck, als käme er gerade aus der Sauna. Was mich aber besonders irritierte, war sein hübscher Oberkörper. Er war nicht so durchtrainiert wie Rogelio, aber man sah ihm an, dass er sich gerne bewegte und sich gesund ernährte. Kurz über der Hüfte erkannte ich eine blasse Narbe und war überrascht, als ich den Impuls verspürte, die Hand danach auszustrecken, um sie zu berühren. Wovon sie wohl stammte? Von einem Unfall? Einer Operation? Einer Schlägerei? Ich sah in sein Gesicht, das offenbar auch schon am frühen Morgen ein spitzbübisches Lächeln zierte. Ich wollte mir gar nicht vorstellen, wie schrecklich ich dagegen aussah. Im Gegensatz zu ihm hatte ich heute Nacht aber auch keinen Gelegenheitssex gehabt. Verärgert trat ich vor und pikte Josh mit dem Zeigefinger gegen die Brust.

„Duuuu“, begann ich vorwurfsvoll. „Ich habe grauenvoll geschlafen. Und warum? Weil du mitten in der Nacht irgendeine Tussi mit nach Hause bringen musstest. Hattest du nicht gesagt, dass das höchstens einmal im Monat vorkommt? War es da wirklich notwendig, das gleich an meinem ersten Abend zu machen?“

„Hey, hey“, sagte Josh beruhigend. „Cool down, Janna. Und schrei nicht so laut, sonst weckst du sie nachher auf.“

„Wen denn? Deine Bettgespielin?“

Irritiert sah er mich an. „Nein“, sagte er. „Deine Schwester.“

„Meine ...“

Meine Kinnlade klappte nach unten und ich spürte, wie jegliche Farbe aus meinem Gesicht wich. Wie automatisch fuhr ich herum und rannte zu Joshs Zimmer. Obwohl ich es noch nie betreten hatte, zögerte ich jetzt nicht, die Tür aufzureißen und hineinzustürmen. Meine Augen blieben sofort an dem großen Bett in der Ecke hängen. Mein Schock nahm unermessliche Ausmaße an, als ich erkannte, dass das spärlich bekleidete Mädchen zwischen den Decken tatsächlich meine kleine Schwester war.

„Luisa!“, schrie ich und rüttelte sie.

„Was?“, murmelte meine Schwester schlaftrunken.

Sie trug eins von Joshs T-Shirts, auf dem stand: ‚Just

smile – You can't kill them all'. Ihre Frisur war ein einziges Chaos und ihre Schminke war völlig verschmiert. Jetzt fehlte nur noch, dass ich irgendwo ein benutztes Kondom fand, und ich würde völlig den Verstand verlieren.

„Luisa. Steh sofort auf!", schrie ich meine Schwester an und fuhr dann zu Josh herum, der immer noch nur mit einem Handtuch bekleidet vor mir stand.

„Du!", keifte ich und durchbohrte ihn mit meinen Blicken, als könnte ich ihm dadurch Schmerzen zufügen. „Wie konntest du nur? Mit meiner kleinen Schwester? Sie ist noch minderjährig, verdammt. Dafür zeige ich dich an. Das schwöre ich dir!"

„Janna. Warum schreist du hier überhaupt so rum?", fragte Luisa und rieb sich den Kopf. „Ich hab Kopfschmerzen und außerdem ist doch gar nichts Schlimmes passiert."

„Nichts Schlimmes? Nichts Schlimmes?"

Ich war so wütend, dass ich sie am liebsten so lange geschüttelt hätte, bis sie wieder zur Vernunft kam.

„Mit einem Mann, der sieben Jahre älter ist als du, nach Hause zu gehen, nennst du also nichts Schlimmes? Verdammte Scheiße. Habt ihr wenigstens ein Kondom benutzt?"

„Janna. Du verstehst das völlig falsch", versuchte Josh zu vermitteln. „Wir haben wirklich nicht …"

„Ja, ja. Das kannst du deiner Großmutter erzählen. Und zwar am besten jetzt gleich. Ich ziehe nämlich sofort wieder aus. Luisa. Zieh dich an. Ich hole Cindy und dann gehen wir!"

Ich wartete gar nicht darauf zu sehen, ob sie mir gehorchte, sondern stürmte aus dem Zimmer, bog nach rechts ins Wohnzimmer ab und hielt verwirrt inne, als ich Cindy nicht in ihrem Körbchen vorfand. Stattdessen lag sie draußen in der Sonne und wedelte mit dem

Schwanz, als sie mich erblickte. In meinem Gefühlsausbruch etwas gebremst ließ ich sie herein und stellte fest, dass sogar schon jemand mit der kleinen Schippe ihren Haufen beseitigt hatte.

Ich drehte mich um und sah jetzt erst, dass auf dem Sofa eine Wolldecke und ein Kissen lagen. Beides war zerwühlt und daneben lagen eine Jeanshose und ein Paar Socken auf dem Boden. Hier hatte eindeutig jemand geschlafen.

„Was …?" Fragend sah ich zu Josh, der neben dem Sofa stand und mich mit stoischer Ruhe ansah.

„Ich habe Luisa gestern im Nightrooms aufgegabelt", erklärte er. „Sie war mit Freundinnen dort und hatte offensichtlich etwas zu viel getrunken. Irgend so ein schmieriger Kerl hat sich an sie rangemacht und sie ist ihn einfach nicht losgeworden. Als ich sah, dass sie Hilfe brauchte, habe ich mich als ihr boyfriend ausgegeben und den Kerl in die Schranken gewiesen. Danach haben wir uns gemeinsam auf die Suche nach ihren Freundinnen gemacht, sie aber nicht mehr gefunden. Gestern war unheimlich viel los. Auch ans Handy ging keiner dran. Der Empfang war einfach zu schlecht. Züge nach Dülmen fahren um diese Uhrzeit nicht mehr, also habe ich beschlossen, sie mit nach Hause zu nehmen. Ich habe darauf geachtet, dass sie euren Eltern Bescheid sagt, dass sie bei dir schläft, damit sie sich keine Sorgen machen."

„Oh", war das Einzige, was ich herausbrachte.

Ich war ganz automatisch davon ausgegangen, dass Josh mit meiner Schwester ins Bett gesprungen war. Auf den Gedanken, dass er den großen Bruder gespielt und ihre Tugend beschützt hatte, wäre ich gar nicht gekommen. Cindy stupste mich mit ihrer feuchten Nase an und ich strich ihr gedankenverloren über den Kopf.

„Cindy hast du auch schon rausgelassen?", fragte ich.

Josh nickte. „Sie wurde um acht Uhr etwas nervös. Da habe ich sie einfach in den Garten gelassen. Er ist ja umzäunt. Da kann also nicht viel passieren."

„Ich … äh … danke."

Ich wusste gar nicht mehr, was ich sagen sollte. Es war noch nie passiert, dass ich mich mit meinen voreiligen Schlüssen dermaßen in die Bredouille gebracht hatte, und es war mir äußerst peinlich. Josh hatte mir einen riesigen Gefallen getan und ich hatte ihn zusammengestaucht wie ein Stück Dreck. Vielleicht hatte Alexis ja doch recht damit, dass ich Josh unrecht tat. Dieses Mal war dies mit Sicherheit der Fall.

„Hör mal. Es tut mir leid, dass ich dir nicht Bescheid gesagt habe, dass deine kleine Schwester hier schläft. Ich wollte dich nicht wecken."

„Ich war schon wach. Bei dem Gekicher dachte ich halt, dass … dass …"

„Okay. Das kann ich verstehen."

Er blieb so ruhig trotz all meiner Vorwürfe, dass ich mich noch schuldiger fühlte als ohnehin schon. Er war so vollkommen anders als Rogelio. Der wäre bei den ersten Worten schon ausgerastet, wobei er vermutlich auch wirklich mit meiner Schwester ins Bett gestiegen wäre. Immerhin sah sie ja nicht mehr wie ein Kind aus. Mit der ganzen Schminke und dem richtigen Kleid konnte ich es den Türstehern noch nicht einmal verübeln, dass sie ihr geglaubt hatten, achtzehn zu sein.

„Oh Gott, ist das alles peinlich", stöhnte ich und ließ mich auf die Sofakante sinken. „Es tut mir so leid. Ich dachte wirklich, dass du … ich …"

„Hey. Ist schon gut, Janna", sagte Josh und setzte sich neben mich, ohne sich daran zu stören, dass er so gut wie nackt war. „Es ist okay. Wirklich. Wäre ich an deiner Stelle gewesen, hätte ich wahrscheinlich genauso reagiert."

„Das glaube ich kaum. Aber danke für den Versuch." Ich schnaubte und massierte meine Stirn. „Ach, Mist", sagte ich. „So was darf nie wieder passieren."

Ich stand auf und nahm einen Block und einen Stift vom Wohnzimmertisch. „Hier", erklärte ich. „Wir sollten dringend ein paar Regeln für unser Zusammenleben festlegen. Ich fürchte nämlich, dass das Ganze sonst nach hinten losgeht. Ich weiß ja, dass du es nur gut gemeint hast, aber so etwas wie heute will ich nie wieder erleben."

Josh nickte verstehend. Kein Protest. Kein Wenn und Aber. Ich schlug etwas vor und er war dabei, so als wäre es gar keine Frage. Ich musste gestehen, dass dieser junge Mann mich immer mehr beeindruckte. Ich nahm den Stift zur Hand und begann zu schreiben.

Unsere Mitbewohnervereinbarung wurde zwar kein seitenlanger Vertrag wie bei Sheldon aus der Serie ‚The Big Bang Theory', aber trotzdem waren einige seltsame Punkte vorhanden. Wir einigten uns darauf, die Wohnung abwechselnd zu putzen und dabei immer das Treppenhaus mitzumachen, weil Joshs Oma dazu nicht mehr imstande war. Den Müll rausbringen musste derjenige, der die Tüte vollgemacht hatte. Ich glaubte nicht, dass das ein Problem darstellen würde.

Kritischer waren die Stellen, die uns beiden am Herzen lagen. Josh war es zwar gewohnt, Rücksicht auf seine Oma zu nehmen, aber nicht auf mich. Wir einigten uns also darauf, dass er tun und lassen konnte, was er wollte, aber dabei so leise zu sein hatte, dass ich nichts davon mitbekam. Er verlangte von mir, dass dieser Punkt für mich genauso galt, obwohl ich sehr stark bezweifelte, dass es dazu jemals kommen würde. Ich hatte noch nie einen fremden Mann mit nach Hause genommen und ich hatte auch nicht vor, das in nächster Zeit zu ändern. Des Weiteren musste er mir versprechen, mich sofort zu wecken, falls er meine Schwester noch einmal irgendwo aufgabelte.

„Danke, Josh", sagte ich reumütig. „Es tut mir so leid, dass ich dich so angefahren habe. Das war absolut unnötig."

„Schon gut. Wenn man so viele kleine Geschwister hat wie ich, dann ist man es irgendwann gewohnt, angezickt zu werden."

Er zwinkerte mir zu und ich wurde tatsächlich rot. Was hatte Josh nur an sich, dass er mich ständig so aus der Fassung brachte? Vermutlich war es ganz und gar keine gute Idee, dass ich hier mit ihm zusammenwohnte, aber andererseits war es ja nicht so, als wenn ich eine Alternative hätte.

„Und jetzt?", fragte Josh, als ich aufstand.

„Und jetzt werde ich zusehen, dass meine kleine Schwester aus deinem Bett rauskommt, damit du dir endlich etwas anziehen kannst. Deine nackte Brust mag zwar ein netter Anblick sein, aber so langsam grenzt das schon an sexuelle Belästigung. Und die haben wir in unserem Vertrag eindeutig verboten."

„Was hast du dir überhaupt dabei gedacht?", fragte ich wohl zum vierten Mal, als wir in Dülmen aus dem Zug stiegen.

Luisa hatte genau wie ich geduscht und ich hatte ihr ein paar meiner Klamotten geliehen, damit sie nicht in dem kurzen Kleid und Pumps nach Hause gehen musste. Trotzdem sah man ihr an, dass sie einen gewaltigen Kater hatte.

„Ich habe gar nicht gedacht, okay", motzte sie. „Ich wollte einfach nur meinen Spaß haben."

„Du weißt aber schon, dass es Minderjährigen verboten ist, so lange in der Disco zu bleiben? Vierundzwanzig Uhr ist Sense."

„Ist doch nichts passiert. Was soll das eigentlich, Janna? Du bist nicht meine Mutter."

Ich verschränkte die Arme vor der Brust und lief mit Janna durch das Bahnhofsgebäude. „Hast du eigentlich was von deinen Freundinnen gehört?"

„Oh … äh … nein. Ich habe Anna eine Nachricht geschickt. Sie hat aber noch nicht geantwortet."

„Was sind das eigentlich für Freundinnen? Lassen dich da einfach im Stich. Das kann doch wirklich nicht wahr sein."

Luisa blieb stehen und sah mich verletzt an. „Wenigsten habe ich Freundinnen. Und sitze nicht wie du jeden Samstag in der Bude und lerne für die Uni. Nur weil du so eine Langweilerin bist, musst du mir noch lange nicht den Spaß verderben."

Ich schluckte und lief weiter. Ich wusste nicht, was ich darauf sagen sollte. Natürlich. Luisa kannte mich nicht anders. Als ich Rogelio kennenlernte, war sie gerade mal acht. Es war nur verständlich, dass sie sich nicht daran erinnerte, dass ich damals anders gewesen war als heute. Ich hatte es geliebt, in die Disco zu gehen, und auch in Mexiko hatte ich es genossen, mit Rogelio tanzen zu gehen. Dass ich daran keinen Spaß mehr hatte, lag zum Großteil daran, dass Rogelio jedes Mal eifersüchtig gewesen war, wenn ich ohne ihn ausging. Und nach der Trennung … hatte ich es einfach nicht geschafft, zu meinem alten Ich zurückzufinden.

Ich kniff die Lippen zusammen und starrte geradeaus, während Luisa Mühe hatte, mit mir Schritt zu halten. Meine Schwester hielt mich für eine prüde Langweilerin. Die Erkenntnis war bitter und schmeckte mir ganz und gar nicht. Trotzdem wusste ich nicht so recht, was ich tun konnte, um das zu ändern. Stickige Räume, laute Musik und jede Menge Alkohol und Zigaretten? Das war einfach nicht meine Welt.

„Janna!", rief Luisa hinter mir. „Janna. Jetzt renn doch nicht so. Mann. Komm mal wieder runter."

Ich schüttelte den Kopf und ging weiter. Da packte Luisa mich am Arm und hielt mich zurück. „Hey. Komm schon, Janna. Tut mir leid, was ich gesagt habe. Mein Schädel brummt und ich hab einfach keine Lust drauf, von dir blöd angemacht zu werden. Ich hab's nicht so gemeint. Ist ja deine Sache, wenn du lieber zu Hause rumsitzt. Das muss ja jeder selber wissen. Für die Disco bist du sowieso langsam zu alt."

Ich riss die Augen auf und starrte meine Schwester an. „Bitte was?"

„Na ja, du weißt schon. Du wirst doch bald schon fünfundzwanzig. Alte Schachtel und so."

„Das ist mit Abstand die schlechteste Entschuldigung, die ich je von dir gehört habe, Luisa. Jetzt fühle ich mich doch gleich viel besser."

Luisa schwieg und auch mir war die Lust an einem Gespräch gehörig vergangen. Daher hingen wir beide unseren eigenen Gedanken nach, bis wir an dem Haus unserer Eltern ankamen und Luisa die Tür aufschloss.

„Da seid ihr ja endlich", sagte meine Mutter und kam aus der Küche. Sie trug ein Haarnetz, was darauf hindeutete, dass sie gerade einen Kuchen backte.

Sie hatte ständig Angst vor Haaren im Essen, die bei Gebäck ja besonders peinlich waren.

„Und? Habt ihr euch gestern gut amüsiert?"

Luisa und ich starrten meine Mutter beide verständnislos an, bis mir aufging, dass sie denken musste, wir wären gemeinsam ausgegangen. Luisa wurde das wohl auch bewusst, aber es konnte ihr nur recht sein, unsere Eltern in diesem Glauben zu lassen. Sie winkte ab und fasste sich an den Kopf.

„War toll, Mama. Ich leg mich noch mal hin, okay? Bin noch total müde."

„Ist gut, Schätzchen. Und was ist mit dir, Janna? Musst du sofort wieder los?"

Ich schüttelte den Kopf. Cindy hatte ich bei Josh gelassen, weil ich ihr das Pendeln nicht zumuten wollte. Sie war einfach zu alt für so einen Mist. Ich seufzte und setzte mich an einen der Küchentische.

„Kann ich dir was helfen?“

„Nein, nein. Es reicht mir schon, wenn du mir Gesellschaft leistest.“

Sie schlug mehrere Eier in den Mixer und lächelte. Sofort fühlte ich mich wieder geborgen und daheim. Es war kein Wunder, dass ich mich so lange hier verkrochen hatte. Es war einfach schön zu Hause zu sein.

„Sag mal ...“, begann ich. „War ich eigentlich als Teenager auch so schwierig wie Luisa?“

Meine Mutter sah mich an und schüttelte lachend den Kopf. „Du warst schwierig, aber anders. Du hast dir nie viele Gedanken um dein Äußeres gemacht und dich dann gewundert, wenn in der Schule darüber gelästert wurde, wenn du Löcher im T-Shirt hattest.“

Ich verzog das Gesicht. Daran hatte sich bis heute nichts geändert. Da ich nichts wegschmeißen wollte, zog ich auch ältere T-Shirts manchmal in die Uni an. Bloß interessierte das dort niemanden. Solange man nicht stank oder jemanden blöd anmachte, konnte man in der Uni tun und lassen, was man wollte. Ein Punker mit zehn Piercings im Gesicht war dort genauso wenig etwas Besonderes wie eine Hippiebraut mit Rastazöpfen und Hochwasserhosen oder ein Gruftie mit schlohweißer Haut und rabenschwarzem Haar. Für mich interessierte sich dort einfach keiner. Na ja. Abgesehen von Alexis und Josh vielleicht.

„Du warst auch feiern, aber um dich habe ich mir nie solche Sorgen gemacht wie um Luisa. Du warst schon als Kind sehr verantwortungsbewusst und hast dich an unsere Absprachen gehalten. Meistens wart ihr ja auch mit Lizzys Bruder unterwegs. Der hat euch dann im Auge behalten.“

Ich nickte. Das stimmte. Lizzys großer Bruder hatte in der Disco immer auf uns aufgepasst und dafür gesorgt, dass wir sicher nach Hause kamen. Vielleicht sollte ich diese Funktion für Luisa auch öfter übernehmen.

„Die einzige Sache, in der du wirklich bockig und stur gewesen bist, war Rogelio. Egal, wie wir auf dich eingeredet haben, du wolltest ihn dir nicht ausreden lassen."

Ich schnaubte. „Tja. Ein bisschen Pubertät steht doch jedem Teenager zu, oder?"

Meine Mutter hob eine Augenbraue und ich verstummte. Mir war klar, dass sie sich damals schreckliche Sorgen um mich gemacht hatte. Der Schüleraustausch war ja noch okay gewesen. Aber die Zeit danach, als sie davon ausgehen musste, ich würde für immer in Mexiko bleiben, und das noch dazu bei einem Mann, den sie als gefährlich einstufte, das musste schrecklich für sie gewesen sein.

Etwas unruhig zwirbelte ich eine Haarsträhne zwischen meinen Fingern und beruhigte mich erst wieder, als meine Mutter anfing, Mehl abzuwiegen.

„Was … was hat Luisa jetzt eigentlich nach der Realschule vor?", fragte ich, als mir klar wurde, dass ich meine Schwester noch nie danach gefragt hatte.

„Das weißt du nicht?"

„Nein."

Überrascht sah meine Mutter mich an. „Tja. Dann halt dich fest. Sie will ein Jahr ins Ausland."

Ich schnappte nach Luft.

Meine kleine Babyschwester wollte ein Jahr alleine ins Ausland?

„Wo… wohin denn?"

„Offenbar irgendwo nach Südamerika. Ich glaube, die Tatsache, dass du fließend Spanisch sprichst, hat bei ihr Neid ausgelöst. Sie hat schon immer versucht dir nachzueifern, Janna. Das war schon so, als ihr noch kleiner wart. Wenn du ein Eis mit Karamellsoße hattest, dann wollte sie auch eins. Und wenn du deine Haare kurz geschnitten hast, musste sie es dir nachmachen. Wahrscheinlich war es nur eine Frage der Zeit, bis sie auf die Idee kommt, auch ins Ausland zu gehen."

Ich schluckte. Ich hatte nie das Gefühl gehabt, für Luisa ein Vorbild zu sein. Im Gegenteil. Ich hatte immer gedacht, ich wäre für sie ein abschreckendes Beispiel dafür, wie man sein Leben besser nicht führen sollte. Ich war mir nicht sicher, ob mir das gefiel.

„Wirst du es ihr erlauben?", fragte ich tonlos.

„Das weiß ich noch nicht. Georg und ich haben uns noch nicht entschieden. Was denkst du denn?"

Ich war überrascht, dass meine Mutter mich nach meiner Meinung fragte. Für gewöhnlich hielt sie mich aus der Erziehung meiner Geschwister so weit wie möglich heraus. Ich dachte einen Moment lang nach und schüttelte dann den Kopf.

„Ich finde nicht, dass sie gehen sollte. Noch nicht. Ich war direkt nach der Realschule fort und im Nachhinein finde ich, dass ich zu jung gewesen bin. Ich war zu unerfahren und zu naiv. In dem Alter machen zwei, drei Jahre viel aus und ich fände es besser, wenn sie zuerst ihr Abitur machen und danach ins Ausland gehen würde."

Meine Mutter nickte. „Ja. So etwas Ähnliches hatten Georg und ich uns auch überlegt. Wir sind im Moment sowieso etwas knapp bei Kasse. Wir müssten Luisa also wieder über den Rotary Club wegschicken. Das hieße dann wiederum, dass wir auch jemanden aufnehmen müssen, und daran habe ich zurzeit kein großes Interesse. So einem Austauschschüler will man doch auch etwas bieten."

„So wie bei Flavia?"

„Erinnere mich bloß nicht daran." Meine Mutter verdrehte die Augen.

Flavia war ein Mädchen aus Brasilien gewesen, das während meiner Zeit in Mexiko für einige Monate bei meiner Familie gewohnt hatte. Flavia hatte damals schreckliches Heimweh gehabt und war die meiste Zeit nur in ihrem Zimmer gewesen. Egal, was man ihr vorschlug, sie war für nichts zu begeistern. Selbst Lizzy hatte sich die Zähne an ihr ausgebissen und meine Mutter war an dem Mädchen fast verzweifelt. Es war für alle eine große Erleichterung gewesen, als sie sich entschieden hatte, den Austausch frühzeitig abzubrechen.

Meine Mutter seufzte.

„Ich glaube auch, dass Luisa noch zu jung ist, um ein Jahr alleine wegzugehen. Aber ich glaube, es wird verdammt schwierig werden, ihr das begreiflich zu machen. Immerhin warst du ja fast ein halbes Jahr jünger, als wir es dir erlaubt haben."

„Ja. Und was ist dabei herausgekommen? Eine unglückliche Ehe und ein gebrochenes Herz. Luisa soll erst mal ein paar Erfahrungen in Deutschland sammeln, bevor sie sich in die Welt hinausstürzt. Das ist meine ehrliche Meinung."

„Tja. Dann können wir nur hoffen, dass sie das akzeptieren wird. Bei dir war das nämlich damals nicht der Fall."

Kapitel 15

Deutschland 2007

„Es ist mir vollkommen egal, was ihr davon haltet. Ich will, dass er kommt, und damit basta."

Sprachlos sah meine Mutter mich an. Sie war es nicht von mir gewohnt, dass ich auf den Tisch haute und mich durchsetzen wollte. Bisher war ich immer das liebe Mädchen gewesen, das in allen Dingen ihren Rat einholte, aber bei Rogelio biss sie auf Granit.

Die Zeit mit ihm war die schönste und aufregendste meines bisherigen Lebens gewesen und ich weigerte mich zu akzeptieren, dass sie einfach vorbei sein sollte, nur weil ich nun wieder in Deutschland war.

„Ach, Kind", sagte meine Mutter. „Mal ehrlich. Was soll daraus denn werden? Er kommt dich besuchen und ihr verbringt ein paar schöne Wochen zusammen. Und dann? Muss er wieder zurück. Dir muss doch klar sein, dass diese Beziehung auf Dauer nicht funktionieren kann."

Ich schüttelte den Kopf.

Seitdem ich wieder hier war, musste ich mir so etwas schon anhören. Es hat keinen Zweck. Daraus wird nie etwas. Ihr seid viel zu jung. Blablabla. Ich konnte es einfach nicht mehr hören.

„Mama. Er wird Ende November kommen, ob es dir passt oder nicht. Entweder akzeptierst du das und lässt ihn hier wohnen, oder ich sehe zu, dass wir irgendwo anders unterkommen. Ich bin seit zwei Monaten achtzehn. Es gibt also nichts, was du mir vorschreiben kannst."

Meine Mutter seufzte. „Also fein", sagte sie. „Dann bring ihn halt her. Ich muss ja gestehen, dass ich auch neugierig darauf bin, ihn kennenzulernen. Aber es wird nur wehtun, wenn er dann wieder gehen muss. Glaub mir. Ich kenne mich damit aus."

Ich lächelte sie an. „Lass das mal meine Sorge sein, Mama."

Das Wiedersehen mit Rogelio nach fast fünf Monaten war der absolute Wahnsinn. Nach gefühlten Stunden des Wartens am Flughafen in Frankfurt kam er endlich aus der Gepäckhalle und ich fühlte sogleich, dass dieser Mann zu mir gehörte. Es hatte sich durch die Distanz rein gar nichts zwischen uns geändert. Im Gegenteil. Alles schien nur noch viel intensiver geworden zu sein. Und wir verbrachten ein verlängertes Wochenende komplett in einer Gaststätte, wo ich günstig ein Zimmer hatte mieten können. Natürlich wollte ich auch, dass Rogelio meine Familie kennenlernte, aber zuerst einmal war es mir wichtiger, ihn ganz für mich zu haben.

Als ich ihn danach endlich mit zu meiner Familie brachte, verlief es sehr viel besser als befürchtet.

„Er ist ein wirklich höflicher junger Mann", stellte meine Mutter fest, als wir alleine in der Küche waren, um Kekse zu holen. „Sein Englisch ist zwar nicht besonders gut, aber meins ja auch nicht. Da passt das eigentlich ganz gut. Außerdem muss ich zugeben, dass er gut aussieht. Ich kann dich also gut verstehen."

Ich verdrehte die Augen und schüttelte den Kopf. „Mama. Du bist wirklich unmöglich."

„Was denn? Dein Vater kann da mit seiner Wampe schon lange nicht mehr mithalten."

Ich kicherte.

Das stimmte wohl. In den letzten Jahren hatte mein Vater sich ein ordentliches Bäuchlein angefuttert, dabei war er früher immer so schlank gewesen. Ich hoffte, dass das für mich und meine Geschwister nicht richtungsweisend sein würde.

„Und was habt ihr jetzt in den nächsten Tagen vor?"

Ich zuckte mit den Schultern. „Ich habe mit den Lehrern gesprochen. Ich darf ihn mit in die Schule bringen. An den Wochenenden wollen wir dann Ausflüge machen. Ich habe ja extra viel gespart."

„Ich verstehe ja immer noch nicht, warum du so viel in diese Beziehung investieren willst, aber es sieht nicht so aus, als könnte ich dich davon abhalten."

Da hatte sie recht. Weder von ihr noch von meinen Freundinnen ließ ich mir in Bezug auf Rogelio ins Gewissen reden. Wir fuhren im Dezember nach Berlin, nach Hamburg und an die Ostsee. Rogelio hatte mir nicht glauben wollen, dass man in Deutschland im Winter nicht ins Meer gehen konnte, weil es zu kalt war. Daher hatte ich beschlossen, dass ich es ihm unbedingt beweisen musste. In Mexiko war es am Strand immer warm. Selbst im Winter, wenn es im Landesinnern kühler wurde, blieb es in Cancún und Acapulco heiß. Insofern war die Kälte aus Deutschland eine völlig neue Erfahrung für ihn.

Am Wochenende des vierten Advents fuhren wir dann nach Paris.

„Ich kann immer noch nicht glauben, dass wir gestern noch in Deutschland waren", stellte Rogelio fest. „Die Entfernungen zwischen den Ländern sind in Europa ja praktisch inexistent."

Ich nickte. „Das stimmt. Hier ist alles sehr viel enger beieinander. Wir sind aber auch sehr viele Menschen auf einem Haufen."

Rogelio lachte. „Ja. Das ist mir auch schon aufgefallen. Berlin war ja wie ein Bienennest."

„Und?“, fragte ich neugierig. „Was hältst du von Europa?“

„Es ist spannend und aufregend“, gab er zu. „Aber um hier zu leben, finde ich es viel zu kalt.“

Ein wenig enttäuscht sah ich zum Eiffelturm. Ein Teil von mir hatte gehofft, dass er von Deutschland total begeistert sein würde und vielleicht ein Studium oder ähnliches in meiner Nähe anstreben könnte. Wir hatten in den letzten Monaten noch nicht darüber geredet, wie es zwischen uns weitergehen sollte, aber viel länger konnten wir das nicht mehr aufschieben. In ein paar Tagen war Weihnachten und kurz danach ging Rogelios Rückflug nach Mexiko.

„Leona“, sagte Rogelio und ergriff meine Hand. „Woran denkst du?“

„Daran, wie das mit uns weitergehen soll“, gab ich zu. Ich wich seinem Blick aus.

„Ich würde sagen, das kommt ganz auf dich an, Leona. Ich war jetzt hier und habe mir Deutschland angesehen. Es ist schön, aber ich glaube nicht, dass ich hier gerne leben möchte. Nun ist die Frage, wie du das mit Mexiko siehst.“

Ich zögerte. Ich fand Mexiko sehr schön, aber ich wollte auch nicht sofort wieder dorthin zurück. An meinen Plänen hatte sich nichts geändert. Ich wollte mein Abitur machen und studieren. Mexiko passte in diese Pläne eigentlich nicht hinein.

„Leona. Sieh mich an“, bat Rogelio und ich sah zu ihm auf. Seine dunklen Augen waren so schön wie eh und je und auf einmal überkam mich ein Gefühl der Liebe, wie ich es noch nie empfunden hatte.

„Bitte beantworte mir ehrlich eine Frage“, sagte er. „Liebst du mich? Kannst du mir das ehrlich und wahrhaftig ins Gesicht sagen? Und damit meine ich kein ‚Te quiero‘, sondern ein ‚Te amo‘?“

Ich zögerte nicht. Das Einzige, was ich ihm bisher gesagt hatte, war ‚Te quiero'. Es bedeutete so viel wie ‚Ich hab dich lieb' und wurde auch verwendet, um Freunden oder Familienangehörigen seine Zuneigung zu bekunden. Ein ‚Te amo' hatte ich allerdings noch nicht über die Lippen gebracht. Nun aber, als ich darüber nachdenken musste, ob ich es schaffen würde, Rogelio einfach aus meinem Leben verschwinden zu lassen, wusste ich, dass aus ‚Te quiero' für mich schon seit langem ‚Te amo' geworden war.

„Te amo", sagte ich. „Von ganzem Herzen, Rogelio."

„Yo tambien te amo", sagte Rogelio und wirkte dabei sehr erleichtert.

Er gab mir einen Kuss und sah mich dann wieder fragend an.

„Dann kommen wir jetzt zu meiner zweiten Frage." Er holte tief Luft. „Leona. Könntest du dir vorstellen, mich zu heiraten?"

Ich versteifte mich und wusste im ersten Moment gar nicht, was ich sagen sollte. Heiraten? Jetzt? Den ersten Mann, mit dem ich je zusammen gewesen war? War Rogelio jetzt vollkommen übergeschnappt?

„Krieg nicht gleich Panik", bat er mich. „Ich meine nicht jetzt sofort. Ich habe ja für einen richtigen Antrag noch nicht mal einen Ring dabei. Aber ich muss wissen, ob du es dir vorstellen kannst. Denn nur dann wird es sich lohnen, diese Beziehung weiterzuführen. Ich muss bald zurück nach Mexiko und ich will diese Fernbeziehung nicht aufrechterhalten, wenn du dir gar nicht vorstellen kannst, mich irgendwann zu heiraten. Denn wenn ich das richtig verstanden habe, dann hast du ja nicht vor, einfach deine Schule abzubrechen und mich zurück nach Mexiko zu begleiten, oder?"

Ich schüttelte den Kopf. „Nein. Das kann ich nicht."

Er seufzte. „Also gut", sagte er. „Dann brauche ich

jetzt eine Antwort von dir. Keine Sorge. Ich werde es verstehen. Ich … ich muss es einfach nur wissen. Kannst du dir vorstellen, mich zu heiraten?"

Ich schluckte und biss mir auf die Unterlippe. Was sollte ich darauf antworten? Ich fand uns noch viel zu jung, um solche Pläne zu machen, aber andererseits hatte er recht. Warum sollten wir für etwas kämpfen, das gar keine Zukunft hatte? Es ging ja nicht darum, sofort vor den Traualtar zu treten. Ich musste es anfangs ja nicht mal jemandem erzählen. Es ging hierbei nur um ihn und mich und um die Träume, die wir für die Zukunft hatten.

„Ja, Rogelio", sagte ich daher. „Ja. Das kann ich mir sogar sehr gut vorstellen."

Kapitel 16

Deutschland 2013

Das Zusammenleben mit Josh klappte erstaunlich gut. Er war einfach ein unkomplizierter Kerl. Als ihm klar geworden war, dass seine Anwesenheit mich nervös machte, war er dazu übergegangen, mein Zimmer zu meiden. Er grüßte mich zwar jeden Morgen freundlich, aber er bedrängte mich in keiner Weise. Weder versuchte er mir seine Freundschaft aufzudrängen, noch machte er irgendwelche Anspielungen, wenn ich halb nackt vom Bad in mein Zimmer lief. Abends hielt er sich viel an seinem Computer auf und ich hatte schnell gelernt, dass man ihn dann möglichst nicht stören sollte. Eine andere große Überraschung war Joshs Großmutter.

Ich hatte mich von Anfang an darauf eingestellt, jeden Mittag nach Hause zu fahren, um Cindy rauszulassen. Aber Granny bot ganz freimütig an, dass sie das übernehmen könnte.

„Aber … das ist doch nicht notwendig, Frau Riebel", versicherte ich. „Ich will Ihnen keine Umstände machen."

„Ach, papperlapapp. Das macht für mich keine Umstände. Ich weiß genau, was ich mir zutrauen kann und was nicht. Wenn es ein junger Hund wäre, der an der Leine zieht, dann würde ich sofort sagen, das kann ich nicht. Aber Cindy ist ja fast genauso alt wie ich. Wenn wir zwei alten Mädchen da ein bisschen nebeneinander die Straße entlangwackeln, dann haben wir beide etwas davon."

„Sicher?“

„Ganz sicher, Kindchen. Bei schönem Wetter mache ich das gerne. Nur wenn es regnet, möchte ich nicht unbedingt raus. Dann würde ich Cindy einfach in den Garten lassen und die Häufchen kannst du ja abends selbst wegmachen.“

Ich lächelte dankbar. „Danke, Frau Riebel. Dafür helfe ich Ihnen jederzeit mit den Einkäufen. Sie müssen nur Bescheid sagen.“

„Ja. Ich bin so froh, dass ich mir angewöhnt habe, Leitungswasser zu trinken. So muss ich nicht immer die schweren Flaschen schleppen.“

Ich nickte. „Falls Sie aber doch mal etwas brauchen, sagen Sie es mir einfach. Ich helfe gerne.“

Joshs Oma griff nach oben und tätschelte mir lächelnd die Wange. „Du bist ein gutes Kind, Janna“, sagte sie. „Das warst du damals schon, als der Josh noch so ein wilder Junge war. Du hattest immer eine Engelsgeduld.“

„Tja. Jetzt ist es wohl eher anders herum“, murmelte ich.

Im Gegensatz zu Josh war ich nicht unbedingt die einfachste Mitbewohnerin. Zusammen mit meinem Hund machte ich mich gnadenlos in der Wohnung breit. Cindy durfte zwar nicht aufs Sofa, aber sie lief sowohl im Flur als auch in meinem Zimmer, im Wohnzimmer und manchmal sogar in der Küche herum. Da ich viel Zeit zu Hause verbrachte, entdeckte ich schnell meine Vorliebe fürs Kochen. Das war auch in meiner Zeit mit Rogelio schon so gewesen. Damals hatte mir nur die Erfahrung gefehlt und mein Essen war dementsprechend häufig angebrannt. Inzwischen war das anders und ich kochte abends gerne noch mal etwas. Wenn ich dann das Geschirr stehen ließ, stellte ich fest, dass es wie durch ein Wunder nach dem Schlafen wieder sauber war. Da ich ein schlechtes Gefühl dabei hatte, Josh die ganze Arbeit zu überlassen, gewöhnte ich mir an, das Geschirr sofort zu spülen.

Auch mit unserem Projekt kamen wir gut voran. Ich staunte nicht schlecht, als Josh eines Abends zu mir ins Zimmer kam und mir einen ganzen Stapel Bücher auf den Tisch legte.

„Was wird das, wenn es fertig ist?“, fragte ich irritiert.

Josh grinste. „Homework“, sagte er. „Das sind alles Bücher über Kinder und Medien. Wir brauchen ein paar Hintergrundinformationen, damit wir die Fragebögen erstellen können. Nächsten Mittwoch haben wir einen Termin in der Grundschule bei der Schulrektorin. Sie schien sich zu freuen, dass wir kommen.“

Skeptisch sah ich die Bücher an. Sie trugen Titel wie: ‚Computersüchtig?‘, ‚Internetwerbung und Kinder‘ und ‚Medien, Kultur und Sport‘.

„Hast du nichts Besseres für mich?“, fragte ich.

Josh sah mich skeptisch an. „Wenn die Dame etwas Besseres will, sollte sie vielleicht mal selber in die Bibliothek gehen.“

„Aber ...“

„Ach, schon gut. Komm mit rüber. Da habe ich noch mehr Bücher. Vielleicht lächelt dich ja eins davon an.“

Ich nickte und erhob mich. Seit der Geschichte mit Luisa war ich nicht mehr in Joshs Zimmer gewesen und es war das erste Mal, dass er mich dazu einlud hereinzukommen.

Neugierig sah ich mich um. Beim letzten Mal hatte ich kaum etwas von den Möbeln oder der Dekoration wahrgenommen und musste nun feststellen, dass Josh einen guten Geschmack hatte. Das Zimmer war einiges größer als meins, hatte ein normales Doppelbett, einen großen, dunklen Schreibtisch und überall Bücher, die zum Großteil mit Informatik zu tun hatten. Dass er ein

Computerfreak war, wusste ich ja schon. Was mich jedoch überraschte, waren die vielen Fotos an der Wand, die Josh vor ganz unterschiedlichen Hintergründen zeigten. Unter den Fotos stand jeweils der Ort, an dem es aufgenommen worden war. Ägypten, Indien, Neuseeland, England, USA, Frankreich, Spanien, Portugal, Russland und viele mehr.

„Wow", brachte ich hervor. „Da bist du überall schon gewesen?"

Er schüttelte den Kopf. „Ach, quatsch. Alles Photoshop."

Ich riss die Augen auf und Josh lachte.

„Natürlich bin ich dort gewesen", sagte Josh. „Wäre ziemlich erbärmlich, wenn ich mir so was sonst im Zimmer aufhängen würde, meinst du nicht?"

Ich zuckte mit den Schultern. „Jedem das seine."

Josh schüttelte den Kopf. „Nein. Ich war wirklich dort. Ich reise gerne, auch wenn ich das Fliegen verabscheue."

„Ach?"

Er nickte. „Höhenangst."

„Hat … hat das mit deinem Vater zu tun?", fragte ich vorsichtig.

Josh wich meinem Blick aus.

„Kann schon sein", gab er zu. „Als Kind habe ich häufig von dem Unfall geträumt, obwohl ich ja überhaupt nicht dabei gewesen bin. Vermutlich habe ich eine sehr lebhafte Fantasie."

Mir lief ein Schauer über den Rücken. Ich konnte mir gut vorstellen, dass es schrecklich sein musste, seinen Vater durch so einen Unfall zu verlieren.

„Und trotzdem steigst du jedes Mal wieder in ein Flugzeug", stellte ich fest.

Er zuckte mit den Schultern und zeigte auf ein Schild an der Wand.

‚Feel the fear and do it anyway' stand darauf. Fühl die Angst und mach es trotzdem.

Ein mutiges Motto, das so gar nicht mit meiner eigenen Lebensweise zusammenpasste. Seitdem ich Mexiko hinter mir gelassen hatte, lebte ich eher nach dem Motto: ‚Tu nichts, was du später bereuen könntest.'

„Sind das die anderen Bücher?", fragte ich, obwohl es eigentlich offensichtlich war. ‚Handbuch Kinder und Medien', ‚Kinder - Eltern - Medien' und ‚Kinder - Medien - Bildung' las er bestimmt nicht als Freizeitlektüre. Trotzdem nickte Josh.

„Nimm dir, was du willst. Nächsten Montag setzen wir uns dann zusammen und arbeiten die Fragebögen aus."

Ich gehorchte und schnappte mir alle Bücher, deren Titel mich irgendwie ansprachen. Die Internetrecherche würde ich dafür Josh überlassen. Bevor ich das Zimmer verließ, blieb mein Blick noch ein letztes Mal an dem großen, gemütlich wirkenden Bett hängen und ich musste mit Missgunst daran denken, dass Luisa bereits darin geschlafen hatte. Der Gedanke gefiel mir ganz und gar nicht und ich machte, dass ich schnell aus dem Zimmer kam. Es war wirklich schrecklich, dass es mich überhaupt interessierte, wer in Joshs Bett schlief. Immerhin waren wir nicht einmal richtige Freunde, sondern nur Mitbewohner. Es gab Dinge, über die ich überhaupt nicht nachdenken wollte.

In den nächsten zwei Wochen bekam ich häufig Besuch von meiner Mutter und meistens begleitete meine Schwester sie sogar. Das wunderte mich etwas, da Luisa bisher wenig Interesse an mir gezeigt hatte. Als ich aber ihre strahlenden Augen in Bezug auf Josh bemerkte, wurde mir gleich klar, woher der Wind wehte.

„Sag mal", begann ich, als ich mit Josh zusammen zu

unserer alten Grundschule lief. „Was genau läuft da eigentlich zwischen dir und meiner Schwester?“

„Hm?“

„Luisa. Sie himmelt dich jedes Mal an, wenn sie da ist. Das musst du doch bemerkt haben.“

Josh winkte ab. Wie immer verzichtete er auf eine Jacke und sein T-Shirt trug heute den schönen Spruch: ‚It's nice to be important, but it's more important to be nice‘. Manchmal fragte ich mich, ob er die Sprüche nach seiner Stimmung aussuchte, beziehungsweise danach, was er vorhatte.

„Luisa ist süß“, erklärte Josh. „Aber sie ist viel zu jung für mich. Wahrscheinlich sucht sie einen richtigen boyfriend. Und da ist sie bei mir an der falschen Adresse.“

„Ach ja? Soll das etwa heißen, du hattest noch nie eine Freundin?“

Josh stockte und einen kurzen Moment sah ich so etwas wie Bedauern in seinem Blick. Doch dann verschwand der Ausdruck wieder und er schüttelte den Kopf.

„Doch“, gab er zu. „Und das hat mich zu der Erkenntnis gebracht, dass ich alleine besser dran bin.“

Ich hätte gerne nachgehakt, aber es war offensichtlich, dass Josh nicht darüber reden wollte. Also beließ ich es dabei und konzentrierte mich lieber auf unsere Aufgabe.

„Glaubst du, die Schulleiterin wird uns die Erlaubnis geben, die Umfrage durchzuführen?“

Josh nickte überzeugt. „Ja. Das glaube ich schon. Wir sind gut vorbereitet und ich denke nicht, dass das ein Problem sein sollte.“

Wir gingen die paar Stufen nach oben und Josh hielt mir die Tür auf. In diesem Moment klingelte es zur Pause und keine Minute später waren wir von hunderten von Kindern umringt. Während Josh sich unter ihnen sehr wohlfühlte, wirkte ich vermutlich so hilflos wie ein Fisch auf dem Trockenen. Es gab einen guten Grund, warum ich nicht Grundschullehramt studierte, sondern mich auf die Oberschule konzentrierte. Ich hatte einfach keine Lust, den ganzen Tag mit schreienden Kindern zu verbringen.

„Na, komm schon, Janna“, sagte Josh und zog mich einfach hinter sich her. „Keine Angst. Die tun dir nichts.“

„Sicher?“, fragte ich und folgte ihm missmutig bis ins Sekretariat.

Sofort erkannte ich meine alte Klassenlehrerin, die sich gerade mit der Sekretärin austauschte. Sie sah noch genauso aus wie früher, mit ihren kurzen Haaren, den freundlichen Augen und dem netten Lächeln. Sie war früher in ihrer Freizeit sehr aktiv gewesen und ich vermutete, dass sie immer noch regelmäßig reiten ging.

„Frau Bach?“, fragte ich und lächelte sie an.

Frau Bach wandte sich mir zu und schüttelte den Kopf. „Tut mir leid, ich …“

Natürlich. Sie erinnerte sich nicht an mich. Warum auch? Ich war nie ein auffälliges Kind gewesen. Weder im positiven noch im negativen Sinne.

„Janna“, erklärte ich. „Janna Meyer. Ich war von 1996 bis 2000 in Ihrer Klasse.“

„Oh ja, natürlich“, sagte sie und lächelte. „Janna. Du hast dich aber verändert.“

Ich zuckte mit den Schultern. „So sehr auch wieder nicht“, sagte ich und deutete dann auf Josh. „Und das ist …“

„Joshua Martin“, ergänzte sie und ich verzog den Mund, weil es mich störte, dass sie sich besser an ihn erinnern konnte als an mich, obwohl ich immer die bessere Schülerin gewesen war.

„Hallo, Frau Bach", sagte Josh und grinste. „Dass Sie mich noch kennen …"

Sie nickte. „Ja, sicher. Ich weiß noch, dass ihr beide damals ständig zusammengehockt habt. Janna hat dich immer verteidigt, wenn du Mist gebaut hattest. Außerdem ist es schwer jemanden zu vergessen, der mit voller Wucht durch eine Glastür gerannt ist und danach noch nicht einmal anfing zu heulen. Du hattest unheimlich Glück, dass du dir dabei keine Gehirnerschütterung zugezogen hast."

„Stimmt", pflichtete ich ihr bei. „Das hatte ich schon fast wieder vergessen. Du hattest damals nur ein paar Kratzer. Ein andermal bist du in einen Nagel getreten. Weil du nichts gesagt hast, hat deine Mutter es erst gemerkt, als du deine Schuhe zu Hause nicht ausziehen wolltest."

Josh kratzte sich am Kopf. „Müssen wir diese alten Geschichten wieder auftauen?"

Ich grinste. „Was ist so schlimm daran? Merkst du es heute etwa immer noch nicht, wenn ein Nagel in deiner Ferse steckt?"

Josh bedachte mich mit einem abschätzenden Blick und wandte sich dann wieder unserer Lehrerin zu. Keine Antwort war auch eine Antwort. Vielleicht hatte er tatsächlich noch immer Probleme mit seiner Wahrnehmung.

„Wir wollten zur Rektorin", erklärte Josh. „Wir machen ein gemeinsames Uniprojekt und wollten Sie bitten, bei den Kindern und Lehrern eine Umfrage machen zu dürfen."

Frau Bach nickte. „Ihr geht also gemeinsam zur Uni? Das ist ja wirklich toll, dass ihr euch trotz Joshs Umzug damals wiedergefunden habt. Ich habe ja immer gewusst, dass aus euch beiden noch mal irgendwann ein Paar wird."

Ich wurde rot, aber Josh grinste nur breit.

„Wir sind kein …", begann ich, aber Josh legte mir einen Arm um die Schulter und nickte selbstgerecht.

„Ja, nicht wahr?", sagte er. „Wir sind doch ein tolles Paar."

Er drückte mir einen Kuss auf die Wange und ich rammte ihm heftig den Ellenbogen in die Rippen.

„Aua", sagte er, obwohl ich bezweifelte, dass er viel davon gespürt hatte, und ließ mich los.

„Wir sind kein Paar", stellte ich klar und sah Frau Bach mit ernster Miene an.

Sie sollte nicht denken, dass da irgendetwas laufen könnte. Josh und ich mochten gute Mitbewohner sein, aber als Paar wären wir die reinste Katastrophe. Vermutete ich zumindest. So genau wollte ich das gar nicht wissen.

„Kein Paar also", sagte Frau Bach. „Na ja. Was nicht ist, kann ja noch werden. Ich wünsche euch auf jeden Fall viel Erfolg bei eurem Projekt. Ich werde eure Fragen sehr gerne beantworten und mich auch bei den anderen Lehrern für euch starkmachen. Ich finde es toll, dass ihr euch so engagiert. Ich muss jetzt nur leider zurück zu meiner Klasse. Sonst toben die mir noch über Tische und Bänke."

„Lassen Sie sich nicht aufhalten, Frau Bach", sagte Josh und winkte ihr hinterher. „War nett, Sie mal wiedergesehen zu haben."

„Ja. Das finde ich auch", pflichtete ich ihm bei.

„Die Frau Bach ist wirklich eine attraktive Frau", bemerkte Josh, als sie außer Hörweite war. „Das war mir früher gar nicht so aufgefallen."

Ich wollte ihm noch einen Stoß mit dem Ellenbogen geben, aber er wich geschickt aus. Die Sekretärin sah uns mit genervtem Blick dabei zu und fragte schließlich:

„Haben Sie einen Termin?"

„Ja, den haben wir“, erklärte Josh und setzte dabei sein unwiderstehlichstes Grinsen auf. „Und zwar genau jetzt. Wir wären Ihnen wirklich zu tiefstem Dank verpflichtet, wenn Sie uns ankündigen würden. Ihr Blazer passt übrigens hervorragend zu Ihrer tollen Haarfarbe. Wirklich reizend.“

„Danke.“ Sie errötete ein wenig. „Ich werde mal nachfragen, ob sie schon Zeit für euch hat.“

Sie verschwand um die Ecke und ich sah Josh mit großen Augen an.

„Schleimer“, erklärte ich.

„Du bist ja nur neidisch.“

„Das könnte sein. Aber mir ist alles recht, solange wir die Erlaubnis für dieses Projekt kriegen.“

Wir bekamen die Erlaubnis. Die Rektorin war wirklich nett und erlaubte uns das Projekt durchzuführen, sofern wir vorher die Erlaubnis der Eltern einholten. Also versprachen wir, einen entsprechenden Schrieb aufzusetzen, und konnten dann nach Hause. Somit war der schwierigste Teil erst einmal geschafft und ich konnte mich wieder meinen anderen Fächern widmen.

Es dauerte nicht lange, bis ich einen guten Rhythmus für mich fand. Eine Wohnung zu haben, machte wirklich Spaß. Es war zwar viel Arbeit, aber da Josh schon vorher alles gemacht hatte, gab es zumindest keinen Streit wegen der Arbeitsteilung. Wir hielten uns beide an die Absprachen und ließen einander ansonsten in Ruhe.

Es dauerte fast drei Wochen, bis Alexis es das erste Mal zu Besuch schaffte. Ihr Mann musste spontan arbeiten und daher hatte sie einen Samstag frei. Sie war bester Laune und fühlte sich bei mir pudelwohl.

„Que genial. Ist das eine schöne Wohnung“, sagte sie und ließ sich auf die große Couch im Wohnzimmer fallen. „Die kostet doch sicher ein Vermögen.“

Ich zuckte die Schultern. „Ich zahle dreihundert Euro im Monat."

„Mit allem Drum und Dran? Que barato. Das ist super günstig, Janna. Da hat Joshs abuela dir wirklich einen guten Preis gemacht."

„Ja. Ich hatte Glück", gab ich zu und nippte an meinem Wasser.

„Und? Hast du Josh schon nackt gesehen?", fragte Alexis frei heraus und ich prustete ihr aus Versehen einen Schwall Wasser entgegen.

„Bitte was?", fragte ich.

Alexis wischte sich die Tropfen von der Wange und grinste mich an.

„Na, du weißt schon. Ihr wohnt doch jetzt zusammen und da wird er sicher mal nackt durch die Wohnung gelaufen sein."

„Nein! Natürlich nicht. Wir sind Mitbewohner und nicht verheiratet, Ale. Wie kommst du denn auf so etwas."

Alexis seufzte. „Schade. Ich wette, er würde wunderbar nackt aussehen."

Ich verdrehte die Augen. „Das interessiert mich nicht", behauptete ich, obwohl ich spürte, wie meine Wangen brannten.

Josh lief zwar nicht nackt durch die Wohnung, aber es kam durchaus vor, dass er nur ein Handtuch trug, wenn er aus der Dusche kam. Ich hatte mich schon mehr als einmal bei dem Gedanken ertappt, wie er wohl aussah, wenn er es einfach fallen ließe. Verdammt. Vielleicht wurde es wirklich Zeit, dass ich mich auf die Suche nach einem festen Freund machte. Diese Fantasien waren mit Sicherheit nicht normal und gefielen mir überhaupt nicht.

Als hätte er meine Gedanken gehört, kam genau in diesem Moment Josh zur Türe herein und grinste, als er mich und Alexis im Wohnzimmer sah.

„Good afternoon, Ladys“, sagte er. „Na? Wie geht es euch?“

„Muy bien“, antwortete Alexis. „Uns geht es sehr gut. Wir haben gerade darüber geredet, wie du wohl nackt aussiehst.“

„Alexis!“

Schockiert schlug ich ihr gegen den Arm. „Aua. Entschuldigung. Ich sage doch nur die Wahrheit.“

Mein Gesicht stand in Flammen, aber wie immer nahm Josh die Situation vollkommen gelassen hin.

„Wenn ihr möchtet, kann ich euch ja mal bei Gelegenheit ein Bild zukommen lassen.“ Er zwinkerte mir zu und ich verdrehte die Augen.

„Sehr großzügig“, gab ich bissig zurück.

Sofort wandte Josh sich wieder an Alexis. „Und? Was haben die Damen heute Abend noch vor?“

„Janna wollte gerne einen Film gucken“, erklärte sie. „Ich dachte an ‚Amar te duele‘. Ein mexikanischer Liebesfilm.“

„Ja. Der ist wirklich toll“, bestätigte ich. „Ist schon eine Ewigkeit her, dass ich den gesehen habe.“

„Schade“, sagte Josh. „Dabei wollte ich euch gerade fragen, ob ihr Lust habt, mit nach Münster zu kommen. Wir wollen ins Enchilada und danach vielleicht noch in irgendeine Bar. Alejandro hat Geburtstag.“

Ich wollte schon ablehnen, aber Alexis war sofort Feuer und Flamme.

„Ins Enchilada. Oh Janna. Da will ich schon so lange hin. Das Essen soll richtig gut sein. Also. Für deutsche Verhältnisse.“

„Ach, ich weiß nicht“, sagte ich ausweichend. Ich hatte eigentlich überhaupt keine Lust aus dem Haus zu gehen und mich auf einen ruhigen DVD-Abend gefreut, aber für Alexis schien das Ganze schon beschlossene Sache zu sein.

„Ach, komm schon, Janna“, sagte sie. „Das wird sicher lustig. Gib dir einen Ruck. Por favor. Bitte, bitte. Komm schon.“

Ich zögerte. Essen zu gehen gehörte durchaus zu den Dingen, die ich gerne tat. Es gab nur ein Problem: Im Enchilada war ich damals mit Rogelio ein paar Mal gewesen und ich fürchtete, dass die Atmosphäre mich sehr daran erinnern würde. Andererseits … hatte ich nicht vor Kurzem noch beschlossen, dass ich nicht mehr so langweilig sein wollte? Essen zu gehen war ja nun noch kein Discobesuch, und wenn ich keine Lust mehr hatte, dann konnte ich immer noch früher nach Hause gehen.

„Also fein“, sagte ich. „Wie spät soll es denn losgehen?“

Ich schielte auf die Uhr. Es war jetzt achtzehn Uhr und wir würden mindestens eine Stunde für die Zugfahrt einplanen müssen.

„Wir haben für einundzwanzig Uhr einen Tisch reserviert. Ich freu mich wirklich, dass ihr dabei seid.“

„Aber natürlich sind wir dabei“, sagte Alexis, stand auf und riss mich vom Sofa hoch. „Wir müssen uns nur noch fein machen.“

Ich betrachtete Alexis von oben bis unten. Obwohl wir nur fernsehen wollten, war sie perfekt geschminkt und trug eine enge Jeans, Pumps und eine schicke Bluse. An ihr brauchte man wohl kaum noch etwas fein machen, es war also klar, dass sie damit eigentlich mich meinte. Ich stöhnte innerlich. Alexis wollte mich aufhübschen. Da würde ich jetzt wohl kaum drum herumkommen.

„Also gut“, sagte ich und folgte ihr pflichtschuldigst. „Wenn es denn unbedingt sein muss.“

Kapitel 17

Deutschland 2013

Münster war eine wirklich schöne Stadt, in der ich schon viel zu lange nicht mehr gewesen war. Kurz nach meiner Hochzeit hatte ich ein paar Wochen mit Rogelio hier gewohnt, bevor er seine Zelte abgerissen und zurück nach Mexiko gegangen war. Vorerst ohne mich. Dass ich ihm trotzdem noch einmal gefolgt war, würden viele Menschen sicher als dumm bezeichnen, war für mich aber die beste Entscheidung meines Lebens gewesen. Nur so konnte ich die letzten Zweifel aus dem Weg räumen und am Ende einen Schlussstrich ziehen. Wäre ich in Deutschland geblieben, hätte ich das nicht gekonnt. Natürlich hatte ich auch damals schon Gründe gehabt, Rogelio zum Teufel zu jagen, aber dazu war ich nicht imstande gewesen.

Trotz allem war mir Münster in guter Erinnerung geblieben. Ich hatte hier meine ersten Semester studiert und mochte die Stadt sehr. Mit den schnuckligen Einkaufsstraßen und der beeindruckenden Altstadt war sie wirklich etwas Besonderes. Hinzu kamen die obligatorischen Fahrradfahrer, die einem den letzten Nerv rauben konnten.

Das Enchilada lag nicht weit vom Hauptbahnhof entfernt und war so beliebt, dass man am Wochenende unmöglich einen Tisch bekam, wenn man nicht vorher reserviert hatte. Zum Glück hatte Alejandro das aber getan, sodass es keine Probleme gab, als wir ankamen.

„Tengo un chingo de hambre", verkündete Alexis, als wir uns setzten. „Ich habe einen Elefantenhunger."

Ich schüttelte mich vor Lachen. „Du meinst einen Bärenhunger", korrigierte ich.

„No, no. Ein Elefant ist größer als ein Bär. Also habe ich einen Elefantenhunger."

Ich nickte. Wenn man das so betrachtete, klang es sogar fast logisch.

„Ich spendiere eine Runde Tequila für alle", erklärte Alejandro großzügig auf Englisch und ich verzog den Mund.

„Uaaah. Ich hasse Tequila", erklärte ich.

„Ach was, so ein Unsinn", sagte Alexis. „Niemand hasst Tequila."

„Ich schon."

„Dann hast du es noch nicht richtig getrunken."

„Oh doch."

Das hatte ich durchaus. Ich hatte den weißen Tequila mit Salz und Zitrone getrunken und den braunen mit Orange und Zucker. Ich hatte das Zeug mit Bier getrunken und mit Refresco de Toronja, einem Softgetränk mit Pampelmusengeschmack. Man hatte mir den Tequila angezündet und mir nach dem Trinken den Kopf gerüttelt. Ich hatte wirklich jede erdenkliche Möglichkeit durch, Tequila zu trinken. Und trotzdem, oder gerade deswegen mochte ich ihn nicht. Da ich aber kein Spielverderber sein wollte, nahm ich das Glas an, das kurz danach vor meiner Nase stand.

„Auf Alejandro", sagte Josh und hob sein Glas. „Man wird nur einmal im Leben zweiundzwanzig. Enjoy it."

Alejandro nickte enthusiastisch und wir alle stießen mit ihm an. Ich stürzte den Tequila herunter und verzog das Gesicht.

„Ah. Igitt, igitt", sagte ich und schüttelte mich.

Schnell nahm ich meine Maracujaschorle, um damit nachzuspülen.

Aber bevor ich mich versah, stellte Alexis schon den nächsten Tequila vor meine Nase.

„Weitermachen", riet sie mir. „Nach einer Weile wird es besser."

Ich schüttelte den Kopf. „Nicht, bevor ich nicht etwas gegessen habe."

„Ach, komm schon. Einen noch. Dann kommst du sicher auch mit der Bewunderung der Männer besser klar."

Ich verdrehte die Augen und schüttelte den Kopf. Alexis hatte versucht mich zu überreden, ein Sommerkleid anzuziehen. Also wirklich. Ein Sommerkleid? Es war November. Ich zog mit Sicherheit kein Outfit an, mit dem ich spätestens auf dem Rückweg zum Bahnhof ganz erbärmlich frieren würde.

Inzwischen vermutete ich aber, dass es ihr Plan gewesen war, mir zuerst ein Kleidchen vorzuschlagen, von dem sie wusste, dass ich es mit absoluter Sicherheit ablehnen würde. Wenn sie mir danach ein Outfit vorschlug, das zwar auch untypisch für mich, aber zumindest für das Wetter annehmbar war, hatte sie gleich sehr viel bessere Chancen. Ich trug daher jetzt einen Minirock und halbhohe Stiefel. Dazu ein kariertes Hemd und darunter ein weißes Top. Der Rock war länger, als die der meisten anderen Mädchen im Raum, aber trotzdem fühlte ich mich damit unwohl. Auch die Schminke, die Alexis in mein Gesicht geklatscht hatte, war für mich ungewohnt. Den Männern schien es aber zu gefallen, denn alle hatten mich zur Begrüßung anerkennend gemustert und sogar Josh schielte immer wieder zu mir herüber. Ob ihm jetzt erst auffiel, dass ich ein Mädchen war? Absoluter Wahnsinn, urteilte ich und kippte gehorsam den nächsten Tequila hinunter. Das Brennen in meinem Magen war schrecklich, aber ich gab mir alle Mühe, es zu ignorieren.

Ich hatte den festen Vorsatz, mich an diesem Abend volllaufen zu lassen und mich einfach zu amüsieren. Also bestellte ich ein paar Burritos mit Hühnerfleisch und diskutierte während des Essens mit Alexis und Alejandro darüber, ob die Gerichte hier überhaupt annähernd mit dem Essen aus Mexiko vergleichbar waren. Alejandro war bester Laune. Er trank haufenweise Desperados und flirtete hemmungslos mit allen Mädchen der Gruppe. Da sein Englisch jedoch genauso schlecht war wie sein Deutsch, waren vor allem Alexis und ich Zielscheibe seiner Bemühungen.

„Weißt du", sagte er auf Spanisch, nachdem wir die Hauptspeise hinter uns gebracht hatten und ich das Gefühl hatte, bereits meinen zehnten Tequila intus zu haben. „Ich verstehe wirklich nicht, wie Josh es schafft, mit dir zusammenzuwohnen und die Finger von dir zu lassen."

Ich zuckte mit den Schultern und warf Josh einen Seitenblick zu, der gerade in ein intensives Gespräch mit Alexis vertieft zu sein schien.

„Vielleicht steht er einfach mehr auf morenas."

Alejandro schüttelte den Kopf. „Nein, nein. Er steht einfach auf tolle Frauen. Ich habe ihn beobachtet, wie er mit Weibern aus dem Club gegangen ist, vor denen die meisten Männer eine Heidenangst hätten."

„Warum? Weil sie so schön waren?"

„Nein. Weil sie so eine starke Aura hatten. Schönheit liegt im Auge des Betrachters, chica. Viel wichtiger sind innere Werte. Josh weiß das, und das bewundere ich an ihm. Gegen ihn bin ich total oberflächlich."

Ich nickte und nippte an meiner Schorle. Es freute mich zu hören, dass Josh nicht nur die äußeren Werte wichtig waren. So bekamen vielleicht auch mal weniger schöne Mädchen eine Chance, bei jemandem wie ihn zu landen. Schade nur für die Mädels, dass er keine feste Beziehung suchte.

„Wie sieht's aus? Noch ein Tequila?"

Ich seufzte. „Muss das sein?"

„Aber natürlich. Ich habe Geburtstag und ich wäre sehr beleidigt, wenn du es am Ende noch schaffen würdest, alleine nach Hause zu laufen."

Ich kicherte und nahm das Glas entgegen. Zumindest mit einem hatte Alexis Recht behalten. Je mehr man von dem Zeug trank, desto weniger spürte man das Brennen in der Kehle. Offenbar hatte sich mein Körper inzwischen geschlagen gegeben und akzeptierte stillschweigend meinen Vorsatz, mir die Kante zu geben.

Ich musste eindeutig zu viel getrunken haben, denn sonst hätte ich mich niemals dazu bereit erklärt, nach dem Essen im Enchilada noch zum Tanzen ins Salsa-Salsa zu gehen. Das letzte Mal, als ich hier gewesen war, hatte katastrophal geendet. Ich hatte mich mit Rogelio und Lizzy dort wirklich amüsiert. Nur war leider so wenig los gewesen, dass der DJ angefangen hatte, mit uns Mädels zu flirten. Obwohl ich mich total zurückgehalten hatte, war Rogelio vor Eifersucht fast ausgerastet und hatte mir den Abend zur Hölle gemacht. Ich hatte insofern keine schönen Erinnerungen an dieses eigentlich tolle Tanzcafé.

„Aaah. Das ist genau meine Musik", erklärte Alexis, sobald wir den Laden betreten hatten.

Wilma und Olle standen bereits an der Bar, um sich etwas zu trinken zu holen. Devi hatte sich vorher verabschiedet, weil sie offenbar die laute Musik nicht so gerne mochte, und auch die beiden Amerikaner hatten sich abgeseilt, weil sie Salsa angeblich nicht mochten. Aber Claire und die Asiaten waren immer noch mit dabei.

„Vamos, Josh", sagte Alexis. „Baila conmigo."

Josh verdrehte die Augen. „Ich bin kein guter Tänzer", erklärte er. „Ich kann nur Discofox."

„Das reicht vollkommen. Ich zeige dir die richtigen Schritte."

Ich grinste, als ich sah, wie Alexis Josh hinter sich herzerrte, und staunte nicht schlecht, als mir eine Piña Colada in die Hand gedrückt wurde.

„Oh Gott, Alejandro", stöhnte ich. „Ich kann nicht mehr."

„Natürlich kannst du. Ich habe Geburtstag. Vamos, chica."

Ich schüttelte den Kopf, nahm das Getränk aber trotzdem an, weil Piña Colada mein Lieblingscocktail war.

Wir stellten uns zu den beiden Schweden und unterhielten uns eine Weile mit ihnen. Dabei fand ich auch heraus, dass sie nicht zusammen nach Deutschland gekommen waren, sondern dass sie erst hier zueinandergefunden hatten. Sie waren ein sehr ungleiches Paar. Er klein und schmächtig, und sie groß und kräftig. Beim Armdrücken würde ich mein Geld definitiv auf Wilma setzen.

„Tiempo para bailar", verkündete Alejandro, als ich meinen Cocktail gerade mal zur Hälfte geleert hatte.

Ich zögerte. Hier zu stehen und zu reden war eine Sache, aber seit mehr als drei Jahren hatte ich nicht mehr zu lateinamerikanischer Musik getanzt und ich fürchtete, dass es mich viel zu sehr aufwühlen würde. Doch bevor ich auch nur dazu kam zu protestieren, hatte Alejandro bereits meine Hand ergriffen und mich mit auf die Tanzfläche gezogen. Mir wurde ein bisschen schwindelig, als Alejandro mich an sich zog und unwillkürlich versteifte ich mich. Doch Alejandro ließ sich davon überhaupt nicht beeindrucken. Er fing sofort an, mich zu dirigieren, und wie beim Fahrradfahren war es auch beim Tanzen so, dass der Körper die Bewegungen nicht so einfach wieder vergessen konnte.

Ich passte mich Alejandros Schritten unbewusst an und überließ mich vollkommen seiner Führung. Er drehte mich hin und her, wirbelte mich durch den halben Raum, und jedes Mal, wenn ich kurz davor war zu stürzen, bekam ich beinahe einen Lachanfall und war mehr als dankbar, wenn er mich im richtigen Moment wieder auffing. Ich amüsierte mich köstlich.

„Das klappt doch wunderbar", sagte Alejandro.

„Ja, nicht wahr?" Ich grinste breit.

„Me encanta tu sonrisa", flüsterte Alejandro. Ich liebe dein Lächeln.

Ich bekam eine Gänsehaut, als ich daran dachte, wer mir beim letzten Mal ein solches Kompliment gemacht hatte.

Und dann plötzlich sah ich ihn. Er stand am Ende der Theke und beobachtete Alejandro und mich eindringlich. Seine Augen waren genauso dunkel wie sein Haar und sein Blick war so eindringlich, dass ich fürchtete, er würde mich durchbohren. Rogelio. Er war hier. Er war einfach in Deutschland aufgetaucht, ohne mich vorzuwarnen.

Ich spürte, wie die Panik mich überrollte, und begann heftig zu zittern.

„Que pasó?", fragte Alejandro, als ich so plötzlich stehen blieb. Was los war? Mein schlimmster Albtraum war wahr geworden. Das war los.

Doch ich antwortete nicht, sondern riss mich von ihm los, fuhr herum und flüchtete von der Tanzfläche. Doch bevor ich die Tür erreichen konnte, knallte ich mit jemandem zusammen und fand mich plötzlich in den starken Armen von Josh wieder.

„Lass mich durch!", rief ich und versuchte mich zu befreien. „Ich muss hier weg. Ich muss …"

Die Tränen liefen mir die Wangen herunter und meine Verzweiflung wuchs immer weiter, als Josh sich weigerte, mich loszulassen.

„Janna. Um Himmels willen, jetzt beruhige dich", sagte Josh und schüttelte mich heftig.

Als hätte mich das aus meinem Schock gerissen, starrte ich zu ihm hoch und sah in seine grauen Augen, die vor Besorgnis geweitet waren.

„Was ist denn überhaupt los, Sweetie? Was ist passiert?"

Ich schüttelte den Kopf und sah mich um. Der Mann, der mir so einen Schreck eingejagt hatte, saß immer noch an der Theke, hatte nun aber verwirrt die Stirn gerunzelt und schüttelte irritiert den Kopf. Es war nicht Rogelio. Verdammt. Abgesehen von den dunklen Haaren und der dunklen Haut sah er Rogelio nicht einmal ähnlich. Meine Wahrnehmung hatte mir nur einen Streich gespielt und ich war einfach durchgedreht, obwohl es dafür überhaupt keinen Grund gab.

Erleichtert ließ ich mich gegen Joshs Brust sinken und ich musste fast lachen, als er mir unbeholfen über den Rücken strich.

„Janna", flüsterte er schließlich. „Geht's langsam wieder?"

Ich nickte. „Ja. Danke."

„Erzählst du mir, was das gerade war?"

Ich schüttelte den Kopf. „Tust du mir einen Gefallen?" Ich sah zu ihm auf und erkannte, dass die Besorgnis noch nicht aus seinen schönen grauen Augen gewichen war. Ihm war anzusehen, dass er mir unbedingt helfen wollte, und dafür war ich ihm sehr dankbar.

„Was immer du willst", sagte er.

„Bring mich hier weg", bat ich. „Irgendwohin, wo ich niemanden treffe, den ich mit meinem Ex verwechseln kann."

Josh nickte. „Gib mir eine Sekunde. Ich sage nur kurz Alejandro Bescheid und dann verschwinden wir beide von hier."

Es war kalt geworden und ich zog meine Jacke eng um mich, als wir die Straße entlang in Richtung Altstadt liefen. Mir war ein bisschen schwindelig und ich hätte mit Sicherheit keine Alkoholkontrolle mehr überstanden. Aber trotzdem konnte ich noch einigermaßen gerade gehen. Josh merkte man seinen Alkoholkonsum überhaupt nicht an. Er trug keine Jacke, sondern hatte die Hände lässig in seinen Hosentaschen vergraben und schien sich unheimlich für den Gehweg zu interessieren. Ihm machte die Kälte ganz offensichtlich nichts aus und aus irgendeinem Grund wünschte ich mir, dass er mich wieder in den Arm nehmen würde. Erschrocken schüttelte ich über mich selbst den Kopf. Es sah so aus, als hätte ich irgendwann in den letzten Wochen meine Scheu vor Josh verloren.

Seine stoische Ruhe und seine Unfähigkeit, mir etwas übel zu nehmen oder sich aufzuregen, führten dazu, dass ich mich in seiner Nähe absolut sicher fühlte. So musste es sich anfühlen, einen großen Bruder zu haben.

„Also?", fragte Josh und sah mich mit seinen wunderschönen Augen an. „Willst du darüber reden?"

Sein Blick ließ mein Herz einen kleinen Hüpfer machen und ich biss mir auf die Zunge. Tja. Offensichtlich empfand ich für ihn doch nicht wie für einen Bruder. Was es aber sonst war, wollte ich gar nicht weiter ergründen.

„Irgendwann müssen wir wohl darüber reden", gab ich zu. „Es wäre mir aber lieb, wenn wir das nicht mitten auf der Straße tun müssten."

„Oh, natürlich", sagte Josh. „Komm. Ich geb dir ein Bier aus."

Wir waren inzwischen an der Bushaltestelle Bült angekommen, wo ein Dönerladen die halbe Nacht geöffnet zu haben schien. Daneben befand sich ein Pub. Obwohl ich der Meinung war, inzwischen genug Alkohol getrunken zu haben, protestierte ich nicht, als Josh ein Radler vor mir abstellte.

„Also?", fragte Josh, als wir einander gegenübersaßen.

Ich nahm einen Schluck von meinem Getränk und lehnte mich mit einem Seufzer zurück.

„Ich dachte, in der Ecke säße mein Ex."

„Der Mexikaner, mit dem du zusammen warst?"

Überrascht sah ich ihn an. „Hast du das von Birgit?"

„Ja. Und sie hat es von deiner Mutter. Genaueres hat Sonja aber nicht gesagt. Nur, dass du eine schwere Zeit hinter dir hast."

„Das kann ich wohl nicht leugnen."

„Aber … ist dein Ex nicht in Mexiko?"

„Das dachte ich auch. Deswegen habe ich mich ja so erschreckt."

„Aber er war es nicht."

„Nein. War er nicht."

Josh nahm einen Schluck von seiner Cola und schien die Informationen, die ich ihm gegeben hatte, überdenken zu müssen.

„Also gut. Du hast dich erschreckt, weil du dachtest, dein Ex würde dich beim Tanzen beobachten. Das verstehe ich soweit. Aber warum diese Panik? Ich meine … ich habe wenig Erfahrung in Beziehungsdingen, meine halten in der Regel nicht länger als ein paar Wochen. Aber ich glaube kaum, dass das Auftauchen eines verflossenen Partners rechtfertigt, dass du in Todesangst aus dem Lokal stürzt."

„Ich bin nicht …", begann ich und verstummte dann wieder, als Josh mich wissend ansah.

Ich seufzte. „Also gut. Das mit Rogelio und mir lief nicht besonders gut“, erklärte ich. „Wir waren lange zusammen, haben uns innig geliebt und unter Qualen getrennt. Ich habe ihn kennengelernt, als ich im Schüleraustausch in Mexiko war. Damals war ich siebzehn.“

Josh runzelte die Stirn, sagte aber nichts.

„Nach meinem Austausch hatten wir jahrelang eine Fernbeziehung. Danach wollte ich zu ihm nach Mexiko ziehen, aber es ging schief. Er … er … er war schrecklich eifersüchtig und hat mich wegen jeder Kleinigkeit angeschrien. Glaub mir, das war keine schöne Zeit.“

„Was für ein Arschloch. Warum hast du ihn nicht sofort zum Teufel gejagt?“

„Das konnte ich nicht“, gab ich zu. „Zumindest nicht direkt. Es ist kompliziert. Er … er war meine Droge.“

„Was?“

„Meine Droge. Er … ich wusste von Anfang an, dass er mir nicht gut tut. Trotzdem habe ich mich auf ihn eingelassen, bis ich süchtig nach ihm war. Und als ich dann gemerkt habe, dass er mich kaputt macht, bin ich nicht mehr von ihm losgekommen. Ich musste eine Radikalkur machen, um es zu schaffen. Inzwischen glaube ich zwar nicht mehr, dass ich rückfällig werden könnte, aber seine Präsenz verbinde ich nach wie vor mit etwas Negativem. Verstehst du das?“

Josh tippte sich nachdenklich an den Mund. „Na ja. Ich verstehe, was du sagst, aber das heißt nicht, dass ich mir vorstellen kann, wie es sich anfühlt.“

Ich lächelte. „Empathie war noch nie deine Stärke, hm?“

Josh nickte und spielte mit seiner Colaflasche. „Dinge, die ich nie selbst erfahren habe, kann ich mir nur schwer vorstellen“, gab er zu. „Ich schätze … ich schätze, ich habe noch nie jemanden so geliebt wie du. So kopflos, so entgegen jeder Vernunft. Ich finde es sehr mutig, dass du dich das getraut hast, Janna. Nicht jeder ist dazu imstande. Ich glaube kaum, dass ich so etwas je erleben werde."

Ich schluckte.

Noch nie hatte jemand mein Verhalten Rogelio gegenüber als mutig bezeichnet. Ich hatte immer nur zu hören gekriegt, dass ich vollkommen verrückt sein musste, mich derart kopflos in diese Beziehung zu stürzen. Unberechenbar, pubertär, naiv. So hatte man mich genannt. Für mutig hatte mich bisher niemand gehalten.

„Du hast wirklich nicht viel verpasst", nuschelte ich und nippte wieder an meinem Radler.

Im Grunde genommen entsprach das jedoch nicht ganz der Wahrheit. Auch wenn meine Beziehung in Tränen geendet war, hätte ich keine einzige Minute von den guten Zeiten missen wollen. Ja, es hatte wehgetan, als es vorbeiging. Aber all die Hoffnung, die Zeit, das Geld und die Energie, die ich in diese Beziehung gesteckt hatte … Nichts davon war vergebens gewesen. Rogelio hatte mich genauso voller Inbrunst geliebt wie ich ihn, und ich wusste, dass ich nichts von dem, was ich für ihn und für unsere Beziehung getan hatte, wieder rückgängig machen wollte. In dem Moment, als ich es getan hatte, war es für mich das Richtige gewesen und ich hasste Rogelio nicht für das, was er mit mir gemacht hatte. Ich wusste zwar, dass ich niemals dazu imstande sein könnte ‚nur' mit ihm befreundet zu sein, aber hassen tat ich ihn trotzdem nicht. Er war ein Teil meiner Lebensgeschichte und die intensivsten und schönsten Momente meines bisherigen Lebens hatte ich mit ihm verbracht. Das würde ich niemals vergessen.

Ich nahm noch einen Schluck von meinem Bier und gähnte ausführlich. Josh grinste.

„Du siehst aus, als müsstest du dringend ins Bett."

„Hm?", machte ich und Josh lachte.

„Na, komm schon, Sweetie. Ab nach Hause."

Ich nickte und ließ mich dankbar von Josh auf die Beine ziehen. Jetzt erst fühlte ich den Alkohol so richtig. Tatsächlich hatte ich viel zu viel getrunken und freute mich wie verrückt darauf, endlich ins Bett zu kommen.

Anderthalb Stunden später rüttelte Josh an meinem Arm.

„Janna. Aufwachen."

„Was?" Ich rieb mir die Augen.

„Wir sind in Dorstfeld", erklärte Josh und zog mich auf die Beine.

Ich gähnte und ließ mich von ihm aus dem Zug lotsen.

„Wie spät ist es überhaupt?", fragte ich.

Ich war schon im Zug nach Wanne-Eickel fast eingeschlafen, aber in der S-Bahn hatte ich die Augen wirklich nicht mehr aufhalten können. Ärgerlich, dass um diese Uhrzeit keine direkten Züge mehr nach Dortmund fuhren. So hatten wir eine halbe Stunde länger gebraucht als gewöhnlich.

„Gleich halb vier", sagte Josh.

Ich stolperte und Josh hielt mich fest.

„Hoppala", sagte er und ich lachte.

„Hoppala? So was hat meine Oma früher immer gesagt."

„Granny sagt so was immer noch und sie ist immerhin diejenige, mit der ich am meisten Deutsch rede."

Ich sah ihn an, und als Josh lächelte, strahlten seine Augen für mich so hell wie Sterne.

„Weißt du eigentlich, dass du wunderschöne Augen hast?", fragte ich und Josh lachte.

„Okay. Offensichtlich wirkt Alkohol bei dir erst so richtig, wenn du eine Viertelstunde geschlafen hast."

Ich widersprach nicht. Ich fühlte mich in der Tat sehr viel betrunkener als in den ganzen Stunden davor. Und das, obwohl ich schon seit fast zwei Stunden keinen Alkohol mehr getrunken hatte. Vermutlich machte die Müdigkeit mich völlig fertig, denn ich fühlte mich außerstande, beim Gehen die Füße anzuheben. Also schlurfte ich neben Josh her und war froh, als er schließlich einen Arm um mich legte, um mich zu stabilisieren.

„Mensch, Janna. Machst du dich absichtlich schwer?"

„Nein", winkte ich ab. „Ich bin wirklich so schwer. Schwere Knochen."

„Sure. Das behauptet wahrscheinlich jedes Mädchen."

„Vielleicht stimmt es ja auch bei jedem."

Josh schüttelte den Kopf. „Oh Mann. Das letzte Bier hättest du vielleicht besser sein lassen."

„Ich habe nicht mehr getrunken als du."

„Nein. Aber offensichtlich verträgst du es nicht so gut."

„Kunststück. Ich bin ja auch nicht so ein Gefühlsklotz wie du."

Josh hielt einen Moment inne und ich dachte zuerst, ich hätte ihn verletzt. Aber dann lachte er und schüttelte den Kopf.

„Bei dir bin ich mir nie sicher, ob du absichtlich grob bist oder ob es dir einfach nur so über die Lippen kommt."

Ich schüttelte den Kopf und wünschte mir im nächsten Moment, ich hätte es nicht getan.

„Oooh. Mein Kopf. Mir dreht sich alles."

„Musst du dich übergeben?"

„So zum Kotzen finde ich dich nun auch wieder nicht."

„Na, da bin ich aber erleichtert."

Josh zog mich weiter und wie von selbst lehnte ich mich gegen ihn, um besser laufen zu können. Das sanfte Kribbeln in meinem Bauch schob ich auf den Alkohol.

„Wie kommt es eigentlich, dass du nicht betrunken bist?", nuschelte ich.

„Na ja. Angetrunken bin ich schon. Aber bei mir braucht es mehr als ein paar Tequila, um mich vom Tisch zu hauen."

Ich nickte ernst. „Alejandro ist wirklich nett. Danke, dass du mich mitgenommen hast."

„Gern geschehen. Du solltest öfter mitkommen. Die anderen sind toll und du kannst doch nicht jedes Wochenende zu Hause rumsitzen."

Ich seufzte. „Ja. Vielleicht."

Als wir an dem Haus von Joshs Großmutter ankamen, holte Josh den Schlüssel hervor und ich blickte wehmütig zu dem Nachbarhaus, in dem ich als Kind gewohnt hatte.

„Wer wohnt hier jetzt?", fragte ich.

Josh zuckte mit den Schultern. „Keine Ahnung. Irgendein langweiliges Ehepaar mit einer kleinen Tochter. Ab und zu sehe ich das Mädchen auf der alten Schaukel, die Georg damals für dich aufgestellt hat."

„Die gibt es noch?"

„Ja. Hat mich auch gewundert, dass sie die nicht weggemacht haben. Vielleicht waren sie zu geizig, um etwas Neues zu kaufen."

Er zog mich in den Flur und ich kicherte, als ich gegen den Schuhschrank stieß.

„Ich bin kein Stück besser als meine Schwester", stellte ich fest.

„Oh doch. Du hast immerhin keine hohen Schuhe an", widersprach Josh. „Außerdem hast du bisher noch nicht versucht, mich zu küssen."

„Hat Luisa …"

„Sie war betrunken. Abgesehen davon … was ist daran so abwegig?"

„Sie ist sechzehn."

„Und? Hast du in dem Alter nie auf ältere Jungs gestanden?"

Ich schluckte. Bevor ich Rogelio kennengelernt hatte, war ich total in den besten Freund von Lizzys Bruder verknallt gewesen. Es hatte mich überhaupt nicht gestört, dass er sechs Jahre älter gewesen war. Inzwischen war ich froh, dass daraus nichts geworden war. Er hatte sein Studium geschmissen, sich einer Hippiegruppe angeschlossen und sich die Haare wachsen lassen. Außerdem rauchte er so viel Gras, dass bei ihm kaum noch Gehirnzellen übrig waren. Bei Josh war etwas Ähnliches in naher Zukunft nicht zu erwarten. Insofern konnte ich Luisa wohl nicht zum Vorwurf zu machen, dass sie sich zu Josh hingezogen fühlte.

„Also gut", sagte Josh und drückte die Tür zu meinem Zimmer auf. „Endstation."

„Nein, warte", sagte ich. „Ich muss erst zur Toilette."

„Du musst doch nicht …"

„Nein. Kotzen muss ich immer noch nicht. Keine Sorge. Ich kann ordentlich was schlucken."

Josh sah mich mit großen Augen an und schüttelte dann grinsend den Kopf. „Das war eine Steilvorlage, Sweetie", sagte er. „Sei froh, dass ich Mitleid mit dir habe, weil du besoffen bist. Sicher, dass du klarkommst?"

Ich winkte ab. „Klar wie Kloßbrühe. Falls ich die Leiter zu meinem Bett nicht hochkomme, schrei ich."

Josh lachte. „Einverstanden. Ansonsten weißt du ja, wo du mich findest."

„Hm."

Josh wandte sich ab, aber ich hielt ihn zurück.

„Joshuaaaa."

„Ja?"

„Danke."

„Wofür?"

„Dass du mich überredet hast mitzukommen."

„Gern geschehen. Schlaf gut, Sweetie."

Ich nickte. Das würde ich. Ganz bestimmt.

Kapitel 18

Deutschland 2013

Am nächsten Morgen erwachte ich mit einem schrecklichen Kater. Josh hatte nebenan viel zu laute Musik angemacht und mein Kopf fühlte sich an, als fänden darin ausgiebige Straßenbauarbeiten statt. Alles rumpelte und rüttelte. Außerdem war mir übel.

Als Josh auch noch Musik von Helene Fischer spielte, platzte mir endgültig der Kragen. Unter Schmerzen krabbelte ich die Leiter meines Bettes hinunter und war froh, dass ich mir dabei nicht den Hals brach. Ich stürmte in sein Zimmer und schaltete kurzerhand die Anlage aus.

„Sag mal, was denkst du dir eigentlich?", schrie ich Josh an, der mit amüsierter Miene an seinem Schreibtisch saß.

Auf seinem blauen T-Shirt stand passenderweise: ‚Oh shit - Not you again'.

„Auch dir einen wunderschönen guten Mittag."

„Du meinst Morgen", patzte ich. „Und außerdem ist er alles andere als schön, wenn er mit Schlagerpartys beginnt. Mein Kopf dröhnt und möglicherweise schaffst du es dadurch heute doch noch, meinen Brechreiz ausreichend anzuregen."

„Es ist Mittag", widersprach Josh und zeigte auf seine Uhr. „Ein Uhr mittags, um genau zu sein. Ich habe schon das Badezimmer aufgeräumt. Nachdem du dich gestern dort abgeschminkt hast, sah es aus wie ein

Schlachtfeld, und Granny war schon zum zweiten Mal mit deinem Hund spazieren."

„Cindy?", fragte ich und sah jetzt erst, dass mein Hund zu Joshs Füßen lag und gemächlich mit dem Schwanz wedelte.

Als sie meine Stimme hörte, kam sie unter dem Schreibtisch hervorgetapst. Ich beugte mich zu ihr hinunter und vergrub mein Gesicht in ihrem weichen Fell.

„Guten Morgen, mein Schatz", sagte ich. „Alles in Ordnung? Tut mir leid, dass ich nicht früher aufgestanden bin. Warum hast du denn nicht gejammert?"

„Sie hat nicht gejammert, weil meine Oma sie mit nach draußen genommen hat. Das tut sie inzwischen häufig, weil sie keinen Sinn darin sieht, alleine zu laufen. Ich muss sagen, dein Hund ist sehr genügsam. Solange sie regelmäßig nach draußen kommt und genug Futter hat, ist sie vollauf zufrieden."

„Hm. Das war nicht immer so. Als sie jünger war, ist sie jedem Hasen hinterher gerannt. Vermutlich würde sie das heute immer noch tun, aber sie ist inzwischen so langsam, dass sie nicht mal eine Schildkröte erwischen würde."

Ich setzte mich im Schneidersitz auf den Boden und hielt mir den Kopf. „Mann. Ich trinke nie wieder Tequila. Ekelhaftes Zeug."

„Aspirin gefällig?", fragte Josh und hielt mir ein kleines Tütchen entgegen, auf dem Aspirin direkt stand. „Kann man ohne Wasser einnehmen."

Dankbar nahm ich das Röhrchen, riss es auf und schüttete mir das Pulver in den Mund. Es schmeckte gar nicht so widerlich wie erwartet.

„Danke", sagte ich und lehnte meinen Kopf an den von Cindy.

Langsam leckte diese mir über die Hand.

„Schon gut. Immerhin ist es ja teilweise auch meine Schuld, dass du heute einen Kater hast."

„Stimmt. Wärst du nicht gewesen, dann hätte ich einen gemütlichen Abend mit Alexis verbracht. Meinst du, sie ist gut nach Hause gekommen?"

„Ja. Sie hat mir eine WhatsApp-Nachricht geschickt, als sie zu Hause war."

„Wie? Warum dir und nicht mir?"

„Weil ich im Gegensatz zu dir noch zurechnungsfähig war. Es kann sein, dass sie dich nachher noch mal anruft. Sie macht sich Sorgen wegen deiner Reaktion gestern."

Betreten sah ich zur Seite.

„Ach ja? Warum denn?"

„Weil du gestern Abend das SalsaSalsa fluchtartig verlassen hast vielleicht? Die Sache mit Rogelio macht ihr Sorgen und ich muss gestehen, mir auch."

„Ach ja? Und seit wann genau geht dich meine Vergangenheit etwas an?"

„Seitdem du beschlossen hast, mit mir zusammenzuziehen, Janna. Du glaubst doch nicht etwa wirklich, dass ich mit dir zusammen wohnen kann, ohne mich auch ein bisschen für dich verantwortlich zu fühlen."

Ich verdrehte die Augen. „Ich bin ein großes Mädchen. Du brauchst nicht auf mich aufzupassen. Das ist absolut unnötig."

Josh lehnte sich in seinem Bürostuhl zurück und sah mich an. „Das sehe ich anders. Und deine Mutter übrigens auch."

Erschrocken riss ich die Augen auf. „Du hast mit meiner Mutter darüber gesprochen? Bist du denn vollkommen wahnsinnig geworden?"

„Keine Sorge. Ich bin nicht ins Detail gegangen. Sie hat mich heute Morgen angerufen, weil du nicht an dein Handy gegangen bist."

Das konnte durchaus sein. Ich hatte mein Handy auf lautlos, und wenn ich tief und fest schlief, dann weckte mich auch der Vibrationsalarm nicht.

„Na ja. Auf jeden Fall haben wir uns eine Weile unterhalten und sie hat mich inständig gebeten, dafür zu sorgen, dass du mehr unter Leute kommst, Janna."

Ich verschränkte abwehrend die Arme. „Und das habt ihr einfach über meinen Kopf hinweg entschieden, ja?"

„Komm schon, Janna. Was ist daran denn so schlimm? Du hast dich doch gestern amüsiert, oder? Du hast dich sogar bei mir dafür bedankt, dass ich dich überredet habe mitzukommen."

Wirklich? Daran konnte ich mich überhaupt nicht erinnern.

„Du musst unter Leute", fuhr Josh fort. „Wie lange willst du dich denn noch vor dem Leben verstecken? Bis du Ende dreißig bist und deine biologische Uhr anfängt zu ticken?"

Ich blähte die Backen auf und kraulte intensiv meinen Hund hinter den Ohren. Ich hatte überhaupt nicht das Gefühl, dass ich mich vor dem Leben versteckte. Ich machte doch weiter. Ich saß nicht mehr jeden Tag heulend auf meinem Bett, wie zu Anfang der Trennung, sondern dachte kaum noch an Rogelio. Ich ging zur Uni, ich traf mich hin und wieder mit Freundinnen und mir ging es gut. Was wollten meine Eltern, Alexis und jetzt sogar Josh denn sonst noch?

„Ihr seid euch also einig", stellte ich fest. „Und was schlagt ihr vor? Soll ich jetzt jedes Wochenende einen draufmachen, so wie gestern? Ganz ehrlich? Nein, danke. Ich verzichte. Noch so eine Sauftour mache ich ganz sicher nicht mit."

Josh schüttelte den Kopf. „Wir gehen nicht jedes Wochenende saufen. Nächstes Wochenende wollen wir bowlen gehen. Ich wette, das wird lustig, und ich würde mich wirklich freuen, wenn du mitkommst."

Ich zögerte. Bowling klang eigentlich ungefährlich. Und wenn meine Mutter, Alexis und Josh dadurch endlich aufhören würden, mich zu nerven, dann war es das vermutlich wert.

„Also gut“, lenkte ich ein. „Meinetwegen können wir bowlen gehen. Aber dann gib mir lieber noch so ein Aspirin, damit ich gleich noch ein bisschen was tun kann. Sonst wird das mit dem Durchgehen der Bücher für diese Mediengeschichte nämlich sicher nichts mehr.“

Kapitel 19

Deutschland 2009

Die zwei Jahre bis zu meinem Abitur vergingen schneller als erwartet. Rogelio und ich telefonierten regelmäßig, besuchten uns so häufig wie möglich und vermissten einander mit einer Inbrunst, die seinesgleichen suchte.

Ich telefonierte jeden Abend mit ihm, obwohl diese Gespräche nicht selten in Tränen endeten und mir immer wieder vor Augen führten, wie schwierig es war, eine Fernbeziehung mit einem Mann aus einer fremden Kultur zu führen.

„Und, Leona?", fragte Rogelio eines Abends, nachdem ich zuerst in der Schule gewesen war und dann noch einmal bis spät in der Eisdiele gejobbt hatte. „Wie war dein Tag?"

„Anstrengend", gab ich zu und legte auf meinem Bett die Füße nach oben. „Und deiner?"

Rogelio lachte leise. „Meiner ist noch lange nicht zu Ende. Ich stecke ja gerade erst mitten drin."

Da die Zeitverschiebung nach Mexiko sieben Stunden betrug, mussten wir immer so telefonieren, dass es bei mir abends und bei ihm nachmittags war. Das war zwar nicht ideal, aber zu jeder anderen Tageszeit war ich entweder arbeiten oder in der Schule.

„Stimmt ja", sagte ich. „Und was hast du heute noch vor?"

„Ich besuche nachher noch meinen Onkel und hatte überlegt, ob ich noch ins Kino gehe."

„Ach ja? Mit wem denn?“

„Mit Lupita. Eine alte Freundin von mir.“

Ich spürte Galle im Mund, schluckte sie aber wieder herunter. Ich wusste, dass Rogelio ab und zu mit anderen Mädchen Kontakt hatte, aber ich gab mir alle Mühe ihn nicht spüren zu lassen, dass mich das ärgerte. Es genügte ja, dass er so eifersüchtig war. Wenn ich anfing, mich genauso aufzuführen, dann konnte das einfach nicht gut enden.

„Das ist schön“, sagte ich. „Ich wollte am Wochenende auch ins Kino. Mit Lizzy, Steffen und einem Kumpel von ihm. Ich glaube, er heißt Gerrit.“

„Du willst mit einem Typen ins Kino?“

„Na ja. Nicht alleine, sondern mit Lizzy und Steffen zusammen.“

Rogelio hatte Lizzy bei seinen Besuchen in Deutschland kennengelernt, sich aber nicht gut mit ihr verstanden. Sie hatte mich sogar einmal mit nach Mexiko begleitet, wobei es mehrfach zu Problemen gekommen war, weil Lizzy einfach jedes Mal ihren Kopf durchsetzen wollte.

„Wenn Lizzy mit Steffen geht und du mit diesem Gerrit, dann ist das doch so, als wärt ihr zwei Pärchen.“

„Aber … du willst doch auch mit dieser Lupita gehen.“

„Das ist doch etwas ganz anderes. Lupita und ich sind ewig befreundet. Da lief noch nie was und da wird auch nichts laufen. Sie ist noch nicht mal hübsch.“

„Na und? Ich verstehe trotzdem nicht, wo der Unterschied liegt. Ihr geht sogar alleine. Ich will mit Gerrit doch gar nicht alleine gehen.“

„Ja. Aber du wirst neben ihm sitzen und dann kann er ganz in Ruhe seine Hand auf deinem Knie nach oben wandern lassen, ohne dass es jemand merkt.“

Ich schnappte nach Luft. Unterstellte Rogelio mir tatsächlich, dass ich nur wegen diesem Gerrit mit ins Kino gehen wollte, den ich in Wirklichkeit überhaupt nicht kannte? Das war doch totaler Schwachsinn.

„Rogelio. Das ist Blödsinn", erklärte ich.

„Ach ja? Du hältst das also für Blödsinn? Na ja. Vielleicht ist es dann ja auch Blödsinn, dass ich im Sommer nach Deutschland komme, um dich zu heiraten, oder?"

„Aber ..."

„Wenn du wirklich mit diesem Kerl ins Kino gehst, dann brauche ich am besten gar nicht mehr zu kommen."

„Rogelio. Was soll denn das?"

Ich war den Tränen nahe und konnte kaum glauben, was er da von sich gab. Sofort bereute ich, dass ich ihm überhaupt von dem Kinobesuch erzählt hatte. Am besten wäre gewesen, ich hätte gesagt, dass ich nur mit Lizzy unterwegs sein würde, und die Jungs gar nicht erwähnt. Steffen hielt er ohnehin für ein Weichei, weil der Lizzy tun und lassen ließ, was sie wollte. Immerhin hatte sie in Mexiko ja auch mit anderen Männern getanzt und geflirtet. Was also sollte mich davon abhalten, in Deutschland dasselbe zu tun?

„Was das soll?", schrie Rogelio ins Telefon. „Ich habe die Nase voll davon, mich von dir zum Idioten machen zu lassen. Seit zwei Jahren muss ich mir von meinen Freunden schon anhören, dass du sowieso nicht treu bist und ich mir etwas vormache, wenn ich glaube, dass eine Fernbeziehung funktionieren kann. Ich bin das alles so leid, Janna. Immer diese Telefonate und diese kurzen Besuche. Anfangs dachte ich ja noch, dass du deine Meinung ändern würdest und doch zu mir kommst, wenn du mich wirklich liebst. Aber da habe ich mich wohl geirrt."

„Aber ich liebe dich wirklich."

„Und warum bist du dann nicht hier, sondern gehst lieber mit irgendwelchen fremden Typen ins Kino statt mit mir? Wenn du hier wärst, dann müsste ich auch nicht mit Lupita gehen."

Ich schluckte. Jetzt war ich also schuld, dass er mit ihr gehen wollte? Das war doch nicht zu fassen.

„Rogelio. Es sind doch nur noch ein paar Monate."

„Ja. Und in diesen paar Monaten wirst du dich gefälligst hüten, mit anderen Männern auszugehen, du Flittchen. Sonst kannst du das mit der Hochzeit ganz schnell wieder vergessen."

Plopp. Aufgelegt. Sprachlos starrte ich auf das Telefon in meiner Hand an. Das konnte er doch unmöglich ernst meinen, oder? Angst durchfuhr mich, wie ich es schon häufig in Bezug auf Rogelio gespürt hatte. In den letzten zwei Jahren hatte er unsere Beziehung so häufig in Frage gestellt, dass ich es kaum noch zählen konnte. Es hatte mehrere Situationen gegeben, in denen ich gedachte hatte, dass es nun endgültig aus war. Aber dann hatte er doch wieder angerufen und wir hatten uns ausgesprochen. Und spätestens sobald wir uns das nächste Mal besuchten, wusste ich wieder, warum er es wert war, für ihn zu kämpfen.

Jetzt gerade aber fühlte ich mich einfach nur verletzt und war unsicher, was ich tun sollte. Ich hasste es, wenn Rogelio so war. Er konnte so liebevoll und romantisch sein, aber mit seiner Eifersucht trieb er mich manchmal in den Wahnsinn.

Ich erinnerte mich noch gut daran, dass er vor ein paar Monaten Schluss gemacht hatte, weil ich ohne seine Erlaubnis mit Lizzy feiern gegangen war. Ich hatte ihn am Telefon anbetteln müssen, mir das zu verzeihen, und er hatte mir das Versprechen abgenommen, es nie wieder ohne seine Erlaubnis zu tun. Ich wusste zwar nicht genau, ob ein solches Verhalten normal war, aber zumindest Lizzy schien solche Probleme nicht zu haben. Steffen störte es nicht die Bohne, wenn sie mit Freundinnen ausging, und er machte ihr auch keine Szene, wenn sie mit einem anderen Typen redete. Ich schob diese Probleme daher auf Rogelios lateinamerikanisches Temperament und gab mir Mühe, einfach darüber hinwegzusehen. Immerhin liebte ich Rogelio und mit Liebe konnte man bekanntlich alle Hürden überwinden.

Dann würde ich halt am Wochenende nicht mit Lizzy und den Jungs ins Kino gehen. Es gab Schlimmeres. Eigentlich sollte ich sowieso besser arbeiten gehen. Immerhin brauchten wir noch einiges an Geld für die Hochzeit.

Ich schrieb Rogelio eine Mail, in der ich mich entschuldigte, und legte mich dann schlafen. Er würde sich schon wieder melden. Das tat er schließlich immer.

Kapitel 20

Deutschland 2013

„Ich komme nicht mit", erklärte ich, eine Woche nachdem ich versprochen hatte, mit zum Bowling zu kommen.

Josh seufzte und stemmte die Arme in die Hüften, sodass sein T-Shirt über der Brust spannte. Der heutige Spruch war: ‚Komm schon. Du willst es doch auch.' Und dieses Mal war ich mir ganz sicher, dass er das T-Shirt mit Absicht angezogen hatte.

„Was soll das eigentlich immer mit diesen T-Shirts?", fragte ich und versuchte ihm nicht auf die Brust zu starren.

Es sah gut aus, wie der Stoff sich an ihn schmiegte, und das wiederum störte mich ungemein.

Josh sah an sich herunter und grinste dann. „Gefallen sie dir?"

„Ist doch egal, ob sie mir gefallen. Ich bin hauptsächlich irritiert, wie viele du davon hast. Ich habe noch selten eins davon zweimal an dir gesehen."

„Ich habe so circa dreißig verschiedene."

„Dreißig? Aber woher? In Kanada gibt es doch wohl kaum deutsche Spruchshirts, oder?"

„Meine Oma wusste nie, was sie mir schenken soll, also hat sie irgendwann angefangen, mir T-Shirts mit lustigen Sprüchen aus Deutschland zu schicken. Meine Familie fand das super, aber meine Freunde können natürlich kein Deutsch. Daher habe ich begonnen, mir auch selber welche auf Englisch zu kaufen. Inzwischen trage ich sie fast nur noch. Außer bei geschäftlichen Besprechungen."

Ich schüttelte den Kopf. „Ist dir das denn gar nicht unangenehm?"

„Warum?"

„Na ja. Mit so einem Spruch auf der Brust wird man doch immer gleich in eine Schublade gesteckt. Das ist so ähnlich wie mit den Facebook-Gruppen, die angeblich unsere Persönlichkeit widerspiegeln."

„Ich finde nicht, dass mir da etwas peinlich sein muss. Ich trage schließlich keine T-Shirts, auf denen steht ‚Wer dich fickt, ist zu blöd zum Wichsen'."

Ich sah ihn sprachlos an und Josh musste lachen.

„Du bist so süß, wenn du nicht weißt, was du sagen sollst."

Grimmig funkelte ich ihn an und ich musste mich zusammenreißen, um nicht ‚Ich bin nicht süß' zu sagen und auf den Boden zu stampfen.

„Wie auch immer", sagte ich stattdessen. „Ich werde heute Abend nicht mitkommen. Ich habe einfach zu viel zu tun. Ich will noch eine Weile lernen und dann später mit Cindy spazieren gehen."

„Lass Granny das doch machen. Sie geht so gerne mit ihr raus. Jetzt hat sie wieder einen Grund, um regelmäßig frische Luft zu schnappen."

Ich schüttelte den Kopf. „Keine Chance", sagte ich. „Ich weiß ja, dass du es nur gut meinst, aber ich möchte wirklich nicht mit. Vielleicht … vielleicht ja ein andermal."

„Also gut."

Josh ließ die Schultern hängen und legte mir freundschaftlich eine Hand auf den Arm. „Falls du es dir anders überlegst, kannst du gerne das Auto nehmen und hinterherkommen. Ich fahre mit der Bahn."

„Danke, aber mach dir lieber keine falschen Hoffnungen."

Josh zuckte mit den Schultern. „Sag niemals nie“, sagte er und grinste, als er nach draußen ging.

Kopfschüttelnd sah ich ihm hinterher.

Zwei Stunden später hatte ich mich gerade in eine Hausarbeit eingearbeitet, als mein Handy klingelte. Unbekannt. Wieder verspürte ich die bekannte Nervosität, die mich erfasste, wenn ich fürchtete, dass Rogelio am Telefon sein könnte. Aber ich ging trotzdem dran und hoffte einfach, dass ich mich irrte.

„Hallo?“

„Janna?“

Es war sehr laut im Hintergrund, daher brauchte ich einen Moment, bis mir aufging, dass es Josh war, der mich anrief. Warum war seine Nummer dann unbekannt? Ich hatte sie doch längst für Notfälle eingespeichert.

„Josh. Was willst du?“, fragte ich. „Ich habe dir doch schon gesagt, dass ich nicht kommen werde.“

„Ja. Ich weiß. Ich wollte dir auch nur Bescheid sagen, dass deine Schwester hier ist.“

Mir wurde eiskalt. „Luisa?“

„Klar. Wie viele Schwestern hast du denn noch?“

Sofort beruhigte ich mich wieder. Es war Samstagabend. Bestimmt war Luisa mit ihren Freundinnen dort. Warum auch nicht. Bis vierundzwanzig Uhr durfte sie dem Gesetz nach draußen bleiben. Es wunderte mich allerdings, dass sie schon wieder nach Dortmund gekommen waren. In Münster konnte man schließlich auch bowlen.

„Ist schon okay“, sagte ich. „Wie viele ihrer Freundinnen sind denn bei ihr?“

„Gar keine“, erklärte Josh. „Sie hat wohl auf Facebook gesehen, dass ich hier bin. Alejandro markiert mich immer, wenn wir zusammen unterwegs sind. Tja. Und jetzt ist sie hier und will mitspielen.“

Ich konnte einen Moment lang nur die Wand anstarren und den Mund auf und zu machen, so empört war ich. Was bildete Luisa sich eigentlich ein?

„Lass sie nicht mitmachen“, erklärte ich. „Ich bin in fünfzehn Minuten da.“

Dann legte ich auf, schnappte mir meine Jacke und den Schlüssel und war innerhalb von zehn Sekunden draußen.

Grannys Auto war wirklich eine verdammte Schrottkarre. Es war ein Wunder, dass der Wagen es überhaupt noch durch den TÜV geschafft hatte. Vielleicht hatte die nette alte Dame dem TÜV-Prüfer leidgetan. Trotzdem schaffte ich den Weg bis zum Bowlingcenter, ohne dabei liegenzubleiben.

Als ich bei den anderen ankam, traute ich meinen Augen nicht. Meine kleine Schwester hockte zufrieden zwischen Tanju und einem der Amerikaner auf einer Bank, hatte ein Bier in der Hand und unterhielt sich angeregt mit den beiden Männern. Ich sah mich nach Josh um, aber der schien vollauf beschäftigt zu sein und stellte gerade die Namen für die zweite Runde ein.

„Sag mal, was glaubst du eigentlich, was das hier wird, junge Dame?“, fragte ich und baute mich vor meiner Schwester auf.

Als Luisa mich sah, erbleichte sie, drückte Tanju ihr Bier in die Hand und tat so, als wäre nichts gewesen.

„Ich, äääääh. Amüsiere mich nur. Warum?“

„Weiß Mama, wo du bist?“

„Klar. In Dortmund. Mit dir zusammen. Stimmt doch, oder?“

Wütend funkelte ich sie an. Jetzt zog sie mich auch noch in ihre Machenschaften mit hinein.

„Komm, Luisa“, sagte ich entschlossen. „Ich bringe dich zum Bahnhof.“

„Was? Nein. Ich will hierbleiben."

„Aber nicht alleine. Das kannst du vergessen. Du lügst Mama ins Gesicht und glaubst auch noch, ich würde das unterstützen? Vergiss es."

Luisa wurde blass und sah hilfesuchend zu Tanju.

„Du nicht bleiben für Spiel?", fragte er.

Ich schüttelte den Kopf und Tanju sah mehr als enttäuscht aus. Beinahe tat er mir leid.

„Komm jetzt, Luisa. Oder ist es dir lieber, wenn ich Mama Bescheid sage, dass du gar nicht bei mir bist, sondern mit älteren Männern einen draufmachst?"

Luisa wurde rot, stand dann abrupt auf und lief los.

„Du bist wirklich eine blöde Kuh", verkündete sie.

Ich wollte ihr gerade hinterher, als Josh mich zurückhielt. Ich zuckte automatisch vor seiner Berührung zurück, aber wie immer schien er das nicht zu bemerken, sondern hielt mich weiter fest. Der Blick aus seinen grauen Augen war eindringlich.

„Glaubst du nicht, dass du ein bisschen zu streng bist?", fragte er. „Sie wollte doch nur ein bisschen Spaß haben."

„Das kann sie gerne", zischte ich ihn an. „Aber bitte mit ihren eigenen Freundinnen, die in ihrem Alter sind und nicht mit jemandem wie Tanju, der bestimmt zehn Jahre älter ist als sie."

„Drei."

„Was?"

„Tanju ist nur drei Jahre älter als sie. Er ist neunzehn."

Ich sah zu dem asiatischen jungen Mann, den ich locker für sieben Jahre älter gehalten hatte, und errötete leicht.

„Oh", brachte ich hervor und schüttelte dann den Kopf. „Aber ist ja auch egal. Darum geht es doch jetzt gar nicht. Sie dürfte eigentlich gar nicht hier sein."

„Das stimmt so nicht“, widersprach Josh. „Dies ist ein freies Land. Natürlich darf sie.“

Ich schüttelte unwillig den Kopf. „Sie hat hier nichts zu suchen“, wiederholte ich. „Danke, dass du mir Bescheid gesagt hast.“

Josh nickte. „Ich glaube trotzdem, du machst einen Fehler.“

Ich winkte ab und ging nach draußen. Mit Josh wollte ich mich nun wirklich nicht auseinandersetzen. Als ich draußen ankam, lehnte Luisa an der Wand und rauchte. Ihr Minirock ähnelte meiner Meinung nach eher einem Gürtel als einem Rock und ihr Ausschnitt ließ sehr tiefe Blicke in ihr Dekolleté zu. Ohne zu zögern nahm ich ihr die Zigarette weg und warf sie zu Boden.

„Sag mal“, rief Luisa wütend. „Was genau ist eigentlich dein Problem?“

„Wir reden im Auto“, sagte ich, weil mir die Blicke der anderen Leute unangenehm waren.

„Ja, klar. In welchem Auto denn?“

Ich hörte nicht auf sie, sondern ging einfach zu der alten Schrottkarre und setzte mich hinein. Zu meiner Erleichterung folgte sie mir, auch wenn sie dabei vor Wut lauter schnaufte als der Motor des Autos.

Als sie saß, funkelte sie mich böse an.

„Also. Was soll das alles?“, fragte sie. „Warum musst du mir immer den Spaß verderben?“

„Rauchen ist ungesund, Luisa. Du machst dir deine Lunge kaputt und gefährdest außerdem noch die Leute in deiner Umgebung.“

Meine Schwester verschränkte die Arme unter ihrer Brust, was dazu führte, dass ich mir Sorgen machte, ihr Busen könnte jeden Moment heraushüpfen. Meine Güte. Wann war meine Schwester nur so weiblich geworden? Oder war das alles nur Push-up? Falls ja, musste ich dringend fragen, wo sie den herhatte.

„Was schert dich meine Gesundheit? Was schert dich überhaupt irgendwas? Du bist meine Schwester. Nicht meine Mutter. Es geht dich gar nichts an, was ich mache."

„Solange du es nicht direkt vor meiner Nase tust, ist mir das auch egal. Was willst du eigentlich von Josh?"

„Josh?" Irritiert sah sie mich an und winkte dann ab. „Ach. Der ist doch schon gar nicht mehr aktuell. Er hat mir heute erklärt, dass sein Herz schon vergeben ist. Dafür hat er mir Tanju vorgestellt. Der ist wirklich süß, oder?"

Ich schüttelte den Kopf. „Moment mal ... Josh hat gesagt, sein Herz wäre schon vergeben?"

„Ja. Was ist daran so besonders, du ... ach so. Du hast also auch ein Auge auf ihn geworfen."

Ich zuckte zusammen, als hätte sie mich geschlagen. „Um Gottes willen, nein", sagte ich sofort. „Josh und ich sind nur Freunde. Er geht in ein paar Monaten zurück nach Kanada. Und glaub mir, ich werde einen Teufel tun, und mich noch einmal auf eine Fernbeziehung einlassen. Das solltest du im Übrigen auch nicht tun. So etwas kann nämlich gar nicht gut gehen. Der Schmerz, die Verzweiflung, die Sehnsucht. Das will ich nie wieder erleben. Man macht sich dabei viel zu viel vor, ohne zu erfahren, wie der andere wirklich ist. Glaub mir. So etwas willst du nicht."

Luisa sah mich an. „Nur weil du es nicht geschafft hast, einen Mann über die Entfernung zu halten, heißt das ja nicht, dass es mir genauso gehen muss."

Als Luisa Rogelio kennengelernt hatte, war sie erst neun gewesen und sehr empfänglich für seinen zweifellos vorhandenen Charme. Wie die meisten anderen Menschen hatte auch Luisa nur die guten Seiten von ihm kennengelernt. Sein einnehmendes, ansteckendes Lachen, seine Späße, seine Fähigkeiten beim Gitarrenspiel und sein attraktives Aussehen. All das konnte blenden und es gab nur wenige, die es besser wussten. Es verletzte mich, dass Luisa zu glauben schien, ich wäre an der Trennung damals selber schuld gewesen.

Ich seufzte und startete den Wagen. Offenbar wurde Luisa jetzt erst klar, dass ich wirklich vorhatte, sie nach Hause zu bringen, denn plötzlich wirkte sie verzweifelt.

„Komm schon, Schwesterherz", bettelte sie. „Was soll denn das? Ich will noch nicht nach Hause. Es ist noch nicht mal zehn Uhr. Kann ich nicht noch ein bisschen hierbleiben?"

„Ich kann dich nicht hier alleine lassen, Luisa. Das geht nicht. Mama würde mich umbringen."

„Dann bleib doch auch noch ein bisschen. Josh würde sich sicher freuen."

Da könnte sie sogar recht haben, aber das wollte ich lieber nicht zugeben. „Ich muss noch lernen. Ich habe schon viel zu viel Zeit hier verloren."

„Ach, komm schon, Janna. Du kannst doch auch morgen noch lernen. Bitte. Gib dir einen Ruck. Ich bitte dich sonst nie um was. Das hier ist doch kein Puff, sondern nur ein Bowlingcenter. Bitte, bitte, bitte."

Abschätzend sah ich sie an. Offensichtlich war es ihr wirklich wichtig und ich kam ins Wanken. War ich ungerecht ihr gegenüber? In ihrem Alter hatte ich schließlich auch hauptsächlich mein Vergnügen im Kopf gehabt. War es da so ungewöhnlich, dass sie eine ähnliche Phase durchmachte? Ich seufzte und schaltete den Wagen wieder aus.

„Okay", sagte ich und Luisa fing an zu jubeln. „Aber …", unterbrach ich sie. „Du trinkst nicht mehr als zwei Bier und wir sind um zwölf Uhr hier raus."

„Ja, ja, ja. Alles, was du willst", jubelte Luisa und ich verdrehte die Augen.

Als wir wieder hereinkamen, strahlte Tanju über beide Backen und Alejandro pfiff begeistert durch die Finger.

„Ich habe dir schon Bowlingschuhe besorgt", erklärte Josh, als ich mich neben ihn setzte.

„Du hast … aber …"

„Ich wusste, dass du nicht Nein sagen kannst."

Ich schnaubte beleidigt, nahm ihm aber trotzdem die Schuhe ab. „Hast du meinen Namen auch eingegeben?", fragte ich. „Ich werde dich nämlich jetzt unter den Tisch bowlen."

„Ich finde es toll, dass du noch geblieben bist", erklärte Josh mir drei Stunden später, als wir auf dem Weg nach Dülmen waren, um Luisa nach Hause zu bringen.

Ich murmelte etwas, das als Zustimmung verstanden werden konnte, und sah in den Rückspiegel. Luisa hatte natürlich mehr als zwei Bier getrunken und war nach zehn Minuten Fahrt eingeschlafen. Nun lag sie friedlich schlummernd auf dem Rücksitz, während ich mich mit Josh auseinandersetzen konnte, der freundlicherweise beschlossen hatte mitzufahren. Ich fand es unglaublich, dass meine kleine Schwester den weiten Weg auf sich genommen hatte, nur um Josh zu besuchen, und am Ende den ganzen Abend nur mit Tanju geredet hatte.

„Es gefällt mir nicht, dass sie mit Tanju flirtet", erklärte ich.

„Warum nicht? Tanju ist doch völlig harmlos."

„Kein Mann ist harmlos. Vielleicht würde er sie nicht körperlich verletzen, aber falls sie sich in ihn verliebt, wird es ihr, spätestens sobald er zurück nach China geht, das Herz brechen."

Joshs Mundwinkel zuckten. „Du glaubst also wirklich, du könntest deine Schwester vor Erfahrungen in der Liebe schützen?"

„Nicht vor der Liebe. Vor dem Schmerz."

Josh schüttelte den Kopf. „Liebe ist Schmerz", erklärte er. „Es ist jedes Mal das Gleiche. Die Menschen machen sich total zum Affen, wenn sie verliebt sind, und nach ein paar Monaten ist dann alles wieder vorbei und was zurückbleibt, ist Schmerz. Da bin ich auf jeden Fall besser dran mit meinen One-Night-Stands."

Es schwang Bitterkeit in seinen Worten mit und ich wurde hellhörig. „Luisa hat erzählt, du hättest gesagt, dass dein Herz schon vergeben ist."

Er winkte ab. „Das habe ich doch nur gesagt, weil ich ihr keine Hoffnungen machen wollte. Bei Tanju hat sie auf jeden Fall mehr Chancen."

„Wie gesagt. Das gefällt mir nicht."

„Du bist viel zu pingelig, was deine Schwester angeht. Du benimmst dich wie ein Helikopter, der die ganze Zeit über ihr schwebt und sie bei jedem Schritt überwachen will. Überleg mal, deine Mutter hätte das mit dir gemacht, als du in Luisas Alter warst."

„Dann wäre mir zumindest so einiges an Schmerz erspart geblieben."

„Heißt das, du machst es deiner Mutter zum Vorwurf, dass sie dich ins Ausland gelassen hat?"

„Um Gottes willen, nein." Schockiert sah ich ihn an. „Das würde ich nie tun. Die Monate in Mexiko gehören zu der tollsten Zeit meines Lebens. Ich … ich will nur nicht, dass meine Schwester dasselbe durchmachen muss."

Josh schüttelte verständnislos den Kopf. „Das ist nicht logisch, Janna."

„Es muss auch nicht alles logisch sein", beharrte ich und fuhr in Dülmen von der Autobahn.

„Mann", schimpfte ich, als der dritte Gang nicht sofort reingehen wollte. „Diese Kiste gehört wirklich auf den Schrottplatz."

„Und dann? Haben wir kein Auto mehr. Oder kannst du dir gerade ein anderes leisten?"

Ich schwieg und konzentrierte mich auf die Straße. Ich wurde langsam müde, daher war es wichtig, dass ich mich weiter unterhielt, um wach zu bleiben. Ich hätte ja gerne Josh fahren lassen, aber im Gegensatz zu mir hatte er getrunken und durfte nicht mehr ans Steuer. Als wir fünf Minuten später bei dem Haus meiner Eltern ankamen, musste Josh Luisa richtig rütteln, um sie wachzukriegen.

„Hey. Kleines. Aufwachen. Du bist zu Hause."

„Hm?"

„Komm schon. Aufwachen. Ab ins Bett."

Ich stieg aus und machte einfach die Türe auf, woraufhin Luisa fast aus dem Auto gefallen wäre, weil ihr Kopf gegen die Scheibe gelehnt war. Sofort wurde sie etwas wacher und ich schaffte es, sie aus dem Auto zu bugsieren und die Tür aufzuschließen.

„Schaffst du es die Treppe hoch?", fragte ich.

Luisa nickte. Meiner Einschätzung nach war sie mehr müde als betrunken, also konnte ich sie wohl getrost allein lassen. Ich schloss die Tür wieder und ging zurück zum Auto.

„Deine Schwester ist wirklich lustig", bemerkte Josh grinsend. „Es würde mich nicht wundern, wenn sie in Zukunft öfter mitkommt."

Grimmig sah ich ihn an und wendete den Wagen, um zurück nach Dortmund zu fahren.

„Mich schon. Dann werde ich nämlich verdammt sauer. Sie soll sich jemanden in ihrem Alter suchen, verdammt. Und zwar am besten einen aus ihrer Schule, der nicht in ein paar Monaten wieder verschwindet. Damit kann sie sich viel Kummer ersparen."

„Wenn Tanju sie einlädt, kann ich nichts dagegen tun, Janna. Sie ist sechzehn. Bis Mitternacht darf sie raus."

Ich nickte. Das stimmt leider. Wer hatte sich so eine Regelung überhaupt ausgedacht? Jugendliche sollten am besten eingesperrt bleiben, bis sie zwanzig waren. Danach hatte sich dieser Pubertätswahnsinn einigermaßen gelegt und man konnte auch wieder vernünftig mit ihnen reden.

„Wie wäre es damit?", fragte Josh. „Ich gebe dir weiterhin Bescheid, wenn sie bei uns ist, und halte ein Auge auf sie."

„Du erwartest ernsthaft, dass ich dir meine Schwester anvertraue? Sorry, aber vergiss es. Dir fällt ja nicht mal auf, wenn es zu kalt ist. Wie willst du dann merken, dass es meiner Schwester schlecht geht?"

Josh nickte und grinste mich dann an. „Du hast recht. Es gibt also nur eine Lösung. Du kommst einfach selber mit, um sie zu beschützen."

Ungläubig sah ich ihn an, aber schaute dann wieder auf die Straße und dachte nach. Es passte mir zwar nicht, aber er hatte recht. Wenn ich Luisa nicht an unsere Eltern verpetzen wollte, dann blieb mir wohl nichts anderes übrig, als mich ab und zu mal bei den Treffen sehen zu lassen. Solange es nicht in irgendwelche Saufschuppen ging, war es wahrscheinlich okay, wenn Luisa dabei war. Ich wollte nur nicht, dass sie es übertrieb oder von Tanju mit nach Hause genommen wurde, wo auch immer sein Zuhause sein mochte.

Als wir auf die Autobahn fuhren, hatte ich meinen Entschluss bereits gefasst. Es gefiel mir zwar nicht, aber ich kam wohl nicht darum herum. Wenn Luisa mit Studenten ausging, dann würde ich einfach dasselbe tun müssen.

Kapitel 21

Deutschland 2013

Wie wäre es mit einem Stripper?

Ich sah die WhatsApp-Nachricht ungläubig an. Offenbar war Nadine tatsächlich sehr offenherzig. Sie hatte extra eine Gruppe bei WhatsApp mit allen von Lizzys Freundinnen erstellt, um dort die Ideen für den Junggesellenabschied zu sammeln, und war sofort zur Sache gekommen.

Ich glaube nicht, dass das eine gute Idee ist, tippte ich. *Lizzy will bestimmt keinen Stripper.*

Ach was. Ist doch völlig egal, was Lizzy will. Hauptsache, wir amüsieren uns.

Aber, warf eine andere Freundin ein. *Es ist doch Lizzys Junggesellenabschied. Ich glaube schon, dass sie da auch ihren Spaß haben sollte.*

Am besten machen wir was Traditionelles. Verkleiden, Körbchen in die Hand und dann ab in die Altstadt.

Der Vorschlag fand viel Anklang und ich atmete erleichtert aus.

Wir könnten eine Dildoparty machen, schlug jemand anders vor und ich musste lachen.

„Que paso?", fragte Alexis neugierig und hielt im Essen inne. „Was ist so lustig? Steht wieder irgendwas Verrücktes auf Facebook?"

Ich schüttelte den Kopf. „Ich bin doch auf diese Junggesellenparty eingeladen. Und jetzt wollen sie eine Dildoparty machen. Das sind doch die Situationen, die in den Filmen meistens total schiefgehen, oder?"

„Si, si", pflichtete Alexis mir lächelnd bei. „Da tragen

die alten Damen am Ende Analketten um den Hals."

Ich grinste.

Dildoparty ist vielleicht keine so gute Idee, tippte ich. *Sollten wir nicht versuchen uns zu treffen und dann solche Dinge vor Ort besprechen?*

Gute Idee, gab Nadine zu. *Wie wäre es am 07. Oder am 14.12.? Da könnte ich.*

Ich schaute kurz in meinen Kalender.

Ist beides kein Problem.

Bei mir auch nicht.

Ich kann nur am 7., schrieb eine andere.

Ich nur am 14. Schade.

So ging es hin und her, bis wir uns auf den 7.12. geeinigt hatten. Das Treffen sollte in Münster stattfinden.

„Und? Findet die Analparty statt?", fragte Alexis mit großen Augen.

Ich schnaubte und schüttelte den Kopf. „Dildoparty. Nicht Analparty", korrigierte ich sie. „Und nein. Ich hoffe, dass ich das verhindern kann. Ich glaube, daran hätte Lizzy nicht so viel Spaß."

„Wie kann man denn an so was keinen Spaß haben?"

Ich traute mich nicht ihr zu sagen, dass Lizzys letzter Freund Steffen beim Sex sehr spezielle Vorlieben gehabt hatte und dabei Dildos eine wichtige Rolle gespielt hatten. Solche intimen Details sollte man einfach nicht weitergeben.

Insofern zuckte ich nur mit den Schultern und wandte mich wieder meiner Gulaschsuppe zu. Als ich aufsah, begegnete ich Joshs Blick, der bei den anderen Austauschstudenten saß und ebenfalls Gulaschsuppe löffelte. Als er mich sah, grinste er, und ich spürte, wie ich leicht errötete.

„Was?", fragte Alexis und drehte sich um. „Ah. Joshua. Hallooo!"

Sie winkte ihm quer durch den Saal und er winkte

zurück.

„Warum sitzen wir eigentlich nicht bei ihnen?“, fragte Alexis fast beleidigt. „Alejandro ist doch sehr nett.“

Ich schüttelte den Kopf. „Natürlich ist er nett. Es reicht mir aber, wenn ich schon die Hälfte der Wochenenden mit ihnen verbringe. Wann immer sie etwas machen, was für Luisa geeignet ist, muss ich wohl oder übel als Aufpasserin dabei sein.“

„Du musst nicht.“

„Okay. Aber ich will. Ich kann doch Luisa nicht einfach allein lassen.“

„Du kannst schon.“

„Würdest du mal aufhören, mir in den Rücken zu fallen, Ale?“, fragte ich wütend und schob mir ein Stück Brötchen in den Mund.

Alexis betrachtete mich nachdenklich. „Warum gibst du denn nicht einfach zu, dass du Josh magst?“, fragte sie. „Das ist doch vollkommen okay.“

„Nein, ist es nicht“, widersprach ich. „Erstens stimmt es nicht. Und zweitens: Falls ich mich jemals wieder auf einen Jungen einlasse, dann werde ich meinen eigenen Rat beherzigen und mir jemanden suchen, der kein Frauenheld ist und auf jeden Fall dauerhaft in Deutschland lebt. Ich hatte einmal eine Fernbeziehung, die in die Hose gegangen ist. Das tue ich mir nie wieder an.“

Alexis schüttelte den Kopf. „Du sollst doch keine Beziehung mit ihm haben. Es würde ja schon reichen, wenn du mal wieder mit jemandem in die Kiste springst. Ganz ehrlich? Es kann nicht normal sein, dass jemand so lange keinen Sex hat. Das ist nicht richtig.“

Ich wurde rot, erwiderte aber nichts.

Eigentlich kam ich auch ganz gut alleine klar, aber das würde ich Alexis jetzt nicht unbedingt auf die Nase binden. Sie wusste ohnehin schon viel zu viel über mein Intimleben.

„Josh ist mein Mitbewohner“, erklärte ich ernst. „Mit

ihm zu schlafen. wäre kein One-Night-Stand, sondern ein Ich-muss-dich-jetzt-trotzdem-jeden-Tag-sehen-Stand."

Alexis sah mich verwirrt an und ich winkte ab.

„Es ist totaler Irrsinn", erklärte ich. „Ich fange nichts mit meinem Mitbewohner an. Zumindest nicht, wenn ich weiß, dass er in ein paar Monaten wieder weg will. Er hat mir erzählt, dass er überlegt, ein halbes Jahr Praktikum in Namibia zu machen. Seine Tante leitet dort eine soziale Einrichtung und braucht dringend Hilfe, weil sie zurzeit keine passenden Praktikanten findet."

„Das klingt doch toll. Du studierst doch auch was Soziales. Da könntest du doch mitgehen."

Ich lachte. „Ach ja? Und wie soll das gehen? Soll ich Cindy etwa ganz alleine lassen und solange mein Studium an den Nagel hängen? Keine so tolle Idee."

„Dein Hund ist wirklich süß", sagte Alexis ernst. „Aber du versteckst dich hinter ihm. Das ist nicht gut. Als du damals in Mexiko warst, konntest du sie auch hier lassen."

„Ja, aber das war …"

„Exactamente lo mismo. Wie sagt man? Genau die Gleiche."

„Das Gleiche."

„Como sea. Du weißt schon, was ich meine. Du musst wieder raus in die Welt. Wenn man vom Pferd fällt, muss man sofort wieder drauf. So ist das bei Männern auch."

Dieses Bild würde mich vermutlich noch lange verfolgen, also ging ich vorsichtshalber nicht weiter darauf ein, sondern schüttelte den Kopf.

„Josh und ich liegen noch nicht einmal auf derselben Wellenlänge. Gestern war ich wütend, weil er keinen Weihnachtsschmuck will. Er hält das für unnötig und versteht nicht, warum ich darauf bestehe. Ich glaube, er hat noch nicht mal gemerkt, was mich eigentlich stört.

Es wundert mich immer wieder, wie schwer es ihm fällt, sich in mich hineinzuversetzen."

„Ist er denn grob zu dir?"

„Nein. Gar nicht. Im Gegenteil. Er ist total lieb und vorsichtig mit mir, aber trotzdem weiß ich manchmal nicht, wie ich mit ihm umgehen soll."

Ich sah wieder zu Josh hinüber, der sich angeregt mit Devi unterhielt. So im Profil sah er wirklich gut aus. Wir schafften es immer noch, uns in der Wohnung größtenteils aus dem Weg zu gehen, und redeten nur miteinander, wenn es wirklich etwas zu besprechen gab. Interessanterweise war das aber selten der Fall. Er machte sein Ding und ich machte meins. Wir putzten abwechselnd und Granny hatte es sich zur Aufgabe gemacht, jeden Tag mittags und immer Sonntag morgens mit dem Hund spazieren zu gehen. So musste ich nicht früh aufstehen, wenn wir samstags noch unterwegs waren, und ich musste zugeben, dass dieses Ritual anfing, mir zu gefallen. Es war schön, nicht immer nur zu lernen, sondern ab und zu auch mal den Kopf freizukriegen. Mit Wilma und Alejandro verstand ich mich inzwischen super und Wilma hatte mich am 07.12. zu ihrem Geburtstag eingeladen. Leider war an dem Tag aber jetzt das Treffen für den Junggesellenabschied, also würde ich nicht kommen können. Da ich allerdings die Befürchtung hatte, dass Luisa auch ohne mich dabei sein wollte, würde ich mir eine List ausdenken müssen.

„Du willst also, dass wir nächstes Wochenende Tante Martha besuchen gehen, damit Luisa nicht auf die Idee kommt, einfach zu einer Party zu fahren?", fragte meine Mutter, während sie eine große Dose mit selbstgebackenen Weihnachtskeksen auf den Tisch stellte.

Ich nickte und nahm mir sofort einige davon, um sie in den Mund zu stecken. „Mmmmh", sagte ich. „Mann, sind die gut. Du musst mir unbedingt das Rezept geben."

„Das sollte kein Problem sein. Du musst nur aufpassen, dass sie dir nicht wieder verbrennen."

Ich verdrehte die Augen und steckte mir noch einen Keks in den Mund. Meine Backversuche endeten häufig darin, dass von den Keksen nichts als traurige schwarze Häuflein übrig blieben. In den letzten Monaten hatte ich in Bezug auf das Backen aber einiges hinzugelernt, weil Granny mich ein paar Mal um Hilfe gebeten hatte, wenn sie Besuch von einer ihrer Freundinnen bekam.

„Das wird schon", sagte ich daher zuversichtlich. „Also. Fahrt ihr zu Tante Martha? Zu Weihnachten steht doch sowieso ein Besuch an."

Meine Mutter sah fragend meinen Vater an und dieser zuckte mit den Schultern.

„Sieh mich nicht so an", sagte er. „Sie ist deine Schwester."

„Ja. Aber du müsstest dann auch mitfahren. Du weißt genau, dass ich so lange Strecken nicht fahren kann."

Mein Vater nahm einen großen Schluck Kaffee und sah mich an. „Wäre es nicht einfacher, Luisa einfach Hausarrest zu erteilen?"

„Und mit welchem Grund?", fragte ich.

„Schlechte Noten. Die hat sie immer."

Ich schnaubte. „Dann steigt sie euch aus dem Fenster."

„Das würde sie nicht tun", sagte meine Mutter, klang aber wenig überzeugt.

Mein Vater seufzte. „Wenn wir verhindern wollen, dass sie in eine Disco geht und sich besäuft, dann bleibt und wohl nichts anderes übrig als zu fahren", erklärte er. „Ist aber eigentlich kein Problem. Es ist ja nicht so, als wenn ich Freitag den ganzen Tag arbeiten müsste."

Er lächelte mir müde zu und ich bekam sofort ein schlechtes Gewissen.

„Also immer noch nichts Neues an der Jobfront?"

Er schüttelte den Kopf. „Wie kommst du denn zurecht?"

„Soweit ganz gut. Das BAföG ist zwar noch nicht da, aber ich komme mit meinen Ersparnissen noch eine Weile aus."

„Warst du denn gar nicht mehr arbeiten?"

„Nein, Papa. Es ist inzwischen einfach zu kalt. Die Eisdiele schließt auch bald und macht erst im Februar wieder auf. Da muss ich halt eine Weile den Gürtel enger schnallen."

„Aber du kommst zurecht, ja?", fragte meine Mutter und zündete die erste Kerze am Adventskranz an. Hier war bereits alles geschmückt, während ich Josh immer noch nicht dazu hatte überreden können, im Wohnzimmer ein bisschen Deko aufzustellen. Der einzige Ort, den ich hatte schmücken können, war mein eigenes Zimmer, aber wenn ich dort mehr als eine Kerze aufstellte, wirkte es gleich überladen. Ich stand nicht auf Kitsch, sondern ich wollte es einfach besinnlich haben, so wie ich es von zu Hause kannte.

Die Plastikbäume und die dudelnden Weihnachtsmänner, die sie in Mexiko hatten, waren überhaupt nicht mein Ding gewesen.

„Wie läuft es denn mit Josh?", fragte meine Mutter. „Ich habe von Birgit gehört, dass ihr beiden euch gut versteht."

Cindy stupste mich an und ich war froh, meine Mutter nicht ansehen zu müssen, weil ich sie streicheln konnte. Ihr Fell war unheimlich weich und ich genoss das bekannte Gefühl unter meinen Fingern.

„Ach ja. Es läuft ganz gut", sagte ich ausweichend. „Ich muss es nur noch schaffen, dass er aufhört, sich gegen Weihnachtsschmuck zu sperren."

Meine Mutter sah mich einen Moment schweigend an und ich zog die Augenbrauen hoch. „Was?"

„Na ja." Sie trank einen Schluck Kaffee. „Ich fürchte,

dass Josh nicht gerade gute Erinnerungen mit Weihnachten verbindet."

„Wa... oh."

„Genau. Oh. Ist es dir auch wieder eingefallen?"

Ich nickte und sah beschämt auf meinen Hund hinunter. An Weihnachten war Joshs leiblicher Vater gestorben. Wie hatte ich das nur vergessen können? Unglaublich. Kein Wunder, dass Josh kein Interesse an Weihnachtsschmuck hatte. Vermutlich verband er ganz schreckliche Erinnerungen damit.

„Ich werde ihn nicht mehr damit belästigen", versprach ich und steckte mir einen weiteren Keks in den Mund.

Plötzlich hatte ich ein schlechtes Gewissen wegen Josh und ich beschloss, meinen Fehler wiedergutzumachen. Vielleicht sogar mit ein paar Keksen.

Als das Telefon klingelte, war ich gerade dabei, ein Blech mit Keksen in den Backofen zu schieben, und sah daher gar nicht erst aufs Display, um zu erfahren, wer anrief.

„Ja?", fragte ich mit dem Handy ans Ohr geklemmt.

„Sag mal, bist du vollkommen wahnsinnig geworden!?", schrie mir eine Stimme ins Ohr und ich ließ das Handy vor Schreck zu Boden fallen.

Schnell schob ich das Blech ganz in den Ofen, machte ihn zu und hob mein Handy wieder auf. Ich traute mich gar nicht, das Gerät wieder an mein Ohr zu heben, denn meine Schwester brüllte immer noch so laut, dass ich eine Gefahr für meine Gehörgänge befürchtete.

„Ich will nicht zu Tante Martha!", hörte ich immer wieder heraus. „Ich will zu Tanju und es gibt nichts, was ihr dagegen tun könntet."

Ich schlenderte in mein Zimmer und wartete solange, bis meine Schwester endlich mal eine Pause zum Atmen machte.

„Luisa. Jetzt krieg dich ein“, sagte ich ruhig und bestimmt. „Du kannst nächste Woche wieder mit Tanju und den anderen ausgehen. Dann bin ich auch dabei.“

„Du sollst ja gar nicht dabei sein!“, schrie sie. „Das sind meine Freunde. Und die anderen haben auch alle keinen Babysitter.“

„Das sind nicht deine Freunde, sondern Kommilitonen von mir“, berichtigte ich sie und gab mir Mühe, nicht beleidigt zu sein. „Ich kannte sie eher als du und bis auf Tanju ist keiner in deinem Alter.“

Alejandro war zwar auch nur ein Jahr älter als Tanju, aber das musste ich ihr ja nicht auf die Nase binden. Ich hörte, wie es bei Luisa an der Tür klopfte, und vermutete, dass mein Vater langsam los wollte.

„Ich fahre nicht mit zu Tante Martha!“, schrie Luisa so laut, dass ich das Handy lieber wieder weiter weghielt.

„Oh doch, das wirst du!“, rief mein Vater zurück. „Sonst bekommst du nämlich kein Smartphone zu Weihnachten.“

Einen Moment war Luisa still. Im Gegensatz zu den meisten ihrer Freundinnen hatte sie immer noch eins der älteren Handymodelle, mit denen man nicht mal ins Internet kam. Sie konnte nur telefonieren und SMS tippen und ich konnte mir nicht einmal ansatzweise vorstellen, wie frustrierend das für sie sein musste. Theoretisch hätte Luisa sich das Geld für ein Smartphone natürlich längst von ihrem Taschengeld zusammensparen können. Aber im Gegensatz zu mir damals gab sie Unmengen für Kleidung und Schminke aus. Insofern war es kein Wunder, dass sie nicht dazu kam, etwas anzusparen.

„Papa“, sagte Luisa. „Das … das würdest du doch nicht tun, oder?“

„Aber hallo. Max habe ich auch schon mit einer Woche Computerverbot gedroht. Ihr kommt beide mit. Da will ich gar nicht drüber diskutieren."

„Und was ist mit Janna? Warum muss sie nicht mitkommen?"

„Janna ist erwachsen und wohnt nicht mehr hier, Lulu. Also komm schon. Sonst ist Weihnachten dieses Jahr gestrichen."

Einen Moment war es still und ich dachte schon, Luisa hätte mich vergessen. Aber dann zischte sie ins Telefon.

„Das ist alles deine Schuld, Janna. Das werde ich dir nie verzeihen. Nie, nie, nie."

Bevor ich etwas erwidern konnte, hatte sie schon aufgelegt und ich ließ mich auf meinen Bürostuhl sinken. Warum musste es nur so schwierig sein, jüngere Geschwister zu haben? Von Alexis wusste ich, dass es nicht immer so war. Ihre Schwester war nur zwei Jahre jünger als sie und die beiden waren ein Herz und eine Seele. Sie telefonierten fast täglich und Camila hatte sie sogar schon in Deutschland besucht. Da konnte man glatt neidisch werden.

Ich hörte, wie der Schlüssel sich in der Haustür drehte, und kurz darauf trat Josh in den Flur. Ich hoffte, dass er direkt in sein Zimmer gehen würde, weil ich gerade überhaupt keine Lust hatte, mich mit ihm auseinanderzusetzen, aber er hielt inne.

„Riecht es hier verbrannt?", fragte er und sofort sprang ich auf.

„Aaaaah. Meine Kekse."

Schnell rannte ich an ihm vorbei in die Küche und wäre dabei fast über Cindy gestolpert, die schlafend im Flur lag. Ich stellte den Backofen aus und riss die Tür auf. Dunkle Rauchwolken quollen daraus hervor, erreichten den Rauchmelder an der Decke, der im nächsten Moment zu quäken anfing. Völlig überfordert griff ich nach den Topflappen, verbrannte mich aber trotzdem, als ich in aller Eile das Blech auf den Herd stellen wollte.

„Scheiße!", fluchte ich lautstark und hätte das Blech fast fallen lassen.

Josh fing es mit bloßen Händen ab, sodass es auf dem Herd zum Liegen kam und keinen größeren Schaden anrichten konnte. Dann stieg er auf einen Stuhl und schaltete das schreckliche Geräusch aus. Danach kam er wieder herunter, ergriff meine Hand und hielt sie mit seinen eigenen zusammen unter kaltes Wasser.

Mit großen Augen sah ich ihn an und traute mich nur zögerlich zu unseren Händen zu blicken. Ich hatte nur eine winzige Stelle verbrannt. Bei Josh hingegen zogen sich an beiden Händen rote Streifen über die Haut und er verzog dabei kaum das Gesicht. Mein Gott. Er hatte die Backbleche ohne Topflappen angefasst. Zwar nur kurz, aber trotzdem. Ich hätte mich vor Schmerzen auf dem Boden gerollt.

„Du kannst nicht wirklich behaupten, dass dir das nicht wehtut, oder?"

Josh verzog gequält das Gesicht. „Ich empfinde schon Schmerzen, Janna", erklärte er. „Nur … nur vielleicht nicht so stark wie du."

Ich schüttelte den Kopf. „Das ist ungerecht", urteilte ich.

Josh runzelte die Stirn. „Das würde ich so nicht sagen. Eigentlich ist es sogar gefährlich. Denn nur weil die Schmerzen in meinem Gehirn nicht richtig verwertet werden, heißt das nicht, dass mein Körper nicht beschädigt wird. Weißt du noch, als wir Kinder waren? Mir sind einmal fast die Zehen abgefroren, weil ich barfuß durch den Schnee gelaufen bin und nicht gespürt habe, dass sie schon viel zu kalt waren. Wenn du mich nicht ins Haus geholt hättest, wäre ich vermutlich da draußen zum Eiszapfen gefroren. Im Vergleich zu dir muss ich viel intensiver darauf achten, was mein Körper mir für Signale gibt. Das kann ganz schön anstrengend sein."

Ich nickte. „Und es fällt dir schwer einzuschätzen, wann du jemandem wehtust", erinnerte ich mich. „So war es zumindest, als wir noch klein waren."

„Das ist aber nicht mehr so, Janna", versicherte Josh mir. „Ja. Es kann sein, dass ich eine Hand zu stark drücke, wenn ich jemanden begrüße, oder dass ich jemandem bei einer Umarmung die Luft abdrücke. Aber ich gebe mir die größte Mühe, darauf zu achten. Und zur Not kann mir mein Gegenüber ja immer noch sagen, falls ihm etwas wehtut, oder?"

„Ja", gab ich zu, verbiss mir aber den Kommentar, dass er bei ‚Hör auf' dann auch noch angemessen reagieren musste.

Josh stellte das Wasser ab und holte dann Brandsalbe aus dem Bad.

„Darf ich?", fragte er und ich nickte geistesabwesend.

Dabei hatte ich jedoch nicht damit gerechnet, wie schön seine Hände sich auf meiner Haut anfühlen würden. Wir saßen auf den Küchenstühlen nebeneinander und cremten einander die Hände ein.

„Du hättest das Blech nicht einfach so greifen dürfen", sagte ich vorwurfsvoll, als ich Joshs Brandblase sah.

Er lächelte. „Ich wollte halt verhindern, dass das heiße Blech auf den schönen Holztisch fällt und die schwarzen Kekse sich in der ganzen Küche verteilen."

Meine Mundwinkel zuckten. „Tut mir leid", sagte ich. „Ich hätte besser darauf achten sollen. Bist … bist du gar nicht sauer auf mich?"

Er sah mich mit ehrlichem Erstaunen an.

„Warum sollte ich denn sauer auf dich sein?"

„Weil … ich habe nicht aufgepasst. Ich habe die Kekse anbrennen lassen, weil ich telefoniert habe. Dann habe ich fast die ganze Küche in Brand gesteckt und du hast dich zu allem Überfluss noch verletzt. Ich könnte es verstehen, wenn du sauer wärst."

Josh schüttelte den Kopf. „Das ist Unsinn, Janna. Es war ein Unfall. So was kommt vor. Was soll ich denn jetzt deiner Meinung nach tun? Dich anbrüllen, oder dir den Hintern versohlen?"

Ziemlich genau das hätte Rogelio wahrscheinlich getan. Ich schluckte und ohne es zu wollen, stiegen mir Tränen in die Augen. Ich stand schnell auf, um es zu überspielen, aber Josh hielt mich zurück.

„Janna."

Ich kniff die Augen zusammen und schüttelte den Kopf.

„Janna. Sieh mich an."

Unwillig gehorchte ich und mein Herz fing an schneller zu klopfen, als Josh mich aus seinen grauen Augen nachdenklich betrachtete und zurück zum Stuhl zog.

„Geh mit mir aus, Janna", bat er.

„Was?"

„Du hast mich schon verstanden. Ich bitte dich um ein Date."

„Aber …"

„Ich weiß. Ich habe versprochen, dich nicht zu belästigen. Das soll auch keine plumpe Anmache sein, Janna. Ich meine das ernst. Ich möchte gerne mit dir ausgehen."

„Aber warum?"

Josh grinste so jungenhaft, dass mein Herz einen Hüpfer machte, und ich ärgerte mich sofort darüber, dass mein Körper so ein mieser Verräter war.

„Du bist eine tolle Frau, Janna", erklärte Josh. „Du warst früher schon ein tolles Mädchen, aber inzwischen bist du eine wunderschöne und faszinierende junge Frau. Aber du hast Angst. Das weiß ich. Ich habe mir die letzten Wochen angesehen, wie du jedes Mal zusammenzuckst, sobald dein Telefon klingelt. Ich habe beobachtet, wie du dich im Dunkeln umsiehst, weil du Angst hast, von etwas verfolgt zu werden. Ich will das ändern, Janna. Ich weiß, dass du schlechte Erfahrungen gemacht hast, aber ich will dir zeigen, dass nicht alle Männer so sind wie dein Ex. Geh mit mir aus, Janna. Bitte. Spring über deinen Schatten und geh mit mir aus."

Ich schüttelte den Kopf. Wie stellte er sich das vor? Sollte ich mich auf ihn einlassen, nur um dann ein paar Monate später wieder von ihm verlassen zu werden? Das konnte ich nicht. Und das wollte ich auch gar nicht.

„Tut mir leid, Josh", sagte ich und entzog ihm meine Hand. „Das ist wirklich nichts Persönliches, aber du bist einfach nicht mein Typ."

Josh lächelte nachsichtig. „Oh. Ich glaube schon", sagte er. „Irgendwann wirst du das schon noch merken und bis dahin werde ich warten. Keine Sorge. Ich habe viel Geduld. Kommst du eigentlich morgen mit zu Wilmas Geburtstag?"

Ich schüttelte den Kopf und war etwas irritiert über den plötzlichen Themenwechsel. „Ich kann nicht. Wir haben morgen ein Treffen wegen des Junggesellenabschieds von meiner Cousine."

„Ach ja. Stimmt ja. Na ja. Schade."

Ich nickte. „Ich … ich mache hier eben sauber und dann gehe ich ins Bett", erklärte ich. „Es war ein langer Tag."

Josh nickte. „Soll ich dir helfen?"

„Nein. Ich meine, das ist nicht nötig. Ich habe den Schlamassel hier verbockt, also mache ich auch wieder sauber. Ist nur schade, um die schönen Kekse. Was … was machst du eigentlich an Weihnachten?"

„Ich fliege nach Kanada zu meiner Familie."

„Oh."

Irgendwie enttäuschte mich das. Ich hatte gehofft, er

wäre an den Feiertagen da, aber von dem Gedanken musste ich mich wohl verabschieden.

„Ist Granny dann an den Feiertagen ganz allein?"

„Hm? Nein, nein. Sie hat außer meinem Vater noch zwei andere Kinder und die geht sie besuchen."

Ich nickte. „Okay. Das ist gut. Wäre ja schade sonst."

Josh erhob sich und streichelte im Gehen Cindy den Kopf.

„Josh", sagte ich, als er in seinem Zimmer verschwinden wollte.

Sofort hielt er inne und sah mich erwartungsvoll an.

„Danke. Danke für alles."

„Gern geschehen. Und falls noch was ist, dann weißt du ja, wo du mich findest."

Kapitel 22

Mexiko 2008

„Vieja! Traeme la Coca, no?“

Ich zuckte zusammen, als ich die donnernde Stimme meines zukünftigen Schwiegervaters aus dem Esszimmer hörte. Wenn man die Worte auf Deutsch übersetzte, dann klangen sie noch harscher als auf Spanisch.

„Alte! Bring mir die Cola, ja?“

Mir war klar, dass der Begriff ‚Alte‘ im Spanischen von vielen als Kosewort verwendet wurde, aber mir war er trotzdem zuwider. Es klang einfach respektlos und ein ‚bitte‘ hätte dem dicken Mann auch gut zu Gesicht gestanden. Ganz abgesehen davon, dass es ihm gut täte, mal selber seinen Hintern hochzubekommen.

Rogelios Vater war einen halben Kopf kleiner als ich, aber sicherlich doppelt so breit. Er hatte genauso dunkles Haar wie sein Sohn und trug meistens eine dreckige Schürze. Es gab fast keinen Tag, an dem ich nicht betete, dass Rogelio niemals so werden würde wie sein Vater, sondern eher nach seiner Mutter schlug.

„Ya voy“, rief Maria de la luz und sah dann zu Malu, die neben mir saß und mit mir zusammen Zwiebeln schnitt.

„Kannst du deinem Vater bitte die Cola bringen?“, fragte sie ihre Tochter, die denselben Namen trug wie sie. „Das wäre wirklich lieb von dir.“

„Klar doch“, sagte das Mädchen und sprang auf.

Ich schüttelte den Kopf und sah Malu hinterher.

„Nervt dich das nicht?", fragte ich, bevor ich die Frage unterdrücken konnte.

Maria de la luz sah mich an und zuckte ergeben mit den Schultern. Sie war eine sehr schöne Frau und ich wunderte mich nicht das erste Mal, wieso sie jemanden wie Rogelios Vater geheiratet hatte, obwohl sie doch eindeutig Besseres hätte kriegen können. Sie war fast genauso groß wie ich, hatte langes, dunkles Haar, in dem erst wenige graue Strähnen zu sehen waren, und sie hatte eine tolle Figur.

„Was genau meinst du?", fragte sie.

„Na, dass er da sitzt wie ein Pascha und sich bedienen lässt."

Ich sprach absichtlich leise, damit Rogelio und sein Vater uns im Esszimmer nicht hören konnten. Ich vermutete allerdings, dass sie beide viel zu sehr von dem Fernseher gebannt waren, der immer während der Mahlzeiten und eigentlich auch sonst zu jeder Tageszeit lief.

„Er könnte doch genauso gut selbst aufstehen und sich seine Cola holen."

Rogelios Mutter schüttelte den Kopf. „Er arbeitet den ganzen Tag auf dem Markt", erklärte sie. „Wenn er dann nach Hause kommt, will er einfach nur seine Ruhe haben. Ich verdiene ja kein Geld und muss mich nur um Malu und Rogelio kümmern. Das ist schon in Ordnung."

Ich schüttelte den Kopf. Bei meinen letzten Aufenthalten in Mexiko hatte ich mich gut mit Rogelios Mutter angefreundet und telefonierte auch immer mal wieder mit ihr, wenn ich in Deutschland war. Es würde aber immer ein paar Dinge geben, die ich nicht verstand.

Ich konnte mich beispielsweise gut daran erinnern, dass meine Mutter nach der Geburt meiner Geschwister auch eine Weile nicht gearbeitet hatte, sondern ‚nur' Hausfrau gewesen war. Aber trotzdem war das für meinen Vater kein Grund gewesen, sie wie eine Bedienstete zu behandeln. Im Gegenteil. Er hatte immer beim Kochen und beim Abwasch geholfen. Das war ganz selbstverständlich gewesen und ich war davon ausgegangen, dass es in jeder Beziehung so lief.

„Wenn es anders wäre … was würdest du denn gern arbeiten?", fragte ich.

Rogelios Mutter sah mich an und ich erkannte Wehmut in ihrem Blick.

„Ich wollte früher Ärztin werden", gab sie zu. „Ich war immer gut in der Schule und hätte es vielleicht sogar geschafft. Aber dann habe ich mit sechzehn meinen Mann kennengelernt und zwei Jahre später haben wir geheiratet."

Ich nickte. Das war mir nicht neu. Ein Jahr später war dann Rogelio zur Welt gekommen und das hatte alle Pläne zu studieren über den Haufen geschmissen. Nicht zum ersten Mal fragte ich mich, ob Rogelio überhaupt ein Wunschkind gewesen war.

„Maria. Darf ich dich etwas fragen?"

Sie nickte und ich zögerte. Ich war mir nicht sicher, wie empfindlich sie in Bezug auf das Thema war, und wollte sie nicht verschrecken. Trotzdem musste ich es wenigstens versuchen.

„Rogelio hat mir erzählt, dass … dass er als Kind häufig von seinem Vater geschlagen wurde …"

Ich wusste nicht, wie ich fortfahren sollte, aber das war auch gar nicht nötig. Maria de la luz drehte sich seufzend zu mir um und verschränkte die Arme.

„Das stimmt", gab sie zu. „Als mein Sohn klein war, haben wir eine schlimme Zeit durchgemacht. Rogelio Senior hatte mit finanziellen Problemen zu kämpfen und hat seinen Frust manchmal auch an mir und an seinem Sohn ausgelassen." Sie schüttelte den Kopf und sah mich an. „Als es nur gegen mich ging, konnte ich damit noch umgehen. Aber als er anfing, den Jungen zu schlagen … du hast keine Ahnung, wie sich das anfühlt. Es gibt nichts Schrecklicheres als zu sehen, wie dem eigenen Kind Gewalt angetan wird."

„Und warum hast du ihn nicht verlassen?"

Maria de la luz drehte sich um und kümmerte sich wieder um das Fleisch in der Pfanne.

„Das habe ich. Ich habe meine Sachen gepackt und bin zurück zu meiner Mutter gezogen. Aber sie hat mich zur Seite genommen und mir erklärt, dass ich nun eine Entscheidung treffen müsse. Ich sollte entweder zu meinem Mann zurückkehren oder einen Schlussstrich ziehen und mich scheiden lassen. Eine Mittellösung würde sie nicht akzeptieren."

Ich schluckte. Das empfand ich als grausam. Wie sollte man denn so schnell eine solche Entscheidung treffen? Eine Scheidung war sicherlich ein großer Schritt, vor allem in Mexiko, und es kam mir ungerecht vor, die eigene Tochter so unter Druck zu setzen.

„Am Ende hat mein Sohn die Entscheidung für mich getroffen. Obwohl Rogelio Senior ihn mehr als einmal verprügelt hatte, wollte er unbedingt zu seinem Vater zurück. Also … habe ich ihm noch eine Chance gegeben und es nicht bereut."

„Heißt das, es ist nie wieder passiert?"

Maria de la luz antwortete nicht, sondern sah mich nur bedauernd an. Aber das sagte mir mehr, als sie je mit Worten hätte ausdrücken können.

„Es ist besser geworden. Viel besser", sagte sie schließlich. „Er hat gegen Malu nie die Hand erhoben und es gab auch schon seit Jahren keinen Vorfall mehr. Er … er ist kein perfekter Mann, aber er ist mein Mann. Ich habe vor Gott geschworen, ihn zu lieben und zu ehren. In guten wie in schlechten Tagen. Und ich habe nicht vor, dieses Versprechen zu brechen."

Ich schluckte. Es war mir nicht neu, dass Rogelios Vater gewalttätig war, aber trotzdem kam es mir nach dem Gespräch mit Maria de la luz sehr viel realer vor.

„Mama!", rief in diesem Moment Rogelio aus dem Esszimmer. „Kannst du mir bitte die Zwiebeln bringen?"

Ich zuckte zusammen und spähte ins Esszimmer hinüber. Rogelio saß kauend neben seinem Vater. Sie hatten beide dieselbe Körperhaltung eingenommen und starrten synchron auf den Fernseher. In diesem Moment erkannte ich zwischen den beiden unheimlich viel Ähnlichkeit. Eine merkwürdige Vorahnung überkam mich.

Es war mein zweiter Besuch in Mexiko und seit der Verkündung unserer Verlobung erlaubten Rogelios Eltern auch, dass ich bei meinen Aufenthalten in Mexiko bei ihm übernachtete. Wäre ich einfach nur seine Freundin gewesen, hätten sie es allein wegen Malu nicht gestattet.

Leider hatte ich jedoch feststellen müssen, dass Rogelio sich im Schoß seiner Familie anders verhielt, als wenn er nur mit mir alleine war. Er war herrischer und nicht so zuvorkommend wie sonst. Ich vermisste dann häufig die Zeit, in der wir uns nur ab und zu treffen konnten und er mir jeden Wunsch von den Augen ablas.

„Sie sind noch nicht ganz fertig, mein Sohn", rief Maria de la luz. „Janna bringt sie dir gleich."

Ich versteifte mich, sagte aber nichts dazu. Natürlich war es sinnvoll, dass ich die Zwiebeln ins Esszimmer brachte, immerhin war ich ja auch gerade dabei, sie zu schneiden. Aber trotzdem störte es mich, dass Rogelio nicht einfach selbst kam, um sie zu holen. Er hatte immerhin zwei gesunde Beine.

„Bringst du sie rüber?", fragte Rogelios Mutter an mich gewandt. „Oder soll ich es lieber selbst machen?"

„Nein, nein", sagte ich schnell. „Ich mache das schon."

Ich ergriff die Schüssel und ging ins Esszimmer hinüber, wobei ich aufpassen musste, nicht auf kleine Kakerlaken zu treten, die über den Boden huschten. Das Haus war riesig, aber leider in einem erbärmlichen Zustand. Maria de la luz kam mit dem Putzen gar nicht hinterher, weil der Boden nicht vernünftig gefliest war und die Ritzen unter den Türen so groß waren, dass man gegen das Ungeziefer gar nicht ankam. Den Ekel, was diese Tiere anging, hatte ich immer noch nicht ganz abgelegt. Aber zumindest fing ich nicht mehr an zu kreischen, wenn ich eines der Tierchen in meinen Cornflakes fand, weil ich wieder mal vergessen hatte, die Tüte mit einem Gummiband zu verschließen.

Trotz der unangenehmen Zustände im Haus gab Rogelios Vater kaum Geld dafür aus, die Räume zu renovieren, sondern behauptete, dass das zu teuer wäre. Stattdessen hatte er sich einen riesigen Plasmafernseher und eine neue Stereo-Anlage gekauft. Allein der Gedanke daran, was dieser technische Schnickschnack gekostet haben musste, verursachte mir Übelkeit. Wie konnte jemand sich so teure Geräte kaufen und dann kein Geld mehr für eine Spülmaschine oder eine vernünftige Waschmaschine aufbringen? Wenn ich daran dachte, wie viel Arbeit es jedes Mal war, beim Wäschewaschen dreimal eigenhändig das Wasser auszutauschen, musste ich mich zusammenreißen, um dem dicken Mann keine Vorwürfe zu machen.

Ich stellte die Zwiebeln neben Rogelio ab und bekam dafür ein strahlendes Lächeln von ihm geschenkt.

„Danke, Leona“, sagte er. „Setz dich doch zu uns. Es läuft gerade Hulk. Den magst du doch so gerne.“

Im Spaß verglich ich Rogelio manchmal mit Hulk, weil er seine Wutausbrüche genauso wenig im Griff zu haben schien wie das grüne Monster. Aber jetzt gerade war mir nicht nach fernsehen zumute.

„Ich helfe deiner Mutter lieber noch ein bisschen.“

Rogelio sah mich an und nickte dann. „Okay“, sagte

er gedehnt. „Wenn du meinst."

Ich nickte und ging wieder zurück in die Küche.

„Hey, Leona", sagte Rogelio ein paar Stunden später, als er mich auf dem Dach des Hauses fand. „Alles in Ordnung mit dir?"

Ich zog mich häufig hierhin zurück, wenn ich nachdenken wollte, weil mich hier niemand störte. Außerdem fühlte ich mich auf dem flachen Dach nicht so eingesperrt wie im Rest des Hauses. Es war zwar schön und gut, dass alles zum Schutz vor Einbrechern verrammelt war, aber was brachte einem das, wenn man sich dadurch selbst wie eine Gefangene fühlte? Rogelio setzte sich neben mich und sah mich an.

„Was ist los?", wiederholte er.

„Ich weiß nicht", gab ich zu. „Ich habe mich heute lange mit deiner Mutter unterhalten."

„Und?"

„Sie hat mir erzählt, dass sie deinen Vater einmal fast verlassen hat, weil … weil er sie und dich geschlagen hat."

Rogelio antwortete nicht sofort.

„Ich hatte dir doch schon davon erzählt", sagte er dann.

Ich nickte. „Ja, schon. Aber … mir ist heute erst klar geworden, wie ähnlich du deinem Vater bist."

Rogelios Miene verfinsterte sich und mir wurde sofort klar, dass ich etwas Falsches gesagt hatte.

„Was willst du damit sagen, wie ähnlich wir uns sind?"

„Na ja. Ihr seid beide Karatelehrer, ihr seid aufbrausend und ich habe das Gefühl, ihr habt ein ähnliches Frauenbild."

„Und was ist daran schlimm? Ich bin halt kein beschissener Deutscher ohne Eier, der sich von seiner Frau sagen lässt, was er zu tun und zu lassen hat. Wenn du so eine Schwuchtel wie Steffen willst, dann bist du bei mir an der falschen Adresse."

„Steffen ist keine Schwuchtel. Lizzy sieht ja wohl wirklich nicht aus wie ein Mann."

„Nein. Aber sie ist vorlaut und weiß nicht, wann es besser wäre, einfach mal die Klappe zu halten."

Ich bereute schon seit einer ganzen Weile, dass ich Lizzy im Vorjahr mit nach Mexiko genommen hatte. Mir hätte klar sein sollen, dass das nicht gut gehen konnte. Aber jetzt war es zu spät. Rogelio konnte weder meine Cousine noch ihren Freund leiden und daran würde sich so bald auch nichts ändern.

„Mir geht es jetzt gerade um etwas ganz anderes", versuchte ich zurückzurudern. „Mich stört einfach … mich stört, dass du und dein Vater da im Esszimmer sitzt und euch bedienen lasst, während deine Mutter sich das Kreuz wund schuftet in der Küche."

Rogelio sah mich nachdenklich an und schüttelte den Kopf.

„Leona? Weißt du eigentlich, was du da sagst?" Seine Stimme klang bedrohlich. „Wenn wir verheiratet sind, dann wird es auch deine Aufgabe sein, für mich zu kochen und mir etwas zu essen zu bringen. Das ist doch ganz selbstverständlich."

Ich schluckte. „Aber … heißt das, ich soll zu Hause bleiben und Hausfrau sein? Ich will doch studieren und arbeiten gehen."

„Das darfst du auch gerne tun. Aber deswegen möchte ich trotzdem, dass das Essen pünktlich auf dem Tisch ist."

„Ach. Und wenn ich es mal nicht schaffe? Was dann?"

„Ab und zu können wir ja auch etwas essen gehen."

Ich fühlte mich, als hätte er mich geschlagen. Er hatte also tatsächlich vor, die Hausarbeit komplett mir zu überlassen. Das war doch wirklich die Höhe.

„Ich soll also alles alleine machen, ja?"

Verständnislos sah Rogelio mich an. Er schien überhaupt nicht nachvollziehen zu können, was mein Problem war.

„So ist das halt, wenn man verheiratet ist", erklärte er. „Wozu soll ich mir denn sonst eine Frau nehmen?"

„Da würde mir so einiges einfallen", sagte ich patzig.

Rogelios Miene verfinsterte sich. „Du willst also nicht für mich kochen?", fragte er und ich bekam sofort eine Gänsehaut. „Wenn du nicht für mich kochen willst, dann sag das lieber gleich, denn dann gehst du am besten ganz schnell wieder zurück nach Deutschland. So eine Frau will ich nämlich nicht."

Ich wurde blass. „Aber …"

„Nein, Janna. Das ist mein voller Ernst. Kochen und Putzen gehören zu den Aufgaben einer Frau, so wie es die Aufgabe eines Mannes ist, seine Familie zu beschützen. Ich würde mich in eine Kugel schmeißen, um dein Leben zu retten, und du willst noch nicht einmal für mich kochen? Das kommt mir reichlich ungerecht vor."

Ich schluckte. Der Vergleich hinkte, aber ich konnte nicht genau benennen, an welcher Stelle. Ich war mir sicher, dass Rogelio seine Worte ernst meinte. Er wäre sofort bereit, sich vor ein Auto zu werfen, um mich zu retten. Aber er war außerstande, ein Trockentuch in die Hand zu nehmen und beim Spülen zu helfen? Ich wusste nicht so recht, ob ich damit klarkommen würde.

Eine Weile sagte ich nichts, bis Rogelio mein Kinn in die Hand nahm und mein Gesicht zu sich herumdrehte.

„Janna. Das ist wirklich wichtig", stellte er klar. „Wirst du für mich kochen?"

Am liebsten wäre ich seinem Blick ausgewichen, aber das konnte ich nicht. Er erwartete eine Antwort und die musste ich ihm geben.

„Ich kann doch gar nicht kochen", gab ich zu und Rogelio lächelte.

„Das lernst du schon noch", versicherte er mir und stand auf. „Sollen wir nach unten gehen? Ich habe riesige Lust, noch einen Film anzuschauen."

Ich nickte und stand ebenfalls auf. Ich wusste nicht recht, warum, aber ich hatte das Gefühl, als hätte ich soeben eine große Niederlage erlitten.

Kapitel 23

Deutschland 2013

Am nächsten Morgen kamen die Schmerzen. Es begann als ganz normale Magenschmerzen. Sofern es so etwas wie normale Schmerzen überhaupt gab. Ich dachte mir aber nichts dabei und versuchte einfach weiterzuschlafen. Es war nicht das erste Mal, dass ich Bauchschmerzen hatte, und würde sicherlich auch nicht das letzte Mal sein.

Ich stand auf, ging eine kleine Runde mit Cindy spazieren und setzte mich an den Frühstückstisch. Josh war offensichtlich einkaufen gegangen, denn das Auto stand nicht vor der Tür und ich konnte keine Musik aus seinem Zimmer hören. Ich konnte nichts essen und zu den Schmerzen kam jetzt Übelkeit hinzu. Ich schaffte es gerade noch ins Bad, um mich zu übergeben, aber wusste beim besten Willen nicht, wie ich die Leiter zu meinem Bett hinaufkommen sollte. Also nahm ich mir einen Eimer mit und legte mich kurzerhand aufs Sofa. Dort schloss ich die Augen und versuchte noch einmal zu schlafen.

„Janna?", weckte mich einige Zeit später Joshs Stimme.

Müde öffnete ich die Augen und blinzelte. „Hm?"

„Was ist denn mit dir los, Janna? Du bist ja ganz heiß. Hast du Fieber?"

Ich schüttelte den Kopf, obwohl es möglicherweise stimmte, und sofort wurde mir wieder schwindelig.

Ich wollte mich aufsetzen, aber als ich das Bein anzog, schoss ein so schrecklicher Schmerz in meinen Unterbauch, dass ich aufschrie.

„Scheiße", keuchte ich und ließ widerstandslos zu, dass Josh mich stützte. „Mein Gott tut das weh."

„Janna. Hör mal zu. Das ist nicht normal. Seit wann hast du diese Schmerzen schon?"

„Seit … seit heute Morgen. Ich glaube, ich habe mir eine Magen-Darm-Grippe eingefangen. Bleib lieber weg von mir. Nachher stecke ich dich noch an."

„Hast du Schmerzen beim Laufen?"

„Hm? Keine Ahnung. Vorhin ging es noch."

„Was dagegen, wenn ich dich abtaste?"

Erstaunt sah ich ihn an. „Wieso das denn?"

„Weil ich einen konkreten Verdacht habe, den ich überprüfen will."

„Was für einen Verdacht?"

„Ich will dich nicht verrückt machen, bevor ich es nicht überprüft habe. Also? Darf ich deinen Bauch abtasten?"

Ich nickte widerwillig und sog die Luft ein, als Josh sanft mein T-Shirt nach oben schob. Seine warmen Hände auf meiner Haut zu spüren, war angenehm und beruhigend. Auch der Druck auf meinem Unterbauch war gut zu ertragen. Josh presste seine Hand mindestens fünfzehn Sekunden lang auf meine rechte Bauchseite und ließ dann plötzlich los. Der Schmerz, den ich dadurch verspürte, war fast unerträglich.

„Aaaaah!", schrie ich. „Was hast du gemacht? Es brennt. Es … es tut so weh. Was? Was hast du mit mir gemacht?"

Tränen schossen mir in die Augen und Josh sah mich hilflos an.

„Janna", sagte er und nahm mein Gesicht in seine Hände. „Janna. Es tut mir leid. Aber das musste sein. Du hast eine Appendizitis."

„Eine was zum Teufel?" Ich konnte vor Schmerz immer noch nicht klar denken.

„Eine Blinddarmentzündung. Alles deutet darauf hin. Du hast Fieber, kannst das Bein nicht anziehen, dir ist übel und der Blinddarm reagiert auf den Druck. Du musst ins Krankenhaus, und zwar so schnell wie möglich."

Ich schüttelte den Kopf. „Nein!", rief ich. „Nein, nein, nein. Bitte nicht."

Ich hasste Krankenhäuser. Als Kind hatte man mir die Mandeln rausgenommen und ich hatte schreckliche Erinnerungen an diese Zeit. Tagsüber hatten meine Familie und Lizzy mich zwar häufig besucht, aber die Nächte waren für mich der Horror gewesen. Ich hatte kaum schlafen können, weil ständig jemand schnarchte oder hustete, und ich hatte schreckliches Heimweh gehabt. Nie in meinem Leben hatte ich mich so einsam gefühlt wie dort.

„Du musst", sagte Josh ernst. „Kannst du aufstehen?"

Ich schüttelte wieder den Kopf. Ich konnte nicht und ich wollte auch nicht.

„Das ist bestimmt nur Magen-Darm", beharrte ich stur. „Ich will nicht ins Krankenhaus. Woher willst du überhaupt wissen, dass es der Blinddarm ist?"

„Weil ich mit zwölf fast daran gestorben wäre."

Josh sah mich ernst an und ich verstummte.

„Meine Mutter hat die Anzeichen nicht erkannt, weil ich kaum Schmerzen hatte. Der Blinddarm war kurz vorm Platzen, als wir im Krankenhaus ankamen. Ich hatte verdammtes Glück, dass ich das überstanden habe. Du hast Schmerzen, Janna, und ich werde nicht zulassen, dass du an diesem Mist stirbst. Also entweder schaffen wir dich jetzt ins Auto oder ich rufe den Krankenwagen."

Verblüfft sah ich ihn an und vergaß für einen Moment sogar meine Schmerzen. Das erklärte zumindest die große Narbe an seinem Bauch und es änderte auch völlig meine Einstellung.

„Also gut“, sagte ich. „Dann … dann versuch bitte mir hochzuhelfen.“

Ich hätte nie erwartet, dass mir der Weg bis nach draußen zum Auto so lang erscheinen würde, und so langsam befürchtete ich, dass Josh recht haben könnte. Mir hatte die Seite nachts schon wehgetan, aber jetzt schmerzte jeder Schritt so schrecklich, als würde Lava durch meine Eingeweide fließen.

„Ich habe Granny gebeten, sich um Cindy zu kümmern“, verkündete Josh, als er sich auf den Fahrersitz neben mich gleiten ließ.

Ich nickte tapfer.

„Also gut. Dann mal los. Und kotz wenn möglich nicht ins Auto, ja?“

„Ich werde mich bemühen“, gab ich zurück und versuchte eine Position zu finden, in der meine Seite weniger brannte.

Ich hoffte immer noch, dass es nicht der Blinddarm war. Blinddarm musste man operieren und ich wollte auf gar keinen Fall bleiben müssen. Insofern schloss ich die Augen und betete, dass die Schmerzen wieder verschwanden, bis wir das Krankenhaus erreichten. Doch das taten sie nicht.

„Akute Blinddarmentzündung“, erklärte der Arzt nach einem Ultraschall und bestätigte damit meine schlimmsten Befürchtungen.

„Oh Gott. Bitte nicht.“

Einige Tränen liefen meine Wange hinab und Josh wischte sie mir weg.

„Hey. So schlimm ist das nicht. Noch kann das alles operiert werden, nicht wahr, Doktor Schwarz?“

Der ältere Mann sah Josh an und nickte. „Ja. Es kann

nicht nur, sondern es muss. Und zwar so schnell wie möglich."

Er drückte einen Knopf, um eine Schwester zu rufen.

„Ich werde zusehen, dass ich einen OP für Sie bekomme, und dann muss dieses Ding so schnell wie möglich raus."

„Aber …"

„Nichts aber, junge Dame. Wenn wir nicht operieren, wird der Blinddarm platzen und sich in Ihren Bauchraum entleeren. Glauben Sie mir. Das wollen Sie nicht."

Ich schluckte und nickte. Das klang tatsächlich nicht so schön.

„Ganz ruhig, Janna", versuchte Josh mich zu beruhigen. „Ich habe das auch schon hinter mir. Es ist gar nicht so schrecklich, wie es sich anhört. Du bekommst doch eine Narkose und dann …"

„Das sagst du so einfach. Du hast kaum Schmerzempfinden. Du weißt ja gar nicht, wie das ist."

Josh seufzte. „Das wird schon alles wieder, Janna. Da musst du jetzt einfach durch."

Ich weinte bitterlich und war froh, als endlich die Schwester kam, um mir eine Scheißegal-Pille zu geben.

„Soll ich noch jemanden für Sie anrufen?", fragte die Schwester.

Ich schüttelte den Kopf. Tante Martha wohnte leider auf einem weit außerhalb liegenden Bauernhof, wo es absolut keinen Handyempfang gab. Im Haus ging keiner dran. Ich hatte meiner Familie aber eine Nachricht auf dem AB hinterlassen, insofern vermutete ich, dass sie sich so bald wie möglich melden würden. Alexis hatte ich erreicht, aber sie war an diesem Wochenende mit ihrem Mann in Berlin und konnte auch nicht so schnell kommen. Lizzy ging nicht ans Telefon, also war der Einzige, auf den ich mich gerade verlassen konnte, Josh. Inzwischen war es später Nachmittag und die Schmerzen waren fast unerträglich.

„Soll ich bleiben, bis du wieder aufwachst?", fragte Josh vorsichtig und ich krallte meine Hand in seine.

„Jajaja", beschwor ich ihn. „Bitte nicht weggehen."

Josh nickte und sah die Schwester fragend an. „Ich darf doch bleiben, oder?"

Die Schwester sah ihn skeptisch an. „In welcher Beziehung stehen Sie denn zueinander?"

„Wir leben zusammen", sagte ich sofort. „Er ist mein Freund."

Das war nicht gelogen, auch wenn die Schwester aus diesen Worten vermutlich die falschen Schlüsse ziehen würde. Es war mir egal. Ich hätte Josh auch als meinen Verlobten ausgegeben, wenn er dann die Erlaubnis bekommen hätte, bei mir zu bleiben.

„Na fein", sagte die Schwester. „In den Aufwachraum darf Ihr Freund leider nicht, aber sobald Sie wieder einigermaßen bei Sinnen sind, werden Sie in Ihr Zimmer verlegt und dort kann er dann bei Ihnen sein."

Ich nickte. Das war zumindest besser als nichts.

„So. Ich lege Ihnen jetzt schon mal einen Zugang. Dadurch bekommen Sie später die Anästhesie."

Ich zitterte ein bisschen und hielt erst still, als Josh mir beruhigend eine Hand auf den Arm legte.

„Alles wird gut, Janna", versprach er. „Es ist wirklich nicht so schlimm, wie du vielleicht denkst."

Ich schluckte. Am meisten Angst machte mir wahrscheinlich der Gedanke der Narkose. Was, wenn ich einfach nicht mehr aufwachte? Was, wenn die Ärzte komische Sachen mit mir anstellten, während ich schlief? Was, wenn …

„Also. Der OP ist frei", erklärte die Schwester ein paar Minuten später. „Auf geht's. Verabschieden Sie sich von Ihrer Freundin. Sie werden sie nachher wiedersehen."

Josh nickte und zu meiner Überraschung beugte er sich vor und drückte mir einen Kuss auf die Stirn. Trotz der Schmerzen machte mein Herz einen kleinen Sprung und die Stelle an meiner Stirn kribbelte leicht unter der Berührung. Ich sah ihn fragend an.

„Schlaf gut, mein Engel“, sagte er. „Ich werde da sein, wenn du wieder aufwachst.“

Ich nickte und ließ klaglos zu, dass man mich den Gang entlangschob. Ich wurde in einen OP gebracht, und dann ging alles ganz schnell. Mir wurde etwas gespritzt, man bat mich, bis zehn zu zählen, und bevor ich bei sieben angekommen war, war ich bereits eingeschlafen.

Kapitel 24

Deutschland 2013

„Frau Meyer-Sanchez?", vernahm ich eine Stimme.

„Hm?"

„Hallo, Frau Meyer-Sanchez. Willkommen zurück."

Ich sah in das freundliche Gesicht einer jungen, blonden Krankenschwester. Sie war stark geschminkt, lächelte aber mit ehrlicher Anteilnahme auf mich hinab.

„Nuuuur Meyyyer", sagte ich.

„Wie bitte?"

„Nur Meyer", wiederholte ich etwas deutlicher. „Kein Sanchez."

„Oh. Na, in Ihrer Krankenakte steht aber Meyer-Sanchez."

„Lasse mich scheiden", erklärte ich.

„Ah. Na, falls Sie sich wegen des netten jungen Mannes draußen getrennt haben, dann habe ich dafür vollstes Verständnis."

„Josh?", fragte ich müde. „Is er nooooch hier?"

„Aber natürlich ist er noch hier. Wenn Sie etwas wacher sind, bringe ich Sie zu ihm."

Ich nickte und verspürte gleich ein viel größeres Bedürfnis, wieder wach zu werden.

Eine Viertelstunde später wurde ich in mein Zimmer gerollt und im nächsten Moment war Josh an meiner Seite. Vorsichtig strich er mir das Haar aus dem Gesicht und sah mich mitfühlend an.

„Hey, Sweetie", sagte er.

„Hey“, krächzte ich.
„Wie geht es dir?“
„Ging schon mal besser“, erklärte ich.
Ich hatte mich noch nie so schwach gefühlt und hasste dieses Gefühl. Wenn mir jetzt jemand etwas antun wollte, hätte ich noch nicht einmal die Möglichkeit davonzulaufen. Es war schrecklich und mir liefen vor Frustration ein paar Tränen die Wange hinunter.
„Du siehst müde aus, Janna. Vielleicht solltest du einfach noch ein wenig schlafen.“
Ich schüttelte den Kopf. „Haben meine Eltern sich gemeldet?“
Josh nickte. „Sie fahren noch heute Abend zurück. Aber dann werden sie trotzdem erst spät hier sein. Ich schätze, dass sie erst morgen Früh kommen werden.“
„Wie spät ist es?“, fragte ich mit krächzender Stimme.
„Acht Uhr abends.“
„Musst du nicht zu Wilmas Geburtstag?“
Josh winkte ab. „Ich habe ihr schon Bescheid gesagt, dass ich nicht komme. Du glaubst doch wohl nicht, dass ich dich jetzt hier allein lasse.“
Wieder stiegen mir die Tränen in die Augen. Aber dieses Mal vor Dankbarkeit.
„Cindy?“, fragte ich.
„Granny weiß Bescheid. Sie kümmert sich um deinen alten Hund. Keine Sorge. Sie geht regelrecht auf in dieser Rolle. Wenn ich gewusst hätte, wie viel neue Lebenskraft ihr so ein Tier verleiht, dann hätte ich ihr schon viel eher einen Hund besorgt.“
Ich lächelte schwach. Josh sollte eigentlich wissen, dass es nicht möglich war, seiner Oma einen x-beliebigen Hund vorzusetzen. Es ging ihr wahrscheinlich vor allem darum, dass sie das Gefühl hatte, uns helfen zu können. Ich musste mich ganz dringend bei ihr bedanken.

„Danke“, flüsterte ich.

„Schon gut“, sagte Josh. „Ich denke, du solltest wirklich noch ein wenig schlafen.“

Ich nickte und ließ mich in die Kissen zurücksinken.

„Bleibst du bei mir?“, fragte ich.

Josh nickte. „Ich habe, während du operiert wurdest, meinen Laptop von zu Hause geholt. Ich bleibe also, solange es die Ärzte gestatten.“

„Die Krankenschwester mag dich“, sagte ich. „Das sollte kein Problem sein.“

Ich hörte noch, wie Josh amüsiert schnaubte, und dann war ich eingeschlafen.

Als ich am nächsten Morgen wieder erwachte, fühlte ich mich viel besser. Ich erinnerte mich vage, dass am Vorabend noch ein Arzt hereingekommen war, um die Wunde zu kontrollieren. Offensichtlich waren wir so rechtzeitig gekommen, dass man die Operation mithilfe von Stäben durchführen konnte. Eine große Wunde war nicht entstanden.

Ich schlug die Augen auf und sah, dass Josh mit dem Kopf auf meinem Bett eingeschlafen war. Es fiel mir schwer, nicht zu lächeln. Er sah so friedlich aus neben mir. Sein verstrubbeltes Haar hing ihm ins Gesicht und seine Wange lag auf seiner linken Hand. Die andere lag einfach neben mir und ich strich vorsichtig darüber.

Seine Haut fühlte sich weich an unter meinen Händen.

Offenbar hatte er es wirklich geschafft, die Krankenschwestern dazu zu überreden, dass er bleiben durfte. Es lag zwar noch eine alte Frau im Nachbarbett, aber die schien sich nicht an Joshs Anwesenheit zu stören, sondern schnarchte friedlich vor sich hin.

Ich versuchte mich vorzubeugen, aber dadurch spürte ich wieder die Schmerzen in meinem Bauch. Es war vermutlich längst Zeit, meine Schmerztabletten zu nehmen. Draußen war es noch dunkel und ich hatte keine Ahnung, wie spät es war.

Ich ließ mich trotzdem nicht abhalten, sondern fuhr mit meiner Hand weiter über Joshs Haut. Während er so friedlich schlief, kam er mir vor wie ein Engel aus der Vergangenheit, der mir geschickt worden war, um mich in Zukunft zu beschützen.

Ich kam bei seinem Gesicht an und zögerte. Durfte ich auch über sein Gesicht streichen? Was, wenn er aufwachte? Andererseits, er spürte kaum Schmerzen, da würde ihn so eine sanfte Berührung doch wohl kaum wecken. Mutig fuhr ich über seine Wange und beobachtete dabei jede Regung seines Gesichts. Als sich nichts tat, wurde ich mutiger, strich über seine Stirn, seine Nase und sein Kinn. Am Ende fuhr ich ganz vorsichtig mit dem Finger über seine Lippen und war erstaunt, wie weich und empfindlich sie sich unter meiner Haut anfühlten. Ich beugte mich vorsichtig vor, um noch besser an ihn heranzukommen, und dann … schlug er die Augen auf.

Das Sturmgrau seiner Augen war so intensiv, als wäre er schon ein paar Minuten wach gewesen und hätte nur darauf gewartet die Augen zu öffnen, um mir einen Schreck einzujagen. Mein Herz klopfte mir bis zum Hals und ich fürchtete, dass jeden Moment irgendein Alarm bei den Krankenschwestern losgehen würde, weil mein Pulsmesser so hohe Werte anzeigte.

Doch Josh wirkte nicht wütend. Im Gegenteil. Als ich meine Hand zurückziehen wollte, ergriff er sie, legte sie zurück auf seine Wange und drückte einen Kuss auf die empfindliche Haut an meiner Arminnenseite.

Ein wohliger Schauer lief mir den Rücken hinunter und meine Gefühle spielten völlig verrückt. Ich vergaß einen Moment lang sogar meine Schmerzen und war nur dazu imstande, Josh in die Augen zu starren. In diesem Moment wünschte ich mir nichts mehr, als dass er mich küssen würde. Egal, wie unvernünftig es war, ich wollte, dass er mich küsste, und zwar am besten jetzt sofort.

Als hätte er mich verstanden, erhob Josh sich und strich mir vorsichtig eine Strähne aus dem Gesicht. Er sagte kein Wort, sondern kam einfach mit seinem Gesicht näher. Seine Berührung war so sanft wie ein Schmetterlingsflügel und ich hatte das Gefühl, vor Sehnsucht zu vergehen. Wenn er mich jetzt küsste, dann würde ich mich nicht dagegen wehren. Ich konnte gar nicht. Viel zu sehr wünschte ich mir in diesem Moment, seine Lippen auf meinen zu spüren.

Er beugte sich so weit vor, dass ich schon seinen Atem auf meiner Haut spüren konnte. Nur noch ein bisschen. Nur noch ein wenig. Nur noch …

Genau in diesem Moment ging die Tür auf. Josh und ich schreckten auseinander und meine Familie kam hereingedonnert.

„Janna!“, rief meine Mutter. „Mein Mäuschen. Mein Töchterchen. Oh Gott, du Ärmste.“

Sie lief zu mir und fiel mir einfach um den Hals. Als ich stöhnte, ließ sie mir sofort wieder mehr Luft.

„Tut mir leid, tut mir leid“, sagte sie und beugte sich wieder zurück.

„Hallo, Janna, Spatz“, sagte mein Vater und drückte mir einen Kuss auf die Stirn.

„Hallo, Papa.“

„Sag mal, hättest du nicht gestern schon deine doofe Entzündung kriegen können?“, fragte Luisa mit Märtyrermiene. „Dann hätten wir uns diese dämliche Reise zu Tante Martha sparen können und ich wäre auf Wilmas Geburtstag gegangen.“

„Red doch nicht so einen herzlosen Unsinn“, schalt

meine Mutter. „Janna hat sich das ganz sicher nicht ausgesucht."

„Können wir nach Hause?", fragte mein kleiner Bruder. „Ich schlaf gleich im Stehen ein. Janna geht es doch gut."

Ich schüttelte den Kopf. Meine Geschwister schienen nicht besonders viel Mitgefühl zu haben. Das könnte allerdings auch daran liegen, dass sie die langweilige Reise zu Marthas Bauernhof mir zu verdanken hatten.

„Georg. Fahr du am besten mit den Kindern nach Hause. Ich bleibe noch ein wenig bei Janna. Du kannst ja wiederkommen, wenn du ein paar Stunden geschlafen hast."

Ich nickte dankbar. Auch wenn ich froh war, endlich ausgezogen zu sein, tat es doch gut, meine Mutter in Zeiten größter Not bei mir zu wissen. Ich drückte ihre Hand und sah meinen Vater an.

„Ist schon gut, Papa. Du siehst wirklich müde aus. Seid ihr tatsächlich jetzt erst angekommen?"

Der Weg von Stuttgart nach Dortmund war weit, aber so weit auch wieder nicht.

„Wir sind erst gestern Abend um zehn Uhr losgekommen, weil es so schrecklich geregnet hat. Unterwegs standen wir dann stundenlang im Stau."

„Ich habe gleich gesagt, dass wir erst heute hätten losfahren sollen", sagte Luisa beleidigt. Sie schien mir die Aktion mit Tante Martha wirklich übel zu nehmen und sie sah genauso fertig aus wie Max und Papa.

„Ich kann doch nicht tatenlos irgendwo herumhocken, wenn mein Kind im Krankenhaus liegt. Überleg mal, es wäre anders herum, Luisa. Wie würdest du dich dann fühlen?"

Luisa verstummte und blickte zu Boden. „Das ist etwas anderes", murmelte sie. „Janna ist doch schon viel älter."

Ich schnaubte und sofort zog der Schmerz wieder in meinen Bauch.

„Soll ich die Krankenschwester holen?“, fragte Josh.

Ich nickte und jetzt schienen alle erst richtig zu bemerken, dass er auch da war. Als er das Zimmer verlassen hatte, sah Luisa mich vorwurfsvoll an.

„Ach ja. Du darfst also mit Jungs rummachen, ja?“, sagte sie voller Sarkasmus.

Am liebsten hätte ich die Augen verdreht.

„Es war niemand da, um mich ins Krankenhaus zu bringen“, erklärte ich stattdessen. „Josh hat mir nur geholfen.“

„Ja, ja. Diese Art von Hilfe kenne ich.“

„Luisa“, sagte meine Mutter empört. „Jetzt reicht es aber. Es ist sehr nett von Josh, dass er sich um Janna gekümmert hat, solange wir nicht da waren. Georg. Bring die Kinder nach Hause und leg dich hin. Wir telefonieren in ein paar Stunden noch mal. Und fahr um Himmels willen vorsichtig. Nicht, dass dir auch noch ein Unfall passiert.“

Mein Vater nickte. Er beugte sich vor und drückte zuerst mir und dann meiner Mutter einen Kuss auf die Stirn.

„Ist gut. Dann sag ich mal: bis später.“

„Bis später, Papa.“

„Ciao, Janna“, sagte Max ohne Groll in der Stimme. „Werd schnell wieder gesund.“

„Ich geb mir Mühe.“

„Ciao, Janna“, sagte auch Luisa, und ich merkte ihr an, dass sie mir wünschte, noch lange, lange hier liegen zu müssen, damit sie alleine mit Tanju und den anderen ausgehen konnte. Es war einfach nicht zu fassen, wie undankbar sie sein konnte. Teenager.

„Ciao, Luisa“, sagte ich trotzdem und war froh, als die drei aus dem Zimmer waren.

„Jetzt erzähl mal“, forderte meine Mutter. „Wie ist das überhaupt passiert?“

Ich ließ mich zurücksinken und begann zu erzählen. Als Josh kurze Zeit später wieder ins Zimmer kam, verkrampfte ich mich unwillkürlich. Was sich vorhin noch so richtig angefühlt hatte, erschien mir jetzt plötzlich unmöglich. Hatte ich ihn tatsächlich fast geküsst? Wie hatte mir das bloß passieren können? Ich war schließlich nicht besoffen auf einem Festival. Damals hatte ich das noch entschuldigen können. Aber jetzt? Josh war nicht irgendwer und ich bezweifelte, dass ich dazu imstande sein würde, nach so einem Kuss einfach wieder zur Tagesordnung zurückzukehren. Vor allem nicht, da Josh genau im Zimmer neben mir wohnte.

„Die Schwester kommt gleich", sagte er und lächelte mich erschöpft an.

Er wirkte fast genauso müde wie mein Vater und ich fragte mich, wie viel er wohl diese Nacht geschlafen hatte.

„Danke, Josh", sagte ich. „Wenn … wenn du willst, kannst du jetzt auch nach Hause gehen. Mama ist ja jetzt da. Ich komme sicher zurecht."

Josh nickte. „Ist gut", sagte er. „Ich muss auch noch ein paar Sachen vorbereiten. Am Dienstag ist ja unser Termin bei Dr. Hart."

„Oh." Das hatte ich völlig vergessen. „Ich … ich glaube kaum, dass ich bis dahin schon wieder fit bin."

„Das macht nichts", versicherte mir Josh. „Devi und ich kriegen das schon hin. Alles gut."

Ich nickte. „Danke. Das ist wirklich lieb von dir."

„Kein Ding. Ich wünsche noch einen schönen Tag. Frau Meyer. Geben Sie Acht auf Ihre Tochter. Sie ist etwas ganz Besonderes."

Meine Mutter zog eine Augenbraue nach oben und nickte Josh zu. Sobald er aus dem Zimmer verschwunden war, sah sie mich aufmerksam an.

„Also?"

„Also was?"

„Raus mit der Sprache. Was läuft da zwischen dir und Birgits Sohn?“

Ich wurde rot und schüttelte den Kopf. „Nichts“, versicherte ich. „Gar nichts. Wir sind nur Freunde.“

„Ja, ja. Natürlich. Und ich bin der Kaiser von China.“

Ich lachte und war froh, als im nächsten Moment die Krankenschwester hereinkam, um mir meine Schmerzmittel zu bringen. Ich fürchtete nämlich, dass meine Mutter nicht so schnell klein beigeben würde.

Mein Vater holte meine Mutter erst gegen Abend wieder ab. In der Zwischenzeit war auch Lizzy vorbeigekommen, sodass meine Mutter in Ruhe essen gehen konnte, ohne mich allein zu lassen. Um einundzwanzig Uhr beschlossen die Krankenschwestern dann aber, dass ich genug Besuch gehabt hatte, und scheuchten meine Eltern aus dem Raum. Meine Bettnachbarin schnarchte immer noch fröhlich vor sich hin und schien nur aufzuwachen, wenn es etwas zu essen gab oder sie auf die Toilette musste. So langsam fragte ich mich, ob sie vielleicht taub war, weil sie auch auf lautere Gespräche nicht zu reagieren schien.

„Ich komme morgen Abend wieder“, versprach meine Mutter.

Sie wirkte inzwischen völlig fertig, was mich daran erinnerte, dass sie die letzte Nacht im Auto verbracht hatte, und ich bekam ein schlechtes Gewissen.

„Schon okay, Mama. Du musst nicht unbedingt noch mal kommen. Es reicht auch, wenn wir telefonieren. Du musst schließlich morgen arbeiten.“

„Aber …“

„Kein aber, Mama. Ich komme schon klar.“

„Bist du dir sicher, Spätzchen?“, fragte mein Vater.

Ich nickte. „Wenn ich was brauche, dann rufe ich einfach an.“

„Okay. Wir verlassen uns darauf.“

Sie drückten mich beide noch einmal und ich winkte tapfer hinter ihnen her.

„So. Dann sind es jetzt nur noch wir zwei", sagte ich zu der schnarchenden Frau neben mir.

Dann nahm ich ein Buch zur Hand, das Lizzy mir mitgebracht hatte, und begann zu lesen.

Nachts erwachte ich, weil die Frau neben mir einen Hustenanfall bekam. Zuerst dachte ich, sie würde sich gleich wieder beruhigen und aufhören zu husten, aber das tat sie nicht. Stattdessen fing sie zusätzlich an zu röcheln, was mir ziemlich besorgniserregend vorkam. Also schaltete ich vorsichtshalber das Licht an, um zu sehen, ob ich irgendwie helfen konnte.

Die Dame war mit Sicherheit schon über achtzig, hatte schlohweißes, langes Haar und trug ein Nachthemd. Außerdem hatte sie einen hochroten Kopf und bekam ganz offensichtlich keine Luft mehr.

„Ähm… alles in Ordnung?", fragte ich trotzdem. „Kann ich irgendwie helfen?"

Die Frau starrte mich während des Hustens an und deutete vage in Richtung des Notfallknopfes. Schnell drückte ich meinen eigenen und wollte mich gerade aus dem Bett schwingen, um Hilfe zu holen, als der Schmerz wieder in meine Wunde zog.

„Au, Scheiße", stöhnte ich, erhob mich aber trotzdem.

Als ich in gebückter Haltung die Tür erreicht hatte, wurde diese bereits geöffnet und eine Krankenschwester kam mir entgegen.

„Was machen Sie denn hier?", fragte sie mich sofort. „Warum haben Sie nicht auf mich gewartet?"

„Es geht nicht um mich", beeilte ich mich zu sagen. „Die Frau …" Ich zeigte auf meine Bettnachbarin. „Sie bekommt keine Luft."

„Ach herrje."

Sie rannte zu der Dame und forderte offenbar über einen Knopf Verstärkung an. Jemand brachte mich zurück zu meinem Bett und ich sah, wie die Krankenschwestern versuchten, die alte Dame wieder zu beruhigen. Kurz darauf kam ein Notarzt. Sie flößten der Frau etwas gegen den Husten ein und versuchten alles, um ihr das Atmen wieder zu erleichtern.

„Die Lunge kollabiert", sagte der junge Arzt. „Wir müssen sofort eine Dränage legen."

„Auf die Intensivstation, schnell."

Schließlich sah ich nur noch, wie sie auf den Gang hinausgefahren wurde.

Alle rannten mit dem Bett nach draußen und innerhalb weniger Sekunden war ich allein. Kurz darauf kam noch einmal eine Schwester herein, um nachzusehen, ob mit mir alles in Ordnung war.

„Sie sollten versuchen, noch etwas zu schlafen, Frau Meyer. Sie sind auch noch sehr geschwächt und es reicht ja, wenn wir einen Notfall hier haben, nicht wahr?"

Ich nickte und lehnte mich zurück.

Die Schwester löschte das Licht und ich schluckte. Ich hasste es, in einer fremden Umgebung ganz allein zu sein. Natürlich war mir klar, dass im Nebenzimmer noch mehr Menschen waren und ich jederzeit eine Krankenschwester rufen konnte, aber der Vorfall hatte mich mitgenommen. Ich hatte zwar kaum mit der alten Dame gesprochen, aber trotzdem war es eigenartig, dass der Platz neben mir plötzlich leer war. Die Lunge war kollabiert. Das klang gar nicht gut. Das klang sogar verdammt gefährlich, um genau zu sein, und plötzlich fühlte ich mich ganz furchtbar einsam.

Ich versuchte zu schlafen, aber als das nicht gelang, griff ich nach meinem Handy. Zuerst überlegte ich, Alexis anzurufen, aber ich wollte ihren Mann nicht wecken. Mama war ebenfalls viel zu müde gewesen. Also gab es nur eine

Person, die ich um diese Uhrzeit belästigen konnte. Ich drückte auf den entsprechenden Knopf und hielt mir das Handy an den Kopf.

„Ja?“ Er klang verschlafen.

„Josh?“

„Wer denn sonst? Oder weißt du nicht mehr, wen du angerufen hast?“

Ich biss mir auf die Unterlippe und versuchte ein Schluchzen zu unterdrücken.

„Ich … ich … vielleicht hätte ich nicht anrufen sollen, aber …“

Ich brach ab, weil mir die Tränen in die Augen schossen. Irgendwie war mir gerade alles zu viel.

„Kannst du herkommen?“, fragte ich.

Eigentlich hatte ich nicht vorgehabt, ihn darum zu bitten, aber jetzt war es raus und ich konnte es nicht mehr zurücknehmen. Auf der anderen Seite war es einen Moment lang still und ich fürchtete schon, Josh würde eine lange Erklärung haben wollen.

„Bin schon unterwegs“, sagte er stattdessen und legte auf.

Als er eine halbe Stunde später in mein Zimmer geschlichen kam, war ich immer noch völlig aufgelöst. Ohne zu fragen, legte er sich neben mich aufs Bett und ließ mich einfach weinen. Er tat nichts, als mich im Arm zu halten und mir über den Rücken zu streichen. Er erwartete keine langen Erklärungen, sondern war einfach nur für mich da. Und das war das Beste, was er in diesem Moment hätte tun können. Eine halbe Stunde später war ich eng an ihn gekuschelt eingeschlafen.

„Janna?“

„Hm?“

„Janna. Ich muss los. Ich muss zu dem Seminar von Dr. Hart.“

Ich öffnete die Augen und stellte erstaunt fest, dass ich tatsächlich die ganze Nacht in Joshs Armen gelegen hatte. Wenn Rogelio das wüsste. Sofort bekam ich ein ganz schlechtes Gefühl und versuchte ein wenig Abstand zu Josh zu gewinnen, was aber in dem kleinen Bett fast unmöglich war.

„Hey, hey“, sagte Josh und hielt mich fest, damit ich nicht aus dem Bett fiel. „Langsam. Du brauchst nicht flüchten. Ich stehe ja schon auf.“

Mein Blick fiel auf die leere Stelle neben meinem Bett und ich wurde traurig, als mir klar wurde, dass man die alte Dame nicht zurückgebracht hatte. Vermutlich bedeutete das, dass sie immer noch auf der Intensivstation lag.

„Ich muss jetzt los“, erklärte Josh. „Bevor die Schwestern mich erwischen und ich so was wie Besuchsverbot kriege.“

Ich nickte.

„Ja. Das verstehe ich. Ich wünsche dir und Devi viel Erfolg. Ich wünschte wirklich, ich könnte dabei sein.“

„Ernsthaft? Das ist doch das einzig Gute am Kranksein. Du musst nicht arbeiten und nicht zur Schule.“

Ich verzog gequält das Gesicht. „Wenn ich dafür die Schmerzen nicht hätte, würde ich auch tausendmal zur Uni gehen.“

Josh lächelte. „Ja. Das verstehe ich.“

Er beugte sich nach vorne und gab mir einen Kuss auf die Stirn, die angenehm davon prickelte.

„Ich werde versuchen noch mal vorbeizukommen, aber ich kann dir nichts versprechen, weil ich noch einiges für die Uni tun muss.“

„Ist gut. Wir können ja telefonieren. Ich gebe dir Bescheid, wenn ich weiß, wann ich rauskomme.“

Josh nickte und grinste mich wieder an. „Ach ja. Und Janna.“

„Hm?“

„Wenn du noch mal vorhast, mich in dein Bett zu rufen, erinnere mich doch daran, dass ich ein Kondom mitbringe."

Ich wurde rot und hätte am liebsten mein Kissen nach Josh geworfen. Doch bevor ich dazu kam, war er schon verschwunden. Seufzend ließ ich mich nach hinten sinken und musste grinsen. Josh hatte recht. Wir hatten tatsächlich eine Nacht zusammen verbracht. Es war zwar harmlos gewesen, aber trotzdem hatte ich das Gefühl, einen weiteren wichtigen Schritt in Richtung Unabhängigkeit getan zu haben. Irgendwann würde ich es noch schaffen, ganz von Rogelio loszukommen. Ich musste einfach. Ich hatte gar keine andere Wahl.

Kapitel 25

Deutschland 2013

„Has tenido sexo con Josh?“, stieß Alexis mit einer Mischung aus Bewunderung und Erstaunen aus.

„Nein“, sagte ich und verdrehte die Augen. „Ich habe nicht mit ihm geschlafen, sondern neben ihm.“

„Ist das nicht dasselbe?“

Ich schüttelte den Kopf. Rogelio hätte das vermutlich auch gesagt und es dabei noch vollkommen ernst gemeint. Für ihn war es absolut undenkbar, dass ich es schaffen könnte, einfach nur neben einem Mann zu schlafen, ohne dass dieser versuchte, mich zum Sex zu überreden. Der Gedanke, dass ein Mann das möglicherweise nicht mal versuchen würde, wäre ihm gar nicht gekommen.

„Ale. Das ist natürlich nicht dasselbe. Ernsthaft. Sieh mich an. Ich hänge erst seit gestern nicht mehr am Tropf. Glaubst du wirklich, Josh und ich hätten Sex gehabt? In einem Krankenhausbett?“

Alexis kratzte sich am Kopf und zuckte dann mit den Schultern.

„Vielleicht. Wenn er ganz, ganz vorsichtig war?“

Mir wurde warm bei dem Gedanken, dass Josh vermutlich wirklich ganz vorsichtig mit mir sein würde, falls es jemals dazu kommen sollte. Aber daran durfte ich gar nicht denken.

„Ich bin immer noch verheiratet“, erklärte ich.

„Nicht mehr lange.“

„Ja. Aber so lange habe ich nicht vor, mit einem anderen Mann zu schlafen. Wenn Rogelio mich fragt, ob ich sofort für den Nächsten die Beine breitgemacht habe, will ich wahrheitsgemäß sagen können, dass das nicht stimmt."

Alexis schüttelte den Kopf. „Janna. Dich soll man verstehen. Ich dachte, du willst dich von Rogelio freimachen. Da wäre Sex doch das Beste, was dir passieren könnte. Mit wie vielen Männern hast du in deinem Leben geschlafen?"

Ich wurde rot. „Einer", gab ich zu.

Alexis schnalzte vorwurfsvoll mit der Zunge. „Das solltest du dringend ändern", bestimmte sie. „Das ist nicht normal und ganz sicher nicht gesund."

„Es soll ungesund sein, wenn man nur mit wenigen Männern Sex hatte? Das halte ich für ein Gerücht. Denk mal an all die Geschlechtskrankheiten. Aids, Syphilis ..."

„Si, si. Como sea." Sie winkte ab. „Du musst mehr Erfahrungen machen. Wie willst du sonst wissen, was dir gefällt?"

Ich seufzte. Ich wusste ziemlich genau, was mir gefiel und was mir nicht gefiel. Man konnte viel über Rogelio sagen, aber er war definitiv ein guter Liebhaber gewesen und er war sehr ... experimentierfreudig. Möglicherweise war dies einer der Gründe dafür gewesen, warum ich so sehr an ihm gehangen hatte.

„Wie läuft es in der Uni?", fragte ich, um Alexis auf andere Gedanken zu bringen.

„Gut, gut. Ich sitze jetzt fast immer bei Josh und seinen Freunden. Sie sind wirklich nett, Janna. Ich verstehe gar nicht, warum du dich beschwerst. Früher warst du doch auch so international."

Ja. Das war gewesen, bevor Rogelio mir den Glauben an die Männer genommen hatte. Ich seufzte und war froh, als die Tür aufging und ich nicht weiter mit Alexis zu diskutieren brauchte.

Als Josh hereinkam, fing mein Herz an zu flattern und ein Lächeln schlich sich auf mein Gesicht. Sein Haar stand ihm wie gewohnt wild vom Kopf ab und auf seinem weißen T-Shirt stand: ‚Shit happens'.

„Sehr philosophisch", bemerkte ich, als Josh näher kam.

„Ja, nicht wahr?"

Er grinste breit und ich konnte einfach nicht anders als zurückzulächeln. Es war verrückt, wie sehr Josh es geschafft hatte, mich um den Finger zu wickeln. Ich ärgerte mich insgeheim zwar immer noch über meine Reaktion, aber ich konnte einfach nichts dagegen tun. Meine Güte. Wie sollte das nur werden, wenn ich erstmal wieder zu Hause war? Ich hatte von Anfang an recht gehabt. Die Idee, mit ihm zusammenzuziehen, war ganz schlecht gewesen.

„Hallo, Alexis", sagte Josh.

Alexis ging auf ihn zu und drückte ihm einen Schmatzer auf die Wange. Sofort spürte ich ein heißes Brennen in meiner Magengegend, von dem ich vermutete, dass es nicht von der Verletzung stammte.

„Sieh mich nicht so an", sagte Alexis auf Spanisch, damit Josh sie nicht verstehen konnte. „Sonst muss ich am Ende noch Angst haben, dass du mir deine Krankenhausgabel in den Rücken stichst."

Sofort versuchte ich meinen Blick wieder zu neutralisieren, aber Alexis schien mir jede Gefühlsregung vom Gesicht ablesen zu können.

„Ich bin glücklich verheiratet", fügte sie auf Spanisch hinzu. „Wenn das nicht so wäre, müsstest du dir durchaus Sorgen machen."

Sie lächelte und Josh sah uns fragend an.

„Wovon redet ihr?"

„Oh. Ich habe nur gesagt, was für ein süßer, schnuckeliger chico du bist", erklärte Alexis. „Und ich lasse euch zwei Turtelentchen jetzt allein."

„Du meinst Turteltäubchen", verbesserte ich.

„Si, si. Como sea. Ich muss jetzt los. Zur Uni. Amüsiert euch noch gut, amigos. Küsschen."

Sie warf mir einen Handkuss zu und war im nächsten Moment aus dem Zimmer verschwunden.

„Deine Freundin ist wirklich der Hammer", beschied Josh. „Sie ist so …"

„Aufdringlich?", half ich aus. „Unverschämt, grenzüberschreitend, dreist?"

„Natürlich", erklärte Josh.

Sofort musste ich lachen und hielt mir die Seite. „Oh. Bring mich nicht zum Lachen. Das ist unfair. Das tut weh."

„Okay. Entschuldige. Weißt du inzwischen, wann du raus kannst?"

„Ja. Am Freitag. Bis dahin sollte alles verheilt sein."

Josh nickte. „Soll ich dich dann abholen? Oder gehst du erstmal zu deinen Eltern? Du bist ja sowieso krankgeschrieben."

„Ich würde gerne nach Hause, aber ich brauche noch viel Hilfe beim Umziehen und Duschen, also …"

„Ich würde dir ja anbieten zu helfen, aber ich glaube, so weit sind wir noch nicht."

Ich wurde wieder rot. „Nein", bestätigte ich. „So weit sind wir noch lange nicht."

Allein der Gedanke, er könnte mich nackt sehen, war mir furchtbar unangenehm. So weit waren wir nicht und ich bezweifelte auch, dass wir jemals so weit sein würden.

Ich räusperte mich. „Ähm … Wie war es eigentlich gestern mit Herrn Hart?"

Josh schnaubte. „Dr. Hart bitte schön", sagte er und

lächelte. „Es lief ganz gut eigentlich. Er war mit unserer bisherigen Arbeit zufrieden. Die Fragebögen sind in Ordnung und er ist damit einverstanden, dass Devi den statistischen Teil übernimmt. Wir müssen auch keine schriftliche Arbeit verfassen, sondern es genügt, wenn wir unseren Vortrag halten. Ich hatte sogar den Eindruck, dass es ihm hauptsächlich darum geht, dass wir diese Vortragssituation üben. Was wir im Endeffekt bei unserem Vortrag herausbekommen, ist egal."

Ich nickte. „Hat er noch etwas Wichtiges gesagt?"

„Oh ja. Er hat uns ein universelles Hilfsmittel mit auf den Weg gegeben, falls wir in einem Vortrag wirklich nicht mehr weiter wissen."

Gespannt sah ich ihn an. „Und welches?"

„Wenn du wirklich mal einen schlimmen Blackout haben solltest, dann stoß einfach dein Wasserglas um."

Ungläubig sah ich ihn an. „Echt jetzt?"

„Ja. Ehrlich. Wenn man es geschickt anstellt, dann fällt gar nicht auf, dass es Absicht war und man hat jede Menge Zeit gewonnen. Diese Vorgehensweise hat sogar den Vorteil, dass dann alle Zuhörer schlagartig wieder wach sind und einem vernünftig zuhören."

Ich schüttelte den Kopf. „Tst. Und so was bringen sie uns in der Uni bei."

Josh lächelte.

„Wann war noch mal der Vortragstermin?", fragte ich.

„Anfang Januar."

„Okay. Dann haben wir ja noch ein wenig Zeit."

„Ja. Aber vertu dich nicht. Die Zeit vergeht schneller, als man denkt. In zehn Tagen fliege ich schon nach Kanada."

„Oh."

Konnte das wirklich sein? Enttäuschung machte sich in mir breit, aber dann riss ich mich wieder zusammen und sah Josh an.

„Wie kommt es überhaupt, dass du hier bist? Ich dachte, du hättest heute Uni."

„Ich mache blau", erklärte Josh grinsend. „Ich habe nämlich eine Überraschung für dich."

Interessiert sah ich ihn an und beugte mich vor, um zu sehen, ob er etwas hinter seinem Rücken versteckte.

Josh lachte. „Nicht hier. Unten. Die Ärzte haben ja gesagt, du sollst viel laufen, also ist es Zeit für einen Ausflug."

Ich stöhnte. „Muss das sein? Kannst du die Überraschung nicht einfach nach oben bringen?"

Josh schüttelte den Kopf. „Tut mir leid. Das geht nicht. Wenn du wissen willst, was es ist, dann musst du schon mit nach unten kommen."

Resigniert ließ ich die Beine über die Bettkante baumeln und verzog den Mund, weil es mir immer noch Schmerzen bereitete.

„Äh … würdest du mir wohl mit den Socken und den Schuhen helfen?"

Josh nickte. „Wo sind sie denn?"

„In meinem Schrank ganz unten."

Josh tat wie geheißen und kramte aus meinem Schrank ein Paar dicke Socken hervor. Dann hockte er sich vor mich und griff nach meinem rechten Fuß.

„Mensch, Janna. Deine Füße sind ja eiskalt", sagte er vorwurfsvoll und strich sanft mit seinen warmen Händen darüber.

Mein Herz machte einen kleinen Sprung und ich schluckte.

„Das ist normal", beharrte ich. „Ich bin ein Mädchen."

Josh schüttelte den Kopf, sagte aber nichts weiter dazu. Stattdessen streifte er mir vorsichtig den Socken über und rieb dann noch einmal über meinen Fuß, bevor er mir einen meiner Halbschuhe anzog. Danach wiederholte er dasselbe mit meinem anderen Fuß. Erstaunt sah ich ihm dabei zu und war überrascht, wie Josh es schaffte, so etwas Simples wie das Anziehen von Socken zu einem so sinnlichen Akt zu machen. Ich verspürte eine Gänsehaut am ganzen Körper und als Josh den Blick hob und mich aus seinen sturmgrauen Augen betrachtete, wurde es eher schlimmer als besser.

„Hast du irgendwo einen Pullover?“, fragte Josh, als er sich erhob.

Ich nickte und zeigte auf den Schrank.

Kurze Zeit später hatte Josh meine Kapuzenjacke gefunden und half mir, ganz Gentleman, hinein.

„Die Jacke ziehst du besser erst unten an“, bestimmte er und hängte sich meinen Steppmantel über den Arm. Er selber hatte natürlich keine Jacke mit, aber zumindest trug er zur Abwechslung einen Pullover um die Hüften gebunden.

Als wir bei den Aufzügen angekommen waren, drückte er skeptisch den Knopf und sah mich dann an.

„Äh … Hättest du etwas dagegen, alleine nach unten zu fahren, und wir treffen uns dann dort? Ich … ich nehme lieber die Treppen.“

„Klaustrophobie?“, fragte ich.

„Nein. Nur Auswirkungen der Höhenangst. Ich war mal in Paris in einem dieser schrecklichen, offenen Aufzüge, bei denen man ganz genau sehen kann, wie tief man stürzt, falls es dazu kommen sollte. Seither meide ich Aufzüge jeglicher Art.“

Irritiert sah ich ihn an. „Wie jetzt? Ich dachte, du steigst sogar in Flugzeuge.“

„Aber nur, wenn ich vorher ein Beruhigungsmittel genommen habe.“

Der Aufzug machte Pling und die Schiebetür fuhr zur Seite.

„Du willst also wirklich lieber die Treppen nehmen? Was war mit ‚Feel the fear and do it anyway‘?“

Josh schluckte und sah mich an. Er zögerte.

„Komm schon", sagte ich grinsend. „Du predigst mir doch immer, dass ich mich mal was trauen soll."

Josh runzelte die Stirn. „Na fein", sagte er. „Aber dafür musst du beim nächsten Mal auch über deinen Schatten springen."

Damit meinte er wahrscheinlich, dass ich mal mit in die Disco kommen und richtig die Sau rauslassen sollte. Das würde ich wohl schaffen, also nickte ich und stellte mich im Aufzug neben ihn. Josh drückte den Knopf für das Erdgeschoss und lehnte sich zurück.

Es war ihm anzumerken, dass er sich alles andere als wohl fühlte. Er zitterte zwar nicht und schwitzte auch nicht übermäßig, aber ich hatte das Gefühl, jeder einzelne Muskel in seinem Körper wäre angespannt. Wir waren im sechsten Stock und gemeinerweise schien der Aufzug auf jeder Etage zu halten, um Menschen rein oder rauszulassen. Im vierten Stock hatte ich so ein schlechtes Gewissen, dass ich Joshs Hand ergriff und sie aufmunternd drückte. Überrascht öffnete Josh die Augen und sah mich an.

„Du bist mir was schuldig", bestimmte er und drückte meine Hand ebenfalls. „Und wenn ich deine Schuld einfordere, dann will ich nichts von dir hören, klar?"

Ich nickte wieder und war froh, als der Aufzug endlich unten ankam und wir aussteigen konnten. In der Vorhalle brauchte Josh einen Moment, um sich wieder zu beruhigen, aber dann lächelte er, als wäre nichts gewesen und half mir in die Jacke. Die Schrecken des Aufzugs schienen bereits vergessen und ich sah in seinen Augen die Vorfreude glitzern. Was um Himmels willen wollte er mir nur zeigen?

„Na, komm schon", sagte Josh und nahm mich bei der Hand, um mich nach draußen zu führen.

Wieder kribbelte meine Haut an den Stellen, wo er mich berührte, aber es war viel zu angenehm, um es zu beenden. Stattdessen ließ ich mich von seiner guten Laune anstecken und lief mit ihm nach draußen in die Kälte.

Mit meiner dünnen Jogginghose fing ich sofort an zu frieren, aber das Wetter war augenblicklich vergessen, als ich ein paar Schritte weiter Granny erkannte, die zu meiner grenzenlosen Freude einen Hund an der Leine hatte.

„Cindy!", rief ich begeistert. „Oh mein Gott. Ihr seid ja verrückt. Ihr habt mir Cindy mitgebracht."

Als mein Hund mich erkannte, fing er sofort an, mit dem Schwanz zu wedeln, und tapste freudig auf mich zu. Trotz der Schmerzen hockte ich mich auf den Boden, nahm Cindy in die Arme und schmiegte mich an ihr weiches Fell. Es gab nichts Tröstenderes für mich, als in ihrer Nähe zu sein. Schon als ich noch klein gewesen war, hatte meine Mutter mir erlaubt, den Hund mit ins Bett zu nehmen, wenn ich krank war. Und jetzt als Erwachsene war das für mich immer noch die beste Medizin.

„Danke", sagte ich zu Granny. „Das ist unheimlich nett von Ihnen. Auch, dass Sie sich so toll um meinen Liebling kümmern."

„Gern geschehen, Kind. Deine Cindy ist wirklich so ein wunderbarer Hund. Sie zieht nicht, sie bellt nicht und sie liebt es, gestreichelt zu werden. Etwas Besseres könnte ich mir gar nicht vorstellen."

Ich nickte und streichelte Cindy über den Kopf. In den letzten Wochen hatte Joshs Oma sich fast mehr um Cindy gekümmert als ich. Das tat mir leid und ich nahm mir vor, das unbedingt zu ändern. Dafür musste ich allerdings erstmal wieder auf die Beine kommen und solange würde ich Cindy wohl in der Obhut von Granny lassen müssen. Cindy und ich hatten wirklich unheimliches Glück mit unserer Wohnung gehabt.

Kapitel 26

Deutschland 2013

„Stille Nacht … Heilige Nacht …", schallte es durch das Haus, während ich dabei war Teig zu kneten, um meiner Mutter ein bisschen beim Backen zu helfen.

Ich war nun schon seit fast einer Woche bei meinen Eltern und konnte es kaum noch abwarten, endlich wieder in meine eigene Wohnung zu kommen. Ich vermisste nicht nur Cindy, sondern interessanterweise auch Josh. Eine Tatsache, die ich mir ganz und gar nicht gerne eingestand. Es bedeutete nämlich, dass ich langsam anfing, etwas für ihn zu empfinden, und das passte mir überhaupt nicht in den Kram.

„Sag mal, was habt ihr jetzt eigentlich für den Junggesellenabschied von Elizabeth geplant?", fragte meine Mutter, während sie Zimtsterne auf ein Blech legte.

Ich zuckte die Schultern.

„Ich war ja leider zu der Besprechung nicht da. Nadine hat mir aber versprochen, dass sie sich ein paar harmlose Spiele ausgedacht hat und wir Lizzy einfach nur als Prinzessin verkleiden. Da sollte ihr Verlobter eigentlich nichts gegen haben."

In Wirklichkeit fürchtete ich, dass die harmlosen Spiele sich am Ende als ganz und gar nicht so harmlos entpuppen würden, aber da ich im Krankenhaus gewesen war, hatte man die Planung einfach ohne mich abgeschlossen. Ich konnte nur hoffen, dass die Mädchen Rücksicht auf die Eifersucht von Lizzys Verlobtem nehmen würden. Ich kannte mich bestens mit diesem Typ Mann aus und wusste daher, wie schrecklich das sein konnte. Da Lizzys Verlobter aber trotz seiner Eifersucht nicht zur Gewalt neigte, machte ich mir keine allzu großen Sorgen.

„Ich verstehe ja immer noch nicht, warum sie so einen alten Mann heiraten will", sagte meine Mutter.

Ich musste lachen. „Mama. Er ist zwölf Jahre jünger als du."

„Aber vierzehn Jahre älter als sie."

„Na ja. Wo die Liebe hinfällt."

„Apropos Liebe ..." Sie sah mich vielsagend an. „Ich habe erfahren, dass Josh dich regelmäßig anruft, seitdem du wieder hier bist."

Ich zuckte mit den Schultern. „Und?"

„Na, das möchte ich gerne von dir wissen, Schätzchen. Läuft da was zwischen euch?"

Ich seufzte. „Nein, Mama. Und da wird auch nichts laufen. Josh will im Februar nach Namibia und geht danach sicherlich zurück nach Kanada. Ich hatte einmal eine Fernbeziehung, bei der ich mir eingeredet habe, dass alles schon irgendwie gut wird, und am Ende ist sie in einer Katastrophe geendet. Das brauche ich kein zweites Mal."

„Na ja. Du musst ja nicht wieder direkt heiraten."

Ich schüttelte den Kopf.

Meine Mutter verstand es einfach nicht. Sie mochte Josh, das konnte ich ihr nicht verübeln. Ich mochte ihn auch. Josh war ein toller Kerl. Aber er würde fortgehen und mich allein lassen. Und wenn ich nicht verletzt werden wollte, dann tat ich gut daran, mich nicht enger emotional auf ihn einzulassen.

Trotz aller guten Vorsätze fing mein Herz sofort an höher zu schlagen, als Josh mich eine Stunde später von zu Hause abholte. Ich traute mir inzwischen wieder zu, mich selbst zu duschen, und ich wollte dringend nach Hause. Ich liebte meine Familie und es war schön gewesen, ein bisschen Weihnachtsstimmung mitzuerleben. Aber trotzdem war es mir hier langsam zu eng. Luisa war inzwischen dazu übergegangen, Tanju alleine zu treffen, und hatte ihn meinen Eltern als ihren Freund vorgestellt. Eigentlich sollte mich das nicht stören. Tanju war ein netter, höflicher, junger Mann. Aber auch er würde in wenigen Monaten zurück ins Ausland gehen und es war alles andere als gewiss, ob Luisa und er sich danach wiedersehen würden.

Als ich die Tür öffnete, lächelte Josh breit und seine sturmgrauen Augen strahlten mich an, als hätte er nie etwas Schöneres gesehen als mich. Und das, obwohl ich weite Joggingkleidung trug und meine Haare zu einem einfachen Pferdeschwanz zurückgebunden hatte.

„Bereit?“, fragte er.

Ich nickte. „Ja. Ich muss nur noch meine Tasche von oben holen.“

„Das mache ich“, bestimmte Josh. „Du sollst doch nicht so schwer heben.“

„Das geht schon. Ich habe gar keine Schmerzen mehr.“

„Schwer heben sollst du die ersten Wochen trotzdem nicht. Der Arzt war da sehr präzise.“

„Na fein“, lenkte ich ein. „Dann komm mit. Die Tasche ist oben.“

Josh folgte mir und wurde an der Treppe von meiner Mutter begrüßt.

Oben angekommen stellte ich fest, dass es sich eigenartig anfühlte, Josh in meinem alten Zimmer zu haben. Es war noch nie ein anderer Junge hier gewesen als Rogelio. Josh hier zu sehen, wie er interessiert meine Möbel und Fotos betrachtete, fühlte sich fast so an, wie einem Eindringling Einlass zu gewähren.

„War das in Mexiko?“, fragte Josh und deutete auf ein Foto mit Pyramiden im Hintergrund.

Ich nickte. „Meine Gastfamilie hat mir viel gezeigt und ich habe eine Rundreise mit dem Rotary Club gemacht. Das war wirklich toll.“

„Das kann ich mir vorstellen. Da bereue ich ja fast, dass ich mit dem Reisen erst nach der Schulzeit angefangen habe.“

Er grinste, aber ich schüttelte den Kopf. „Sei froh“, sagte ich. „Es gibt viele Dinge, die man noch nicht verstehen kann, wenn man zu jung dafür ist. Für mich wäre es vielleicht besser gewesen, bis nach dem Abitur zu warten.“

Josh trat zu mir und hob mein Kinn an, damit ich ihn ansehen musste.

„Janna. Du darfst dir deine Erinnerungen nicht davon kaputt machen lassen, dass dein Ex dir wehgetan hat. Ich wette, dass du in Mexiko eine wunderschöne Zeit verbracht hast. Behalte sie als das in Erinnerung und trauere nicht um das, was du verloren hast. Damit machst du dich kaputt.“

Ich schluckte.

Ich wollte etwas erwidern, aber plötzlich schien das Gerede über Mexiko völlig unwichtig zu sein. Josh so nahe zu sein und seine Finger auf meiner Haut zu spüren, war so ein schönes Gefühl, dass ich gar nicht mehr wusste, was ich eigentlich sagen wollte.

„Hey!“, rief Luisa in diesem Moment und wir fuhren auseinander. „Wenn ihr rummachen wollt, dann schließt gefälligst die Tür. Das ist ja ekelhaft.“

Ich holte tief Luft, um sie anzumotzen, aber Josh grinste nur.

„Keine Sorge“, sagte er. „Wir wollten sowieso gerade gehen. Im Gegensatz zu dir haben wir schließlich eine eigene Wohnung.“

Luisa verschränkte beleidigt die Arme vor der Brust und schmollte. Ja. Sie schmollte tatsächlich und dabei fiel mir erstmals auf, wie dunkel der Lippenstift war, den sie trug, und man bei ihrem Ausschnitt fast den Bauchnabel sehen konnte.

„Sag mal. Wie siehst du eigentlich aus?“, fragte ich missmutig. „Wenn du solche Klamotten trägst, kannst du ja genauso gut gleich nackt gehen. Wir haben Winter, verdammt noch mal.“

„Noch nicht gemerkt?“, fragte Luisa. „Draußen sind über fünfzehn Grad. Da braucht man keine dicke Jacke. Aber das hätte ich ja fast vergessen. Du musst ja im Moment gar nicht raus. Deinen Hund hast du ja an Joshs Oma abgeschoben.“

„Das ist nicht wahr“, protestierte ich.

„Ach nicht? Wo ist sie denn dann?“

„Ich ...“

Natürlich war Cindy bei Granny. Aber ich hatte sie nur dort gelassen, weil die alte Dame sich ernsthaft darüber zu freuen schien, Cindy um sich zu haben. Ich musste jedes Mal wieder darüber lachen, wie ähnlich die beiden sich waren. Wenn sie gemeinsam den Weg entlang watschelten, musste ich mir eingestehen, dass in den letzten zehn Jahren aus Cindy eine alte Hündin geworden war, während ich einfach nur erwachsen geworden war. Früher oder später würde ich sie verlieren und der Gedanke daran schmerzte mich mehr, als ich in Worte fassen konnte.

„Hör mal, Luisa“, sagte Josh. „Cindy ist bei meiner Oma, weil die sich gerne um den Hund kümmert. Es ist für sie fast wie ein Geschenk, auf ihre alten Tage noch mal die Verantwortung für so einen tollen Hund tragen zu können. Wenn Janna sie da gelassen hat, dann nicht, weil ihr Cindy lästig ist, sondern weil sie meiner Oma einen Gefallen tun wollte.“

„Ja nee, is klar“, sagte Luisa und ging in ihr Zimmer.

Sprachlos starrte ich ihr hinterher.

„Deine Schwester ist wirklich nicht einfach“, stellte Josh fest.

Er war nicht sauer, sondern nur verwundert, vermutlich, weil er so viel Sturheit nicht gewohnt war.

„Das sind sie in diesem Alter nie“, erklärte ich und wandte mich dann zum Gehen. „Warte mal, bis deine Geschwister in die Pubertät kommen.“

Josh verzog das Gesicht und ich musste lachen.

„Na komm. Lass uns gehen. Ich freue mich jetzt wirklich auf zu Hause.“

Als wir auf den Hof von Joshs Haus fuhren, wurde mir erst klar, wie sehr ich mich auf zu Hause gefreut hatte. Es war so schön, wieder hier zu sein.

Im Flur wackelte mir als Erstes Cindy entgegen, der es prächtig zu gehen schien. Offenbar war sie nicht vor Sehnsucht nach mir vergangen, sondern kam prima mit Granny aus. Beinahe empfand ich so etwas wie Neid der alten Dame gegenüber, aber die Dankbarkeit überwog bei Weitem. Ich wollte vor allem, dass Cindy glücklich war. Und das war im Moment ganz offensichtlich.

„Hallo, mein Schatz“, begrüßte ich sie und drückte meine Wange an ihren Kopf. „Wie geht es dir, mein Liebling?“

Cindy wedelte mit dem Schwanz und ich lächelte.

„Danke, dass ihr euch so gut um sie gekümmert habt.“

„Gern geschehen“, sagte Josh. „Das war doch selbstverständlich.“

Er nahm mir die Jacke ab und hängte sie auf. Dann streckte er mir seine Hand entgegen.

„Komm mit ins Wohnzimmer. Ich habe da eine Überraschung für dich.“

Fragend sah ich ihn an, ließ mich dann aber anstandslos hinter ihm herziehen. Die Wohnzimmertür war untypischerweise geschlossen, und als Josh sie öffnete, kam mir sofort sanftes Kerzenlicht entgegen.

„Wa...", begann ich, aber Josh legte mir einen Finger auf die Lippen.

„Scht. Komm einfach mit", bat er.

Ich nickte und folgte ihm. Das gesamte Wohnzimmer sah verändert aus: Auf dem Tischchen stand ein Adventskranz, an dem bereits die dritte Kerze brannte, am Fenster hingen mehrere Windlichter und auf der Kommode standen verschiedene Weihnachtsgedecke. Am meisten überraschte mich jedoch der Weihnachtsbaum, der in der Ecke neben dem Fernseher auf einem kleinen Tisch stand.

Joshs Großmutter stand daneben und kam lächelnd auf mich zu.

„Willkommen zu Hause, mein Kind", sagte sie. „Ich finde ja auch, dass hier ein wenig weihnachtliche Stimmung gefehlt hat."

Ich schluckte und musste mit den Tränen kämpfen, als Joshs Oma mich umarmte.

„Oh Gott. Danke. Vielen lieben Dank. Das ist so lieb von Ihnen. Auch, dass Sie sich so um Cindy gekümmert haben."

„Nicht ich habe mich um Cindy gekümmert", widersprach sie mir. „Cindy kümmert sich um mich. Ich habe mich schon lange nicht mehr so zufrieden und fidel gefühlt."

Ich nickte.

„So. Ich lasse euch zwei Turteltauben dann mal allein", sagte sie. „Falls ihr noch etwas braucht, ich bin oben."

Ich nickte und sah dann sprachlos zu Josh.

„Ich … Du … Das hättest du nicht tun müssen", stotterte ich. „Wenn es dich zu sehr aufwühlt, dann …"

„Es ist okay“, versicherte Josh mir. „Ich will mich nicht ewig von meiner Vergangenheit kontrollieren lassen. Für meine Geschwister schmückt meine Mutter immerhin auch das Haus weihnachtlich. Ich habe zwar immer versucht, in dieser Zeit viel unterwegs zu sein, aber irgendwann muss man seine Vergangenheit schließlich hinter sich lassen, nicht wahr?“

Ich nickte, obwohl ich ja selber immer wieder mit meiner Vergangenheit zu kämpfen hatte. Aber ich verstand, was er meinte. Weihnachten war wirklich zu schön, um es sich verderben zu lassen.

„Danke, Josh“, sagte ich und ergriff seine Hand, um sie zu drücken. „Das weiß ich wirklich zu schätzen.“

„Oh, Janna. Du hast ja keine Ahnung, was ich noch alles für dich tun würde.“

Irritiert sah ich ihn an und musste schlucken, als er eine Hand an meine Wange legte. Die Wärme seiner Haut fühlte sich wunderbar an und wie von selbst schien mein Körper zu ihm hingezogen zu werden. Ich musste alle meine Willenskraft zusammennehmen, um nicht nach vorne zu treten und ihn einfach zu küssen.

„Geh mit mir aus, Janna“, bat Josh und sah mich wieder mit diesem flehenden Blick an, der meine Beine ganz zittrig werden ließ.

„Warum?“, fragte ich.

„Weil du etwas Besonderes bist“, erwiderte er ernst. „Ich hatte nie lange Beziehungen, Janna. Ich dachte immer, ich wäre einfach nicht der richtige Typ dafür, aber inzwischen glaube ich, dass es ein ganz anderes Problem gibt.“

Ich zitterte leicht, als Josh über meine Wange strich. Mein Gott. Wie sehr wünschte ich mir, meine Hand auszustrecken und wieder über seine Lippen zu fahren oder seinen Herzschlag unter dem T-Shirt zu erspüren.

„Welches Problem denn?“, fragte ich, um mich von

dem Gedanken abzulenken, wie sich wohl seine nackte Brust unter meinen Fingern anfühlen würde.

„Ich bin einfach zu nett", erklärte Josh ernst.

Ich musste lachen. „Und das soll ein Problem sein?", fragte ich.

Als Josh ernst nickte, verstummte ich wieder.

„Frauen stehen auf Arschlöcher", erklärte Josh. „Auf Männer, die ihnen zeigen, wer der Herr im Haus ist. Ich glaube, das ist etwas Biologisches. Unbewusst suchen Frauen immer nach einem Alphamännchen, das sie beschützt und starke Söhne mit ihnen zeugen kann."

Mein Herzschlag erhöhte sich, als Josh seinen Daumen über meine Unterlippe gleiten ließ.

„Und … und was bringt dich zu der Ansicht, dass ich nicht auf der Suche nach einem Alphamännchen bin?"

Joshs Mundwinkel zuckten, aber er blieb ernst.

„Du hattest schon eins und bist zu der Erkenntnis gekommen, dass Alphamännchen nicht als Partner taugen."

Ich schluckte. Da hatte er recht. Mit Machos und eifersüchtigen Prahlhälsen war ich durch. Leider änderte das trotzdem nichts an meinem Problem mit Josh. Traurig drückte ich ihn zurück.

„Ich kann nicht mit dir ausgehen", sagte ich.

„Ach, nicht? Sagt wer?"

Ich schüttelte den Kopf. „Josh. Es geht wirklich nicht. Wo soll das auch hinführen? Du willst im Februar nach Namibia zu deiner Tante und gehst danach zurück nach Kanada. Und ich? Ich werde dann hier zurückbleiben und darunter leiden, dass du fort bist. Das kann ich nicht. Und das will ich auch gar nicht."

Josh ließ sich nicht einschüchtern, sondern strich vorsichtig weiter über mein Gesicht.

„Was, wenn ich dir sagen würde, dass wir uns nicht trennen müssen im Februar?", fragte er. „Was, wenn ich dir versprechen könnte, dass ich nicht vorhabe, dich je wieder länger als ein paar Tage am Stück allein zu lassen?"

Mein Herz machte einen Satz bei dem Gedanken, aber es klang einfach zu schön, um wahr zu sein. Ich biss mir auf die Unterlippe und sah in Joshs wunderschöne Augen.

„Wie?", fragte ich. „Sag mir wie. Wie soll das gehen?"

„Das kann ich dir im Moment noch nicht sagen", erklärte er. „Ich muss erst nach Hause, um ein paar Gespräche zu führen. Aber danach werde ich es dir erklären. Das verspreche ich dir."

Ich schluckte.

„Wenn es das Problem mit der Distanz nicht mehr gäbe, würdest du dann mit mir ausgehen?"

Ich zögerte. War es richtig, ihn zu ermutigen? Immerhin wusste ich noch gar nicht, wohin das alles noch führen würde. Trotzdem konnte ich nicht anders als zu nicken.

„Ja", sagte ich. „Das würde ich."

„Gut", sagte Josh und beugte sich weiter zu mir vor.

Ich atmete seinen angenehmen Geruch ein und erzitterte am ganzen Körper, als er mir immer näher kam. Kurz bevor sein Mund den meinen erreichte, legte ich ihm eine Hand auf die Lippen, um ihn daran zu hindern.

„Ich … ich kann das nicht, Josh. Nicht bevor ich nicht weiß, ob wir eine Zukunft haben werden. Ich … Tut mir leid, aber ich kann das nicht einfach so tun. Du brauchst Zeit, um es mir zu erklären, und ich brauche Zeit, um mich auf dich einzulassen. Bitte … bitte hab noch etwas Geduld."

Josh nickte und lehnte seine Stirn an meine.

„Natürlich", versprach er. „Du hast alle Zeit der Welt. Und ich beeile mich, die Infos zu bekommen, die ich brauche. Denn wenn ich dich nicht bald küssen darf, dann könnte es sein, dass ich in absehbarer Zeit die Wände hochgehe."

Ich lachte leise. „Na, das können wir deiner Oma aber nicht antun. Stell dir mal die Fußabdrücke an der Tapete vor."

Joshs Mundwinkel zuckten. „Meine Oma ist kurzsichtig. Sie würde vermutlich denken, dass es zum Muster gehört."

Ich nickte und hoffte ebenfalls, dass Josh sich beeilen würde. Denn sonst saßen wir mit Sicherheit bald beide an der Decke.

Kapitel 27

Deutschland 2013

„Wie wäre es, wenn wir beide heute etwas zusammen unternehmen?“, fragte Josh.

Ich war nun seit zwei Tagen wieder zu Hause und Josh umsorgte mich so gut er konnte. Tagsüber musste er zwar zur Uni, aber nachmittags war er so früh wieder da, dass er noch Zeit mit mir verbringen konnte.

„Ich weiß nicht“, sagte ich. „Was hattest du dir den vorgestellt?“

„Kino vielleicht? Es läuft ‚Die Eiskönigin‘. Der soll echt lustig sein.“

Überrascht sah ich ihn an.

„Du willst mit mir in einen Kinderfilm gehen?“

„In einen Disney-Film wohlgemerkt. Ich habe deine DVDs gesehen. Da ist fast die Hälfte von Disney, also habe ich daraus geschlossen, dass du solche Filme magst.“

Ich lächelte. Es erstaunte mich jedes Mal wieder, wie fürsorglich Josh sein konnte. Ganz anders als Rogelio, der vermutlich nicht mal für Geld mit mir in einen Kinderfilm gegangen wäre. Josh war da ganz anders.

Es klopfte und Josh öffnete die Tür, vor der Granny mit ein paar Briefen stand.

„Hier“, sagte sie. „Die sind für euch. Ich hätte sie schon fast mit nach oben genommen. Bin doch ein wenig verwirrt dieser Tage.“

Josh lächelte seine Großmutter an und bedankte sich artig.

„Können wir dir noch bei irgendetwas helfen, Granny?", fragte er.

„Ach wo", sagte diese. „Alles gut. Alles gut. Ich gehe dann mal nach oben. Lasst euch nur nicht weiter stören."

„Danke, Granny. Bis später dann."

Granny nickte und Josh kam mit den Briefen zurück in die Wohnung.

„Hier ist einer für dich", sagte Josh und hielt mir einen Brief entgegen.

Ich nahm ihn und sah auf den Absender. Er war vom Gericht. Schnell ließ ich ihn in meiner Tasche verschwinden, weil ich keine Lust hatte, Josh zu erklären, warum ich Briefe vom Scheidungsgericht bekam. Er wusste noch immer nicht, dass ich mit Rogelio verheiratet war, und ich hatte auch keine Ahnung, wie ich dieses sensible Thema ansprechen sollte.

„Den lese ich später", erklärte ich schnell. „Ist sicher nur ein Strafzettel. Und bei dir?"

Josh zuckte mit den Schultern. „Das meiste ist Werbung, aber hier steht kein Absender drauf."

Er öffnete den weißen Umschlag und zog ein paar Fotos heraus. Da ich vermutete, dass die Bilder privat waren, wandte ich mich ab und nahm mir ein Glas aus dem Schrank, um mir Wasser einzugießen. Ich hatte gerade begonnen zu trinken, als Josh mir eines der Bilder vor die Nase hielt und mich fragend ansah.

„Janna?", sagte er irritiert. „Was hat das zu bedeuten?"

Ich verschluckte mich und fing schrecklich an zu husten. Das Bild zeigte Rogelio und mich bei unserem Hochzeitskuss. Das weiße Brautkleid und den Schleier konnte man kaum missverstehen, aber trotzdem schien Josh nicht zu begreifen, was er hier vor sich hatte. Vielleicht wollte er es aber auch nicht wahrhaben.

Als ich nicht aufhörte zu husten, klopfte er mir auf den Rücken und mir schossen Tränen in die Augen.

„Wer … Woher?“, keuchte ich.

„Ich habe keine Ahnung“, erklärte Josh. „Der Brief war ohne Absender. Aber … Ist es wirklich das, wonach es aussieht?“

Luisa. Nur sie konnte ihm die Bilder geschickt haben. Bestimmt hatte sie welche aus dem Fotoalbum meiner Eltern kopiert und sie Josh geschickt. Es gab niemanden sonst, dem ich so etwas zutraute.

Josh betrachtete die Bilder genauer. Es waren gleich mehrere Fotos der Hochzeit und Josh schien sie so genau zu untersuchen, als suche er nach einem Logikfehler.

„Ach, gib sie schon her, verdammt“, schimpfte ich und entriss ihm die Fotos. Ich zerknüllte sie und warf sie kurzerhand in den Mülleimer. Nachdenklich sah Josh mich an.

„Es ist also keine Fotomontage“, stellte er fest. „Du bist wirklich mit diesem Mistkerl verheiratet.“

Ich sagte nichts, sondern starrte aus dem Fenster. Es regnete schon wieder und das Wetter passte perfekt zu meiner Stimmung.

„Janna. Sieh mich an“, bat Josh.

Ich schüttelte den Kopf. „Ich kann nicht.“

„Warum nicht?“

„Weil es mir so unangenehm ist.“

„Was? Dass du verheiratet bist oder dass du mir nicht davon erzählt hast?“

„Beides.“

Ich senkte den Blick. Zuerst fürchtete ich, dass Josh mich berühren würde, aber dann hätte ich ihn wahrscheinlich weggestoßen. Stattdessen lehnte er sich neben mir an den Küchentresen und sah mit mir zusammen in den Regen.

„Erzähl mir davon“, bat Josh. „Warum zum Himmel hast du ihn geheiratet?“

„Warum zum Himmel nicht?“, konterte ich.

„Na ja. Du hast gesagt, dass er …"

Ich stöhnte. „Damals war es noch nicht so schlimm." Ich sah Josh an. „Hör zu, Josh. Das kannst du nicht verstehen. Du hast doch schon so Probleme, dich in andere Menschen hineinzuversetzen. Wie zum Teufel willst du dann so etwas verstehen?"

„Tu mir den Gefallen und lass es mich zumindest versuchen. Wenn du mir nichts davon erklärst, dann habe ich ja gar nicht erst die Chance."

Ich sah wieder nach draußen und zögerte. Doch dann nahm ich mein Glas und trank noch einen Schluck. Ganz in Ruhe diesmal und ohne mich zu verschlucken.

„Ich habe ihn geheiratet, weil ich ihn geliebt habe", erklärte ich. „Weil ich wollte, dass wir zusammen sein können. Und da er Mexikaner ist, wäre es anders nicht möglich gewesen. Er hatte keine Zulassung als Student, also konnte er nicht zum Studieren nach Deutschland kommen. Auch eine Arbeitserlaubnis hätte er nicht so einfach bekommen. Die einzige Möglichkeit, ihn länger als drei Monate bei mir zu haben, war ihn zu heiraten, und das habe ich getan."

„Und jetzt?"

„Jetzt lasse ich mich wieder scheiden."

Josh nickte. „Erzählst du mir auch warum?"

„Warum? Ich habe dir doch erzählt, dass er …"

„Ich weiß. Du hast mir erzählt, dass er dich mit seiner Eifersucht fast in den Wahnsinn getrieben hat. Aber das musst du schon vor der Hochzeit gewusst haben. Trotzdem hast du dich darauf eingelassen. Was ist geschehen, Janna? Was ist schiefgegangen? Was ist es, was dir solche Angst macht? Was ist passiert?"

Ich zögerte. Konnte ich ihm wirklich davon erzählen? Aber andererseits, wenn nicht ihm, wem dann? Natürlich konnte ich mir nicht sicher sein, dass er mich verstand, aber das konnte ich nie. Gefühle waren etwas, das niemand wirklich verstand. Weder Glück noch Schmerz waren Dinge, die sich messen ließen. Die Intensität solcher Gefühle war unvergleichlich und trotzdem versuchten Menschen immer wieder, sie gegeneinander aufzuwiegen, so als könne man in Zahlen darstellen, welcher Partner den anderen mehr liebte. Das war unmöglich. Und genauso unmöglich kam es mir vor, über den Tag zu sprechen, der alles verändert hatte. Aber vielleicht konnte ich ihm etwas anderes erzählen.

„Ich ...“, begann ich. „Wenn du möchtest, dann kann ich dir von der Hochzeit erzählen.“

Josh nickte. Es war zwar nicht ganz, was er hören wollte, aber vielleicht würde er auch so etwas besser verstehen, was bei Rogelio und mir schiefgelaufen war. Ich musste es zumindest versuchen.

Kapitel 28

Deutschland 2009

Die Hochzeit hätte eigentlich der schönste Tag meines Lebens werden sollen. Die Wahrheit war jedoch, dass ich noch nie zuvor so viel Unsicherheit verspürt hatte. Rogelio und ich hatten beschlossen, dass wir in Deutschland standesamtlich heiraten würden, damit er vorerst in Deutschland bleiben konnte. So wäre es mir möglich, ein Studium zu beginnen, während er sich einen Aushilfsjob suchte. Sobald ich mit meinem Studium fertig war, wollten wir zurück nach Mexiko ziehen, um dort ein gemeinsames Leben aufzubauen. Soweit die Theorie.

In der Praxis sah das jedoch alles andere als einfach aus. Seit zwei Monaten war Rogelio in Deutschland, aber ich hatte nicht das Gefühl, dass es ihm gelang sich zurechtzufinden. Abgesehen davon, dass er einen Deutschkurs besuchte, bei dem er eine sehr nette Mexikanerin namens Alexis kennengelernt hatte, machte er keinerlei Versuche sich zu integrieren.

„Es ist zum Verrücktwerden mit ihm“, klagte ich Lizzy mein Leid. „Es gibt fast nichts, was ich ihm recht machen kann. Mal ehrlich. Ich gehe zur Uni. Ich gehe arbeiten, aber trotzdem will er, dass ich auch noch die Wohnung sauber halte und koche, obwohl er ja im Moment derjenige ist, der mehr zu Hause ist als ich.“

„Aber du willst das heute trotzdem durchziehen, ja?“, fragte sie mich skeptisch und ich sah seufzend in den Spiegel.

Meiner Meinung nach sah ich wunderschön aus. Ich hatte mir die Haare hochstecken lassen, war geschminkt und trug ein wunderschönes Kleid. Alles war vorbereitet und trotzdem stand ich jetzt hier und hatte Zweifel.

„Ich weiß nicht, was ich sonst tun soll, Lizzy. Ich liebe Rogelio doch. Und … ich bin mir ganz sicher, dass er mich auch liebt.“

„Ja. Ich weiß. Aber gleich heiraten? Du bist doch erst zwanzig.“

Ich nickte. Mir war klar, dass es auf andere unvernünftig wirken musste, aber ich hatte diese Fernbeziehung so leid. Ich wollte mich vis-à-vis mit Rogelio streiten können und nicht jedes Mal den Hörer auflegen, wenn es Probleme gab. So konnte das doch nicht weitergehen.

„Ich weiß, dass wir noch sehr jung sind, aber ich habe das Gefühl, dass ich es ewig bereuen werde, wenn ich es nicht wenigstens versuche.“

Lizzy schnalzte mit der Zunge und schüttelte den Kopf. „Nun. Du musst selber wissen, was du tun willst. Alles ist vorbereitet, du siehst aus wie eine wunderschöne Braut, nun musst du nur noch eine werden.“

Ich nickte und senkte den Kopf.

„Also gut“, sagte ich. „Dann wollen wir mal.“

Das Trauzimmer in Dülmen war sehr schön. Ein Mix zwischen modern und altmodisch. Ich hatte es mir vorher bereits mit Rogelio angesehen und war sehr zufrieden damit. In diesem Moment hatte ich allerdings nur Augen für Rogelio, der an der Türe stand und auf mich wartete. Er trug einen grauen Anzug und hob sich damit deutlich von den anderen Männern auf der Veranstaltung ab. Die Farbe betonte den dunklen Ton seiner Haut und stand ihm einfach wunderbar. Als er mich sah, war so viel Bewunderung in seinen Augen, dass ich mich gleich um vieles schöner fühlte.

Dennoch zitterten meine Knie, als ich zu ihm ging und ihm die Hand entgegenstreckte. Er zog mich zu sich und drückte mir einen Kuss auf die Wange.

„Bist du sicher, dass du das tun möchtest?“, fragte er so leise, dass es außer mir niemand hören konnte.

Er klang ehrlich besorgt und ich gab mir Mühe, den Kloß in meinem Hals herunterzuschlucken.

„Liebst du mich?“, fragte ich.

Er nickte. „Mehr als mein Leben“, sagte er und ich kämpfte mit den Tränen, die mir sofort die Schminke versauen würden.

Wenn er mich so sehr liebte, warum zeigte er mir das nicht, indem er mir etwas mehr Vertrauen entgegenbrachte oder mir mit der Hausarbeit half? So wie die Dinge standen, fiel es mir gar nicht leicht, ihm seine Worte zu glauben. Trotzdem drückte ich seine Hand und sah ihn ernst an.

„Dann ja“, sagte ich. „Wenn du mich wirklich liebst, dann will ich dich heiraten. Ich liebe dich nämlich auch und möchte, dass wir endlich zusammen sein können.“

Er nickte und führte mich in das Trauzimmer. Eine Stunde später waren wir verheiratet und mein Name lautete auf einmal nicht mehr Janna Meyer, sondern Janna Meyer-Sanchez.

Ich war noch nicht auf vielen Hochzeiten gewesen und hatte daher nur wenig Vergleichsmöglichkeiten, aber meiner Ansicht nach war die Hochzeit sehr schön. Da von Rogelios Seite bis auf Alexis mit ihrem Mann niemand gekommen war, war es keine große Veranstaltung. Ich selber hatte meine halbe Klasse eingeladen und alle anderen waren Verwandte oder Freunde der

Familie. Somit kamen wir insgesamt auf circa vierzig Leute.

Wir hatten eine Gaststätte gemietet und dort ein Büffet aufbauen lassen. Da ich selbst nicht viel Geld hatte, war ich froh, dass meine Eltern die Kosten übernahmen. Luxus konnten wir uns dementsprechend aber auch nicht leisten. Die Musik machte einer meiner Klassenkameraden und die Deko war simpel und zweckdienlich.

Trotzdem war die Stimmung sehr gut. Wir schnitten den Kuchen an, warfen den Brautstrauß und machten den Schleiertanz. Rogelio hatte zwar nur wenig Verständnis für all die Hochzeitsspielchen, die meine Freunde und meine Familie sich ausgedacht hatten, aber er machte alles mit und beschwerte sich nicht. Jedes Mal, wenn die Gäste gegen die Gläser klopften, dann küsste er mich zärtlich und blieb auch sonst die ganze Zeit an meiner Seite, sodass ich bereits anfing, zuversichtlich in die Zukunft zu blicken.

Doch dann begannen die Tänze. Rogelio und ich begannen mit dem Hochzeitstanz, dann kamen Lizzy und Alexis mit ihren Männern hinzu und danach alle anderen. Wir lachten viel und ich begann immer mehr mich zu entspannen. Vor allem, als ein paar spanische Lieder gespielt wurden und Rogelio mich zu den Salsaklängen über das Parkett wirbelte.

„Klopf, klopf", sagte Steffen, nachdem wir über eine Stunde getanzt hatten, und tippte Rogelio auf die Schulter. „Dürfte ich auch einmal mit der Braut tanzen?"

Er sah Rogelio lächelnd an und ich hoffte nur, dass mein frischgebackener Ehemann jetzt keine Szene machen würde. Ich hatte bereits mit meinem Vater, meinem Großvater und zwei meiner Onkel getanzt. Bei denen hatte er kein Theater gemacht. Bei Steffen war ich mir hingegen nicht ganz sicher, was er sagen würde. Er war zwar mit meiner Cousine zusammen, aber er war nicht mit mir verwandt und noch dazu ein gut aussehender, junger Kerl. Doch zu meiner Überraschung lächelte Rogelio nachsichtig zurück und überreichte Lizzys Freund meine Hand.

„Claro. Nur … bring sie zurück schnell“, bat er auf gebrochenem Deutsch.

Steffen antwortete nicht, sondern grinste nur und zog mich auf die Tanzfläche. Eine Sekunde später war Rogelio aus meinem Blickfeld verschwunden.

„Na?“, fragte Steffen. „Das war ja leichter, als ich dachte.“

„Da muss ich dir recht geben“, antwortete ich. „Offensichtlich vertraut er dir mehr, als ich dachte.“

„War vielleicht nicht seine klügste Idee.“

Steffen grinste wieder und ich bekam plötzlich das Gefühl, dass er nichts Gutes im Schilde führte. Ich hatte nie so ganz verstanden, was Lizzy an ihm fand. Er war zwar ganz süß und sah auch nicht schlecht aus, aber im Vergleich zu Rogelio erschien er mir wie ein kleiner Junge und ich konnte überhaupt nichts Begehrenswertes an ihm entdecken.

Aber Geschmäcker waren bekanntlich verschieden und es lag nicht an mir, die Beziehung meiner Cousine in Frage zu stellen, wo ich doch in meiner eigenen genug Probleme hatte. Ich musste gestehen, dass es mich wunderte, dass Steffen überhaupt Discofox konnte.

„So. Und noch eine Drehung“, sagte Steffen, drehte mich herum, fing mich wieder auf und grinste erneut.

Wieder erfasste mich das Gefühl von Unbehagen und im nächsten Moment ging plötzlich das Licht aus. Einige Leute kreischten, Steffen hob mich hoch, jemand riss die Tür auf und mehrere Arme nahmen mich entgegen.

„Was zum Teufel …“, wollte ich protestieren, aber ehe ich mich versah, befand ich mich schon in einem

Bulli. Die Tür wurde zugeschlagen und das Auto fuhr mit mir davon.

Mir gegenüber hockten Lizzy und zwei weitere Freundinnen aus der Schule und hatten vor Aufregung ganz rote Bäckchen. Einer meiner Onkel saß am Steuer und fuhr mit ernster Miene vom Hof.

„Was … was soll das denn?", fragte ich. „Wo bringt ihr mich hin? Was soll das alles?"

„Das ist eine Brautentführung", erklärte Lizzy lachend.

Meine Klassenkameradinnen kicherten.

„Ich würde ja zu gerne Rogelios Gesicht sehen, sobald er merkt, dass du weg bist."

Ich wurde blass. Sie würde sein Gesicht vielleicht gerne sehen. Ich hingegen überhaupt nicht. Eine Brautentführung? Ich hatte zwar schon mal davon gehört, aber ich war mir sehr sicher, dass Rogelio so etwas überhaupt nicht kannte und es mit Sicherheit auch nicht lustig fand.

„Ich glaube nicht, dass das eine gute Idee ist", sagte ich. „Oder besser gesagt: Ich bin mir sicher, dass das keine gute Idee ist. Rogelio wird das nicht verstehen."

„Ach, Unsinn." Lizzy winkte ab. „Er hat eine Deutsche geheiratet, also muss er auch mit den deutschen Bräuchen zurechtkommen. Er soll nur ein paar Hinweise suchen und dann kann er zu dir. Nadine und ihre Eltern haben euch ein ganz tolles Hotel spendiert. Da bringen wir dich jetzt hin und dann wartest du dort auf ihn und ihr verbringt eine wunderschöne Hochzeitsnacht. Glaub mir, das wird ganz toll."

Das glaubte ich zwar nicht, aber es brachte wohl auch nichts, sich jetzt noch dagegen zu sträuben. Der Schaden war bereits angerichtet. Falls ich jetzt darauf bestand, dass man mich wieder zurückbrachte, stand ich nur als Spielverderberin da und Rogelio wäre trotzdem wütend auf mich, weil ich diesen Blödsinn nicht von Anfang an verhindert hatte. Ich hoffte einfach, dass Alexis es schaffen würde, Rogelio zu erklären, dass die Brautentführung auf vielen deutschen Hochzeiten durchgeführt wurde und der allgemeinen Belustigung diente. Es war ja nicht böse gemeint. Ich bezweifelte nur leider, dass Rogelio das verstehen würde.

Das Hotelzimmer war sehr luxuriös, aber ich konnte es keine Minute lang genießen. Ich war nervöser als vor meinem ersten Mal mit Rogelio und damals war ich so verkrampft gewesen, dass ich dachte, schlimmer könnte es gar nicht kommen.

Es war so gemein. So sollte man sich in seiner Hochzeitsnacht nicht fühlen. Ich sollte freudig erregt sein, während ich auf meinen frisch angetrauten Ehemann wartete. Stattdessen wäre ich am liebsten geflüchtet und hätte mich irgendwo versteckt. Aber was hätte das gebracht? Ich war jetzt verheiratet und früher oder später würde ich mich wohl mit meinem Mann auseinandersetzen müssen.

Als er eine Stunde später eintraf, erfüllten sich meine schlimmsten Erwartungen. Er kam nicht allein, sondern wurde von meinen Eltern und Lizzy gebracht. Meine Geschwister waren vermutlich bei meinen Großeltern geblieben. Seine Miene war so eisig, dass ich automatisch vor ihm zurückwich, als er durch die Tür trat.

Meine Eltern und Lizzy trugen eine große Kiste mit all den Hochzeitsgeschenken, aber meine Cousine sah alles andere als glücklich aus. Im Gegenteil. Sie schien fast genauso wütend zu sein wie Rogelio. Meine Eltern stellten die Kiste auf dem Boden ab und meine Mutter zog mich ein wenig zur Seite.

„Bist du dir sicher, dass wir dich mit ihm allein lassen können?“, fragte sie.

Ich nickte, obwohl ich mir ganz und gar nicht sicher war. „Natürlich. Was ist denn überhaupt geschehen?"

„Dein Mann hat offensichtlich wenig Humor. Als Steffen und Lizzy wiederkamen, hätte er Steffen beinahe den Kopf abgerissen. Wenn dein Vater nicht dazwischen gegangen wäre, dann hätte das eine handfeste Schlägerei gegeben."

Ich schluckte. „Er wollte also nicht suchen?"

Meine Mutter schüttelte den Kopf. „Wir hatten ein paar Hinweise versteckt, aber er hat sich geweigert. Alexis hat versucht, ihm alles auf Spanisch zu erklären. Sie versteht schon viel besser Deutsch als er. Aber er wollte gar nichts davon hören, sondern hat verlangt, dass wir ihn zu dir bringen. Na ja. Und da sind wir jetzt."

„Und was ist mit Lizzy?"

„Sie ist sauer, weil Rogelio ihren Steffen fast in den Boden gerammt hätte. Zum Glück ist der Kerl kein Draufgänger. Wenn er sich nicht sofort ergeben hätte, dann wäre das sicherlich nicht gut ausgegangen."

Ich schluckte. Ja. Der Meinung war ich auch. Verstohlen warf ich Rogelio einen Blick zu und erzitterte leicht.

„Danke, dass ihr ihn gebracht habt", sagte ich. „Ihr könnt jetzt ruhig gehen."

„Und du bist wirklich sicher, dass ..."

„Ja, Mama. Alles in Ordnung. So ist er eben. Er ist schnell auf hundertachtzig. Aber genauso schnell beruhigt er sich auch wieder."

Sie nickte. „Also gut. Wenn du meinst. Rufst du mich morgen an?"

„Natürlich."

Sie nahm mich noch einmal in den Arm und folgte dann Lizzy und meinem Vater nach draußen. Die Tür ging zu und dann war ich mit meinem Ehemann alleine.

Kapitel 29

Deutschland 2013

„Es wurde die traurigste Hochzeitsnacht, die man sich vorstellen kann."

Josh sah mich mitleidig an. „Hat er …"

„Mich geschlagen?", vervollständigte ich seine Frage.

Josh nickte.

„Nein", sagte ich wahrheitsgemäß. „Das hat er nicht. Aber er hat mich verletzt. Psychisch verletzt. Er hat mich angeschrien und mir die Schuld an der ganzen Aktion gegeben. Insofern habe ich meine Hochzeitsnacht am Ende nicht in dem schönen Himmelbett verbracht, sondern saß stundenlang weinend im Badezimmer, wo ich mich vorsichtshalber eingeschlossen hatte."

Josh sah aus, als wolle er mich unterbrechen, aber ich redete schnell weiter, weil ich fürchtete, sonst nicht mehr zum Ende zu kommen.

„Erst am frühen Morgen haben wir uns wieder vertragen. Vermutlich konnte ich froh sein, dass er nicht die gesamte Einrichtung auseinandergenommen hatte. Aber ihm schien klar zu sein, dass er einen kaputten Fernseher mit Sicherheit würde zahlen müssen."

„Warum war dieser Kerl überhaupt sauer auf dich?", fragte Josh verständnislos. „Es war doch nicht deine Idee."

Ich zuckte die Schultern.

Natürlich war Rogelio klar gewesen, dass ich die Sache nicht geplant hatte, und er glaubte mir sogar, dass ich nichts davon gewusst hatte. Aber Lizzy und meine Eltern waren meine Familie und somit auch meine Schuld. Logik war noch nie seine größte Stärke gewesen. Er war leidenschaftlich und impulsiv. Erst handeln, dann reden. Das war seine Devise.

„Was ist danach passiert?", fragte Josh, als er merkte, dass ich nichts weiter dazu sagen würde.

„Wir haben versucht, uns zusammenzuraufen. Ein paar Wochen klappte das auch einigermaßen. Aber leider mussten wir dann feststellen, dass Rogelio zwar dank unserer Hochzeit offiziell in Deutschland arbeiten durfte, es bedeutete aber noch lange nicht, dass er auch eine Arbeit bekam."

Josh lachte freudlos. „Ja. Als ungelernte Kraft ist das gar nicht so leicht."

Ich nickte. Rogelio wäre bereit gewesen, alles Mögliche zu machen, aber leider hatte er keinerlei Geduld und war nach wenigen Wochen so frustriert, dass wir uns ständig stritten. Ich war müde und k. o. von der Arbeit und von der Uni, während er voller Energie steckte, weil er den ganzen Tag nur vor der Glotze gehangen hatte und nicht wusste, wie er sich beschäftigen sollte.

„Er hat angefangen, alles zu hassen", erklärte ich weiter. „Das Wetter, das Essen, die Sprache, die Leute, die Mentalität, alles. Es war schrecklich."

„Lass mich raten. Er wollte wieder nach Hause."

Ich nickte. „Drei Monate nach der Hochzeit ist er zurück nach Mexiko gezogen."

„Und du?"

Ich zuckte die Schultern. „Das Semester habe ich noch fertig gemacht und die gemeinsame Wohnung wieder aufgelöst. Dann habe ich meine Sachen gepackt und bin ihm nach Mexiko gefolgt."

„Und das hat dann auch nicht geklappt?"

Ich schüttelte den Kopf. „Nein“, sagte ich und versuchte die Tränen zu unterdrücken.

Ich spürte, dass Josh gerne mehr wissen wollte, aber er sagte nichts, sondern zog mich einfach nur an sich und drückte mir einen Kuss auf die Stirn.

„Wie wäre es, wenn wir nach draußen gehen?“, fragte er.

Ungläubig sah ich ihn an und blickte dann zum Fenster, an das die Regentropfen schlugen.

„Es regnet“, bemerkte ich.

„Ach, ehrlich?“ Er lachte. „Das hatte ich ja noch gar nicht bemerkt.“ Seine Augen blitzten und er hielt mir die Hand entgegen. „Also? Was ist? Kommst du mit? Wie in alten Zeiten?“

Ich zögerte, aber gab ihm dann die Hand. „Also gut“, sagte ich. „Warum nicht?“

„Mann, ist das kalt“, stellte ich fest und erzitterte. Ich hatte meine Hose hochgekrempelt und trug eine Regenjacke, aber trotzdem spürte ich die Kälte in jeder Faser meines Körpers.

„Alles eine Frage der Einstellung“, sagte Josh und lächelte.

Er trug keine Regenjacke, sondern nur eines seiner Spruchshirts. ‚Life is a journey, not a destination‘ stand darauf und seine Brust zeichnete sich deutlich darunter ab.

„Ich wollte dir auch gerne etwas erzählen, Janna.“

Ich sah ihn überrascht an und schwieg.

„Weißt du … Es gibt einen guten Grund, warum ich so lange keine Freundin mehr hatte.“

Er sah mich nicht an und ich vermutete, dass es das Beste war, ihn nicht zu unterbrechen.

„Als ich siebzehn war, war ich ein Jahr mit einem Mädchen zusammen, das mir sehr viel bedeutet hat. Ihr Name war Ramona.“

Er verstummte und ich ergriff seine Hand. Es war das erste Mal, dass er über andere Mädchen sprach, und ich wollte unbedingt mehr darüber erfahren.

„Ich dachte eigentlich, dass wir eine gute Beziehung hätten", fuhr er fort. „Ich habe sie wirklich geliebt und habe alles getan, um sie glücklich zu machen. Aber dann ... dann habe ich erfahren, dass sie in der Disco mit irgendeinem D-Promi rumgeknutscht hat."

„Ein D-Promi?", fragte ich erstaunt. „Welcher denn?"

„Ach, keine Ahnung. Irgend so ein Kerl, der bei einer kanadischen Talentshow in den Top 10 war. Ich schaue mir so was nicht an. Aber offenbar konnte Ramona sich die Gelegenheit nicht entgehen lassen, sondern musste unbedingt herausfinden, ob er genauso gut küssen wie singen konnte."

Er zuckte mit den Schultern.

„Haben sie nur geknutscht, oder ..."

„Das weiß ich nicht. Sie hat bei ihm übernachtet, aber sie streitet ab, dass da mehr gelaufen ist. Ob das stimmt, kann ich nicht sagen. Eigentlich ist es mir aber auch egal. Viel schlimmer war der Grund, den sie dafür genannt hat. Sie meinte, sie hätte es getan, weil sie das Gefühl hatte, mir wäre es sowieso egal. Ich würde ja ohnehin nichts fühlen."

„Was für eine blöde Kuh", sagte ich. „Ich hoffe, du hast mit ihr Schluss gemacht."

„Nicht sofort. Ich war neugierig, ob ich es schaffen würde, einen solchen Verrat zu verzeihen. Aber ich musste feststellen, dass das nicht möglich war. Ich hätte mit ihr zusammenbleiben können, aber wozu? Das Vertrauen war weg und es gab nichts, was uns noch zusammenhielt. Aber ab dem Tag habe ich ganz bewusst angefangen, an meiner Selbstwahrnehmung zu arbeiten. Und dazu gehören auch Übungen wie diese hier."

Er trat barfuß in den Regen und hob das Gesicht, um die Tropfen auf seiner Haut zu spüren. Ohne zu zögern folgte ich ihm und spürte sofort die Kälte des Bodens in meine nackten Füße kriechen. Es war Winter. Hier im Regen zu stehen war absolut verrückt, aber als Josh meine Hand ergriff, begann ich trotzdem zu verstehen, was er mir zeigen wollte.

Wann nahm man sich schon die Zeit, um wirklich mal bewusst etwas zu spüren? Die meiste Zeit war man so abgelenkt von anderen Dingen, dass man solche Kleinigkeiten gar nicht mehr wahrnahm oder sie direkt als lästig abstempelte. Ich hob mein Gesicht und konzentrierte mich ganz bewusst darauf, wie die Regentropfen meine Haut berührten. Es war kalt. Ja. Aber es kribbelte auch überall in meinem Körper. Ich atmete tief ein und aus und spürte tief in mich hinein. Ich fühlte alles. Sowohl das Wasser zwischen meinen Zehen, als auch Joshs warme Hand in meiner. Auf einmal schien mir die Vergangenheit gar nicht mehr so wichtig. Ich war hier. Jetzt gerade war ich hier. Und egal, wie die Vergangenheit oder die Zukunft aussah. Vor allem galt es doch, das Hier und Jetzt zu genießen.

Nach fünf Minuten im eiskalten Regen beschloss ich jedoch, dass ich mich lange genug selber gespürt hatte, und löste meine Hand langsam aus der von Josh.

„Diese Ramona war eine Idiotin", erklärte ich. „Wer nicht erkennt, was für ein toller Kerl du bist, ist selber schuld."

Josh lächelte mich an und es sah lustig aus, wie die Regentropfen dabei über sein Gesicht liefen.

„Manchmal hat es immerhin auch Vorteile, dass du nicht so schnell frierst", fuhr ich fort.

„Ach ja? Welche denn?"

„Na, dass ich jetzt als Erste unter die Dusche gehen kann", sagte ich und zwinkerte ihm zu. „Mir ist nämlich arschkalt und ich habe keine Lust, mir eine Erkältung einzufangen."

Kapitel 30

Deutschland 2013

„Janna. Wo zum Himmel bleibst du?"

„Lizzy?"

Ich rieb mir verschlafen die Augen. Nachdem ich am Vortag nach dem Duschen noch lange mit Josh im Wohnzimmer gegessen und Weihnachtsmusik gehört hatte, hatte ich an dem heutigen Samstag sehr viel länger geschlafen als sonst. Der Wecker zeigte zehn Uhr morgens und ich war immer noch müde.

„Was zum Teufel ist denn los?", fragte ich und ließ mich wieder nach hinten sinken.

Seit ein paar Tagen war ich völlig medikamentfrei und das freute mich über alle Maßen. Nicht mehr lange und ich würde auch wieder alles heben können.

„Sag jetzt nicht, du liegst noch im Bett. Weißt du denn gar nicht, was für ein Tag heute ist?"

„Samstag?"

„Ja. Samstag. Und zwar der 21.12."

„Und was soll mir der sagen?"

„Sag mal, liest du deine WhatsApp-Nachrichten überhaupt nicht?"

Ich schluckte. Tatsächlich hatte ich mein mobiles Internet am Handy seit der OP nicht mehr angestellt. Das war schon fast zwei Wochen her. Plötzlich kam mir ein schrecklicher Verdacht.

„Sag bloß, heute ist eine Veranstaltung wegen deines Junggesellenabschieds."

„Nicht eine Veranstaltung, sondern DIE Veranstaltung", motzte Lizzy. „Heute IST der Junggesellenabschied. Wir mussten um zwei Wochen vorverlegen, weil ich am 04.01. zu einer Hochzeit muss. Das hatte ich bei der Planung völlig vergessen."

Ich setzte mich auf und machte mich daran, die Leiter von meinem Bett nach unten zu klettern.

„Also noch mal von vorne. Der Junggesellenabschied ist heute. Wo? Und wann fängt es an?"

„Es hat schon angefangen", patzte Lizzy. „Vor einer halben Stunde. Wir brunchen gerade bei mir zu Hause und was danach kommt, weiß ich noch nicht. Also sieh zu, dass du deinen hübschen Hintern hierher bewegst. Wir warten alle auf dich."

„Ist ja gut, ist ja gut. Ich beeile mich. Bis nachher."

Ich legte auf und beeilte mich, meine Klamotten zusammenzusuchen. Mein T-Shirt würde Nadine sicherlich dabei haben. Eigentlich ärgerte es mich, dass Lizzy sich so aufregte. Hätte sie zwischendurch mehr als einmal die Zeit gefunden, mich im Krankenhaus zu besuchen, dann hätte sie mir ja von der Terminänderung erzählen können. So war ich völlig ahnungslos davon ausgegangen, dass alles beim Alten blieb. Tja. Das kam davon, wenn man nicht hundert Prozent mit der Zeit ging und versuchte, so Dinge wie WhatsApp zu boykottieren.

Bei meiner hektischen Suche nach frischen Socken stieß ich mir heftig den Zeh und fluchte lautstark. Kurz darauf streckte Josh seinen Kopf zur Türe rein und sah mich fragend an.

„Alles in Ordnung mit dir?"

„Nein!", rief ich, während ich auf einem Fuß herumhüpfte. „Ich hab mir den Zeh gestoßen. Das sieht man doch. Scheiße tut das weh."

Josh schüttelte amüsiert den Kopf, drückte mich auf den Bürostuhl und nahm meinen Fuß in die Hand. Sofort kribbelte es wieder in meinem ganzen Körper, als er vorsichtig darüber strich, um meinen Fuß zu untersuchen.

„Noch alles dran", beschied er lächelnd. „Wenn es zu sehr wehtut, können wir den großen Zeh aber auch gerne abschneiden."

„Um Gottes willen, nein!", rief ich und entzog ihm meinen Fuß.

Josh lachte und reichte mir einen der frischen Socken. „Keine Sorge. Ich bin auch nicht so scharf darauf, deine Zehen hier in der Wohnung herumliegen zu haben."

„Hmpf", machte ich und schnappte mir den Socken, um ihn anzuziehen.

„Was ist überhaupt los, dass du so in Eile bist?"

„Der Junggesellenabschied von Lizzy wurde vorverlegt", erklärte ich.

„Was? Auf heute?"

„Ja. Deswegen wäre ich sehr froh, wenn du das Zimmer verlassen würdest, damit ich mich umziehen kann."

„Ach. Das ist schon okay. Ich seh dir gerne dabei zu."

Ich hielt inne und sah ihn mit hochgezogener Augenbraue an. Sofort lachte er und hob abwehrend die Hände.

„Ist ja gut, ist ja gut. Ich geh ja schon. Soll ich dich gleich zum Bahnhof bringen?"

Ich sah auf die Uhr und nickte. „Ja. Das wäre wirklich nett. Und … äh … Vielleicht könntest du mich heute Nacht auch irgendwann wieder abholen?"

„Klar. Kein Problem. Wir wollen heute sowieso nur was essen gehen. Danach komme ich nach Münster. Ihr seid bestimmt in der Altstadt, oder?"

„Ich habe keine Ahnung. Ich war ja bei der Besprechung nicht dabei. Aber ich gebe dir Bescheid, einverstanden?"

„Klar. Ich bin nebenan, wenn du fertig bist. Nicht, dass ich bei deinem Anblick noch erblinde."

Er zwinkerte mir zu, drehte sich um und verließ mein Zimmer, bevor ich ihm eins meiner Bücher an den Kopf werfen konnte. Eine Sekunde sah ich ihm noch hinterher, aber dann zog ich schleunigst meine Schlafanzughose aus, um mir eine Jeans überzustreifen. Ich würde viel zu spät kommen und Lizzy würde mir wahrscheinlich an die Gurgel fallen.

„Da bist du ja endlich!", rief Lizzy und zog mich in eine Umarmung. „Wir sind alle schon fertig mit dem Brunch."

Und mit dem Sekt offenbar auch, vermutete ich, weil ich lautes Gegacker aus dem Wohnzimmer hörte. Nadine und all die anderen Gäste waren bereits ordentlich beschwipst. Sie waren alle aufgetakelt und trugen bereits die Motto-Shirts mit dem Spruch: „Welche Frau braucht schon nen jungen Prinz mit Pferd, wenn sie einen alten Mann mit Ferrari haben kann?"

Sprachlos starrte ich die T-Shirts an. Lizzy hasste es, wenn man sie mit dem großen Altersunterschied aufzog, der zwischen ihr und ihrem Verlobten bestand. Dass das T-Shirt aber außerdem noch implizierte, Lizzy würde ihren Mann nur des Geldes wegen heiraten, war wirklich die Höhe.

Kein Wunder, dass Lizzys Lächeln so gequält wirkte. Aber jetzt war es wohl zu spät, um noch irgendetwas zu ändern. Lizzy würde sich wohl mit den T-Shirts abfinden müssen und ich konnte nur hoffen, dass dies die einzige Überraschung des Abends bleiben würde.

„Du hattest doch versprochen aufzupassen, dass Nadine keinen Mist baut", flüsterte Lizzy mir ein paar Stunden später zu.

Seit zwei Stunden liefen wir in Kostümierung quer durch die Altstadt und Lizzy musste versuchen, dort Kondome und Alkohol zu verkaufen.

„Tut mir leid", sagte ich. „Mir ist leider eine Blinddarmentzündung dazwischen gekommen. Aber du hast natürlich recht. Ich hätte lieber riskieren sollen, dass er platzt, nur um zu dem Treffen mit Nadine zu gehen. Das wäre sicher die bessere Alternative gewesen."

Ich konnte nicht verhindern, dass ich sarkastisch klang. Es ärgerte mich einfach. Lizzy und ich kannten uns, seitdem wir denken konnten. Hätte sie die Planung des Junggesellenabschieds mir übertragen, dann wäre so etwas nicht passiert. Ich hätte mich schon viel eher um die Planung gekümmert und sicher nicht so schreckliche T-Shirts ausgewählt.

„So hab ich das ja nicht gemeint", sagte Lizzy schnell. „Aber du hättest dich schon erkundigen können, sobald du wieder gesund warst."

„Die OP ist gerade zwei Wochen her. Eigentlich müsste ich noch zu Hause liegen und mich schonen. Tut mir ja leid, dass ich nicht verhindern konnte, dass sie dir ein Kondomkörbchen überreichen, aber damit wird dein Liebster wohl klarkommen müssen. Und wenn er das nicht kann, dann solltest du ihn verdammt noch mal in den Wind schießen, bevor du denselben Fehler machst wie ich."

Irritiert sah Lizzy mich an und nickte dann verstört. „Ich … äh … nein. Mein Verlobter ist nicht wie Rogelio. Ganz sicher nicht. Wirklich."

„Dann ist ja gut. Dann sollte es ja auch kein Problem sein, ein paar Kondome zu verkaufen."

„Hey!", rief Nadine in diesem Moment und kam mit ein paar Pinnchen zu uns gelaufen. „Was seid ihr denn für Langweiler? Heute wird nicht geredet, heute wird gesoffen."

„Nein, danke", sagte ich. „Ich denke nicht, dass ich schon wieder Alkohol trinken sollte."

„Janna", sagte Lizzy und sah mich beschwörend an.

„Du hast mir diesen Schlamassel eingebrockt, also trinkst du jetzt auch mit mir. Oder nimmst du noch Medikamente?“

„Nein, aber …“

„Na also. Dann runter damit.“

Ich seufzte und nahm dann das Pinnchen entgegen. „Na, meinetwegen. Dann zum Wohl.“

„Auf die Braut!“, grölte Nadine.

„Auf die Braut!!!“, antworteten die anderen Mädchen und hoben ihre Gläser.

Ich kippte das Pinnchen runter und spürte sofort ein warmes Gefühl in meiner Magengegend.

„Sehr gut, Janna!“, rief Nadine. „Und sofort noch einen.“

Ich seufzte und nahm das nächste Pinnchen entgegen. Das konnte noch ein interessanter Abend werden.

Wir konnten von Glück reden, dass das Wetter so gut mitspielte. Es war kurz vor Weihnachten und die Temperaturen lagen tagsüber knapp unter zwanzig Grad. Das war zwar klimatechnisch sehr bedenklich, passte uns aber sehr gut in den Kram. Wir amüsierten uns prächtig, zogen von Bar zu Bar und versuchten unsere Süßigkeiten an den Mann zu bringen. An die Frau war natürlich auch möglich, aber die Männer waren erheblich kauffreudiger.

„Mein Körbchen ist leer“, verkündete Lizzy schließlich lächelnd. „Mein Gott. Ich dachte schon, das wird nie was.“

„Heeyyy!“, rief Nadine laut. „Juhuhuhu. Glückwunsch. Dann können wir ja nun zum letzten Spiel kommen.“

„Wie? Ich dachte, wir wären fertig.“

Ich legte ihr eine Hand auf die Schulter und lachte. Ich hatte inzwischen mehr getrunken, als ich vorgehabt hatte, und war durch den Alkohol sehr locker drauf.

„Ach, komm schon, Lizzy. Ein Spielchen noch. Ist doch gerade so lustig."

Lizzy sah mich an, als wäre ich von allen guten Geistern verlassen, aber Nadine pflichtete mir sofort bei.

„Janna hat recht. Es ist auch das letzte. Versprochen. Aber wir müssen unbedingt die Kosten für die T-Shirts und den Alkohol wieder reinkriegen."

Lizzy verdrehte die Augen und schüttelte den Kopf.

„Also fein. Was ist es denn diesmal? Soll ich mitten auf der Straße Lambada tanzen?"

„Nein. Du musst einfach nur dieses Schild um den Hals tragen", erklärte Nadine und zog ein Schild aus ihrer Tasche.

Als ich sah, was darauf stand, verschluckte ich mich an meinem Bier und begann zu husten.

Lizzy las laut vor und wurde mit jedem Wort blasser.

„Küsschen auf die Wange: zwei Euro. Küsschen auf den Mund: fünf Euro. Richtiger Kuss: frei nach Ermessen der Braut. Sagt mal, seid ihr komplett wahnsinnig geworden?"

Sie sah sich panisch um und suchte ganz eindeutig einen Ausweg. Ich hustete immer noch und steigerte mich langsam in einen Lachanfall hinein.

„Oh mein Gott, Lizzy. Du müsstest wirklich dein Gesicht sehen."

„Hör auf zu lachen, Janna!", schrie sie mich an. „Du hättest das verhindern sollen! Du weißt doch, wie Erich ist. Und du weißt, dass ich auf so was keinen Bock habe."

„Hey. Lass Janna da raus, Lizzy. Das war immerhin meine Idee", erklärte Nadine.

„Eigentlich ist die Idee doch ganz lustig", erklärte ich. Ich war noch nicht so weit, dass ich lallen müsste, aber es fiel mir bereits erheblich schwerer, einen klaren Gedanken zu formulieren. „Küsschen sind doch harmlos.

Das würde ich als Test sehen, ob dein Männe belastbar ist. Und den Zungenkuss kannst du ja mit tausend Euro oder unbezahlbar ansetzen."

„Ach ja? Wenn es kein Ding ist, dann kannst du diese Aufgabe doch für mich übernehmen."

„Äh … Wie bitte?"

Lizzy fixierte mich mit ihrem Blick und es war eindeutig zu sehen, dass sie sauer auf mich war. Warum denn nur? Bloß weil ich gelacht hatte? Das konnte doch wohl nicht ihr Ernst sein.

„Du hast schon richtig verstanden", sagte sie. „Ich werde diese Aufgabe nicht erfüllen. Wir haben also zwei Optionen: Entweder ihr verzichtet auf dieses Spielchen oder einer von euch übernimmt es."

Nadine sah mich flehend an und war plötzlich ganz und gar nicht mehr so vorlaut.

„Wir könnten das Geld wirklich gut brauchen. Du willst sicher auch nicht, dass wir am Ende so viel selbst zahlen müssen, oder?"

„Natürlich nicht", antwortete ich. „Aber warum soll ich das dann übernehmen? Es war doch immerhin deine Idee."

„Ja. Aber ich bin verheiratet. Das kann ich nicht bringen. Alkohol trinken und Spaß haben, das sieht mein Mann nicht so eng, aber bei Küsschen hört der Spaß auf."

„Aha. Aber von mir wolltest du es verlangen!", schrie Lizzy wütend.

„Du bist ja auch noch nicht verheiratet", erklärte Nadine. „Ich hatte auf meinem Junggesellenabschied sogar einen Stripper. Bei solchen Veranstaltungen wird das ja regelrecht erwartet."

„Na gut. Also bleiben wir entweder auf den Schulden sitzen oder …", sagte Lizzy und beide sahen in meine Richtung.

Ich fühlte mich in die Ecke gedrängt.

„Äääh. Ist das jetzt wirklich euer Ernst?“

„Klar. Du hast doch keinen Freund, oder?“, fragte Nadine.

„Nein. Aber ich bin immer noch verheiratet.“

„Du lebst in Trennung und lässt dich bald scheiden. Das zählt nicht“, erklärte Lizzy ernst.

Ungläubig sah ich meine Cousine an. Okay. Es war vielleicht nicht so toll, dass ich Nadine nicht hatte stoppen können, wie ich es versprochen hatte. Aber das bedeutete doch noch lange nicht, dass sie mir jetzt so in den Rücken fallen musste.

Nadine seufzte und warf dann resignierend die Hände in die Luft.

„Also gut“, sagte sie. „Wie wäre es damit? Wenn du mitmachst, dann ist die Hälfte des Geldes, das du einnimmst, für dich privat.“

Ich sah sprachlos zu Lizzy und diese nickte. Offensichtlich war sie mit diesem Vorschlag einverstanden. Sie wollte immerhin auch, dass ihre anderen Freundinnen noch eine Weile ihren Spaß hatten und der Abend weiterging.

„Haltet ihr mich wirklich für so käuflich?“, fragte ich missmutig.

Lizzy seufzte und zog mich zur Seite. „Hör mal, Janna“, sagte sie. „Es tut mir leid, dass ich dich in diese Sache mit reinziehe, aber ich weiß einfach nicht, was ich sonst machen soll. Ich will nicht als Spielverderber dastehen, aber ich weiß auch, dass ich Erich das nicht antun kann. Gerade du solltest doch wissen, wie das ist.“

Ich biss mir auf die Unterlippe und nickte. Ja, das wusste ich tatsächlich. Eifersüchtige Männer waren die Pest und ich wollte wirklich nicht daran schuld sein, dass Lizzys Hochzeit am Ende platzte. Hatte ich mir nicht sowieso vorgenommen, etwas lockerer zu werden?

„Ich bitte dich als Freundin darum, Janna“, erklärte

Lizzy. „Ich kann dich nicht dazu zwingen, aber du würdest mir wirklich einen riesigen Gefallen tun."

„Also gut", sagte ich und warf die Hände in die Höhe. „Was soll's? Ich mach's."

Nadine sprang jubelnd im Kreis und Lizzy lächelte mich dankbar an.

„Aber nur unter einer Bedingung."

Sofort hielt Nadine wieder still, aber ich wandte mich explizit an Lizzy.

„Wenn jemand fragt, was der Zungenkuss kostet, dann sagst du eine Million Euro. Für weniger gebe ich mich sicher nicht her."

„Sie hat noch nicht genug getrunken", flüsterte Nadine und Lizzy musste lachen.

„Also gut", sagte sie. „Einverstanden. Eine Million für einen Zungenkuss. Ist gebongt. Und wo willst du deine Küsse verteilen?"

Wir gingen ins Schwarze Schaf. Dort war nicht nur viel los, sondern es war auch einer der wenigen discoähnlichen Schuppen, in die man einen Junggesellenabschied überhaupt reinließ. Das allerdings auch nur, weil Nadines Mann mit dem Manager befreundet war. Er machte also bei uns eine Ausnahme.

Das mit den Küsschen kam super an. Lizzy hielt Wort und blockte alle Anfragen nach einem ‚richtigen Kuss' ab. Die meisten Männer entschieden sich aber ohnehin für einen Wangenkuss, weil ihnen ein Küsschen auf den Mund wohl keine fünf Euro wert war. Darüber war ich allerdings bei einigen Typen ganz froh, denn selbst ein Schmatzer bedeutete ja, dass ich die Lippen zumindest kurz berühren musste.

Da aber keiner der fremden Männer Anstalten machte mehr zu verlangen, sondern es genauso als Spielerei ansah wie wir alle, verlor ich bald jede Scheu und begann an der ganzen Geschichte richtig Spaß zu haben. Jeder Kuss bedeutete schließlich bares Geld.

Hinzu kam, dass der Alkohol mich euphorisch stimmte. Ich lachte nach jedem Kuss und drückte einigen süßen Typen meine Lippen länger auf die Wange als notwendig. Die anderen Mädels grölten dann jedes Mal und applaudierten begeistert. Ich fühlte mich gut. Ich fühlte mich lebendig, bis ich plötzlich vor jemandem stand, der mir nur allzu bekannt vorkam.

Josh.

Ich wusste sofort, dass er es war, obwohl ich sein Gesicht in der ersten Sekunde noch nicht einmal sehen konnte. Sofort schoss Adrenalin durch meinen Körper und ich bekam Angst, dass er mir jetzt sofort vor allen eine Szene machen würde. Wir waren zwar nicht zusammen, aber er hatte sehr deutlich gemacht, dass er vorhatte, das in absehbarer Zeit zu ändern. Als ich das letzte Mal in einer Beziehung gewesen war, war dies in einer Katastrophe geendet. Rogelio hätte nie im Leben zugelassen, dass ich Küsschen verkaufte, auch wenn diese noch so ‚harmlos' waren.

Doch in Joshs Gesicht sah ich kein Anzeichen von Ärger. Im Gegenteil. Er grinste noch breiter als sonst und hatte ein schelmisches Funkeln in den Augen. Er hielt mich fest und sah mir in die Augen. Dann fiel sein Blick auf das Schild und er wandte sich Lizzy zu.

„Werte Braut? Wie viel für einen richtigen Kuss von dieser wunderschönen Dame?"

Lizzy öffnete den Mund und schloss ihn dann wieder. Ich sah sie flehentlich an, obwohl ich gar nicht genau wusste, worum ich flehen sollte. Lizzy biss sich auf die Lippe.

„Das kannst du dir nicht leisten", sagte sie.

„Ach, nicht?", fragte Josh und hob eine Augenbraue.

Fast hätte ich gelacht. Josh mochte ganz gut Geld haben, aber eine Million Euro konnte auch er nicht für einen Kuss lockermachen. Oder für irgendetwas anderes.

„Ein Kuss kostet ..."

„Zweihundertfünfzig Euro", beendete Nadine den Satz.

Lizzy sah ihre Cousine einen Moment lang irritiert an, aber nickte dann. Mein Herz zog sich zusammen. Auch das war natürlich viel zu viel Geld für einen Kuss und kein Mann mit Verstand würde sich auf so etwas einlassen, aber Josh zuckte noch nicht einmal mit der Wimper. Er sah zu mir hinunter und legte mir eine Hand auf die Wange.

„Schreib mir ne Rechnung", sagte er zu Lizzy und beugte sich dann hinunter, um mich zu küssen.

Es war wie ein Feuerwerk. Unter dem Jubeln der Mädchen akzeptierte ich den Handel, der gerade über meinen Kopf hinweg beschlossen worden war, und ergab mich mit einem Seufzer. Es hätte überhaupt nichts gebracht, mich noch länger dagegen zu sträuben. Seit Wochen schon stellte ich mir vor, wie es wohl sein mochte Josh zu küssen, und jetzt war es so viel besser, als ich mir je erträumt hatte. Seine Lippen waren unglaublich weich, aber fordernd, und er drückte mich entschlossen und gleichzeitig behutsam an seinen Körper, als hätte er Angst mich zu zerbrechen, wenn er zu viel Kraft verwendete. Ich schmolz dahin und wünschte mir, dieser Augenblick würde niemals enden.

Ich schloss die Augen und zog ihn näher. Die Umgebung berauschte mich. Die laute, wummernde Musik, die Jubelrufe der Mädchen und der Alkohol in meinem Blut. Ich wusste, dass es unvernünftig war, Josh zu küssen, aber ich konnte einfach nicht anders. Ich wollte seine Lippen spüren, ihn so nah bei mir haben wie nur möglich und von seinen Berührungen alle bösen Erinnerungen hinfortwischen lassen.

„Hör nicht auf", sagte ich, obwohl es unwahrscheinlich war, dass er mich verstand.

Doch er wusste instinktiv, was ich meinte, und erhöhte ganz vorsichtig den Druck auf meinen Mund, bis ich die Lippen öffneten und er langsam mit seiner Zunge über meine Unterlippe fahren konnte. Der Kuss war so intensiv, dass meine Knie weich wurden und ich klammerte mich verzweifelt an ihm fest.

Ich hätte nie erwartet, dass ich jemals so einen Kuss erleben würde. Natürlich hatte ich schon einige andere Jungs geküsst, aber da hatte es immer eine Weile gedauert, bis wir herausgefunden hatten, wie es am besten funktionierte. Jeder hatte seine Vorlieben und irgendwie hatte es beim ersten Mal nie richtig geklappt. Noch nicht einmal bei Rogelio war es so gewesen.

Josh hingegen schien der geborene Küsser zu sein. Er passte sich instinktiv meinen Bewegungen an und ging mehr auf mich ein, als es je ein Junge getan hatte. Vielleicht hatten wir aber auch einfach nur den perfekten Kussrhythmus. Was auch immer der Grund war, es hatte noch nie ein Junge geschafft, mich schwindelig zu küssen, und das war bei Josh definitiv der Fall.

Als er sich von mir löste und die anderen laut applaudierten, lief ich rot an und fuhr mir verstohlen über die Lippen. Josh blieb souverän wie eh und je. Er verbeugte sich vor den Mädchen und sah dann Nadine und Lizzy an, die er zu recht als Rudelführerinnen identifizierte.

„Es tut mir leid, aber ich werde euch Janna jetzt entführen müssen."

„Ooooooh!", riefen die Mädels im Chor.

Josh ergriff wie selbstverständlich meine Hand und ich entzog sie ihm nicht.

„Ja, ja", sagte er. „Das tut mir auch schrecklich leid, aber der Arzt hat mir strikte Anweisungen gegeben."

Er zückte sein Portemonnaie und holte tatsächlich zweihundertfünfzig Euro heraus. Es wunderte mich, dass er überhaupt so viel Geld dabei hatte, aber das war jetzt gerade unwichtig.

„Du brauchst dafür doch nicht zahlen“, widersprach ich.

Es kam mir falsch vor, für so einen wunderbaren Kuss auch noch Geld zu nehmen. Doch Josh grinste nur und zog mir das Schild mit den Preisen über den Kopf.

„Solange du das hier trägst, muss ich auch zahlen“, erklärte er und drückte das Schild und das Geld Nadine in die Hand.

„Ab jetzt ist die Taxiuhr ausgeschaltet.“

Ich grinste, als Josh mir einen weiteren Kuss gab und die anderen wieder applaudierten.

„Wollt ihr noch weiter?“, fragte ich dann an Lizzy gewandt. Ich sah ihr an, dass sie eigentlich keine Lust mehr hatte, aber den anderen zuliebe noch bleiben wollte. Diese Entscheidung konnte ich ihr aber nicht abnehmen.

„Ja“, sagte sie schließlich resigniert. „Ich heirate schließlich hoffentlich nur einmal.“

Sie zwinkerte mir zu und ich nahm sie in den Arm.

„Das hoffe ich auch für dich“, erklärte ich. „Viel Spaß noch euch allen.“

„Tschüüüüss, Janna!“, riefen die Mädchen und ich grinste ihnen hinterher.

Ich kannte zwar kaum eine von ihnen beim Namen, aber durch meine Kussaktion hatten alle ganz schnell meinen Namen gelernt.

Ich winkte noch einmal und lief dann hinter Josh her, der bereits ein paar Schritte in Richtung Schlossplatz gelaufen war, wo wahrscheinlich unser Auto stand. Ich kicherte in mich hinein, weil ich den Wagen gedanklich bereits als unser Auto ansah.

„Alles okay, Janna?“, fragte Josh.

Ich war erstaunt, dass er so selbstzufrieden wirkte und überhaupt nicht verlegen war. Hatte unser Kuss ihn überhaupt nicht aufgewühlt? Machte er sich jetzt gar keine Gedanken darüber, was aus uns werden sollte? Vielleicht nicht. Und vielleicht sollte ich das jetzt gerade auch nicht tun.

„Klar. Alles supi“, versicherte ich. „Wie hast du mich überhaupt gefunden?“

„Ich habe einfach ein paar Bars abgeklappert. So viele Junggesellenabschiede gibt es kurz vor Weihnachten nicht, da war es gar nicht so schwierig, euch zu finden.“

„Du bist wirklich verrückt“, erklärte ich und hüpfte aufgedreht neben ihm her.

Josh nahm wieder meine Hand und ließ zu, dass ich ihn einmal im Kreis drehte. Durch den Alkohol und den Kuss war ich so aufgedreht, dass ich den Gedanken schrecklich fand, eine Stunde still im Auto zu sitzen.

„Müssen wir schon zurück?“, fragte ich mit flehendem Blick. „Können wir nicht noch ein bisschen hier bleiben und Sterne angucken?“

Joshs Mundwinkel zuckten. „Sterne?“, fragte er und sah skeptisch nach oben.

Es war zwar nicht bewölkt, aber die Stadt warf so viel Licht ab, dass man kaum Sterne erkennen konnte.

„Da wirst du aber von hier aus nicht viele sehen können.“

„Doch“, beharrte ich. „Komm. Ich weiß einen Ort. Du musst uns nur da hinfahren.“

„Also gut. Dann zeig mir mal diesen tollen Ort.“

Josh fuhr uns zu den hinteren Ausläufern des Münsteraner Aasees. Er parkte in der Nähe vom Zoo und ich führte ihn dann die letzten Schritte lachend bis zum See.

„Wusstest du, dass hier im Aasee gaaaanz viele Fahrräder liegen sollen?“, fragte ich Josh, während ich mich im Kreis drehte.

Josh schüttelte den Kopf. „Nein. Warum das denn?“

„Weil in Münster jeden Tag zig Fahrräder gestohlen werden und viele Leute ihr Diebesgut im Aasee versenken.“

Skeptisch sah er mich an. „Warum sollte man etwas klauen, nur um es dann wieder wegzuwerfen?“

Ich zuckte mit den Schultern. „Die meisten klauen die Fahrräder ja nicht, um sie zu behalten, sondern nur um von A nach B zu kommen. Angeblich gibt es in dieser Stadt sogar mehr Fahrräder als Menschen.“

Josh lachte. „Das glaube ich glatt. So viele Bikes wie hier überall herumstehen.“

„Dreh dich mit mir im Kreis, Josh“, forderte ich ihn auf. „Dieses Schwindelgefühl ist einfach toll.“

Ich lachte und brach dann abrupt ab, als Josh meine Hand packte und mich an sich zog.

„Schwindelgefühle kann man auch anders erzeugen“, raunte er an mein Ohr und ich bekam sofort wieder eine Gänsehaut.

Als Josh ganz sanft seine Lippen auf meinen Hals legte, wurde mir ganz schummrig. Sein Mund wanderte weiter und berührte dabei nur zart die Haut an meinem Kinn, meiner Wange und meiner Stirn, bis sie wieder zu meinem Mund wanderten.

„Josh“, hauchte ich.

„Stopp mich, wenn ich zu weit gehe“, bat Josh mich, bevor er seine Lippen auf meine senkte und mein Gehirn vollkommen mit dem Denken aufhörte.

Es war einfach alles zu viel. Tausend Empfindungen prasselten auf mich ein. Ich spürte Furcht, Freude und gleichzeitig ein Verlangen, das so stark war, dass ich es kaum als solches zu identifizieren vermochte. Meine Beine gaben nach und ich ließ mich bereitwillig in Joshs

Arme sinken, der mit mir zusammen langsam zu Boden ging. Wie selbstverständlich legte er sich neben mich und küsste mich immer weiter, bis ich vor Aufregung am ganzen Körper zitterte.

Vorsichtig hob ich eine Hand und strich sein Gesicht entlang. Es war so anders als das von Rogelio und auch seine Haare fühlten sich ungewohnt und falsch an. Es war kein festes lockiges Haar, sondern es war weich und glatt. Auch die Körperform stimmte nicht, was mich unbewusst in eine leichte Panik versetzte. Wie konnte sich etwas so richtig und gleichzeitig so falsch anfühlen?

Josh war wunderbar. Sein Verhalten, seine Stimme, sein Geruch. Er hatte alles richtig gemacht und ich wollte nichts mehr, als dass er mich berührte und endlich die Erinnerung an meine Vergangenheit auslöschte. Gleichzeitig machte mir das aber auch eine Höllenangst. Was, wenn Rogelio davon Wind bekam? Ich war immer noch verheiratet. War es überhaupt richtig, dass ich mich trotzdem auf einen neuen Mann einließ?

Als Josh seine Hand vorsichtig über meinen Bauch zu meinen Brüsten wandern ließ, bekam ich plötzlich Angst und löste mich von ihm.

„Ich …“, begann ich und sah ihn erschrocken an.

„Schon gut, Janna“, sagte er sofort und steckte mir eine meiner Locken hinters Ohr. „Tut mir leid. Das war eindeutig zu schnell.“

„Ja. Nein. Ich meine … Ich weiß nicht.“

Josh sah mir fest in die Augen und ich hatte plötzlich das Gefühl, das Licht der Sterne würde sich in seinen Pupillen spiegeln. Es war ein zauberhafter Moment und ich wünschte mir, dass diese Nacht nie vergehen würde.

„Es ist okay, Janna“, versicherte Josh mir. „Wir haben Zeit. Ich würde heute sowieso nicht mit dir schlafen.“

Überrascht sah ich ihn an. „Nicht?“

Er schüttelte den Kopf.

„Und warum nicht?“

„Weil du betrunken bist. Wenn du mit mir schläfst, dann möchte ich nicht, dass es unter Einfluss von irgendwelchen Genussmitteln geschieht, sondern dann, wenn du bei klarem Verstand bist. Ich will mir danach nämlich auf keinen Fall etwas vorwerfen lassen.“

Ich bezweifelte, dass es mir gelingen würde, unter Joshs Küssen bei klarem Verstand zu bleiben, aber ich protestierte nicht. Im Prinzip war diese Aussage genau das, was ich gebraucht hatte, um mich wieder zu entspannen. Josh würde meine Schwäche nicht ausnutzen. Er würde nicht versuchen, mich zu etwas zu überreden, was ich nicht wollte. Das gab mir Sicherheit und mit einem Mal wusste ich, dass ich auf dem besten Weg war, mich in ihn zu verlieben.

Etwas, von dem ich nie gerechnet hatte, dass es wieder passieren würde, oder zumindest nicht in den nächsten zehn Jahren, war kurz davor einzutreten. Josh war nicht einfach nur ein gut aussehender Schönling, sondern er hatte das gewisse Etwas. Er war charmant, lustig und schaffte es immer wieder, mich zum Lachen zu bringen. Was mich aber vor allem beeindruckte, war seine stoische Ruhe und seine Unfähigkeit, wütend auf mich zu sein.

„Josh?“, fragte ich und strich ihm durchs Haar.

„Ja?“

„Darf ich dich etwas fragen?“

Er lachte. „Ich glaube kaum, dass ich dich daran hindern kann.“

Ich sah ihn ernst an. „Warum hast du mich damals nie angerufen? Ich meine … nachdem du nach Kanada gegangen warst?“

Josh richtete sich ein wenig auf und sah mich an. „Janna … Ich war zwölf, mein Vater war gerade gestorben und ich musste mich in einer völlig neuen Umgebung zurechtfinden. Außerdem … außerdem hattest du mir sehr deutlich zu verstehen gegeben, dass du nie wieder etwas mit mir zu tun haben willst."

Ich biss mir auf die Unterlippe. „Du hast recht", gab ich zu. „Es … es wäre vermutlich meine Aufgabe gewesen auf dich zuzugehen, nach allem, was geschehen war."

Ich sah Josh an und erkannte eine Zärtlichkeit in seinem Blick, die mir Angst machte. Rogelio hatte mich anfangs auch so angesehen. So liebevoll, als wäre ich der wertvollste Mensch auf der ganzen Welt. Aber dann …

„Was würdest du tun, wenn ich dir sage, dass ich heute mehr als nur einen Zungenkuss verkauft habe?", fragte ich aus einem Impuls heraus.

„Dann würde ich dich fragen, was du mit dem vielen Geld vorhast."

Er grinste und ich stieß ihm gegen die Brust.

„Ich meine das ernst, Josh. Was würdest du tun, wenn ich dich je betrügen sollte?"

Sein Grinsen erlosch und er sah mich abschätzend an. Vielleicht überlegte er gerade, warum ich ihm diese Frage stellte und ob ich etwas Ähnliches in Erwägung zog. Aber ich musste es wissen. Rogelios Antwort war damals eindeutig gewesen. „Dann prügele ich dich windelweich", hatte er gesagt und ich hatte ihm geglaubt. Das war auch der Grund gewesen, warum es für mich nie in Frage gekommen war, während unserer Fernbeziehung etwas mit einem anderen Mann anzufangen. Nicht, dass diese Drohung notwendig gewesen wäre, aber sie hatte viel über Rogelios Charakter ausgesagt. Dinge, die ich nicht hatte sehen wollen.

Denselben Fehler wollte ich bei Josh nicht begehen.

„Wenn wir zusammen wären und du mich betrügen

würdest", begann Josh mit ernster Stimme, „dann wäre das der schlimmste Verrat, den ich mir vorstellen könnte. Weißt du … biologisch gesehen sind wir Menschen nicht für die Monogamie gemacht. Wir gehören zu den Arten, die sich nur für eine bestimmte Zeit zusammentun, um Kinder großzuziehen, und danach wieder ihrer Wege gehen. Es ist von der Evolution nicht vorgesehen, dass wir treu sind. Aber es ist eine bewusste Entscheidung, es trotzdem zu sein. Eine Entscheidung, die ich nur zu gern zu treffen bereit bin. Ich will mit dir zusammen sein, Janna. Ich möchte alles mit dir teilen und dich so oft wie möglich in meiner Nähe haben. Ich möchte mein Leben mit dir teilen und dir die Orte auf dieser Welt zeigen, an denen du noch nie gewesen bist. Und ich möchte, dass du das genauso empfindest. Wenn du irgendwann beschließen solltest, dass ich dir nicht genüge, dann hoffe ich, dass du mir das sagst. Dann können wir gemeinsam nach den Gründen suchen und vielleicht eine Lösung finden. Wenn das gelingt, ist es gut, wenn nicht, dann werde ich dich ziehen lassen."

Er machte eine Pause und ich hing so sehr an seinen Lippen, dass mir gar nicht aufgefallen war, dass er mir meine Frage immer noch nicht wirklich beantwortet hatte.

„Solltest du mich aber hintergehen und mit einem anderen Mann etwas anfangen, ohne vorher unsere Beziehung beendet zu haben, dann würde ich mich dazu gezwungen fühlen, die Beziehung von meiner Seite aus zu beenden."

Überrascht sah ich ihn an. Keine Drohungen. Kein Versuch, mir Angst zu machen. Damit hatte ich nicht gerechnet.

„Würdest du dann nicht … total ausrasten oder so?"

„Janna." Josh sah mich an und verschränkte seine

Finger mit meinen. „Ich kann nicht versprechen, dass ich dir niemals wehtun werde. Vielleicht trete ich dir mal beim Tanzen auf den Fuß oder du stolperst über meine ausgestreckten Beine und brichst dir den Arm. Es wäre auch möglich, dass ich irgendwann etwas tue oder sage, das dich verletzt. Nichts von dem lässt sich verhindern. Aber ich kann dir versprechen, dass ich dir niemals absichtlich Schaden zufügen werde. Ich werde immer alles versuchen, um dich vor weiterem Kummer zu bewahren. Und ich werde NIEMALS, auf gar keinen Fall je die Hand gegen dich erheben. Ganz egal, was du mir auch antust."

Ich schluckte und sofort traten mir Tränen in die Augen. Natürlich hatte Josh sofort gewusst, worauf ich hinauswollte. Er kannte mich inzwischen gut genug, um zu verstehen.

„Oh, Janna", sagte Josh und zog mich näher.

Ich schluchzte und vergrub mein Gesicht an seinem Hals. „Danke, dass es dich gibt", flüsterte ich.

„Dank nicht mir, sondern meiner Mutter", sagte Josh grinsend und drückte mir einen Kuss aufs Haar. „Ich kann dir nicht versprechen, dich glücklich zu machen, Janna. Es ist ein Irrglaube, dass ein Mensch dazu imstande sein soll, einen anderen glücklich zu machen, wenn dieser nicht von sich aus zufrieden ist. Falls du also beschließen solltest unglücklich zu sein, werde ich dich nicht daran hindern können."

Meine Mundwinkel zuckten.

Josh fuhr fort: „Was ich dir versprechen kann, ist, dass ich dir niemals vorsätzlich wehtun werde und dass ich alles versuche, damit das zwischen uns funktioniert."

„Das ist mehr als genug", versicherte ich ihm und kuschelte mich so lange an ihn, bis die Kälte in meine Knochen kroch und ich anfing einzunicken.

Als Josh das auffiel, half er mir auf und brachte mich auf direktem Weg zum Auto, um mich nach Hause zu fahren.

Kapitel 31

Deutschland 2013

Die nächsten beiden Tage waren die schönsten meines Lebens. Josh war einfach wunderbar. Er führte mich zum Essen aus, ging mit mir auf den Weihnachtsmarkt und half mir, Geschenke für meine Eltern und meine Geschwister auszusuchen. Nadine hatte tatsächlich Wort gehalten und mir die Hälfte von dem Geld gebracht, das ich mit meinen Küsschen eingenommen hatte. Dadurch konnte ich meiner Mutter eine neue Stehlampe schenken, mit der sie schon lange geliebäugelt hatte, und meinem Vater Heizbezüge für sein Auto. Es gab keinen Winter, in dem er sich nicht darüber beschwerte, dass er so fror, wenn er zur Arbeit fuhr. Zwar war dieser Winter bisher nicht der Rede wert gewesen, aber was nicht war, konnte ja noch werden. Für Max gab es ein neues PC-Spiel und für Luisa einen Gutschein für Drogerieartikel.

Josh und ich küssten uns viel und ausgiebig. Ich genoss es sehr, in seiner Nähe zu sein, und fühlte mich wie ein verliebter Teenager. Jede Berührung, jeder Kuss fühlte sich an wie ein verbotenes Geschenk, das wir miteinander teilten. Es war einfach toll.

Abends kochten wir zusammen und sahen gemeinsam fern. Dabei zündeten wir einige Kerzen an und kuschelten uns eng aneinander, während Cindy zu unseren Füßen lag. Ich konnte mich nicht daran erinnern, jemals zuvor so glücklich gewesen zu sein. Am 23.12.

spielten wir gerade eine Partie UNO, als mein Handy klingelte. Völlig gedankenverloren ging ich dran und erstarrte sofort, als ich Rogelios Stimme hörte.

„Hola, Leona“, sagte er und ich hätte am liebsten gleich wieder aufgelegt.

Offenbar verlor mein Gesicht jegliche Farbe, denn Josh sah mich sofort besorgt an.

Ich winkte ab und stand auf, um in mein Zimmer zu gehen. Ich vertraute Josh zwar, aber bei einem Gespräch mit meinem Ex wollte ich ihn ungern dabei haben. Erst als ich die Tür hinter mir geschlossen hatte und Rogelio zum dritten Mal fragte, ob ich noch dran war, fühlte ich mich dazu imstande zu antworten.

„Was willst du, Rogelio?“, fragte ich.

Mein Innerstes brannte, weil ich fürchtete, Rogelio könnte mir sofort an meinem Tonfall anmerken, dass ich einen neuen Mann in meinem Leben hatte. Es war unglaublich, dass er tatsächlich noch so viel Macht über mich hatte, und ich hasste ihn dafür.

„Ganz ruhig, Leona. Ich wollte dir nur frohe Weihnachten wünschen.“

„Heute ist noch nicht Weihnachten“, blaffte ich.

„Ja. Aber morgen bin ich mit meiner Familie unterwegs und werde keine Zeit haben, dich anzurufen. Daher dachte ich …“

„Was dachtest du, Rogelio? Dass du mich mal anrufen könntest, um mich an die schöne Zeit zu erinnern, die wir zusammen hatten? Was soll das, Rogelio? Musst du mir unbedingt das Weihnachtsfest versauen?“

Eine Weile war es auf der anderen Seite still.

„Leona …“

„Und nenn mich verdammt noch mal nicht so!“ Ich schrie jetzt und war so wütend, dass ich am liebsten irgendetwas aus dem Fenster geworfen hätte.

„Ich bin nicht mehr deine leona alemana“, erklärte

ich kategorisch. „Und ich werde es auch nie wieder sein. Und weißt du, warum nicht? Weil du mich geschlagen hast. Weil ich wegen dir kurz vor meiner Rückreise nach Deutschland noch Angst haben musste, dass jemand meine blauen Flecke sieht. Du hast mich misshandelt, Rogelio. Du hast mich eingesperrt und Psychoterror betrieben. Du hast mir das Herz aus der Brust gerissen und ich trage immer noch die Narben davon. Und ich verachte mich selber manchmal dafür, dass ich das so lange geduldet habe."

Auf der anderen Seite war es eine ganze Weile still. Dann hörte ich, wie Rogelio tief ein- und ausatmete.

„Es tut mir leid, was ich getan habe, Le… Janna", sagte er. „Ich habe Fehler gemacht, die ich nie wieder gutmachen kann, und das will ich auch gar nicht versuchen. Zumindest nicht bei dir. Dafür ist es zu spät. Aber ich hatte gehofft, dass wir … also wenn ich nach Deutschland komme … ich dachte, dass wir dann vielleicht mal was essen gehen könnten. Es gibt so vieles, was ich dir gern erzählen würde."

Mir drehte sich der Magen um, als ich das hörte. Er wollte sich mit mir treffen? Außerhalb des Gerichtssaals? War das sein Ernst? Allein bei dem Gedanken daran wurde mir schon übel. Ich konnte mich nicht mit ihm treffen. Was, wenn er wieder einen seiner Ausraster bekam? Was, wenn er durchdrehte und plötzlich Amok lief? Es war schlimm genug, dass er überhaupt nach Deutschland kommen musste. Mit ihm essen wollte ich ganz bestimmt nicht. Aber konnte ich das so einfach abblocken? Wenn ich ihm sagte, dass ich nicht wollte, würde er dann überhaupt in die Scheidung einwilligen? Ohne sein Einverständnis würde alles sehr viel komplizierter und das wollte ich nicht. Ich wollte nicht mehr an ihn gebunden sein. Weder emotional noch rechtlich. Es war vorbei und das sollte auch endlich auf dem Papier so sein.

„Ich werde es mir überlegen“, versprach ich.

„Danke. Das würde mir viel bedeuten.“

Seine Stimme war ganz sanft und ein bisschen erinnerte sie mich an den Rogelio, wie er früher gewesen war, als wir uns kennenlernten. Einfühlsam, liebevoll und nachsichtig. Sein cholerisches Wesen hatte sich erst Jahre später in aller Härte mir gegenüber gezeigt. Zwar war mir immer klar gewesen, dass er kein Chorknabe war, aber trotzdem hatte ich nie damit gerechnet, dass er mir etwas antun könnte. Tja. So konnte man sich irren.

„Wir werden sehen“, sagte ich. „Und noch etwas.“

„Ja?“

„Ich ändere bald meine Telefonnummer.“

„Aber …“

„Kein Aber. Wenn du etwas von mir willst, dann schreib mir eine Mail. Ich will nicht, dass du mich einfach so anrufen kannst. Ich habe die letzten Jahre ständig angefangen zu zittern, wenn das Telefon geklingelt hat, und damit muss jetzt Schluss sein. Ich will nicht mehr mit dir reden, Rogelio. Und ich denke, dass das auch für dich das Beste sein wird.“

Rogelio erwiderte nichts und ich wusste, dass er verstanden hatte. Ich wollte ihn aus meinem Leben löschen und ihm keine Macht mehr über mich geben. Wahrscheinlich hatte er damit gerechnet, dass dieser Tag irgendwann kommen würde, und in gewisser Weise war es traurig, dass ich so lange dafür gebraucht hatte. War in meinem Herzen vielleicht immer noch ein kleiner Funken Hoffnung gewesen, dass er sich wie von Zauberhand ändern und alles wieder gut werden würde? Die Disney-Prinzessin in mir mochte das gehofft haben. Der Realistin hingegen war schon lange klar, dass das nie passieren würde.

Nachdem ich aufgelegt hatte, rief ich sofort Alexis an und telefonierte fast zwei Stunden mit ihr. Als ich mir alles von der Seele geredet hatte, fühlte ich mich völlig ausgelaugt und so verletzlich wie nie zuvor nach einem Gespräch mit Rogelio. Ich hätte schon viel eher meine Telefonnummer wechseln sollen. Die Tatsache, dass ich nach so langer Zeit immer noch für Rogelio erreichbar war, zeigte, wie wenig ich die Geschichte bisher verarbeitet hatte.

Aber ich wollte es endlich hinter mich bringen. Es war vorbei. Und zwar schon lange. Als ich zurück ins Wohnzimmer kam, war bereits alles dunkel. Cindy lag immer noch vor dem Sofa und fing an zu wedeln, als sie mich sah.

Ich beugte mich zu ihr hinunter und nahm sie in den Arm.

„Danke, dass du immer für mich da bist", schniefte ich.

Sanft leckte meine Hündin mir übers Gesicht und ich musste lachen.

„Iiiih. Lass das", sagte ich und drückte sie weg, nur um ihr direkt wieder den Kopf zu kraulen. „Du bist ein toller Hund, weißt du das?"

Cindy legte den Kopf schief und genoss es, gekrault zu werden. Es war eindeutig, dass sie sich an diesem Ort hier wohlfühlte. Jedes Mal, wenn ich sie hinter Granny hertapsen sah, spürte ich, dass es die richtige Entscheidung gewesen war, hierher zu ziehen. Die alte Dame und Cindy taten einander gut und ich konnte trotzdem in ihrer Nähe sein. Nun musste Josh mir nur noch mitteilen, dass er bei mir bleiben würde, und alles wäre perfekt.

„Ist er in seinem Zimmer?", fragte ich und Cindy spitzte die Ohren und sah in Richtung Flur, als hätte sie mich verstanden. „Ja. Das ist er bestimmt."

Ich seufzte und stand auf. Josh hatte sich zurückgezogen, um mir Freiraum zu lassen. Ich staunte, dass er es wieder einmal geschafft hatte, genau das Richtige zu tun. Und ganz plötzlich kam mir der Gedanke, jetzt alleine in mein blödes Hochbett zu krabbeln, schrecklich vor. Ich straffte die Schultern, ging zu Joshs Zimmer und blieb kurz davor stehen. Zuerst überlegte ich, ob ich klopfen sollte, aber dann nahm ich mir ein Herz und ging einfach hinein.

Josh schlief noch nicht. Das Licht war zwar aus, aber er lag in seinem Bett und starrte an die Decke. Als das Flurlicht in sein Zimmer fiel, wandte er mir sofort den Kopf zu und sah mich an.

„Ich ...", begann ich und wusste plötzlich gar nicht mehr, was ich sagen sollte. „Ich dachte ... Äh ... Ich weiß auch nicht so genau. Vielleicht ..."

Josh erwiderte nichts. Er hob einfach die Bettdecke an und ohne zu zögern folgte ich der Einladung und kletterte in sein Bett. Ich kuschelte mich an ihn und vergrub mein Gesicht an seinem Hals. Die letzten Nächte hatten wir nicht im selben Bett verbracht, weil ich Angst davor gehabt hatte, am Ende doch mit ihm zu schlafen, obwohl ich mir ja fest vorgenommen hatte, das nicht zu tun. Aber heute Nacht brauchte ich dringend menschliche Nähe und ich war mir sicher, dass Josh das verstand und nicht versuchen würde, die Situation auszunutzen.

Sofort zog er mich an sich, umfing mich mit seinen starken Armen und drückte mir einen Kuss aufs Haar. Er sagte kein Wort, aber er war da und ich hoffte von ganzem Herzen, dass er sein Versprechen halten würde und sich das nicht so bald ändern würde. Mit einem Gefühl der Sicherheit und des Vertrauens schlief ich eng an ihn gekuschelt ein.

Kapitel 32

Deutschland 2013

Die Verlegenheit, die ich für den nächsten Tag erwartet hatte, blieb aus. Ich hatte die ganze Nacht friedlich in Joshs Nähe geschlafen und fühlte mich in keinster Weise befangen. Im Gegenteil. Ich war glücklich und zufrieden, ihn bei mir zu haben. Als ich aufwachte, schlief er noch und sein Gesicht wirkte so friedlich und jung, dass sich mir das Herz zusammenzog. Wenn seine Gesichtszüge so entspannt waren, fiel es mir leichter, den kleinen Jungen von früher in ihm zu erkennen. Er hatte sich so sehr verändert seit damals, aber einige Dinge waren gleich geblieben. Sein weiches Haar, die Farbe seiner Augen und die Grübchen in seinen Wangen, wenn er lächelte.

Gedankenverloren begann ich, über Joshs T-Shirt zu streicheln. Ich selber liebte es, wenn man mit den Fingern über meinen Rücken fuhr, und hoffte, dass er es als genauso angenehm empfand. Draußen wurde es langsam hell und ich war froh, dass wir heute beide nicht zur Uni mussten. Granny war bereits mit Cindy unterwegs. Das hatte ich vor einer halben Stunde an der Wohnungstür gehört, die auf- und wieder zugegangen war. Joshs Großmutter war einfach ein Schatz.

Da öffnete Josh plötzlich die Augen und ich hielt inne.

„Mach ruhig weiter", sagte er mit heiserer Stimme, die mir eine Gänsehaut über den Rücken jagte.

Sofort legte ich meine Hand wieder auf seinen Rücken. „Magst du das?", fragte ich.

Ich erinnerte mich noch gut daran, dass Josh solche leichten Berührungen als Kind kaum spüren konnte. Durch seine Wahrnehmungsstörung war es ihm lieber gewesen, fest angefasst zu werden, und ich wusste nicht, ob sich das in der Zwischenzeit geändert hatte.

„Ich mag es, weil du es magst", sagte Josh, ohne den Blick von mir zu nehmen.

Irritiert runzelte ich die Stirn. „Das ergibt keinen Sinn", warf ich ihm vor.

„Doch. Das tut es. Für mich sind solche Berührungen neutral. Sie lösen in mir weder negative noch positive Gefühle aus. Aber dadurch, dass du mich gerne berührst, will auch ich gerne berührt werden. Verstehst du, wie ich das meine?"

Ich überlegte einen Moment und nickte dann. Es machte ihn glücklich, dass ich glücklich war. Das war irgendwie süß.

„Aber es muss doch Dinge geben, die du gerne magst", sagte ich ernst. „Dinge, die sich gut für dich anfühlen."

Josh grinste schelmisch und ich hatte sofort das Gefühl, in ein Fettnäpfchen getreten zu sein.

„Es gibt da ein paar erogene Zonen, in denen sich Streicheleinheiten sogar sehr gut anfühlen", sagte er mit Schalk in der Stimme. „Aber so weit sind wir ja leider noch nicht."

Ich wusste erst nicht, ob ich nun lachen sollte oder beleidigt sein musste. Aber ich entschied mich für das Lachen.

„Du willst mir ja auch nicht sagen, wie wir beide zusammenbleiben können. Du kannst ja wohl nicht von mir verlangen, dass ich mit dir schlafe und dich dann in ein paar Wochen wieder gehen lasse."

„Ich weiß. Ich muss erst noch ein paar Sachen besprechen. Wenn ich wieder aus Kanada zurück bin, erkläre ich dir alles.“

Ich seufzte und strich Josh übers Gesicht.

„Ich will nicht, dass du gehst.“

Josh ergriff meine Hand und drückte einen Kuss auf die Innenfläche. „Ich auch nicht“, gab er zu. „Wenn ich gewusst hätte, dass das alles sich so entwickelt … Na ja. Jetzt kann ich auf jeden Fall nicht mehr absagen. Meine Familie erwartet, dass ich komme. Sie wären sehr enttäuscht, wenn nicht.“

Ich nickte. Das konnte ich verstehen. Meine Eltern wären auch sehr enttäuscht, wenn ich Weihnachten nicht bei ihnen verbringen würde. Trotzdem kam mir der Gedanke, Josh eine Woche lang nicht zu sehen, schrecklich vor. Er hatte geplant, nicht nur Weihnachten, sondern auch Silvester in Kanada zu verbringen. Also würde ich die kompletten Feiertage ohne ihn auskommen müssen und musste mich auch bis dahin noch in Geduld üben, was unsere Zukunft anging.

„Ich glaube, wir müssen auch langsam aufstehen. Sonst verpasst du nachher noch deinen Flug.“

Josh lächelte.

„Och. Das wäre gar nicht so tragisch. Du weißt doch … ich hasse fliegen.“

Ich musste lachen. „Ja. Aber ohne Flugzeug kommst du nicht nach Kanada. Also los. Auf mit dir, du Faulpelz.“

Ich sprang lachend aus dem Bett und Josh folgte mir grinsend, um zu frühstücken.

Als wir eine halbe Stunde später am Tisch saßen und Müsli aßen, wurde Josh plötzlich nachdenklich.

„Sag mal …“, begann er. „Ich wollte dich gestern nicht darauf ansprechen, aber … Was war es, das dich so aufgewühlt hat?“

Ich verzog das Gesicht. „Rogelio“, erklärte ich.

„Und was wollte er?“

„Mich daran erinnern, dass er existiert.“

„Das hat er so gesagt?“

„Nein. Er meinte, er wolle mir frohe Weihnachten wünschen.“

„Und wie hast du reagiert?“

„Ich habe ihm mehr oder weniger gesagt, dass er sich sein Frohe Weihnachten sonst wohin schieben kann und dass ich mir eine neue Nummer zulegen werde.“

Beeindruckt sah Josh mich an. „Na dann. Glückwunsch, wenn ich das so sagen darf.“

Ich lächelte. „Ja. Darfst du. Wer, wenn nicht du?“

Josh lächelte zurück und drückte meine Hand. „Bist du sicher, dass ich dich über Weihnachten allein lassen kann?“

Ich nickte. „Ja. Das ist schon okay. Ich wünschte zwar, du müsstest nicht gehen, aber das ist schon in Ordnung.“

„Weißt du, was mich tröstet?“, fragte Josh grinsend.

Ich schüttelte den Kopf.

„Dass du mich ganz furchtbar vermissen wirst.“

Ich lachte. „Ach ja? Was denn genau? Deine besserwisserische Art? Die blöden Sprüche auf deinen T-Shirts und deine subtile Art mir zu sagen, dass ich doch bitte mein Geschirr spülen soll?“

Josh grinste. „Alles?“, fragte er. „Und noch dazu meinen Astralkörper, mein Genie sowie meinen unübertrefflichen Charme.“

„Du bist schrecklich“, urteilte ich und warf ein paar Froot Loops nach ihm.

Er wich geschickt aus und sammelte dann einen auf, der neben seinem Teller gelandet war, und schob ihn in seinen Mund.

„Lecker. Du bist wirklich süß, wenn du wütend bist.“

Ich schüttelte den Kopf und lächelte dann wieder.

Gehörte es nicht verboten, so verdammt glücklich zu sein? So etwas konnte einfach nicht von Dauer sein. Das hatte ich ja an meiner Beziehung zu Rogelio gemerkt. Also war es vielleicht besser, wenn ich mich gar nicht erst daran gewöhnte.

„Oh. Bevor ich es vergesse", sagte Josh und stand auf. „Ich habe noch ein Weihnachtsgeschenk für dich."

Schockiert sah ich ihn an. „Aber …", protestierte ich. „Ich habe gar kein Geschenk für dich."

Doch Josh hörte nicht auf mich, sondern verschwand in seinem Zimmer, um kurz danach mit einem kleinen Päckchen wiederzukommen.

„Das macht gar nichts", versicherte mir Josh. „Es ist sowieso nur eine Kleinigkeit."

Grimmig sah ich ihn an. Ich hasste es, etwas geschenkt zu bekommen, wenn ich nichts hatte, was ich zurückgeben konnte. Trotzdem siegte die Neugier und ich öffnete vorsichtig das Papier.

Darunter kam eine Schachtel zum Vorschein. Ich öffnete sie und eine nagelneue Uhr kam zum Vorschein. Sie war silber und hatte ein braunes Lederband. Genau so eine hätte ich mir auch selbst gekauft. Sie war wunderschön.

„Die ist für mich?", fragte ich fassungslos.

„Na, mir wird sie mit Sicherheit nicht stehen", neckte Josh. „Schon gesehen, was auf dem Armband steht?"

Ich senkte den Blick und sah, dass ein Spruch eingraviert war.

‚Feel the fear and do it anyway.' Ich verzog den Mund. „Du lässt auch nichts unversucht, was?"

Er lächelte. „Warum sollte ich?"

Ich grinste und fiel ihm dann spontan um den Hals. Es war so schön, wieder jemanden an meiner Seite zu haben. Ich musste gestehen, dass ich das vermisst hatte.

„Danke, Josh. Vielen, vielen Dank. Ich wünschte, ich

hätte auch etwas für dich. Ich …“ Ich stockte. Vielleicht hatte ich doch etwas. „Warte mal kurz“, sagte ich und ließ ihn einfach stehen.

Ich lief in mein Zimmer und kramte in meinen Fotoalben herum. Es dauerte nicht lange, bis ich gefunden hatte, wonach ich suchte. Ich löste das Foto aus dem Album und machte mir eine innerliche Notiz, es noch einmal nachzubestellen. Dann nahm ich einen meiner Rahmen von der Anrichte und tauschte das Foto aus.

Damit ging ich dann zurück zu Josh und überreichte es ihm feierlich.

„Ist zwar nicht eingepackt, aber ich dachte … damit du in Kanada ein Andenken an mich hast.“

Josh nahm den Rahmen ehrfürchtig entgegen und lächelte mich an. „Es ist wunderschön“, sagte er.

Es war ein Foto von mir, das kurz nach meinem Abitur gemacht worden war. Damals war ich noch voller Zuversicht und Hoffnung in Bezug auf die Zukunft gewesen. Ich hatte einen guten Schnitt geschafft, wollte bald nach Mexiko zu Rogelio gehen und war überzeugt, dass mir im Leben alles gelingen würde. Meine Eltern hatten damals eine kleine Überraschungsparty für mich organisiert, um meinen tollen Abschluss zu feiern. Ich war vollkommen unvorbereitet gewesen und weder geschminkt noch toll gekleidet, aber die Freude über das Auftauchen all meiner Freunde und die Mühe, die sich alle gemacht hatten, sah man mir eindeutig an.

Auf dem Foto lachte ich herzhaft, aber nicht in die Kamera, sondern zu irgendeinem Punkt daneben, wo vermutlich meine Familie stand. Von allen Fotos, die es von mir gab, gefiel mir dieses mit Abstand am besten. Ich mochte die Natürlichkeit, die ich auf diesem Foto ausstrahlte, und mein glückliches Lachen. Solche Fotos konnte man nicht stellen. Es waren Momentaufnahmen, die nur zufällig entstehen konnten.

Josh strich ehrfürchtig über das Foto und sah mich an. „Das ist für mich?", fragte er.

Ich nickte und er beugte sich vor, um seine Stirn an meine zu legen.

„Danke, Janna", sagte er. „Vielen lieben Dank. So habe ich zumindest ein Bild, das ich zeigen kann, wenn mich jemand nach meiner zukünftigen Freundin fragt."

Ich sah ihn erstaunt an. „Zukünftige Freundin, ja? Du scheinst dir ja schon ganz schön sicher zu sein."

Josh zuckte mit den Schultern. „Du willst keine Beziehung mit mir, weil du nicht weißt, ob wir uns wieder trennen müssen. In ein paar Wochen sieht das anders aus und ich werde nichts unversucht lassen, dich zu meiner Freundin zu machen."

Ich löste mich von ihm und sah ihn ungläubig an. „Warum tust du das?", fragte ich. „Ich meine ... vor ein paar Monaten hast du mir noch voller Überzeugung erklärt, dass du der geborene Single bist und überhaupt keine feste Beziehung haben willst, weil du die Welt sehen möchtest und Freundinnen nur Ballast sind."

Josh grinste. „Feel the fear and do it anyway", sagte er und deutete auf mein Band. „Ja. Ich habe Angst davor mich zu binden, aber ich will es trotzdem tun. Warum? Weil du es wert bist, Janna. Als wir klein waren, warst du meine allerbeste Freundin. Egal, was ich getan oder in welche Probleme ich dich gebracht habe, du bist immer an meiner Seite geblieben. Das werde ich nie vergessen. Und jetzt bin ich dran, dir einen ähnlichen Gefallen zu tun. Egal, was du tust oder sagst, ich werde dich nicht einfach aufgeben."

Ich sah zu Boden und nickte. Gut. Mit dieser Einstellung musste ich erstmal zurechtkommen, aber wenn Josh sein Versprechen hielt, dann hatte ich alle Zeit der Welt, um mich daran zu gewöhnen.

Kapitel 33

Deutschland 2013

Weihnachten ohne Josh erschien mir trostlos. Obwohl ich das Fest wie jedes Jahr mit meiner Familie und Cindy verbrachte, schien etwas zu fehlen, von dem ich wusste, dass ich es erst vor Kurzem gefunden hatte. Nie hätte ich gedacht, dass es so einfach sein könnte, sich an die Anwesenheit von jemandem zu gewöhnen. Dabei waren die Feiertage noch gar nicht so schlimm. Schlimm wurde es erst, als ich am 27.12. wieder zurück in unsere Wohnung kam und sie leer vorfand. Es fehlte etwas, beziehungsweise jemand, und mir war klar, dass sich diese Lücke nicht so einfach wieder schließen ließ.

„Warum rufst du ihn nicht einfach an, Jannita. Cual es tu problema?"

Ich stellte zwei dampfende Tassen mit heißem Kakao zwischen uns ab und schüttelte den Kopf. „Das kann ich nicht machen", erklärte ich. „Ich will nicht, dass er merkt, wie viel er mir bedeutet."

Alexis runzelte die Stirn. Während ich einen schlabberigen Jogginganzug trug, hatte sie wie immer figurbetonte Kleidung an und war perfekt geschminkt.

„Das ist nicht logisch", konstatierte sie. „Ich dachte, du willst, dass er bei dir bleibt."

„Ja. Schon. Aber ich will, dass er es von sich aus tut und nicht, weil ich ihm etwas in den Mund lege. Möchtest du einen Schluck Rum?"

Alexis zuckte merklich zusammen und lächelte dann schnell, als wolle sie ihre Reaktion überspielen.

„No. Gracias. Heute nicht."

Sofort wurde ich misstrauisch und musterte meine Freundin von oben bis unten. In den letzten Wochen hatte ich nicht mehr ganz so viel Zeit mit ihr verbracht wie sonst, aber mir war durchaus aufgefallen, dass sie ihr Essverhalten geändert hatte. Sie aß mehr Gemüse und weniger Süßes. Und nun hatte sie offenbar mit dem Alkohol aufgehört.

„Oye, Ale. Bist du schwanger?"

Alexis Augen weiteten sich erschrocken, aber dann lehnte sie sich zurück und lächelte breit.

„Sagen wir so: Dieser Bauch wird bald aussehen como una luna. Wie ein großer Vollmond."

Ihre Augen funkelten und ich quietschte vor Begeisterung.

„Du bist wirklich schwanger?", fragte ich und lief um den Tisch herum, um Alexis um den Hals zu fallen. „Das ist ja wunderbar. Warum hast du es mir nicht direkt gesagt?"

Sie zog eine Grimasse. „Elma sagt, in den ersten drei Monaten sollte man besser nichts verraten. Es ist zu unsicher."

„Oh mein Gott. Wie weit bist du denn schon?"

„Ich bin in der sechsten Woche. Willst du ein Ultraschallbild sehen?"

„Da fragst du noch? Immer her damit. Mann, ist das aufregend. Komm schon. Her damit."

Alexis grinste und angelte nach ihrer Handtasche. Dann fischte sie ein Foto heraus und hielt es mir voller Stolz entgegen.

„Dieser kleine Fleck es mi bebe", erklärte sie und schien dabei innerlich regelrecht zu glühen.

Ich erkannte auf dem Bild zwar so gut wie gar nichts,

aber wenn Alexis behauptete, dass der kleine Fleck ein Kind darstellen sollte, dann würde ich ihr das wohl einfach glauben müssen.

„Das ist wunderbar, Ale. Aber … war das denn überhaupt geplant? Wolltet ihr nicht bis nach dem Studium warten?"

„Eigentlich schon. Aber wir haben nicht gut aufgepasst und jetzt ist es das Wunderbarste, was ich mir vorstellen kann."

„Aber … du bist doch noch gar nicht mit deinem Studium fertig. Ist es denn überhaupt der richtige Moment, um …"

„Janna. El momento perfecto no existe. Es wird immer etwas geben, was nicht passt. Das ist genau wie mit dem Leben. Kennst du nicht diesen Spruch? ‚Leben ist das, was passiert, während wir dabei sind, andere Pläne zu machen.' Genieß es. Es könnte morgen schon vorüber sein."

Staunend sah ich sie an. Nicht nur, weil sie es geschafft hatte, ein deutsches Sprichwort richtig zu zitieren, sondern auch weil ich Alexis so viel Weisheit gar nicht zugetraut hätte. Ich war fasziniert.

„Hoffentlich kommt Josh bald wieder", seufzte ich.

„Wieso. Willst du jetzt auch plötzlich ein Baby?"

Erschrocken schüttelte ich den Kopf. „Um Gottes willen. Nein. Aber ich könnte mir vorstellen, dass mein Leben durch ihn reichlich an Qualität gewinnt."

„Apropos. Was machen wir jetzt eigentlich an Silvester?"

Ich verzog den Mund. Ich hatte vorgehabt, mich an Silvester auf der Couch zu vergraben und fernzusehen, aber Alexis schien nicht vorzuhaben, das zuzulassen. Obwohl sie jetzt keinen Alkohol mehr trinken durfte, schien sie ein bisschen feiern als unschädlich für ihr Kind zu erachten.

„Raclette bei dir zu Hause?“, schlug ich vor.

Alexis schüttelte den Kopf. „Elma und ich haben Lust rauszugehen. Wie wäre es, wenn wir auf die Studentenparty von Alejandro und den anderen gehen?“

Skeptisch sah ich sie an. „Du weißt schon, dass wir da die Ältesten sein werden. Vor allem du und Elma.“

Sie zuckte die Schultern. „Solange ich noch kein schreiendes Kind habe, will ich meine Freiheit genießen. So eine Gelegenheit bekommt man nicht so schnell wieder.“

Resigniert warf ich die Arme in die Luft. „Na fein. Dann also die Party mit Alejandro und den anderen. Vielleicht ist es ohnehin besser, wenn ich mich da blicken lasse. Ich wette nämlich, dass Luisa auch dort sein wird.“

Kapitel 34

Deutschland 2013

Ich sollte recht behalten. Meine minderjährige Schwester hatte tatsächlich vor, Silvester mit ihrem Freund zu feiern. Und da der mit seinen älteren Studienkollegen feierte, war es unmöglich, Luisa eine Teilnahme an dieser Veranstaltung auszureden.

In Absprache mit meinen Eltern beschloss ich daher, mich in mein Schicksal zu fügen, und ich versuchte mir einzureden, dass es bestimmt lustig werden würde. Wäre Josh dabei gewesen oder hätte er sich in den letzten Tagen wenigstens einmal gemeldet, dann wäre meine Laune sicherlich besser gewesen. Aber seit Weihnachten hatte ich abgesehen von einer kurzen Nachricht darüber, dass er gut angekommen war, nichts mehr von ihm gehört.

Ich machte mir Sogen und befürchtete inzwischen, dass Josh es sich anders überlegt haben könnte und vielleicht gar nicht mehr zurück nach Deutschland kommen würde. Das wäre ein Schlag, den ich nicht so einfach verdauen könnte.

Besonders wütend machte es mich daher, dass Luisa vorhatte, bei Tanju zu übernachten. Was dem Ganzen aber noch die Krone aufsetzte, war die Tatsache, dass meine Eltern nichts dagegen hatten. Als Luisa gerade im Wohnzimmer mit Alexis redete, ging ich in mein Zimmer, um meinen Vater anzurufen.

„Sagt mal. Seid ihr denn von allen guten Geistern

verlassen? Wenn ihr sie dort schlafen lasst, könnt ihr ihre Jungfräulichkeit ja genauso gut gleich bei Ebay versteigern."

Mein Vater seufzte. „Glaubst du, uns ist nicht klar, dass es heute Nacht passieren könnte?", fragte er. „Wenn es nicht sowieso schon längst zu spät ist. Fakt ist: Luisa ist sechzehn. Du warst kaum älter, als du nach Mexiko gegangen bist. Deine Gasteltern haben damals nicht zugelassen, dass du woanders schläfst. Und? Hat dich das davon abgehalten, mit Rogelio intim zu werden?"

Ich stockte. Natürlich nicht. Wie jedes junge Mädchen war ich neugierig gewesen und noch dazu verliebt bis über beide Ohren. Ich durfte zwar nicht bei Rogelio schlafen, aber wir waren tagsüber in Motels gegangen, um uns dort zu amüsieren. Anfangs war mir das noch verlogen vorgekommen, aber mit der Zeit hatte dieses Verhalten etwas sehr Aufregendes angenommen. Noch heute dachte ich gerne an diese Zeit zurück.

„Du willst es ihr also einfach erlauben?", fragte ich grimmig.

„Was soll ich denn sonst tun, Janna?", fragte mein Vater zurück. „Glaubst du wirklich, durch ein Verbot könnte ich sie daran hindern? Im Gegenteil. Wenn ich es ihr verbiete, dann geschieht es in irgendeinem Auto oder in einem Busch. Wenn wir es aber erlauben, dann passiert es in einem gemütlichen Bett und sie denken hoffentlich daran, vernünftig zu verhüten."

„Hoffentlich", knurrte ich und sah dann ins Wohnzimmer, wo meine kleine, unschuldige Babyschwester im kurzen Minirock und hohen Stiefeln auf der Sofakante saß und über etwas lachte, das Alexis gesagt hatte.

Wann war Luisa nur so groß geworden? War ich die letzten Jahre wirklich so sehr in meiner eigenen Welt gefangen gewesen, dass ich gar nicht gemerkt hatte, wie sie zu einer jungen Frau geworden war? Natürlich war sie noch lange nicht so weit, ein eigenständiges Leben zu führen, aber um Erfahrungen in der Liebe zu machen, war sie alt genug. Es wurde wohl Zeit, dass ich das akzeptierte.

Ich seufzte. „Also fein", sagte ich. „Ich hoffe nur, ihr wisst, was ihr da tut."

„Das hoffen wir auch, Janna. Das hoffen wir auch."

Die Party war um zehn Uhr bereits in vollem Gange. Abgesehen von den Leuten, die ich bereits kannte, waren noch knapp dreißig andere Studenten da. Alejandro schien sich darüber riesig zu freuen und begrüßte jeden Neuankömmling wie einen lange verloren geglaubten Freund und nicht wie einen Schmarotzer, der sich nur Freibier erhoffte. Die Stimmung war ausgelassen, aber ich schaffte es nicht so recht, mich davon anstecken zu lassen. Josh fehlte mir und ich wusste nicht, was ich davon halten sollte. Einerseits freute ich mich, dass ich zur Abwechslung mal nicht ständig an Rogelio denken musste, aber andererseits war diese Mischung zwischen Hoffen und Fürchten, die ich bei Josh empfand, auch nicht viel besser.

„Sag mal, Janna", sagte Elma, als ich mit ihm und Alexis zusammen ein paar Getränke holte. „Was ziehst du heute überhaupt für ein Gesicht?"

„Sie vermisst Josh", antwortete Alexis für mich und ich gab ihr einen Stoß mit dem Ellenbogen. Das brauchte nun wirklich nicht jeder zu wissen.

Elma nickte wissend. „Der Kanadier, ja? Wann kommt er denn wieder?"

Ich seufzte. „In zwei Tagen. Aber ich habe die ganze Zeit über kaum etwas von ihm gehört."

Elma legte mir mitfühlend eine Hand auf die Schulter. Auch wenn er mit seinem Namen wirklich Pech gehabt hatte, war Elma einer der nettesten Männer, die ich kannte. Er vergötterte Alexis und hätte alles getan, um sie glücklich zu machen. Mit seinen aschblonden Haaren und den blauen Augen erinnerte er mich ein bisschen an den Fußballspieler Sebastian Schweinsteiger. Nicht unbedingt mein Traummann, aber absolut Alexis' Geschmack.

„Das wird schon", versicherte mir Elma. „Nach allem, was Alexis mir erzählt hat, scheint der Junge perfekt für dich zu sein."

Ich schnaubte. Perfekt. Josh und ich waren alles andere als perfekt füreinander. Er war pedantisch, ordnungsfanatisch und nutzte jede Gelegenheit, um mich aufzuziehen. Wie kam es dann nur, dass er mir trotzdem so sehr fehlte?

„Danke, Elma", sagte ich. „Wir werden sehen."

Ich nahm ein Glas und versuchte mich unter die Leute zu mischen. Alle waren nett zu mir. Alle nahmen mich freundlich auf. Und trotzdem empfand ich ein Gefühl der Leere, wie ich es seit Langem nicht mehr empfunden hatte. Mir war gar nicht bewusst gewesen, was für ein Loch Rogelio in meinem Herzen hinterlassen hatte, bis Josh angefangen hatte, es zu füllen. Hieß das etwa, ich liebte Josh bereits? Das konnte doch nicht sein, oder? Ich hatte mir doch fest vorgenommen genau das nicht zuzulassen und nun war es doch passiert? Wie hatte das nur geschehen können?

Als es auf Mitternacht zuging, war meine Laune auf dem Tiefpunkt. Plötzlich war ich von allem genervt. Von Alejandros Lachen genauso wie von dem Geflirte zwischen Luisa und Tanju und dem geheimnisvollen Getue von Alexis, die versuchte niemanden merken zu lassen, dass sie keinen Alkohol trank. Als wir nach draußen gingen, um im Hof direkt um Mitternacht Raketen steigen zu lassen, war ich überhaupt nicht in der

Stimmung, das neue Jahr zu begrüßen. Widerwillig ließ ich mich von Alexis mit nach draußen ziehen und protestierte auch nicht, als sie mir ihr Sektglas in die Hand drückte, um sich selbst eins mit O-Saft zu nehmen.

„Zehn", begannen alle zu zählen. „Neun." Ich seufzte ergeben und sah in den Himmel hinauf zu den Sternen. „Acht." Was Josh wohl gerade machte? „Sieben." Bei ihm war ja noch gar nicht Mitternacht. „Sechs." Ob er auch gerade an mich dachte? „Fünf." Oder war er viel zu sehr damit beschäftigt, andere Mädchen abzuschleppen? „Vier." Nein. Das würde er nicht tun. „Drei." Er hatte gesagt, das zwischen uns wäre etwas Besonderes. „Zwei." Da würde er doch nicht … oder? „Eins." Alexis stupste mich an und ich versuchte zu lächeln. „Null. Frohes neues Jahr!"

Alle grölten los. Die ersten Raketen flogen in die Luft. Die Leute fielen sich in die Arme und es wurden fleißig Neujahrsküsse ausgetauscht. Alexis und Elma lagen sich in den Armen. Genau wie Luisa und Tanju und einige andere Paare. Alejandro warf mir einen vielsagenden Blick zu, aber ich prostete ihm nur zu und hoffte, dass er es nicht persönlich nehmen würde, dass ich nicht vorhatte, heute Nacht noch irgendjemanden zu küssen. Ich drückte einige Leute an mich und setzte ein Lächeln auf. Gleichzeitig überlegte ich, wie ich mich am besten davonstehlen könnte, ohne dass es alle Leute merkten.

Ich drehte mich herum und sah plötzlich ein schwarzes T-Shirt direkt vor mir, auf dem ‚Just shut up and kiss me' stand.

Mein Herzschlag erhöhte sich sofort um das Dreifache und ich wagte fast nicht, den Blick zu heben, um in das dazugehörige Gesicht zu sehen. Mir war klar, wem dieses T-Shirt gehörte. Nicht nur wegen des Spruchs, sondern auch wegen des T-Shirts an sich. Niemand sonst hätte um diese Jahreszeit auf eine dicke Jacke verzichtet. Ganz gleich, wie ungewöhnlich warm es war. Aber das konnte doch gar nicht sein, oder? Josh? Wie kam er plötzlich hierher? Sein Flug ging doch erst in zwei Tagen. Wie …?

Ich sah in sein grinsendes Gesicht und öffnete den Mund. „Was …", begann ich. „Wie?"

Doch Josh legte mir einen Finger auf die Lippen und zeigte auf sein Shirt. Diesmal hatte er es also definitiv mit Absicht angezogen. Ich traute ihm sogar zu, dass er es extra für diesen Anlass hatte drucken lassen.

Aber das war mir in diesem Moment völlig egal. Als er sich vorbeugte, um mich zu küssen, vergaß ich alles, was ich ihn eigentlich hatte fragen wollen. Es interessierte mich plötzlich gar nicht mehr, warum er sich in den letzten Tagen so wenig gemeldet hatte oder wieso er eher aus Kanada zurückgekehrt war. Wichtig war nur noch das Gefühl seiner Lippen auf meinen und seiner Arme, die mich in eine innige Umarmung zogen. Ich klammerte mich an ihm fest und wünschte von ganzem Herzen, dass er mich nie wieder loslassen würde. Als er den Kuss intensivierte, wurden meine Knie wieder weich und ich war froh, dass er mich festhielt, weil ich sonst wahrscheinlich zusammengeklappt wäre.

Als er mich losließ, fühlte ich mich ganz wackelig auf den Beinen.

„Happy new year", sagte er und ich lächelte.

„Happy new year", gab ich zurück und sah ihn intensiv an.

„Hast du klären können, was du klären wolltest?

Er nickte. „Es ist alles in bester Ordnung. Es hat alles wunderbar geklappt und es gibt nun keinen Grund mehr, warum wir uns trennen sollten."

Ich hatte das Gefühl, mir fiele ein zentnerschwerer Stein vom Herzen, und mich erfasste eine Welle der

Euphorie, die ich gar nicht in Worte fassen konnte. Stattdessen sprang ich Josh wieder in die Arme und zog ihn zu mir herunter, um ihn noch einmal zu küssen.

Als wir eine Stunde später zu Hause ankamen, war ich immer noch aufgeputscht vom Adrenalin. Wir hatten uns eng aneinandergekuschelt das Feuerwerk angesehen und ich war so glücklich, dass ich mich nicht einmal mehr daran gestört hatte, dass Luisa und Tanju dazu übergegangen waren, wild herumzuknutschen. Es war vermutlich so, dass mein Vater recht hatte.

Ich konnte Luisa nicht davor bewahren, bestimmte Erfahrungen zu machen. Sie war jung und unschuldig und musste selbst herausfinden, was sie wollte und was nicht. Wenn ich immer nur versuchte, sie dabei zu stoppen, würde ich nur erreichen, dass sie mich am Ende hasste und wieder versuchte meine Beziehung zu sabotieren, so wie ich ihre sabotiert hatte. Und das wollte ich auf jeden Fall vermeiden.

Daher ließ ich Luisa einfach ihre Freiheit und konzentrierte mich stattdessen voll und ganz auf Josh, der noch vollkommen nüchtern war und die Klapperkiste seiner Großmutter problemlos bis zur Haustür brachte. Drinnen angekommen begrüßte Cindy uns schwanzwedelnd und ich drückte meinem Liebling einen dicken Kuss auf die Stirn.

Normalerweise küsste ich meinen Hund nicht richtig, aber in diesem Moment war ich einfach so glücklich und euphorisch, dass es mir egal war.

„Frohes neues Jahr“, sagte ich zu ihr und kraulte sie hinter dem Ohr.

Cindy legte den Kopf schief und ließ sich auch von Josh geduldig den Kopf tätscheln.

„Ist deine Oma schon im Bett?“, fragte ich leise, weil ich die alte Dame nicht wecken wollte.

„Oh ja. Mit Sicherheit. Sie hält nichts von Silvester und macht immer ihr Hörgerät raus, damit sie von dem Geknalle nicht so viel mitbekommt."

Ich lachte und zog meine Schuhe aus.

„Ah. Tut das gut", stellte ich fest und ließ mich im Wohnzimmer aufs Sofa fallen. „Meine Füße brennen wie Feuer."

„Warum ziehst du denn Schuhe an, in denen du gar nicht richtig laufen kannst?", fragte Josh, setzte sich und nahm wie selbstverständlich meine Füße, um sie zu massieren.

„Das sind nicht meine Schuhe, sondern welche von Alexis. Sie war der Ansicht, meine wären zu schlicht. Oh Gott. Hör nicht auf", stöhnte ich und ließ mich weiter in die Kissen sacken, als Josh meine Füße liebkoste.

„Ich werde euch Frauen nie verstehen", stellte Josh fest. „Warum quält ihr euch so?"

„Um den Männern zu gefallen?"

Josh schüttelte den Kopf. „Geht es wirklich um die Männer? Oder um andere Frauen? Ich habe dich nicht dazu überredet, diese Schuhe zu tragen. Das war Alexis."

Ich zuckte mit den Schultern und sah Josh an. „Warum bist du eher zurückgekommen?", fragte ich. „Und warum hast du dich zwischendurch nicht gemeldet?"

Ich hatte ihn schon die ganze Zeit fragen wollen, aber bisher war ich einfach zu glücklich gewesen, dass er da war. Seine Motive in Frage zu stellen, war mir falsch vorgekommen.

„Ich wollte dich nicht anrufen, solange ich dir noch keine Antworten liefern konnte, und als es endlich soweit war und ich eine Zusage hatte, da wollte ich es dir unbedingt persönlich sagen. Am Telefon ist das immer blöd."

Ich nickte. „Ich verstehe immer noch nicht, was genau du eigentlich regeln musstest. Du hast doch die deutsche Staatsangehörigkeit, oder? Du bist doch hier geboren."

„Na ja. Da man in Deutschland nicht zwei Staatsangehörigkeiten haben darf, musste ich mich bei meiner Volljährigkeit für eine entscheiden. Da musste ich also ein paar Informationen einholen. Und außerdem … ach, weißt du. Vielleicht ist jetzt der falsche Moment, um darüber zu reden. Ich bin ziemlich fertig von dem langen Flug und würde das lieber morgen in Ruhe mit dir besprechen."

Ich wusste genau, was er meinte. Es war gerade so ein schöner Moment und ich hatte gar keine Lust, ihn mit reden zu verschwenden. Ich entzog Josh meine Füße, drehte mich herum und legte meinen Kopf in seinen Schoß. Dann sah ich zu ihm auf und deutete einfach nur auf sein T-Shirt. Josh verstand sofort. Ohne noch etwas zu sagen, beugte er sich zu mir herunter und küsste mich.

Es war ein ganz zärtlicher Kuss, bei dem seine Lippen so leicht über die meinen fuhren, dass es mich fast wahnsinnig machte. Er neckte mich so lange, bis ich frustriert aufstöhnte und ihn gierig zu mir herunterzog, weil ich endlich mehr von ihm spüren wollte. Josh lachte an meinem Mund und das erste Mal in den Jahren seit meiner Trennung spielte ich tatsächlich mit dem Gedanken, mich wieder auf einen Mann einzulassen.

„Oh, Janna", flüsterte Josh und zog mich näher an sich. „Du fühlst dich so verdammt gut an."

Ohne es zu wollen, traten mir Tränen in die Augen, aber ich ließ nicht von Josh ab, sondern küsste ihn immer weiter. In seiner Nähe konnte ich vergessen, was ich erlebt hatte. Ich wollte nicht mehr daran denken, wie es mir in Mexiko ergangen war, sondern in Zukunft nur noch im Hier und Jetzt leben. Was sollte es schon bringen, der Vergangenheit nachzutrauern?

Als Josh seine Hand ganz langsam und vorsichtig unter mein T-Shirt gleiten ließ, verkrampfte ich mich unwillkürlich. Sofort wollte er seine Hand wieder zurückziehen, aber ich hielt sie fest und drückte sie weiter nach oben. Er sollte jetzt bloß nicht aufhören. Ich hatte die Nase so voll davon, jedes Mal zurückzuschrecken, wenn mich jemand berührte. Meine Vergangenheit durfte nicht mehr meine Zukunft beeinflussen und indem ich mit Josh den nächsten Schritt ging, würde ich es vielleicht endlich schaffen, mich endgültig von Rogelio zu lösen.

Meine Haut schien zu brennen, als er mit seinen Fingern vorsichtig über meine Haut glitt und dann ganz sanft meine Brüste streifte. Mein Herz klopfte wie verrückt und ich vergaß zwischendurch fast zu atmen, als Josh begann meinen Hals zu küssen und mich vorsichtig weiterstreichelte und verwöhnte.

„Nicht aufhören", flüsterte ich.

„Aber du wolltest doch warten …"

Ich schüttelte den Kopf. „Nein. Jetzt nicht mehr. Wenn ich weiß, dass du bei mir bleiben wirst, dann will ich nicht mehr warten. Ich will mit dir zusammen sein. Und zwar jetzt sofort."

Josh hob den Blick und sah mich an. Unsicherheit lag in seinem Blick. Ein Gefühl, das ich bei ihm gar nicht kannte. Er war sonst immer so überzeugt von sich und seinen Ideen, dass es mir eigenartig vorkam, ihn so zu sehen.

„Janna."

„Was?"

„Ich … ich wollte eigentlich erst morgen mit dir darüber reden, aber ich kann nicht mit dir schlafen, wenn du nicht die ganze Wahrheit kennst."

Mit großen Augen sah ich ihn an. Welche Wahrheit? Wovon redete er überhaupt?

Josh zog seine Hände unter meinem T-Shirt hervor und seufzte. Irritiert zog ich mein Oberteil zurecht und sah ihn an. Was sollte das denn jetzt? Darin, die Stimmung kaputt zu machen, war Josh offensichtlich hervorragend.

„Also. Ich habe ja gesagt, dass es keinen Grund mehr für uns gibt, uns zu trennen. Wenn du es nicht willst, dann müssen wir uns im Februar nicht trennen. Aber … das bedeutet nicht, dass ich vorhabe, in Deutschland zu bleiben."

Mein Herz setzte einen Moment aus, um dann mit doppelter Geschwindigkeit weiterzuschlagen.

„Was … was willst du mir damit sagen? Du hast doch gemeint, wir müssten uns nicht trennen. Das verstehe ich nicht."

„Was ich damit sagen will, ist: Ich habe in Kanada mit meinen Eltern geredet, weil ich ihre Unterstützung gebraucht habe. Ich weiß ja, dass deine Familie im Moment kaum Geld hat und du dir einen Flug nicht einfach so leisten kannst. Aber meine Eltern sind einverstanden. Birgit ist eine alte Freundin von deiner Mutter und es würde sie freuen, dir einen Gefallen zu tun und dir das Geld zu leihen. Du musst es nicht so bald zurückzahlen. Das ist gar nicht notwendig. Meine Tante aus Namibia war auch da und sie würde sich freuen, noch mehr tatkräftige Unterstützung zu bekommen. Sie …"

„Moment, Moment", stoppte ich seinen Redefluss. „Ich verstehe gerade nur Bahnhof. Worauf willst du überhaupt hinaus?"

Josh seufzte. „Ich will, dass du mitkommst nach Namibia", sagte er und sah mich dabei sehr eindringlich an. „Ich will nicht, dass wir uns trennen. Aber ich kann meine Tante nicht im Stich lassen. Sie zählt auf mich. Es ist schon alles geklärt. Wir bekommen ein eigenes Zimmer und mit deiner Professorin habe ich auch geredet. Das Praktikum wird dir für dein Studium anerkannt. Dadurch verlierst du also keine Zeit. Du … du musst einfach nur Ja sagen."

Mir wurde eiskalt und ich schüttelte den Kopf. „Wie lange planst du das schon?", fragte ich.

„Seitdem du ins Krankenhaus gekommen bist. Als ich dich dort gesehen habe, ist mir plötzlich klar geworden, dass ich dich nicht einfach so zurücklassen kann."

„Und da hast du über meinen Kopf hinweg einfach entschieden, dass ich mitkommen soll, ja?"

Böse funkelte ich ihn an und zum ersten Mal hatte ich den Eindruck, dass er sofort merkte, dass ich wütend war.

„Janna. Ich kann nicht einfach so in Deutschland bleiben. Das geht rechtlich gar nicht. Ich hatte nur eine Genehmigung für sechs Monate. Jetzt muss ich einen neuen Antrag stellen. Und das dauert. Wenn ich aber im Februar nach Namibia gehe und meiner Tante helfe, dann kann ich danach in Deutschland weiterstudieren."

„Heißt das, du musst auf jeden Fall weg?"

Josh sagte nichts, sondern nickte nur ernst. Die Erkenntnis erschütterte mich. Ich war davon ausgegangen, dass für Josh andere Regeln gelten würden als für Rogelio. Immerhin war er in Deutschland geboren und hatte einen deutschen Vater. Außerdem war doch Kanada nun wirklich kein Land, aus dem die Menschen scharenweise nach Deutschland strömten. Mexiko zwar auch nicht, aber das zählte zumindest zu den ärmeren Ländern. Ach, verdammt. Ich war schon völlig durcheinander.

Josh ergriff meine Hand, aber ich entzog sie ihm wieder und stand auf.

„Ich kann das nicht, Josh", sagte ich. „Es tut mir leid, aber ich kann das nicht. Ich … Was ist mit meinem Studium? Was ist mit Cindy, Luisa und meinen Eltern? Ich kann doch nicht einfach so verschwinden."

„Dein Studium kannst du nach einem halben Jahr fortsetzen", versprach Josh. „Cindy bleibt bei meiner Oma. Sie liebt den Hund und würde für sie sogar endlich ins Erdgeschoss ziehen. Wir versuchen schon seit Jahren, sie dazu zu überreden, ohne Erfolg. Aber für Cindy würde sie das tun."

Ich schüttelte den Kopf. „Das kann ich nicht", schimpfte ich. „Ich kann nicht wieder da raus ins Unbekannte. Ich kann nicht … Ach, vergiss es."

Ich drehte mich herum und ging in mein Zimmer.

„Janna!", rief Josh mir hinterher. „Janna!"

Ich reagierte nicht. Stattdessen schmiss ich die Tür hinter mir zu, schloss ab und kletterte schnell die Leiter zu meinem Bett hoch. Dort drückte ich mir ein Kissen aufs Gesicht und stieß einen erstickten Schrei aus, bevor die Tränen anfingen, mir übers Gesicht zu laufen.

Ich hatte es gewusst. Ich hatte gewusst, dass das alles schiefgehen würde. Ich wusste doch, dass Fernbeziehungen nichts als Ärger brachten, und hatte mich trotzdem darauf eingelassen, weil ich dachte, dass Josh anders war. Dass er mich nicht einfach zurücklassen würde. Ja. Toll. Er bot mir an, ihm nach Afrika zu folgen. Aber ich hatte bereits einmal alles hinter mir gelassen, um einem Mann ins Ausland zu folgen, und ich hatte katastrophale Erfahrungen gemacht. Was, wenn Josh sich dort ganz anders verhielt als hier? Was, wenn er dort plötzlich den starken Mann raushängen ließ und mir vorschreiben wollte, wie ich mich zu verhalten hatte? Was, wenn wieder so etwas passierte wie damals in Mexiko? Was, wenn …

Ich hatte Angst. Das war die Wahrheit. Ich wollte nicht aus Deutschland weg. Das hier war mein Wohlfühlbereich und den wollte ich auf keinen Fall verlassen. Und das würde ich auch nicht. Noch nicht einmal für Josh. Dafür war es einfach zu schrecklich gewesen. Doch plötzlich wurde mir klar, dass ich Josh das erklären musste.

Schweren Herzens kletterte ich aus dem Bett und klopfte an Joshs Tür. Als er öffnete, konnte ich die Hoffnung in seinem Blick kaum ertragen.

Ich seufzte. „Es gibt da etwas, das du noch nicht weißt, und das du unbedingt erfahren solltest, damit du verstehst, warum ..."

Josh nickte verstehend. „Willst du reinkommen?", fragte er.

Ich schüttelte den Kopf. „Lass uns ins Wohnzimmer gehen", bat ich und dann erzählte ich ihm von jenem schrecklichen Tag, der alles verändert hatte.

Kapitel 35

Mexiko 2010

Der Tag, an dem es geschah, begann wie jeder andere meiner Tage in Mexiko. Nachdem ich beschlossen hatte, mein Studium zu unterbrechen, um meinem Mann in seine Heimat zu folgen, hatte ich mich so gut wie möglich dort eingerichtet. Ich bekam immer noch das Geld aus meinem Studienkredit und damit konnten wir uns eine kleine Wohnung mieten, die wir zusammen bewohnten. Außerdem hatte ich einen Job in dem Unternehmen von meiner Gastfamilie angenommen.

Als der Wecker an diesem Morgen klingelte, drückte Rogelio ihn einfach weiter, und als ich fünf Minuten später aufstehen wollte, umschlang er mich mit den Armen und hielt mich fest.

„Bleib noch im Bett, Leona", flüsterte er in mein Ohr und ein angenehmer Schauer lief mir über den Rücken. „Du hast doch noch etwas Zeit."

„Ja, aber ich wollte gerne noch die Küche aufräumen, bevor ich los muss", flüsterte ich zurück.

„Das kannst du auch später noch machen", versicherte mir Rogelio und begann meinen Nacken zu küssen.

Bereitwillig schmiegte ich mich an ihn und spürte sofort, wie erregt er war.

„Ich weiß nicht, ob das so eine gute Idee ist, amor", sagte ich heiser, als er mit seinen Händen über meinen Körper fuhr und sie zwischen meine Beine wandern ließ.

„Ach nein?“, fragte er und begann mich zu massieren.

„Nein“, flüsterte ich, ohne den Versuch zu machen, ihm zu entkommen.

Rogelio war, was Sex anging, absolut unersättlich. Es verging kein Tag, an dem wir nicht mindestens zweimal miteinander schliefen, und Geduld war für ihn ein absolutes Fremdwort. Er wollte immer alles sofort und konnte richtig sauer werden, wenn seine Bedürfnisse nicht gleich erfüllt wurden. Ich konnte nur raten, wie schwer die Zeit unserer Fernbeziehung für ihn gewesen sein musste, aber ich hoffte, dass es dabei geblieben war, dass er selbst Hand anlegte.

Rogelio drehte mich herum, sodass ich mit dem Bauch nach unten lag, und liebkoste mich weiter. Ich war zwar noch nicht ganz wach, aber mein Körper war für ihn bereit, daher protestierte ich nicht, als er ihn ohne zu fragen in Besitz nahm.

Eine halbe Stunde später musste ich mich beeilen, um nicht zu spät zu kommen. Ich sprang ganz kurz unter die Dusche, zog mich in Windeseile an und nahm zum Essen nur einen Apfel mit. Während ich auf die Straße hastete, drehte Rogelio sich vermutlich gerade um, um noch ein paar Stunden weiterzuschlafen.

Trotz seiner Versuche war es Rogelio auch in Mexiko in den letzten Monaten nicht gelungen, einen richtigen Job zu bekommen. Er gab zwar immer noch seinen Karateunterricht, aber das allein genügte uns nicht zum Leben, was dazu führte, dass wir immer noch in einer Einzimmerwohnung lebten, in der kaum genug Platz für uns beide war.

Ich beeilte mich, den nächsten Bus zu bekommen, und winkte. Zum Glück blieb eines der gelben Gefährte stehen und ließ mich ein. Ich drückte dem Mann dankbar ein paar Pesos in die Hand, setzte mich hin und sah aus dem Fenster. Mexiko hatte mich vom ersten Moment an fasziniert. Die Strände, die Pyramiden, der Dschungel und all die anderen Naturwunder, die ich im Laufe der letzten Jahre gesehen hatte, waren beeindruckend. Aber auch das normale Leben brachte mich immer wieder zum Staunen. Querétaro war eine pulsierende Stadt, mit knapp 900.000 Einwohnern. Eine riesige Bogenbrücke führte quer durch die Stadtmitte und man hatte mir erklärt, dass sie ursprünglich zur Wasserversorgung diente. Überall schienen Menschen zu sein.

Als ich eine halbe Stunde später beim Haus meiner Gasteltern angekommen war, schwitzte ich schon wie verrückt. Es war Juni und die Temperaturen stiegen um diese Jahreszeit schnell auf über vierzig Grad. Daher war ich froh, als ich wieder aus dem Bus steigen konnte und mich im Schatten befand.

„Buenos dias, Janna“, rief Leticia, als sie mich sah, und gab mir das obligatorische Küsschen auf die Wange. „Du bist etwas spät heute.“

Ich errötete leicht und sah auf die Uhr. Zehn Uhr fünfzehn. Arbeitsbeginn war um zehn, aber die meisten kamen mindestens eine Viertelstunde später. Da ich Deutsche war, schien man von mir jedoch zu erwarten, dass ich pünktlich war. Für gewöhnlich schaffte ich das auch, aber heute hatte Rogelio mich einfach nicht eher gehen lassen. Beim Gedanken daran, warum das so war, wurde mir sofort heiß und kalt.

„Tut mir leid“, sagte ich. „Was gibt es denn heute zu tun?“

„Eine ganze Menge“, erklärte Leticia. „Heute Nachmittag ist eine Tauffeier und heute Abend ein fünfzehnter Geburtstag.“

In Mexiko war der fünfzehnte Geburtstag eines Mädchens etwas ganz Besonderes und wurde fast so aufwendig gefeiert wie eine Konfirmation. Die Mädchen wurden geschminkt, frisiert und hergerichtet, trugen ein Ballkleid und genossen die komplette Aufmerksamkeit. Sie mussten morgens zur Kirche, wo extra für sie eine Messe gehalten wurde, und bekamen abends eine große Feier von der Familie spendiert. Der fünfzehnte Geburtstag symbolisierte für die Mädchen den Übergang vom kleinen Mädchen zur jungen Frau. Warum etwas Ähnliches nicht für die Jungen veranstaltet wurde, hatte mir noch niemand erklären können.

„Okay", sagte ich. „Also. Was soll ich tun?"

„Die Stühle herrichten", erklärte Leticia. „Wenn du damit fertig bist, dann sag Bescheid. Bei den Tischen wirst du Hilfe brauchen."

Ich nickte und machte mich sofort an die Arbeit. Der Job bei meiner Gastfamilie war weder gut bezahlt noch besonders anspruchsvoll. Aber er brachte ein wenig Geld in die Kasse und sorgte dafür, dass ich nicht den halben Tag zu Hause herumhing so wie Rogelio. Ich liebte meinen Mann zwar, aber ihn den ganzen Tag um mich zu haben, wäre mir dann doch zu anstrengend geworden.

Der Tag verging wie im Flug, aber zwei Stunden, bevor ich Feierabend hatte, kam Lety auf mich zu und nahm mich zur Seite.

„Hör mal, Janna. Meine Nichte Martha ist krank geworden und sie hätte eigentlich heute Abend bedienen sollen. Meinst du, du könntest heute ausnahmsweise länger bleiben?"

„Wie viel länger?"

„Na ja. Ich denke, bis zwölf Uhr werden wir dich schon brauchen. Du bekommst die Überstunden natürlich bezahlt und David bringt dich nach Hause."

Ich zögerte. Rogelio würde sich wahrscheinlich gar nicht freuen zu hören, dass ich länger arbeitete. Aber wenn Leticia Hilfe brauchte, dann wollte ich auf gar keinen Fall Nein sagen. Sie hatte schon so viel für mich getan, daher wollte ich ihr gerne etwas zurückgeben.

„In Ordnung", sagte ich daher. „Ich muss nur noch eben Rogelio Bescheid geben."

„Janna. Aufwachen. Wir sind gleich da."

„Was?"

Ich schüttelte den Kopf, um die Müdigkeit abzuschütteln, und hob den Kopf. Ich war tatsächlich in Davids Auto eingenickt.

„Ich glaube, ich kann dich heute nicht bis vor die Haustür bringen", sagte er. „Die Straße hier ist gesperrt und sonst muss ich noch mal einen riesigen Umweg fahren. Vielleicht kann ich ja den Wagen einfach hier parken und ..."

„Was? Nein", widersprach ich. „Das ist doch Unsinn. Ich muss doch nur da hinten um die Ecke und dann bin ich schon da. Keine Sorge. Du musst nicht mitkommen."

„Aber ..."

Ich verdrehte die Augen. Rogelio schien nicht der einzige Mexikaner zu sein, der einen sehr ausgeprägten Beschützerinstinkt hatte. Auch meine Gastbrüder machten sich immer wieder Sorgen um mich. Hugo war dafür natürlich noch zu jung, aber die anderen drei taten immer so, als wäre ich nicht dazu imstande, mich auch nur zehn Meter alleine fortzubewegen.

„Das geht schon, David", versicherte ich ihm.

Genau wie seine Brüder sah er sehr unmexikanisch aus. Er hatte sogar blaue Augen, war aber etwas stämmiger als die anderen drei. Meiner Meinung nach könnte das allerdings daran liegen, dass er zu viel Zeit vor dem Computer verbrachte.

„Bist du dir sicher?" Skeptisch sah er mich an.

„Ganz sicher", sagte ich und er zuckte mit den Schultern.

„Na fein", sagte er. „Dann dir noch einen schönen Abend."

Irritiert sah ich ihn an.

Irgendwie hatte ich mit mehr Gegenwehr gerechnet. Von meinen anderen Gastbrüdern und vor allem von Rogelio war ich es gewohnt, dass man mich nirgendwo alleine hingehen ließ. David schien das Ganze jedoch sehr viel entspannter zu sehen und drängte mich nicht weiter. Ich war mir nicht sicher, ob ich mich darüber freuen sollte, und griff nach meiner Handtasche.

„Also gut. Dann gehe ich mal."

„Tu das. Ich bleibe noch hier stehen, bis du um die Ecke bist."

Ich nickte und stieg dann aus. Es war immer noch sehr warm, aber nicht mehr so unerträglich wie tagsüber. Die kühle Brise war angenehm und ich winkte David noch einmal zu, bevor ich die Straße hinunterging.

Ich beeilte mich nach Hause zu kommen, weil ich mir vorstellen konnte, dass Rogelio gar nicht begeistert sein würde, dass ich so spät dran war. Für gewöhnlich war ich vor ihm daheim und konnte dann schon mal etwas aufräumen, aber heute war das einfach nicht möglich gewesen.

Doch kurz vor unserer Wohnung zögerte ich. Wir brauchten noch Milch für morgen und ich vermutete, dass Rogelio nicht daran gedacht hatte. Wie ich ihn kannte, saß er schon seit zwei Stunden vor dem Fernseher und ließ sich berieseln. Ich musste zugeben, dass mich das frustrierte. Wenn er mir nicht so viel bedeutet hätte, dann hätte ich ihm mit Sicherheit schon längst etwas dazu gesagt. Aber ich fürchtete mich vor seiner Reaktion.

Kurz vor unserer Wohnung bog ich daher ab und lief einen Block weiter zu einem der kleinen Privatläden, die bis tief in die Nacht hinein geöffnet hatten.

„Hola, Janna", begrüßte mich der kleine Sohn der Besitzer.

Die Nachbarschaft kannte alle beim Namen und daher lächelte ich ihn freundlich an.

„Hola, José. Hast du noch etwas Milch für mich?"

„Aber sicher doch", sagte José und reichte mir eine Zwei-Liter-Packung.

„Was macht das?"

„Zehn Pesos."

„Oh Mist. Ich habe nur noch acht."

José winkte ab. „Schon gut. Das kannst du morgen noch bezahlen. Sag mal. Bist du alleine hier?"

Er sah sich um, als würde er erwarten, jeden Moment Rogelio hinter mir zu sehen. Ich zuckte mit den Schultern.

„Es ist doch nicht weit."

„Nein. Aber gut ist es trotzdem nicht. Weiß Rogelio, dass du hier bist?"

Ich zögerte. Ging diesen Jungen das überhaupt etwas an? Er war gerade mal halb so alt wie ich und wollte mir Vorschriften machen? Was war nur los mit den Männern in diesem Land?

„Ich komme sehr gut alleine klar", versicherte ich ihm. „Danke noch mal, José. Ich bringe das Geld morgen vorbei. Versprochen."

„Super. Dann bis morgen."

Ich nahm die Tüte mit der Milch und machte mich auf den Rückweg. Inzwischen war es doch etwas kühler geworden und ich kramte in meiner Tasche nach meinem Pullover.

„Mist", murmelte ich, als ich ihn nicht fand.

Vermutlich hatte ich heute Morgen in der Hektik vergessen, ihn einzupacken. Ich sah wieder nach vorne und erstarrte.

Drei Männer versperrten mir den Weg, die gerade noch nicht da gewesen waren. Ich hätte einfach an ihnen vorbeigehen können, aber mein Instinkt sagte mir, dass es besser wäre, diesen Kerlen nicht zu nahe zu kommen. Sie standen genau zwischen mir und dem Eingang zu meiner Wohnung. Ich überlegte einen Moment, ob ich Rogelio anrufen sollte, verwarf den Gedanken jedoch wieder. Wenn ich ihn um Hilfe bat, würde er danach erst recht nicht mehr zulassen, dass ich alleine Milch holen ging. Es konnte doch nicht sein, dass ich ihm noch Futter für seine Phobien gab. Daher wechselte ich einfach die Straßenseite und ging weiter. Als die Männer ebenfalls Anstalten machten, die Seite zu wechseln, blieb ich stehen und sah mich hektisch um. Das konnte unmöglich Zufall sein.

Ich kannte diese Typen nicht. Es war zwar nicht so, dass ich jeden aus der Nachbarschaft kannte, aber die meisten wussten von mir. Es gab nicht viele Blondinen in der Gegend und ich überragte sogar viele der Männer noch um einige Zentimeter. Da sie nicht den Eindruck machten mich zu erkennen, ging ich davon aus, dass sie von auswärts kamen. Kein gutes Zeichen. Überhaupt kein gutes.

Als die Männer auf mich zukamen, überlegte ich nicht mehr lange, sondern drehte um und rannte so schnell ich konnte wieder in Richtung Laden. José würde mich sicher irgendwo verstecken können und dann Rogelio anrufen. Doch in dem Moment, als ich anfing zu laufen, taten die Männer es mir gleich. Und sie waren schnell. Schneller als ich und ich hatte überhaupt keine Chance. Ich ließ die Milch fallen und schrie, so laut ich konnte.

„José! Hilfe!!!"

Doch bevor ich den Laden erreichte, hatte mich einer der Männer bereits gepackt und mich in eine Seitenstraße gezogen. Er stank nach Alkohol und legte mir eine seiner schmutzigen Hände über den Mund, damit ich nicht weiterschreien konnte.

„Na, na, na", sagte er lallend. „Wer wird denn hier so herumschreien, kleine gringa."

„Sicher wollte sie nur ihren nächsten Freier auf sich aufmerksam machen", sagte der zweite Mann und strich mir durchs Haar. „Ein hübsches Ding bist du ja, puta."

Tränen stiegen mir in die Augen, als ich panisch zwischen den drei Männern hin- und herblickte und versuchte einen Ausweg zu entdecken. Sie hielten mich für eine Prostituierte? Das konnte doch unmöglich sein. Oder liefen die Prostituierten in Mexiko in Jeans und Turnschuhen durch die Gegend?

Der erste Mann nahm seine Hand von meinem Mund und fasste mir grob ans Kinn.

„Was wollt ihr von mir?", fragte ich panisch. „Wollt ihr Geld? Ich habe kein Bares mehr, aber da ist mein Handy drin. Das könnt ihr gerne haben. Hier."

Ich hielt ihnen meine Tasche entgegen und der zweite Mann schnappte sie sich. Er wühlte mein Portemonnaie heraus und brachte zwanzig Pesos zum Vorschein, von denen ich gar nicht wusste, dass ich sie noch hatte.

„Nur zwanzig?", fragte er. „Na, da bist du aber heute noch nicht fleißig gewesen, was, puta?"

„Ich bin keine …"

„Halt's Maul", sagte der erste Mann und schlug mir mit der flachen Hand ins Gesicht.

„Hört auf!", rief ich. „Bitte … ihr … ihr macht einen Fehler. Wenn mein Mann das erfährt, dann …"

„Dein Mann? Sicher so ein reicher gringo, ja? Was soll der schon tun? Uns seine Anwälte auf den Hals hetzen? Wenn wir mit dir fertig sind, dann wirst du nicht mal mehr dazu imstande sein, uns zu identifizieren."

Er zerrte an meinem Oberteil und ich schrie auf. Das konnte nicht sein. Das konnte keine Wirklichkeit sein. So etwas geschah in Büchern oder in schlechten Filmen, aber nicht im wahren Leben oder zumindest nicht in meinem. Das war absolut unmöglich.

„Ich bin keine gringa", versuchte ich zu erklären. „Ich bin Deutsche und mit einem Mexikaner verheiratet. Seht doch in meinem Pass nach. Da steht alles drin."

„Ja, ja. Das kannst du deiner Großmutter erzählen. Und selbst wenn, ist dein Mann doch selber schuld, wenn er dich abends alleine auf der Straße herumlaufen lässt."

Er ließ seine Hand meinen Körper entlangfahren und ich wimmerte. Verzweifelt versuchte ich mich daran zu erinnern, was Rogelio mir über Selbstverteidigung beigebracht hatte. Es gab so viele Kniffe, aber in diesem Moment war mein Kopf so leer, dass mir einfach nichts Vernünftiges einfallen wollte.

„Schöne Titten", stellte der erste Mann fest und drückte so stark zu, dass es schmerzte.

Da brannte in meinem Hirn eine Sicherung durch. Ich konnte hier nicht einfach stehen und auf Rettung hoffen. Ich musste etwas tun. Und zwar jetzt sofort, sonst würde ich jeden Moment den Albtraum einer jeden Frau erleben. Mit aller Kraft riss ich mein Knie hoch und rammte es dem ersten Mann in die Weichteile. Als dieser zusammensackte, schubste ich den zweiten Mann zur Seite und versuchte so schnell wie möglich wieder auf die beleuchtete Straße zu kommen. Doch der dritte Mann war schneller. Er stellte mir ein Bein und schleifte mich dann zurück in die Finsternis.

„Nein!!!", schrie ich wieder. „Rogelio! Hilfe!"

„Callate, pendeja!", schrie der Mann und trat mir in den Magen.

Sofort blieb mir die Luft weg und ich konnte einen

Moment lang nicht mehr atmen. Weitere Tritte folgten, bis ich das Gefühl hatte, mir täte jeder Zentimeter meines Körpers weh.

Als Nächstes fühlte ich, wie ein Mann mich herumwarf und mein Oberteil zerriss, bis meine Brüste freilagen.

„Nein“, weinte ich. „Bitte nicht. Hört zu. Das dürft ihr nicht.“

„Sicher dürfen wir das. Wer um diese Uhrzeit draußen herumläuft, der fordert es doch regelrecht heraus, überfallen zu werden.“

Er grinste und entblößte dabei ein paar verfaulte Zähne. Sofort wurde mir übel und ich hätte mich am liebsten übergeben. Grob riss er an meiner Hose und versuchte sie mir von den Hüften zu zerren. Ich war noch nie so froh gewesen, eine enge Jeans zu tragen, egal wie sehr ich heute darin geschwitzt hatte.

Ich wehrte mich wie eine Furie, trat um mich, biss und kratzte, aber dann traf mich ein weiterer Schlag im Gesicht und mir wurde kurze Zeit schwarz vor Augen. Als ich wieder etwas sehen konnte, hockten die Männer um mich herum und ich wurde an beiden Armen festgehalten.

„Halt still, puta“, sagte der Mann. „Es gibt sowieso nichts, wie du das noch verhindern könntest.“

Ich weinte. Gott. Da hatte ich jahrelang trainiert, um mich in solchen Situationen wehren zu können, und dann gab es absolut nichts, was ich gegen diese Männer tun konnte. Selbst wenn ich es schaffen würde, einen von ihnen auszuschalten, dann war da immer noch der zweite. Und der dritte. Ich zitterte vor Anstrengung und meine Zähne klapperten vor Angst.

Ganz langsam fuhr der Mann mein Bein entlang und begann an meinem Hosenknopf zu nesteln.

„Nein“, keuchte ich, bevor der zweite mir den Mund zuhielt.

„Halt einfach still. Ich versichere dir, es wird dir gefallen“, hauchte er in mein Ohr und ich kämpfte gegen den Würgereiz.

Auf einmal erschien mir die Ohnmacht wie eine sehr reizvolle Alternative und ich wünschte mir tatsächlich, sie hätten mich k. o. geschlagen. Ich konnte mich keinen Zentimeter rühren und es gab nichts, was ich gegen diese Kerle ausrichten konnte. Noch nie in meinem Leben hatte ich mich so hilflos gefühlt.

„Wenn du sie anrührst, bist du ein toter Mann“, ertönte da plötzlich eine Stimme hinter uns und wir alle fuhren herum.

„Rogelio“, keuchte ich, obwohl die Hand des Mannes immer noch meine Stimme dämpfte.

Ein Schwall der Erleichterung überkam mich und ich schluchzte wieder.

„Moment mal“, sagte einer der Männer. „Dich kenne ich doch. Du bist doch der vom Karateclub.“

„Ja“, sagte Rogelio und wirkte dabei so bedrohlich wie ein Löwe, der kurz davor war, eine Antilope zu reißen. „Und wenn du meine Frau nicht sofort loslässt, dann reiß ich dir die Eier aus und füttere damit die Hühner.“

Er brannte vor Zorn. Ich hatte ihn noch nie so erlebt wie jetzt und hoffte, dass er es schaffen würde, seine Wut an meinen Peinigern auszulassen. Normalerweise war ich gegen jede Art von Gewalt, aber jetzt gerade wünschte ich mir, dass er diese Kerle windelweich prügelte.

Der fremde Mann lachte. „Ach ja? Und wie willst du das anstellen? Wir sind zu dritt und du bist allein. Ich kümmere mich um das Mädchen, Jungs. Los. Macht ihn fertig.“

Die beiden Männer gingen auf Rogelio zu, aber genauso gut hätte ein Strohhalm versuchen können, sich einem Sturm entgegenzustellen. Dem ersten schlug Rogelio so heftig ins Gesicht, dass er ihm augenblicklich die Nase brach. Den Zweiten schmiss er zu Boden und ließ sich so mit dem Ellenbogen auf ihn fallen, dass er vermutlich danach ein paar Rippen gebrochen hatte.

Danach stürzte er sich auf den Mann über mir.

„Geh ins Auto", befahl Rogelio, als er den Mann von mir weggezerrt hatte.

„Aber meine Tasche", stotterte ich.

„Ins Auto!", schrie Rogelio. „Ich kümmere mich darum."

Er sah so verdammt wütend aus, dass ich nicht zu widersprechen wagte. Unter Schmerzen rappelte ich mich auf und lief zu dem alten Kastenwagen hinüber. Schnell setzte ich mich und drückte auf beiden Seiten den Knopf nach unten. Dann fing ich an zu zittern und zu schluchzen. Ich weigerte mich, aus dem Fenster zu sehen, weil ich mich davor fürchtete zu sehen, was geschah. Es war eindeutig gewesen, dass Rogelio den Männern überlegen war. Sie mochten in der Überzahl sein, aber Rogelio war besser trainiert und nicht betrunken. Solche Kerle verspeiste er zum Frühstück. Trotzdem schaffte ich es nicht, mich zu beruhigen. Meine Muskeln schienen unkontrolliert zu zittern und ich konnte die Tränen einfach nicht daran hindern, weiter meine Wangen hinunterzulaufen.

Als Rogelio kurze Zeit später ins Auto kam, rührten sich die Männer draußen nicht mehr. Einen Moment lang vermutete ich, sie könnten tot sein, und ich war erschrocken, wie wenig Mitleid das bei mir auslöste. Ich war einfach nur fertig mit den Nerven und wollte nichts lieber, als nach Hause zu fahren.

Doch statt loszufahren oder mich zu trösten, griff Rogelio nach meinen Haaren und knallte meinen Kopf gegen die Armatur. Sofort fing mein Kopf wieder an sich zu drehen und es dauerte eine Weile, bis ich verstand, was gerade geschehen war. Adrenalin rauschte durch meinen Körper, als mir klar wurde, was mein Mann gerade getan hatte.

„Habe ich dir nicht gesagt, dass du abends nicht alleine rumlaufen sollst, pendeja?", schrie er mich an. „Du wolltest wohl von den Kerlen gevögelt werden, pinche puta."

„Ich … nein. Ich … ich …"

Seine Hand schnellte nach vorne und knallte mir ins Gesicht.

„Du was? Deinetwegen hätte ich diesen einen Typen fast umgebracht. Gefällt es dir, wenn ich mich für dich prügeln muss? Macht dich das an, du Hure?"

Ängstlich verkroch ich mich in der letzten Ecke des Trucks und sah Rogelio erschrocken an. Wer war dieser Mann? Ich hatte ihn zwar schon vorher wütend erlebt, aber niemals hatte er die Hand gegen mich erhoben. Nie hätte er das gewagt. Und trotzdem prangte nun auf meiner Stirn eine Beule, die mir nicht die drei Männer zugefügt hatten, und meine Wange brannte wie Feuer. Wenn ich geglaubt hatte, den schlimmsten Teil dieser Nacht schon hinter mir zu haben, dann hatte ich mich geirrt.

„Geh nach oben", befahl Rogelio, sobald wir bei der Wohnung angekommen waren.

Die Tatsache, dass er überhaupt mit dem Auto unterwegs gewesen war, konnte nur bedeuten, dass er vorgehabt hatte, mich zu suchen.

So schnell ich konnte, gehorchte ich, während Rogelio das Auto in den Innenhof fuhr. Oben ging ich direkt ins Schlafzimmer und schloss ab. Panisch sah ich mich nach einem Ausweg um, musste aber feststellen, dass es keinen gab. Aus dem Fenster klettern konnte ich nicht. Wie fast überall in Mexiko hatten die Außenfenster Querstreben, die es Einbrechern erschweren sollten hereinzukommen. Gleichzeitig machten sie es mir aber auch unmöglich, nach draußen zu gelangen, und gaben mir zusätzlich noch das unangenehme Gefühl gefangen zu sein. Automatisch tastete ich mich nach meinem Handy ab, aber das war in meiner Handtasche und die wiederum hatte Rogelio noch im Auto. Ich konnte also nicht einmal Hilfe rufen.

Eine Minute später rüttelte jemand an der Tür. Ich erwartete, dass Rogelio frustriert herumschreien würde, sobald er bemerkte, dass ich abgeschlossen hatte. Doch das tat er nicht. Stattdessen trat er mit voller Wucht gegen die Holztür, woraufhin das Schloss aus den Angeln flog und mir entgegen kam. Ich schrie auf, als seine Wut mir wie eine Flutwelle entgegenkam und mich regelrecht in die Ecke trieb.

„Du glaubst also, du könntest mich ausschließen?", fragte Rogelio. „Aus meinem eigenen Zimmer?"

„Nein", stammelte ich. „Bitte, Rogelio … ich …"

„Du? Du was? Vielleicht hätte ich dich da draußen lassen sollen, bei diesem Abschaum, wo du hingehörst. Was hattest du da draußen zu suchen, puta? Wolltest du Männer aufreißen? Hast du nach Freiern Ausschau gehalten?"

„Nein. Ich wollte nur Milch holen. Ich …"

„Ich werde dir zeigen, wer der Einzige ist, der das Recht hat dich zu besteigen."

„Rogelio. Nein. Bitte."

„Callate, Janna. Halt deine verdammte Klappe", sagte er.

Dann drehte er mich grob herum, so dass ich auf dem Bauch zum Liegen kam, riss mir die Hose gerade so weit herunter, bis mein Hintern entblößt war, und drang grob in mich ein. Es war ganz ohne Frage die schlimmste Nacht meines Lebens und daran waren im Endeffekt nicht einmal die drei Männer schuld.

Kapitel 36

Deutschland 2014

Tränen liefen mir die Wange hinunter, als ich meine Geschichte beendete, und Josh holte ein Taschentuch hervor, damit ich sie fortwischen konnte. Dankbar sah ich ihn an. So detailliert hatte ich noch nie jemandem davon erzählt, aber es tat gut, mir es endlich einmal von der Seele geredet zu haben.

„Was geschah danach?", fragte Josh heiser.

Er klang nicht fordernd und seine Stimme triefte auch nicht vor Mitleid. Er wollte einfach nur wissen, wie es mir weiter ergangen war, und ich hatte keine Probleme damit, ihm davon zu berichten.

„Ich bin am nächsten Tag weggelaufen. Als er noch schlief, habe ich mir ein Taxi genommen und bin zu Alexis' Schwester gefahren."

„Warum nicht zu Leticia?"

„Da hätte er mich sofort erwartet. Alexis' Schwester Camila kannte ich kaum, also konnte ich davon ausgehen, dass er mich dort nicht suchen würde."

„Und sie hat dich aufgenommen?"

„Ja. Sie und ihre Familie wohnen in Irapuato. Das ist ein ganzes Eck entfernt. Mexikaner sind in der Regel sehr gastfreundlich. Camila und ihre Eltern haben mich aufgenommen wie eine verlorene Tochter."

„Und dann?"

Ich seufzte. „Du willst jetzt wahrscheinlich gerne von mir hören, dass ich das nächste Flugzeug zurück nach

Deutschland genommen habe und sofort beschloss mich scheiden zu lassen, richtig?"

Josh nickte. „Aber so war es nicht, oder?"

Ich schüttelte den Kopf. „Nein. So war es nicht."

Ich sah aus dem Fenster. Nach meiner Flucht hatte Rogelio tagelang getobt. Er hatte die halbe Stadt auf den Kopf gestellt und überall nach mir gesucht. Aber er wusste, dass ich das Land nicht verlassen konnte, weil er meinen Pass hatte. Wenn ich fort wollte, musste ich zuerst zu einer deutschen Botschaft, aber soweit war ich noch nicht. Ich brachte es nicht über mich, jemandem in Deutschland von den Geschehnissen zu erzählen. Ich konnte ja selber nicht fassen, was geschehen war. Mein Mann hatte mich geschlagen und mir Gewalt angetan. Trotzdem hatte ich keine Ahnung, was ich nun tun sollte, und fühlte mich schrecklich.

Es ging hier immerhin nicht um irgendeinen Fremden, den ich einfach anzeigen konnte, sondern es ging um meinen Ehemann, den ich aufrichtig liebte und mit dem ich mein Leben verbringen wollte. Zumindest hatte ich das bis zu jener Nacht gedacht.

„Du hast ihm vergeben, nicht wahr?", fragte Josh.

Eine Träne rann meine Wange hinab und schließlich nickte ich. „Ich konnte nicht anders", erklärte ich. „Ich … es klingt makaber, aber ich habe ihn wirklich vermisst. In den Tagen, als wir keinen Kontakt hatten, habe ich mich so sehr nach ihm gesehnt, dass es schon fast körperlich wehtat. Und irgendwie hatte ich die Hoffnung, dass … na ja. Dass es eine einmalige Sache gewesen wäre."

Skeptisch sah Josh mich an.

„Du hältst mich für naiv. Ich weiß …"

„Na ja. Naiv vielleicht nicht, aber … unerfahren."

Ich nickte. „Ja. Das war ich wohl auch. Unerfahren und leichtgläubig und immer noch so vernarrt in ihn, dass ich der Meinung war, mit Liebe könnte man alles schaffen."

„Und da bist du einfach so zu ihm zurückgegangen?"

„Nein. Ich habe ihn eine Woche lang schmoren lassen. Aber als er erfahren hatte, dass ich bei Camila war, hat er mehrere Tage stundenlang auf Knien an der Straße gesessen und mich um Vergebung angefleht. Am dritten Tag konnte ich es einfach nicht mehr mit ansehen. Ich ging nach draußen, lief zu ihm hinüber und drückte ihn an mich. Als er merkte, dass ich ihn endlich erhört hatte, brach er vor meinen Augen in Tränen aus."

Josh sagte nichts. Ich wusste nicht, ob er nachvollziehen konnte, warum ich damals so gehandelt hatte. Ich wusste nicht, ob überhaupt irgendjemand das nachvollziehen konnte, der nie in einer ähnlichen Situation gewesen war. Doch für mich war damals klar, dass ich Rogelio liebte und dass ich den Gedanken nicht ertragen konnte, einfach alles wegzuwerfen, wofür wir so lange gekämpft hatten.

„Ist es gut gegangen?"

„Du meinst, ob er mich wieder geschlagen hat?"

Josh nickte und ich verzog den Mund.

„Ja. Das hat er. Er hatte natürlich versprochen, dass es nie wieder vorkommen würde, und ich glaube, dass er diesen Vorsatz auch ernst gemeint hat. Aber er hat es einfach nicht geschafft, sein Temperament in den Griff zu bekommen. Schon bei Kleinigkeiten rastete er aus und wurde noch eifersüchtiger als vorher. Hinzu kam, dass ich selber anfing, mich mehr und mehr zurückzuziehen. Ich traute mich immer weniger auf die Straße. Alleine ging es gar nicht und auch mit Rogelio zusammen hatte ich ständig Angst, dass uns wieder jemand überfallen würde. Ich kann dir das gar nicht erklären."

Ich seufzte und rieb mir über die Augen.

„Am schlimmsten war vermutlich, dass ich mein Vertrauen in Rogelio verlor. Jedes Mal, wenn er wütend wurde, was leider sehr häufig vorkam, zuckte ich zusammen und hätte mich am liebsten unter meinem Bett versteckt. Ich begann, in ständiger Alarmbereitschaft zu leben, und schaffte es kaum noch mich zu entspannen. Das bemerkten auch Camila und Leticia und nahmen mich deswegen ins Gebet."

„Haben sie dich überzeugt, nach Hause zu gehen?"

„Nun ja. Sagen wir, sie haben mir einen Schubs in die richtige Richtung gegeben. Sie haben mir klargemacht, dass kein Ehegelübde der Welt einen solchen Psychoterror rechtfertigt. Es war ja nicht nur meine Ehe, die den Bach runterging, sondern auch ich selber hörte auf zu leben. Kurz bevor ich nach Hause ging, war ich knapp davor, in eine Depression abzurutschen. Trotzdem hätte ich nicht einfach so gehen können. Ich hatte mir so lange eingeredet, dass Rogelio die Liebe meines Lebens war, dass ich es nur schrittweise schaffte, mich von ihm zu lösen. Selbst am Flughafen war ich mir noch nicht zu einhundert Prozent sicher, ob ich es schaffen würde, ihm für immer den Rücken zu kehren."

„Und Rogelio? Hat er dich einfach so gehen lassen?"

Ich schüttelte den Kopf. „Er dachte, ich würde wiederkommen. Wochenlang hatte ich alles getan, um ihn glauben zu lassen, ich hätte mich mit seinen Wutanfällen abgefunden. Als ich dann erzählte, dass meine Mutter meine Hilfe brauchte, weil sie operiert werden musste, hatte Rogelio keinen Grund, mir nicht zu trauen."

Josh nickte. „Du hast ihn angelogen."

„Ja. Und es war das Schwerste, was ich je in meinem Leben getan habe."

Josh sagte nichts. Stattdessen stellte er sich hinter mich und umschlang mich mit seinen Armen. Es war eindeutig, dass er nicht wusste, was er sagen sollte. Es gab nichts zu sagen und vielleicht war seine Nähe das Einzige, was er mir zurzeit geben konnte.

Als Josh am nächsten Morgen an meine Tür klopfte, antwortete ich nicht. Ich konnte es einfach nicht. Ich wollte mit niemandem reden. Weder mit Josh noch mit sonst wem. Nach einer Weile gab er auf und ich hörte die Haustür zugehen. In den nächsten Stunden hörte ich nichts mehr von ihm und traute mich erst gegen Mittag aus meinem Zimmer. Cindy lag wie gewohnt friedlich vor dem Sofa und wedelte mit dem Schwanz, als ich zu ihr kam. Ich hockte mich neben sie.

„Hallo, mein Schatz", sagte ich und vergrub mein Gesicht in ihrem Fell. „Josh spinnt ja wohl. Ein halbes Jahr ins Ausland gehen und dich zurücklassen. Das kann er ganz schnell wieder vergessen."

Cindy leckte mir einmal über die Wange, als wolle sie mir recht geben, und ich musste mich zusammenreißen, um nicht wieder zu weinen. Ich wollte nicht aus Dortmund weg. Hier war ich zu Hause. Hier fühlte ich mich wohl und hier wollte ich auch sein. Ich hatte kein Interesse daran, mich selbst zu quälen. Wozu auch um Himmels willen? Es war doch alles gut, so wie es war.

Ich lehnte mich zurück und sah jetzt erst den Zettel, den Josh mir auf dem Wohnzimmertisch hinterlassen hatte. Sofort schlug mein Herz schneller und ich nahm ihn mit zitternden Fingern an mich. Ich klappte ihn auf und sah sofort Joshs krakelige Handschrift.

Liebe Janna

Es tut mir leid, dass das gestern alles so schiefgegangen ist. Ich möchte wirklich bei dir bleiben. Glaub mir das bitte. Es gibt nichts, was ich lieber täte. Aber ich kann meine Tante jetzt nicht im Stich lassen. Sie verlässt sich auf mich. Ich

will etwas aus mir und meinem Leben machen. Ich will die Welt sehen und das Leben genießen. Und ich will es mit dir zusammen tun.
Wenn das nicht dem entspricht, was du möchtest, dann ist das unglaublich schade. Ich wünsche mir von ganzem Herzen, dass du mitkommst und deine Angst vor dem Unbekannten überwindest. Feel the fear and do it anyway, Janna. Das ist mein Lebensmotto. Das weißt du ja.
Daher bitte ich dich: Überleg nicht so lange, sondern mach es ohne Angst vor den Konsequenzen. Ich weiß, dass du Fehler begangen hast, die du bereuen musstest. Aber das ist kein Grund, in Zukunft gar nichts mehr zu tun. Wer etwas wagt, wird möglicherweise verlieren. Aber wer nie etwas wagt, der hat schon verloren. Natürlich sollst du nicht die gleichen Fehler zweimal machen. Das verlangt ja auch keiner von dir. Im Gegenteil. Mach neue Fehler. Fall hin. Tu dir weh und leck deine Wunden. Aber dann steh auf und riskiere, ein zweites Mal hinzufallen. Wenn du das nicht tust, wirst du für den Rest deines Lebens auf dem Boden liegen. Und ich glaube kaum, dass du das willst.

Ich kann dich nicht dazu zwingen, mein Angebot anzunehmen und mich nach Namibia zu begleiten. Aber ich bitte dich, darüber nachzudenken.
Ich werde die nächsten Tage bei Alejandro übernachten. Sein Zimmernachbar ist kurz vor Weihnachten ausgezogen und ich denke, dass wir im Moment beide etwas Abstand brauchen. Granny weiß Bescheid und wird sich weiterhin um Cindy kümmern. Wenn du etwas brauchst, dann weißt du ja, wo du mich findest.

Alles Liebe. Joshua Martin.

Ich las den Brief so oft, bis die Buchstaben vor meinen Augen verschwammen. Meine schlimmsten Befürchtungen waren wahr geworden. Ich hatte mich emotional auf einen neuen Mann eingelassen und er hatte vor, mich zu verlassen. Zwar war Josh nicht aggressiv mir gegenüber, aber es sah wieder nicht so aus, als wäre mir ein Happy End vergönnt.

Ich biss mir vor Verzweiflung auf die Unterlippe und zerknüllte den Brief in meiner Hand. Ich stieß einen kleinen Schrei aus und kniff die Augen zusammen. Als Cindy mich anstupste, weil sie meinen Schmerz spürte, zog ich sie in die Arme und drückte sie fest an mich.

„Wenigstens du wirst mich niemals verlassen, nicht wahr, mein Liebling", schniefte ich. „Du bleibst bei mir. Egal, was kommt."

Aber das stimmte nicht ganz. Natürlich wollte Cindy bei mir bleiben, aber irgendwann würde auch sie mich verlassen müssen, weil ihr Körper einfach nicht mehr mitspielte. Sie war zwölf Jahre alt, was schon ein gutes Alter für einen Hund ihrer Größe war. Wenn ich Glück hatte, dann würde ich sie zwei oder drei weitere Jahre behalten dürfen. Falls nicht, dann würde ich sie schon eher verlieren.

Es war zum Wahnsinnigwerden. Am liebsten wollte ich meinen Kopf auf die Tischplatte hauen, bis er blutete, aber das würde niemanden weiterbringen. Josh hatte mich vor eine Entscheidung gestellt und ich hatte mich gegen ihn entschieden. Es gab also keinen Grund, ihm Vorwürfe zu machen. Ich würde wohl einfach lernen müssen, ohne ihn zurechtzukommen. Bevor wir uns wieder getroffen hatten, war mir das schließlich auch geglückt.

Kapitel 37

Deutschland 2014

Die nächsten Tage waren der Horror. Ich verkroch mich in der Wohnung, verbrachte die meiste Zeit mit Cindy und hinter meinen Unibüchern. Das führte dazu, dass ich es zumindest schaffte, meinen Teil der Präsentation für Dr. Hart rechtzeitig fertig zu kriegen. Am 06.01. sollten wir unsere Vorträge halten und es war vermutlich ganz gut, dass ich genug Zeit hatte, mich darauf vorzubereiten.

Als ich am Montag zur Uni ging, hatte ich starkes Herzklopfen, weil ich wusste, dass ich Josh wiedersehen würde. Ich hatte mich extra schick angezogen und sogar etwas Schminke aufgelegt, weil ich bei der Präsentation einen guten Eindruck machen wollte. Mit Josh hatte das natürlich gar nichts zu tun. Wir hatten in den letzten Tagen kein Wort miteinander gesprochen und langsam fragte ich mich, ob Josh vielleicht erwartete, dass ich mich bei ihm melden würde.

Als ich in den Raum kam, sah ich als Erstes, dass Dr. Hart alles umgestellt hatte. Vorne stand ein Rednerpult und die Tische waren zur Seite geschoben worden. Dafür standen die Stühle jetzt alle nebeneinander, was das Gefühl eines richtigen Publikums bewirken sollte.

„Frau Meyer", sagte Dr. Hart lächelnd und winkte mich näher. „Kommen Sie rein. Kommen Sie rein. Kostet nix mehr."

Ich erwiderte zaghaft das Lächeln und trat ein. Josh war offensichtlich noch nicht da.

„Sind die Plätze zugeteilt?“, fragte ich.

„In der Tat. Sie sind heute in der letzten Gruppe. Setzen Sie sich also bitte in die hintere Reihe, ja? Ganz wunderbar. Danke.“

Ich nickte und tat wie geheißen. Dann wartete ich. Ich war relativ früh dran und hatte daher noch etwas Zeit. Eigentlich hätte ich wegen des Vortrags aufgeregt sein sollen. Stattdessen machte ich mir nur Gedanken über Josh und darüber, wie er wohl reagieren würde, wenn er mich sah.

Als er endlich kam, war es Punkt Viertel nach. Er sah mich, zögerte einen Moment und kam dann zu mir. Devi direkt hinter ihm. Sie war so stumm und langweilig wie immer. Es irritierte mich, dass Josh nicht sein übliches Grinsen zur Schau trug. Woran das lag, konnte ich schlecht einschätzen. Ich hatte eigentlich erwartet, dass Devi sich zwischen uns setzen würde, aber Josh setzte sich demonstrativ neben mich, sodass Devi auf seiner anderen Seite Platz nehmen musste.

„Hallo, Janna“, sagte er leise. „Du siehst gut aus. Hast du dich extra für mich so herausgeputzt?“

Ich sah ihn abschätzend an und nun erschien doch wieder das Lächeln auf seinem Gesicht, das ich so liebte.

„Bild dir bloß nix ein“, gab ich zurück. „Eine kleine Veränderung von Zeit zu Zeit muss sein.“

Er sah mich an. „Eine Veränderung, die ein Praktikum in Namibia beinhaltet?“

Ich schluckte. Er hatte es so neutral wie möglich gesagt, aber ich spürte die Hoffnung in seiner Stimme mitschwingen. Es tat mir fast körperlich weh. Er wollte, dass ich ihn begleitete. Er wollte nicht, dass wir uns trennten, aber ich war nicht bereit nachzugeben. Ich wollte nicht ins Ausland. Das konnte ich einfach nicht. Ich konnte Cindy nicht zurücklassen und ich wollte mein Studium nicht unterbrechen. Das hatte ich einmal getan und würde es gewiss kein zweites Mal machen.

Ich schüttelte leicht den Kopf, aber bevor Josh noch etwas sagen konnte, begann Dr. Hart schon mit seiner Einführung.

„Einen wunderschönen guten Tag wünsche ich Ihnen allen gemeinsam. Wir sind heute hier versammelt, um eine Konferenz zu simulieren, bei der Sie alle nacheinander einen Vortrag halten werden. Die Vorträge sollten nicht länger als eine halbe Stunde sein."

Ich nickte. Je kürzer, desto besser. Ich war mir nicht mal sicher, ob ich an Joshs Seite überhaupt ein Wort herauskriegen würde.

„Da es ja so realistisch wie möglich sein soll, habe ich mir ein paar Kleinigkeiten für zwischendurch überlegt."

Dr. Hart grinste und zog einen bunten Zylinder aus seiner Tasche.

„Wenn ich diesen Hut trage, dann bin ich nicht Ihr Dozent, sondern dann bin ich Mr. Harasser. Der Störenfried. Nichts, was ich in dieser Zeit tue, kann Dr. Hart angelastet werden."

Er zwinkerte und einige Leute lachten, mir gab das Ganze hingegen ein ganz schlechtes Gefühl. Ich schluckte und Josh nahm wie selbstverständlich meine Hand und drückte sie.

„Das wird schon", flüsterte er. „Keine Sorge. Einfach cool bleiben."

Meine Haut kribbelte unter seiner Berührung und ich entzog ihm meine Hand schnell wieder. Ich wusste, dass er mich nur beruhigen wollte, aber leider erreichte er mit seiner Geste das genaue Gegenteil. Ich sah nach vorne und verschränkte die Arme vor der Brust, wie ein Schutzwall. Ich hoffte, dass dieser Tag möglichst schnell vergehen würde.

„So“, sagte Dr. Hart. „Ich setze mich dann auch mal ins Publikum und wir beginnen mit der ersten Gruppe.“

Es wurde eine der interessantesten Sitzungen, die ich je an der Uni hatte. Einfach, weil Mr. Harasser der absolute Brüller war. Beim ersten Vortrag schlief er zwischendurch ein und fing an zu schnarchen. Die Vortraghalter versuchten zuerst, das zu missachten und machten einfach weiter. Als Mr. Harasser aber immer lauter schnarchte, baten sie einen Nachbarmann, ihn doch zu wecken. Sofort wurde der Mann mit dem bunten Zylinder wieder wach, nur um ein paar Minuten später erneut einzunicken. Es war wirklich nicht leicht, sich dabei das Lachen zu verkneifen.

Beim zweiten Vortrag klingelte zwischendurch mehrfach das Handy von Mr. Harasser, bis er beim dritten Mal dranging und verkündete, dass er gerade bei einer Konferenz sei und nicht reden könne. Auch diese Gruppe meisterte das Ganze gut und versuchte so weit wie möglich Mr. Harasser zu missachten. Bei Gruppe drei sah das schon etwas anders aus. Mr. Harasser unterhielt sich lautstark mit seinem Nebenmann. Obwohl dieser ein normaler Student war und versuchte das Gespräch abzublocken, redete Mr. Harasser immer lauter, bis es den Vortraghaltern zu bunt wurde. Michaela sprach den Störenfried direkt an und bat ihn leiser zu sprechen. Das tat er auch, aber fing kurz darauf wieder an, die Lautstärke zu erhöhen.

Als sie ihm daraufhin androhte, ihn rauswerfen zu lassen, wurde Mr. Harasser richtig wütend und schrie sie an, dass er Professor sei und sich ein solches Verhalten nicht bieten lassen müsste.

„Oh Gott“, flüsterte ich. „Hoffentlich macht er so was nicht bei uns.“

Josh zuckte mit den Schultern. „Wie gesagt. Einfach locker bleiben. Das ist das Wichtigste.“

Das mit dem Lockerbleiben war aber gar nicht so einfach, weil wir uns langsam dem Ende zuneigten.

Die vierte Gruppe litt unter Lärmbelästigung während ihres Vortrags, weil draußen jemand auf dem Flur rumorte. Mr. Harasser verhielt sich zwar still, aber ich wettete alles darauf, dass auch das auf seine Kappe ging. Richtig schlimm war es aber dann für die fünfte Gruppe. Beziehungsweise die Einzelperson. Es war Joker, der ja von Anfang an beschlossen hatte, dass er keinen Partner brauchte, und ich musste gestehen, dass er sehr gut vorbereitet war. Sein Vortrag handelte über eine geplante Masterarbeit, bei der er verschiedene Bachelorarbeiten miteinander vergleichen wollte, um Regelmäßigkeiten herauszuarbeiten. Ich war wirklich froh, dass ich dabei nicht mitmachen musste. Es klang schrecklich trocken und langweilig. Mr. Harasser tat dieses Mal auch selbst nicht viel, sondern schaltete einfach mal nach der Hälfte des Vortrags den Beamer aus. Ganz unauffällig natürlich. Interessanterweise war Joker jedoch darauf vorbereitet gewesen und hatte Handzettel mit, auf denen die wichtigsten Informationen standen. Die verteilte er schnell und machte dann einfach weiter, als wenn nichts gewesen wäre. Ich war baff.

„Wow. Das ist echt beeindruckend", flüsterte ich und Josh nickte.

Ich war wirklich froh, dass Mr. Harasser das mit dem Beamer bei Joker gemacht hatte und nicht bei uns. Wir waren auf so einen Totalausfall nämlich nicht vorbereitet und hatten auch keine Handzettel dabei. Sollte bei uns etwas Ähnliches passieren, dann hätten wir ein ernst zu nehmendes Problem.

Joker brachte seinen Vortrag gut über die Bühne, aber statt die Vorträge einfach laufen zu lassen, nahm Dr. Hart seinen Hut ab und kündigte eine kurze Pause an. Dann kam er zu uns und blieb vor Devi stehen.

„Fräulein Khan", sagte er und sah sie an. „Könnte ich mich kurz draußen mit Ihnen unterhalten?"

Devi nickte stumm und folgte ihm nach draußen. Fragend sah ich Josh an.

„Weißt du, was das zu bedeuten hat?"

Er schüttelte den Kopf. „Nein. Keine Ahnung."

Zwei Minuten später kam Dr. Hart wieder herein. Ohne Devi. Er stellte sich vor die Gruppe und lächelte breit.

„So. Die Pause ist beendet und somit kommen wir zum letzten Vortrag für heute. Von Janna Meyer, Joshua Martin und Devi Khan."

Sprachlos sah ich ihn an. Wollte er uns verarschen?

„Dr. Hart. Devi ist noch gar nicht zurück", warf ich ein. „Können wir nicht warten, bis …"

„Hier ist kein Dr. Hart", sagte der Dozent und setzte sich wieder den dämlichen Zylinder auf. „Hier ist nur Mr. Harasser und ich brenne regelrecht darauf, Ihren Vortrag zu hören."

Ich sah hilflos zu Josh, der das Ganze wie immer locker zu nehmen schien und nur grinsend die Schultern zuckte. Warum auch nicht? Wir bekamen für den Vortrag keine Note und Dr. Hart legte es ja regelrecht darauf an, dass wir Fehler machten und in unangenehme Situationen kamen. Trotzdem verstand ich nicht, woher er diese Gelassenheit nahm. Devi war zwar als Letzte dran, aber trotzdem hatte ich keine Ahnung, was wir tun sollten, wenn sie nicht pünktlich wieder da war. Vermutlich war genau so etwas Ziel dieser Übung. Improvisation. Ich schluckte, machte mich aber trotzdem daran, unsere PowerPoint-Präsentation am Laptop zu öffnen. Es funktionierte sofort. Das war zumindest schon mal eine Erleichterung.

„Einen wunderschönen guten Nachmittag, meine Damen und Herren", begann Josh mit freundlicher Miene.

Für ihn war klar, dass wir diesen Vortrag durchführen würden. Ganz egal wie. Ich war nervös und schaute wieder zur Tür. Wo blieb Devi? Sie war dafür zuständig, unsere Ergebnisse vorzustellen, und ohne sie waren wir aufgeschmissen. Nicht einmal Josh kannte sich mit diesem Mist aus. Wie sollten wir das nur hinkriegen?

„Wir möchten Ihnen heute einen Vortrag zum Thema ‚Medienverhalten von Kindern und was Lehrer darüber wissen' halten. Bedauerlicherweise scheint unsere Kollegin Frau Khan sich etwas zu verspäten. Wir werden aber erst einmal mit dem theoretischen Teil beginnen und hoffen in der Zwischenzeit, dass Frau Khan es noch schafft, rechtzeitig dazuzustoßen. Falls nicht, müssen wir den statistischen Teil leider etwas kürzer fassen als geplant. Das wird sich aber bei gegebener Zeit zeigen. Nun beginnt erst einmal meine liebe Kollegin Frau Meyer."

Das Publikum klopfte auf den Tisch und ich brauchte einen Moment, um zu realisieren, dass ich damit gemeint war. An sich hatte ich keine Probleme mit Vorträgen. Ich bereitete mich immer gut vor und lernte meine Texte vorher auswendig, um keine Kärtchen zu benötigen. Aber ich hasste so unberechenbare Tage wie heute. Mein Hirn war wie leer gewischt und ich wusste plötzlich gar nicht mehr, womit ich anfangen sollte.

„Äääåh", begann ich und sah mich hilflos im Raum um.

Josh ging an mir vorbei und drückte mir unauffällig seine Karteikärtchen in die Hand. Auf den ersten war nichts anderes zu sehen als die PowerPoint-Folien, die ich gemacht hatte. Trotzdem gab mir die Geste und die kurze Berührung seiner Finger eine Art Stromschlag, der mich wieder zur Besinnung brachte. Ich lächelte in die Runde und begann.

„Zum Thema Kinder und Medien gibt es in der Literatur sehr viele Informationen. Eine der größten Studien zu dem Thema ist die KIM-Studie. Sie wird zwar nicht so regelmäßig durchgeführt wie ihre Schwester, die JIM-Studie, aber trotzdem häufig genug, um Entwicklungen zu erkennen und Vergleiche anzustellen. Die letzten Daten stammen aus 2012."

Ich redete einfach drauflos und fand glücklicherweise schnell wieder in den Rhythmus, den ich mir antrainiert hatte.

„In den Medien wird es so dargestellt, als würden die Kinder und Jugendlichen heutzutage den Großteil des Tages vor dem Fernseher oder dem Computer verbringen und sich für nichts anderes interessieren als für Videospiele. Diese These lässt sich statistisch allerdings nicht belegen. Der KIM-Studie nach ist es so, dass Freunde immer noch den höchsten Stellenwert bei Kindern einnehmen und Mädchen in der Grundschule nur geringes Interesse an Videospielen zeigen. Unser Ziel war es herauszufinden, wie weit sich die Lehrer von solchen Vorurteilen beeinflussen lassen und wie gut sie das Medienverhalten ihrer Schüler einschätzen können."

Ich referierte noch eine Weile über die Ergebnisse der KIM-Studie und übergab nach circa zehn Minuten das Wort an Josh. Dieser erklärte dann ausführlich unsere Vorgehensweise bei der Entwicklung des Fragebogens und der Durchführung unserer eigenen kleinen Studie.

Ich hatte Glück. Mr. Harasser begann erst bei Joshs Vortrag, mit lästigen Fragen dazwischenzurufen. Vielleicht war mein Teil zu langweilig oder er hatte einfach gemerkt, dass es gemein gewesen wäre, mich noch weiterzuquälen. An Josh biss er sich allerdings die Zähne aus. Zweimal versuchte Josh die Fragen kurz und bündig zu beantworten, aber ab dann verwies er Mr. Harasser freundlich aber bestimmt auf das Ende des Vortrages.

Dr. Hart schien mit dieser Lösung des Problems einverstanden zu sein, denn er ließ die Stimme von Mr. Harasser verstummen und wartete ab, wie wir unser zweites Problem lösen würden. Auch ich war gespannt, denn Devi war immer noch nicht da und Josh kam mit seinem Teil langsam zum Ende.

„So“, sagte Josh, als es so weit war. „Da Frau Khan es offensichtlich nicht mehr schaffen wird, müssen wir Ihnen nun eine etwas verkürzte Version der statistischen Analyse geben. Dabei werden wir die Schaubilder einfach mal für sich sprechen lassen.“

Er öffnete die nächste Folie, die ich noch gar nicht kannte. Sie zeigte ein schön ausgearbeitetes Balkendiagramm, auf dem sowohl die Ergebnisse der Schüler und Schülerinnen als auch die Einschätzungen der Lehrer und Lehrerinnen nebeneinanderstanden. Wenn man es so aufschlüsselte, wirkte es gar nicht mehr so kompliziert.

„Frau Meyer. Würden Sie vielleicht mit dieser Folie beginnen?“, fragte Josh.

Mir wurde heiß und kalt. Das machte er mit Absicht. Da war ich mir sicher. Ich war nicht vorbereitet und er schmiss mich ins kalte Wasser. Ich bezweifelte zwar sehr, dass Dr. Hart das Ganze vorher mit Josh und Devi abgesprochen hatte, aber trotzdem fühlte ich mich im Stich gelassen und wäre am liebsten aus dem Raum gelaufen. Aber das konnte ich natürlich nicht tun.

„Ähm, ja …“, begann ich und griff mit zittrigen Fingern nach meiner Wasserflasche.

Ich musste Zeit schinden, weil ich wirklich keine Ahnung hatte, was ich sagen sollte. Doch als meine Finger sich um die Flasche legten, wusste ich plötzlich, was ich tun konnte. Die Nervosität brauchte ich nicht einmal zu spielen. Die Flasche glitt mir aus den Fingern und ergoss sich dann quer über das Rednerpult.

Alle im Raum lachten, selbst Mr. Harasser, und ich hatte das Gefühl, als würde er mir wohlwollend zunicken. Josh war natürlich sofort zur Stelle und half mir, das Chaos wieder zu beseitigen und alles abzutrocknen. Meine Hose war am Oberschenkel ganz nass und ich hatte einen hochroten Kopf. Trotzdem war ich froh, dass mir diese Lösung noch eingefallen war, und mein Herz klopfte wie verrückt, als Josh mich angrinste.

Als ein paar Minuten später alles wieder trocken war und das Publikum sich beruhigt hatte, kam Devi plötzlich herein. Offenbar hatte sie die Anweisung bekommen in den letzten fünf Minuten des Vortrages wieder dazuzustoßen und daran hielt sie sich nun.

Dankbar räumte ich den Platz und setzte mich auf einen Stuhl an der Seite. Josh hockte sich neben mich und grinste mir zu.

„Ein bisschen feige war das schon", sagte er neckend. „Aber sehr cool, dass du daran gedacht hast."

Ich lächelte zurück und ließ Devi einfach machen. Obwohl sie in den letzten Monaten viel Deutsch dazugelernt hatte, war ihr Vortrag sehr abgehackt und teilweise schlecht formuliert. Trotzdem war es besser als alles, was Josh oder ich zustande gebracht hätten, und ich war mehr als froh, als dieser Teil endlich hinter uns lag.

Am Ende klopften wieder alle auf den Tisch und ich ging mit den beiden anderen so schnell wie möglich zurück zu meinem Platz.

„Sehr schön, sehr schön", sagte Dr. Hart, der den Hut von Mr. Harasser wieder abgesetzt hatte. „Ich freue mich wirklich, dass es mir so gut gelungen ist, einige von Ihnen in Verlegenheit zu bringen. Ich bin mir sicher, dass Sie heute einiges gelernt haben."

Ich nickte. Trotz aller Peinlichkeiten hatte ich wirklich viel gelernt.

„Ich freue mich ja, dass jemand den Trick mit dem

Wasser angewandt hat. Offensichtlich hat das tatsächlich Eindruck hinterlassen."

Er lächelte mir zu und ich wurde sofort wieder rot.

„Insgesamt haben Sie das alle sehr, sehr gut gemacht. Und nachdem Sie so viele Schwierigkeiten kennengelernt haben, brauchen Sie sich vor einem echten Vortrag gewiss nicht mehr zu fürchten."

Da hatte er recht. Viel schlimmer als das heute würde es bei einem echten Vortrag wahrscheinlich nicht werden. Zumindest abgesehen davon, dass es hier ja nicht wirklich um etwas ging. Auf einer richtigen Konferenz saß man hingegen hunderten von Doktoren und Professoren gegenüber, die vermutlich nur darauf warteten einzuschlafen, ins Publikum zu rufen oder einen mit peinlichen Fragen bloßzustellen. Auf einmal war ich sehr erleichtert, dass ich in meinem Job später nur mit Jugendlichen zu tun haben würde und nicht mit Professoren, die versuchten sich gegenseitig zu übertrumpfen. Das heute hatte mir eindeutig gereicht.

Dr. Hart redete noch eine Weile, aber im Großen und Ganzen hatten wir es damit geschafft. Er gratulierte uns allen, weil es uns gelungen war, so viele Punkte zu sammeln, und versicherte uns, dass wir unseren Weg schon gehen würden. Sobald er uns entlassen hatte, stand ich auf und wollte am liebsten sofort verschwinden. Aber Josh hielt mich zurück, indem er einfach meine Hand ergriff. Ich schaffte es einfach nicht, ihm diese zu entziehen.

„Warte", bat er. „Wollen wir nicht noch einmal darüber reden?"

Ich schüttelte den Kopf. „Was gibt es da zu reden? Wirst du in Deutschland bleiben?"

„Das kann ich nicht. Nicht jetzt. Das weißt du doch schon."

Ich löste meine Hand aus seinem Griff und verschränkte die Arme. „Dann wüsste ich nicht, worüber wir reden sollten."

Die anderen Studenten gingen einfach an uns vorbei und schneller als mir lieb war, standen wir ganz allein auf dem Flur.

„Oh, Janna", sagte Josh und nahm mich einfach in den Arm.

Sofort versteifte ich mich und versuchte ihn wegzudrücken, aber er ließ es nicht zu. „Lass mich los", zischte ich wütend. „Du kannst doch nicht einfach ..."

„Ich weiß, dass du Angst hast, aber das musst du nicht", versprach er mir. „Ich bin bei dir und ich passe auf dich auf."

Ja. Das hatte mir schon einmal jemand versprochen. Aber ich wollte nicht, dass man auf mich aufpassen musste. Ich wollte nicht in einem Land sein, in dem ich nachts nicht allein auf die Straße gehen konnte. In Deutschland wusste ich genau, was ich tun konnte und was nicht. In Namibia war das anders. Dort würde ich mich wieder fürchten müssen und ich hatte die Nase so voll davon, mich zu fürchten. Trotzdem schaffte ich es einfach nicht, mich gegen Josh zu wehren. Zu angenehm war das Gefühl seiner Arme um meinen Körper und zu verführerisch der Geruch seiner Haut. Es war so ungerecht. Warum musste ich mich immer in Männer verlieben, die nicht in meiner Nähe bleiben konnten? Ich fühlte mich doch wohl hier in Dortmund.

Ich schluchzte und vergrub mein Gesicht an Joshs Brust.

„Das ist alles so ungerecht", schimpfte ich.

Josh nahm mein Gesicht in die Hand und strich mir sacht über die Wange.

„Nein", sagte er. „Dass es in Afrika so viele hungernde Kinder gibt, das ist ungerecht. Dass bei Kriegen unschuldige Menschen sterben, ist ungerecht, und dass mein Vater bei einem Flugzeugabsturz sterben musste, obwohl er so ein guter Mensch war, ist auch ungerecht. Die Sache mit dir und mir mag schwierig sein, aber nicht ausweglos, Janna. Wenn du nicht mitkommen willst, dann respektiere ich das. Aber ich werde dir jeden Tag schreiben und ich werde alles dafür tun, dass ich im Sommer zu dir zurückkehren kann."

Ich schüttelte den Kopf und merkte gar nicht, wie mir die Tränen über die Wangen liefen. „Nein", sagte ich. „Das will ich nicht. Nicht schon wieder. Ich … ich ertrage das nicht. Dieses Hoffen und Bangen, ohne zu wissen, was du auf der anderen Seite der Welt tust. Das kann ich nicht."

„Janna. Es gibt drei Optionen. Erstens: Du springst über deinen Schatten und kommst mit mir."

Ich schüttelte den Kopf. Das konnte ich nicht und das wollte ich auch gar nicht. Aber Josh sprach einfach weiter.

„Zweitens: Ich leite alles in die Wege, um nach meinem Praktikum zurück nach Deutschland zu kommen, und wir führen ein paar Monate eine Fernbeziehung."

Wieder schüttelte ich den Kopf.

„Oder drittens." Er sah mich mit seinen nebelgrauen Augen ganz intensiv an, als wäre ihm besonders wichtig, dass ich die Bedeutung seiner Worte verstand. „Oder drittens: Du sagst mir, dass du mich nie mehr wiedersehen willst, und ich werde nach meinem Praktikum nach Kanada zurückkehren, wie ich es ursprünglich geplant hatte."

Ich schluckte. „Gibt … gibt es nicht noch eine vierte Option?", fragte ich mit belegter Stimme.

Josh schüttelte den Kopf. „Nein. Die gibt es nicht."

Er drückte mir einen Kuss auf den Mund, der meinen ganzen Körper kribbeln ließ, und strich mir eine Strähne aus dem Gesicht.

„Denk darüber nach, Janna“, bat er mich. „Ich würde dir gerne helfen, aber die Entscheidung liegt einzig und allein bei dir.“

Mit diesen Worten ließ er mich los und ging einfach davon, ohne sich noch einmal nach mir umzusehen. Ich fühlte mich so im Stich gelassen wie schon lange nicht mehr.

Kapitel 38

Deutschland 2014

Die nächsten Tage vergingen wie in Zeitlupe. Ich ging zur Uni, schrieb Klausuren und versuchte mich so normal wie möglich zu verhalten. Das war allerdings gar nicht so einfach. Ich hatte ein schlechtes Gewissen, weil Josh die Wohnung verlassen hatte, die seiner Oma gehörte, und weil ich mich nicht dazu durchringen konnte, eine Entscheidung zu treffen. Ich wusste, dass mir die Zeit davonlief, und ich musste mich jedes Mal in der Cafeteria zusammenreißen, um nicht zu Josh hinüberzugehen, sondern Abstand zu halten.

Es brachte gar nichts, wenn ich jetzt zu ihm ging. Was hätte ich auch sagen sollen? Bitte bleib? Was brachte das schon? Josh hatte deutlich gemacht, dass es für ihn keine Möglichkeit gab, einfach zu bleiben. Er war ein verantwortungsbewusster Mensch und hatte seiner Tante ein Versprechen gegeben, das er nicht brechen wollte. Nicht einmal für mich. Damit musste ich leben. Ich hatte gar keine andere Wahl.

Alexis versuchte alles Mögliche, um mich aufzubauen und meine gute Laune wieder aus mir herauszukitzeln. Aber das gelang ihr nicht. Ich war verzweifelt und wusste nicht, was ich tun sollte.

„Jannita. So kann das doch nicht weitergehen", erklärte Alexis mir am Telefon, eine Woche nach meinem Gespräch mit Josh. „Du machst dich selber total fertig und quälst Josh gleich mit."

„Ich weiß. Aber ich weiß einfach nicht, was ich machen soll."

„Toma una decision", verlangte sie. Triff eine Entscheidung.

„Ja. Aber welche?"

„Die, die dir am wenigsten Schaden zufügt."

Ich schluckte und klemmte das Handy an mein Ohr, um mir etwas zu trinken einzugießen.

„Kommt es für dich in Frage, ihn nie wiederzusehen?"

„Ich ... nein! Oh Gott. Nein. Darüber denke ich am wenigsten nach. Ich versuche immer wieder eine Lösung zu finden, wie ich ihn zum Bleiben bringen könnte."

„Pendejadas", erklärte sie und verwendete damit einen sehr mexikanischen Ausdruck für Blödsinn. Ich musste fast lachen. „Er kann nicht bleiben. Basta. Denk über die nächste Option nach. Willst du wirklich nicht mit ihm nach Namibia?"

Ich schluckte und mein Magen zog sich zusammen. Namibia. Ich hatte mich in den letzten Tagen ernsthaft mit dem Thema auseinandergesetzt. Namibia schien ein wunderschönes Land zu sein, in dem die Menschen kein leichtes Los hatten. Es gab unheimlich viele Waisenkinder, weil Aids in diesem Land so weit verbreitet war, dass bei 17 % aller Minderjährigen mindestens ein Elternteil daran verstorben war. Das alles klang schrecklich und an sich befürwortete ich sehr die Ideologie, die hinter Organisationen wie Children of Namibia stand. Dennoch machten mir diese Dinge auch Angst. Die Kriminalität war sehr hoch und ein Großteil der Bevölkerung litt unter Alkoholproblemen. Wollte ich wirklich in so ein Land?

Hinzu kam das leidige Problem mit Cindy. Ich wollte sie nicht zurücklassen, auch wenn Joshs Oma noch so gerne bereit war, sich um sie zu kümmern. Sie war immerhin mein Hund. Meiner und nicht der von Granny. Wie konnte ich sie da für ein paar Monate zurücklassen? Es kam mir falsch und ungerecht vor.

„Ya veo", sagte Alexis, nachdem ich anscheinend zu lange geschwiegen hatte. „Offenbar hast du dich schon entschieden. Wenn du ihn weder verlassen willst, noch mit ihm gehen kannst, dann wird es wohl Option zwei. Eine Fernbeziehung."

Ich schluckte. Eine Fernbeziehung wollte ich eigentlich auch nicht. Aber Alexis hatte recht. Wenn ich die anderen beiden Optionen noch weniger ertragen konnte, dann ging es wohl einfach nach dem Ausschlussverfahren. Wenn eine Fernbeziehung das Einzige war, was noch übrig blieb, dann würde ich mich wohl damit abfinden müssen.

„Es … es ist ja nur für ein halbes Jahr", versuchte ich mir selbst Mut zu machen.

„Ja. Vorerst."

„Wie meinst du das?"

„Josh ist trotz allem Kanadier. Er wird immer mal wieder nach Kanada zurückkehren. Das ist einfach so. Damit musst du klarkommen."

Ich seufzte. Ja. Der Gedanke war mir auch schon gekommen. Vielleicht war es doch die beste Lösung, ihn einfach gehen zu lassen. Auch wenn es wehtun würde, so ersparte es mir zumindest späteres Leid. Ich wollte Josh nicht verlieren, aber offensichtlich war das Schicksal wieder einmal gegen mich.

Als es klingelte, zuckte ich zusammen.

„Ale. Ich glaube, das ist er."

„Hat er keinen Schlüssel?"

„Doch. Aber er wohnt ja im Moment nicht hier und will vielleicht nicht stören."

„Na, worauf wartest du dann? Mach auf und rede mit ihm."

„Ist gut. Ich ruf dich später noch mal an."

„De acuerdo. Ciao."

Ich legte auf, ging zur Tür und öffnete sie. Dann stieß ich einen spitzen Schrei aus und knallte sie sofort wieder zu.

Vor der Tür stand Rogelio.

„Janna? Estas ahí?"

Es klopfte an der Tür, aber ich fühlte mich außerstande, mich zu rühren. Ich hockte mit dem Rücken an der Tür und mein Herz raste wie verrückt.

„Was machst du hier?", rief ich auf Spanisch. „Woher kennst du meine Adresse?"

„Alexis hat sie mir gegeben."

Alexis. Wie hatte sie so seelenruhig mit mir telefonieren können, obwohl sie mich so verraten hatte?

„Wie kommst du in den Flur?"

„Eine alte Dame hat mich reingelassen. Sie war sehr nett."

Granny. Natürlich. Sie konnte ja nicht wissen, dass Rogelio bei mir Hausverbot hatte. Sie kannte ihn ja gar nicht. Langsam beruhigte sich mein Herzschlag wieder ein bisschen.

„Seit wann bist du schon in Deutschland?", fragte ich.

„Seit gestern. Ich habe heute in einem Hotel übernachtet. Wir haben morgen einen Gerichtstermin. Schon vergessen?"

Mir brach der Schweiß aus. Ja. Das hatte ich tatsächlich vergessen oder vielmehr verdrängt. Verdammt. Konnte es wirklich schon Mitte Januar sein?

„Lässt du mich rein?"

Ich atmete einmal tief durch und rappelte mich dann auf. Es war lächerlich, mich vor Rogelio verstecken zu wollen. Gleichzeitig kam es mir aber auch falsch vor, ihn in meine Wohnung zu lassen, die ja eigentlich Josh gehörte.

Als Cindy aus dem Wohnzimmer auf mich zutapste, wusste ich, was ich tun konnte.

„Nein. Ich lasse dich nicht rein“, rief ich. „Aber wenn du draußen auf mich wartest, dann können wir gerne zusammen einen Spaziergang mit meinem Hund machen.“

Als ich mit Cindy an der Leine nach draußen trat, überflutete mich eine Vielzahl an Gefühlen, die ich erstmal alle einordnen musste.

Rogelio. Er war tatsächlich da. Ich hatte zwar gewusst, dass er kommen würde, aber trotzdem war es ein Schock, ihn jetzt plötzlich vor mir zu sehen.

„Hola, Janna“, sagte er und machte einen Schritt auf mich zu, um mir den obligatorischen Begrüßungskuss auf die Wange zu drücken.

Aber ich zuckte vor ihm zurück und hielt Cindy wie ein Schutzschild vor mich. Statt zu knurren und mich zu verteidigen, wedelte sie unsicher mit dem Schwanz und sah von Rogelio zu mir.

Rogelio akzeptierte meine Zurückweisung und sah mich von oben bis unten an.

„Du hast dich verändert“, stellte er fest.

Ich nickte. Es war fast drei Jahre her. Kein Wunder, dass ich mich in der Zeit verändert hatte. Das war ja wohl zu erwarten gewesen. Hinzu kam, dass ich in den letzten zwei Wochen wegen der Sache mit Josh schlecht geschlafen hatte und noch dazu völlig durch den Wind war, weil mein gewalttätiger Noch-Ehemann plötzlich vor der Tür stand.

„Du hast abgenommen“, stellte Rogelio fest. „Und diese Ringe unter deinen Augen … Du siehst viel älter aus.“

Er schüttelte den Kopf, als wäre er enttäuscht von mir. Sofort machte sich ein eigenartiges Gefühl in meinem Magen breit. Ich war es so sehr gewohnt, ihm gefallen zu wollen, dass seine Missbilligung mir immer noch wehtat.

„Ich hatte in letzter Zeit viel um die Ohren", verteidigte ich mich.

Wir liefen meine übliche Runde quer durch die Nachbarschaft und immer in Rufweite von Häusern. Nicht, dass ich Angst gehabt hätte, Rogelio würde mir etwas tun. So war es nicht. Aber trotzdem machte er mich nervös und ich fühlte mich sicherer, solange ich mich auskannte.

„Und? Wie ist es dir so ergangen?"

Ich zuckte mit den Schultern und traute mich nicht, ihm ins Gesicht zu sehen. So vieles hatte sich verändert, seitdem wir uns das letzte Mal gesehen hatten. Als ich Mexiko verlassen hatte, hatte ich ihm ins Gesicht gelogen und behauptet, ich würde wiederkommen, obwohl mir längst klar gewesen war, dass ich das nicht tun würde.

„Gut soweit. Und dir?"

„Auch gut. Danke. Weißt du … ich denke, es war gut, dass du damals nicht wiedergekommen bist. In Mexiko läuft alles schlecht. Die Regierung bekommt die Drogenkriege nicht in den Griff und man muss ständig um sein Leben fürchten."

Überrascht sah ich ihn an. So hatte Lety das nicht dargestellt, als ich das letzte Mal mit ihr gesprochen hatte. Auch Alexis hatte das Ganze weniger dramatisch geschildert. Irgendetwas musste geschehen sein.

„Was …"

„Erinnerst du dich an meinen tio Veto?"

Ich nickte. Rogelios Onkel Veto war ein Mann, den Lizzy und ich heimlich immer ‚den bösen Onkel' genannt hatten, weil er so ein typisches Gangster-Image hatte. Er trug seine schwarzen Haare lang, hatte immer eine Sonnenbrille auf und besaß einfach die Ausstrahlung eines Schlägers.

„Er liegt im Koma", erklärte Rogelio. „Er ist einkaufen gegangen und kam nicht zurück. Irgendwann hat man ihn dann im Straßengraben gefunden. Mehr tot als lebendig. Ihm fehlen drei Finger und es ist unklar, ob er je wieder aufwachen wird."

Ich war geschockt und blieb mitten auf dem Gehweg stehen. „Was?"

Rogelio nickte. „Es ging um Geld."

Ich lief weiter. Natürlich. Es ging doch immer ums Geld.

„Und der kleine Veto?", fragte ich.

Der Onkel von Rogelio hatte einen kleinen Sohn, wobei dieser inzwischen auch längst das Jugendalter erreicht haben musste. Wie in Mexiko üblich, hatte der Junge denselben Namen wie sein Vater und lebte auch bei ihm. Angeblich war seine Mutter eine drogenabhängige Hure gewesen, die sich nicht um ihn kümmern konnte. Aber wenn der Vater jetzt im Koma lag ... Der Junge tat mir wirklich leid.

„Veto lebt bei meinen Eltern", erklärte Rogelio. „Meine Tante kümmert sich auch mit um ihn. Es wird ihm an nichts fehlen."

Außer an den Eltern, ergänzte ich stumm. Der arme Kleine. Es war so ungerecht, dass er ohne Eltern aufwachsen musste, nur weil die Erwachsenen ihre Finger nicht von den Drogen lassen konnten und sich selber in Gefahr bringen mussten. Ich konnte es immer noch nicht fassen, was dem Onkel von Rogelio zugestoßen war.

Lizzy und ich hatten uns so oft über ihn lustig gemacht. Über sein Image und seine Art, zu laufen und den großen Macker heraushängen zu lassen. Dass ihm so etwas zustieß, hatte ich ihm allerdings nicht gewünscht. Das wünschte man ja niemandem. In meinem Kopf drehte sich alles.

„Wie geht es denn deiner Freundin?“, fragte ich, um mich abzulenken.

Rogelio schüttelte den Kopf. „Das war nicht das Richtige“, gab er zu. „Sie war ja ganz lieb und so, aber sie … sie war nicht du.“

Ich sah ihn an und schluckte. Rogelio hatte es sich in den letzten zwei Jahren kaum noch anmerken lassen, aber ganz offensichtlich litt er immer noch unter unserer Trennung. Er hatte einen Fehler begangen und ich ließ ihn nun für den Rest seines Lebens dafür büßen. War das fair? Vielleicht nicht. Aber was er mir angetan hatte, war noch viel unfairer. Das Leben, das er mir anbot, wollte ich nicht. Es wurde wohl Zeit, dass ich das endgültig klarstellte.

„Rogelio …“, begann ich und wusste dann nicht mehr weiter. Ich schüttelte den Kopf. „Was willst du eigentlich? Morgen ist der Scheidungstermin. Warum machst du es uns beiden so schwer?“

„Du bist immer noch die große Liebe meines Lebens“, erklärte er ernst. „Ich weiß, dass ich das nicht tun sollte, aber wenn ich es nicht tue, dann bereue ich es möglicherweise für den Rest meines Lebens.“

Mit großen Augen sah ich ihn an. Was kam denn jetzt?

„Lass uns die Scheidung morgen nicht durchziehen“, bat er. „Ich weiß, dass ich Fehler gemacht habe, und ich weiß, dass es dir schwerfallen wird, mir zu vergeben, aber ich bin doch auch nur ein Mensch. Ich bin immer noch dein Mann, Janna. Ich könnte hier bleiben. Ich suche mir einen Job. Ganz egal, wie mies er bezahlt ist, und dann kann ich in deiner Nähe sein. Wir müssen ja gar nicht sofort wieder zusammenziehen. Ich suche mir erst mal etwas Eigenes. Und vielleicht … in ein paar Monaten … Bitte, Janna. Gib mir noch eine Chance.“

Ich sah ihn sehr lange an und kniff dann missbilligend die Augenbrauen zusammen.

„In was für Problemen steckst du drin?", fragte ich.

Rogelio schien zu überlegen es abzustreiten, aber dann seufzte er.

„Die Leute, die meinen Onkel entführt haben, haben auch mich bedroht. Ich dachte … ich dachte, es wäre einfach besser, wenn ich eine Weile untertauche."

Ich schüttelte sprachlos den Kopf. „Und dann hast du dir gedacht, du könntest unsere alte Liebe einfach wieder aufwärmen? Empfindest du überhaupt noch was für mich?"

„Natürlich tue ich das", versicherte Rogelio mir und ergriff meine Hand.

Sofort empfand ich das Bedürfnis, sie ihm zu entziehen, aber ich tat es nicht. Ich wollte hören, was er zu sagen hatte.

„Du bist immer noch die große Liebe meines Lebens", wiederholte er seine Worte. „Ich habe nie verstanden, warum du fortgegangen bist. Damals konnte ich mich nicht dazu überwinden, dir nach Deutschland zu folgen. Aber jetzt ist das anders. Ich werde bei dir bleiben. Du musst deine Heimat nicht für mich aufgeben und wir hätten auch keine Fernbeziehung mehr. Ist es nicht das, was du immer wolltest?"

„Ja. Ich meine, nein. Also ich meine … das will ich schon. Aber nicht mehr mit dir, Rogelio. Es tut mir wirklich leid, dass du dich in Probleme manövriert hast. Das mit deinem Onkel ist schrecklich, aber ich werde nicht mit dir verheiratet bleiben, um dich zu schützen. Dafür ist einfach zu viel passiert."

Jetzt entzog ich ihm doch meine Hand und ging kopfschüttelnd weiter. Rogelio folgte mir. „Du hast dich verändert", stellte er fest. „Früher hättest du alles für die Liebe riskiert."

Wieder blieb ich stehen und fixierte ihn. Cindy stoppte treu an meiner Seite.

„Liebe?", fragte ich. „Du hast mich misshandelt, Rogelio. Du hast mich eingesperrt und wegen Kleinigkeiten auf mich eingeschlagen. Ich weiß noch, dass du mir einmal eine Ohrfeige verpasst hast, weil ich dein Spiegelei versalzen hatte. Dein Ei. Ernsthaft. Was für eine Art von Liebe soll das sein?"

Rogelio sah mich an und hatte zumindest den Anstand, bedrückt auszusehen.

„Ich liebe dich außerdem nicht mehr, Rogelio", erklärte ich. „Ich hätte früher nie gedacht, dass das möglich wäre, aber ich bin über dich hinweg. Die Erinnerung an unsere schönen Zeiten werde ich wohl immer lieben, aber ich brauche dich nicht. Ich brauche deine Nähe nicht und will keine Zukunft mit dir. Im Gegenteil. Ich möchte, dass wir uns scheiden lassen, und werde erleichtert sein, wenn du dieses Land wieder verlassen hast."

Sofort verfinsterte sich Rogelios Gesichtsausdruck und ich zuckte unwillkürlich vor ihm zurück. Ich hatte in meiner Zeit mit Josh fast vergessen, dass nicht jeder Mann so gelassen auf Anschuldigungen und Beleidigungen reagierte wie er. Das hier war nicht Josh. Das war Rogelio. Ein heißblütiger Latino, der insgeheim die Ansicht vertrat, dass eine Frau hinter den Herd gehörte und zu tun hatte, was ihr Mann ihr sagte.

„Treib es nicht zu weit", zischte Rogelio und ballte die Fäuste. „Sonst ..."

Ich schluckte und trat mutig einen Schritt auf ihn zu. „Sonst was? Willst du mich wieder schlagen? Hier? Auf offener Straße? Oder willst du mich an den Haaren in deine Höhle zurückschleifen? Dich zu verlassen war die beste Entscheidung, die ich je in meinem Leben getroffen habe, Rogelio. Wir bringen das morgen hinter uns und dann will ich dich nie wiedersehen, verstanden?"

Mit diesen Worten machte ich auf dem Absatz kehrt und ging auf direktem Wege zurück nach Hause. Zuerst hatte ich Angst, er würde mir folgen, aber das tat er nicht. Dennoch verriegelte ich sorgfältig sowohl die Haustür als auch die Wohnungstür, bevor ich mich an eine Wand sinken ließ und anfing zu weinen.

Kapitel 39

Deutschland 2014

Der Scheidungstermin verlief problemlos. Im Prinzip wäre es fast unmöglich gewesen, in letzter Sekunde einen Rückzieher zu machen. Wir hatten beide unterschrieben, dass wir mit der Scheidung einverstanden waren, und ein mündlicher Einspruch hätte alles wieder durcheinander gebracht. Das kam für mich aber auch gar nicht in Frage. Ich wollte diese Scheidung. Ich wollte, dass es endlich vorbei war, dass ich nicht mehr jedes Mal zusammenzucken musste, wenn das Telefon klingelte, und ich wollte ein neues Leben beginnen. Vorzugsweise mit Josh an meiner Seite.

„Da alle Parteien sich einig sind, gelten Sie ab dem heutigen Tage als geschiedene Leute“, erklärte die Richterin und nickte uns freundlich zu.

Ich seufzte erleichtert und Rogelio warf mir einen vorwurfsvollen Blick zu. Alexis saß an seiner Seite und legte ihm eine Hand auf den Arm, um ihn zu beruhigen. Sie fungierte heute als Dolmetscherin und als Kontaktperson für Rogelio. Ich war froh, dass sie das für uns beide tat. Meine Anwältin schüttelte mir die Hand und ich bedankte mich artig bei ihr. Sie war eine Freundin meiner Mutter und nahm bei mir einen sehr viel geringeren Stundenlohn als üblich. Allerdings war meine Scheidung auch eher Formsache gewesen. Es gab keine Dinge, über die verhandelt werden müsste. Keine gemeinsamen Wertgegenstände, Haustiere oder Kinder.

Wir hatten nichts, was uns langfristig aneinander band, außer unserer verräterischen Herzen, die nie zu wissen schienen, was eigentlich gut für sie war.

„Na, das war doch kurz und schmerzlos", stellte meine Anwältin fest, als wir fertig waren. „Hast du noch irgendwelche Fragen?"

Ich sah zu Rogelio hinüber und schüttelte dann den Kopf. „Nein. Danke für alles, was du getan hast. Das war wirklich nett von dir."

„Gern geschehen. Bestell deiner Mutter liebe Grüße", sagte sie noch, bevor sie verschwand.

Ich ging nach draußen und wäre am liebsten sofort in mein Auto gestiegen. Aber Rogelio lief mir hinterher und hielt mich zurück, sodass ich vor dem Gericht zum Stehen kam.

„Janna", sagte er mit so sanfter Stimme, dass es mir fast das Herz brach.

Alexis stand ein paar Schritte weiter und beobachtete uns.

„Ja?", sagte ich zögerlich.

„Kann ich noch kurz mit dir sprechen?"

„Es sieht ja nicht so aus, als würde ich es schaffen, dich davon abzuhalten."

Ich verschränkte die Arme abweisend vor der Brust und sah ihn an. Es war doch alles geklärt. Was konnte er jetzt möglicherweise noch wollen?

„Ich verstehe dich", sagte er zu meiner Überraschung. „Ich habe dir wehgetan und das werde ich für den Rest meines Lebens bereuen. Es hätte alles ganz anders laufen können, wenn … Aber jetzt ist es zu spät."

„Wann geht dein Flug, Rogelio?", fragte ich.

„Morgen."

„Das ist gut."

Rogelio senkte den Blick. „Wirst du kommen, um mich zu verabschieden?"

Ich schüttelte den Kopf. „Wir können uns jetzt verabschieden."

Rogelio verzog den Mund und dann ging alles plötzlich ganz schnell. In einem Moment stand er noch einen Meter weit weg von mir und im nächsten war er plötzlich bei mir, hielt mich fest in seinen Armen und drückte seine Lippen auf meinen Mund. Ich versteifte mich sofort, versuchte mein Gesicht wegzudrehen und ihn wegzustoßen, aber es gelang mir nicht. Tausend Gefühle und Erinnerungen brachen über mich hinein und raubten mir den Atem. Was sollte das? Wie konnte er mir das nur antun? Wir hatten uns doch gerade scheiden lassen. Was fiel ihm da ein, mich einfach zu küssen?

„Lass mich los, Rogelio", fauchte ich, als ich es endlich schaffte, meinen Mund freizubekommen.

Doch Rogelio schüttelte den Kopf und lockerte seine Umklammerung nicht. „Wenn das der letzte Kuss ist, den ich von dir bekomme, dann will ich ihn wenigstens noch eine Weile genießen."

In diesem Moment hörte ich, wie Alexis aufschrie. Im nächsten Augenblick wurde Rogelio von mir fortgerissen und landete auf dem Asphalt.

„Que demonios ...", schimpfte er.

„Josh!", rief ich überrascht.

„Fass sie nicht an!", donnerte Josh.

Ich hatte ihn noch nie im Leben so wütend gesehen. Ich hatte gedacht, dass er gar nicht richtig wütend werden konnte, aber da hatte ich mich offensichtlich geirrt. In seinen Augen stand Mordlust und seine Wut richtete sich voll und ganz auf Rogelio.

So gruselig das war, machte mir der Ausdruck auf Rogelios Gesicht trotzdem mehr Sorgen. Auf seinem Gesicht erschien ein irres Grinsen, als er sich aufrappelte und sich Josh gegenüberstellte.

„Ist das etwa dein Neuer?", fragte er mich auf Spanisch, ohne eine Antwort zu erwarten. „Ich muss sagen, ich bin enttäuscht, Janna. Ich hätte dir nicht zugetraut, dass du dir so einen Versager angeln würdest."

Ich zuckte vor den Worten zurück und war froh, dass Josh sie nicht verstand. Als wäre Rogelio das auch gerade bewusst geworden, sah er Josh an und sagte eines der wenigen deutschen Worte, die er kannte: „Arschloch."

Josh schüttelte den Kopf. „Selber Arschloch. Ihr habt euch gerade scheiden lassen und du ... ihr seid doch geschieden, oder Janna?"

Er sah mich fragend an und ich nickte schnell. „Ja. Ja, natürlich."

Josh schüttelte den Kopf. „Arme Wurst", sagte er. „Komm, Janna. Wir gehen."

Er wandte sich ab und wollte verschwinden, aber mir war gleich klar, dass Rogelio das nicht einfach auf sich sitzen lassen würde.

„Rogelio, NEIN!", schrie ich und machte einen Satz nach vorne, als Rogelio sich auf Josh warf und anfing wie wild auf ihn einzuprügeln.

„Ale!", schrie ich. „Hol Hilfe!"

Ich rechnete damit, dass Rogelio Josh jeden Moment den Hals umdrehen würde, aber Josh drehte sich zur Seite, schüttelte seinen Gegner ab und kam wieder auf die Beine. Blut lief aus seinem rechten Mundwinkel und es war jetzt schon zu sehen, dass sein Auge bald anschwellen würde wie ein Ballon. Dennoch blieb er stur auf den Beinen und umkreiste Rogelio wie bei einem Boxkampf.

„Rogelio! Josh! Hört auf mit dieser Scheiße!", schrie ich hilflos.

„No te metas, pendeja", sagte Rogelio, womit er mir sagen wollte, dass ich mich nicht einmischen sollte.

Aber wie konnte ich das nicht? Der Mann, den ich

geheiratet hatte, und der Mann, in den ich seit ein paar Wochen verliebt war, prügelten sich auf der Straße und ich fürchtete ernsthaft um Joshs Gesundheit. Josh mochte weniger Schmerz spüren als die meisten Leute, aber er war auch nur ein Mensch.

Als Rogelio sich auf ihn stürzte, musste ich allerdings feststellen, dass Josh alles andere als hilflos war. Er hatte zwar nicht die Raffinesse von Rogelio im Kampf, aber er schlug sich gut. Er wich den Schlägen aus, blockte Tritte ab und drehte sich herum. Es war ganz offensichtlich nicht sein erster Kampf.

Mein Puls raste. Oh Gott, oh Gott, oh Gott. Am liebsten hätte ich mich dazwischen geschmissen und die beiden auseinandergerissen. Aber ich wusste, dass mir das nicht bekommen würde. Außerdem schien es dafür keinen Anlass zu geben. Sie waren relativ gleich stark. Rogelio hatte eine bessere Technik, aber Josh hielt mehr aus und reagierte fast nicht auf die Schläge. Nun hatte sein vermindertes Schmerzempfinden endlich mal einen Vorteil.

„Pinche pendejo", schimpfte Rogelio. „Te voy a matar hijo de tu puta madre. Vas a ver."

Seine Stimme war voller Hass und es lief mir eiskalt den Rücken hinunter, als er Josh drohte, ihn um die Ecke zu bringen.

„Ich habe keine Ahnung, was du gesagt hast, und es ist mir auch scheißegal", stellte Josh klar. „Verschwinde einfach und lass die Finger von Janna, klar?"

Ich hatte das Gefühl, als wollte Josh sich zurückziehen, aber Rogelio schien auf so einen Moment nur gewartet zu haben. Er schoss nach vorne und gab Josh einen Tritt in die Seite. Dann holte er für einen Schlag gegen den Kopf aus, und da schaffte ich es nicht länger, tatenlos zuzusehen.

„Nein!", schrie ich und schmiss mich dazwischen.

Ich traf Rogelio an der Schulter. Er verlor das Gleichgewicht und wir fielen beide zu Boden. Wütend sah er mich an.

„Ich habe dir gesagt, dass du dich nicht einmischen sollst, pendeja."

Er machte einen Schritt auf mich zu, hob die Hand und schlug mir mit der flachen Hand so ins Gesicht, dass es klatschte. Erschrocken wich ich zurück.

„Das reicht, Rogelio. Bitte. Hör zu, ich ..."

Doch ich kam gar nicht dazu, den Satz zu beenden, denn im nächsten Moment wurde Rogelio umgerannt und landete auf dem Asphalt.

„Lass sie in Ruhe!", schrie Josh mit eisiger Stimme und stellte sich schützend vor mich.

„Du stehst schon wieder?", fragte Rogelio überrascht und machte einen Schritt auf Josh zu. „Wozu tust du das alles? Nur für diese puta, die es sowieso mit jedem treibt? Ihr passt wirklich gut zusammen."

Seine Worte taten weh, aber es wunderte mich nicht, dass er so etwas sagte. Mir war immer klar gewesen, dass er mich für eine Schlampe halten würde, sobald ich mit einem anderen Mann zusammen war. Wahrscheinlich hatte ich auch deswegen so lange versucht, eine neue Beziehung abzublocken.

„Komm doch her", sagte Josh. „Komm schon. Trau dich nur."

Die beiden stürzten sich wieder aufeinander, aber genau in diesem Moment kam die Kavallerie. Einige Sicherheitsleute liefen aus dem Gerichtsgebäude, Alexis genau hinter ihnen, und rissen die Streithähne auseinander. Beide sahen sehr lädiert aus und versuchten sich gegen die Männer zu wehren.

„Schluss mit diesem Blödsinn oder wir rufen die Polizei", sagte einer der Sicherheitsleute. „Das sind gute Freunde von uns. Wohnen gleich nebenan."

Er deutete auf die Polizeistation drei Gebäude weiter und sofort beruhigten die beiden Kontrahenten sich. Rogelio verstand zwar wenig Deutsch, aber das Wort Polizei war auch ihm ein Begriff und er schien sich daran zu erinnern, dass man in Deutschland die Polizei nicht einfach mit ein paar Pesos besänftigen konnte. Josh war immer noch stinkwütend, aber er hatte sich allein von Natur aus schon besser im Griff.

„Was ist hier eigentlich los?", fragte der Mann, als Rogelio und Josh sich abgeregt hatten.

„Streit unter Liebenden", erklärte Alexis.

Der Mann nickte und sah mich an, als wäre ich an der ganzen Sache schuld und hätte die beiden persönlich zu ihrem Verhalten angestiftet.

„Verschwindet hier", sagte er. „Tragt das woanders aus. Lasst die Dame ihre Entscheidung treffen." Er machte eine Pause und sah mich näher an. „Hat einer der beiden Sie geschlagen, Fräulein? Möchten Sie Anzeige erstatten?"

Offensichtlich war der Abdruck von Rogelios Hand gut zu erkennen. Sofort wurde ich rot und schüttelte den Kopf.

„Nein", sagte ich. „Keine Anzeige. Ich will diesen Mann einfach nie wiedersehen. Dann ist eine Anzeige völlig unnötig."

Der Sicherheitsmann nickte verstehend und sah Rogelio böse an.

„Sie sind eine Schande", erklärte er. „Ein Mann, der eine Frau schlägt, ist nicht mehr wert als eine Kakerlake. Und jetzt machen Sie, dass Sie wegkommen."

Ich war froh, dass Rogelio diesen Satz nicht komplett verstanden hatte, denn vermutlich hätte ihn das so sehr gereizt, dass er sofort eine neue Schlägerei angefangen hätte. Stattdessen machte er eine wegwerfende Handbewegung und sah mich noch einmal an.

„Ich wünsche dir noch ein schönes Leben, pendeja. Irgendwann wirst du schon noch verstehen, was du verloren hast."

Dann drehte er sich um und verschwand. Es würde mich nicht wundern, wenn er sich heute Nacht irgendwo bis zur Besinnungslosigkeit besoff. Aber das war nicht mehr mein Problem. Wir waren nicht mehr verheiratet. Ich war nicht mehr für ihn verantwortlich. Ich war frei.

„Sind Sie in Ordnung?", fragte der Sicherheitsmann mich vorsichtshalber noch einmal.

Ich nickte. „Ja. Alles in Ordnung."

„Und Sie?"

„Nichts, was ein Kühlakku und ein heißes Bad nicht wieder hinkriegen", gab Josh zurück.

Die Männer zogen sich zurück und ich traute mich kaum, Josh in die Augen zu sehen. Es war so ungewohnt, ihn wütend zu erleben. In all unserer gemeinsamen Zeit war er nie wütend geworden. Ich war mir nicht einmal sicher gewesen, ob er überhaupt zu diesen Gefühlen imstande war. Aber ganz offensichtlich war er das, denn er stand vor mir und dampfte immer noch wie ein Kochtopf.

„Janna. Soll ich …", begann Alexis vorsichtig.

„Nein. Geh nur", sagte ich bestimmt.

Mit Josh musste ich mich allein auseinandersetzen.

Alexis nickte und ließ uns zurück.

Josh hatte noch immer kein Wort gesagt. Zögerlich berührte ich seinen Arm und er fuhr sofort wütend zu mir herum.

„Wie konntest du nur alleine zu diesem Termin gehen?", schrie er mich an. „Dieser Kerl ist doch vollkommen wahnsinnig und du lieferst dich ihm völlig aus? Wie dämlich kann man nur sein?"

Sofort wich ich einen Schritt zurück. „Ich …", begann ich und suchte unbewusst nach einem Fluchtweg.

Josh war wütend. Richtig wütend, und ich war jetzt gerade der Grund für seine Wut.

„Du? Du was? Du hättest mir Bescheid sagen sollen. Verdammt, Janna. Wer weiß, was der Kerl alles mit dir hätte anstellen können? Bist du wahnsinnig?"

„Schrei mich nicht so an", bat ich und merkte, dass ich dabei war, mich immer kleiner zu machen.

„Ich habe doch verdammt noch mal einen guten Grund zum Brüllen."

Er sah so bedrohlich aus, wie ich ihn noch nie erlebt hatte, und plötzlich stiegen mir Tränen in die Augen. Warum? Warum musste ich schon wieder an einen Mann geraten, der mir Angst machte? Hatte ich nicht schon genug mitgemacht?

„Hör auf", bat ich.

„Nein, verdammt. Ich werde nicht damit aufhören. Das war wahnsinnig dumm von dir, Janna."

„Hör auf!", schrie ich und wollte nach ihm schlagen.

Doch er fing meine Hand ab und hielt sie so fest, dass es brannte.

Tränen liefen mir die Wange hinunter und ich riss an meinem Arm, um ihn wieder freizubekommen.

„Lass mich los, du Mistkerl. Du tust mir weh."

Sofort ließ Josh etwas lockerer, weil er sich vermutlich selbst nicht traute, aber er ließ mich nicht ganz los. Stattdessen zog er mich näher und versuchte in meinen Augen zu lesen. Mein Puls raste und ein Rinnsal Schweiß lief mir den Nacken hinunter.

„Janna. Hast du etwa Angst vor mir?", fragte er ungläubig.

Ich wich seinem Blick aus und sah zu Boden. Josh ließ mich abrupt los und ich rieb mir betreten das Handgelenk. Ich konnte ihm nicht mehr in die Augen sehen.

„Denkst du tatsächlich, ich würde dir wehtun? Nach allem, was dieses Arschloch gerade getan hat?" Er zeigte in die Richtung, in der Rogelio verschwunden war. „Und nach allem, was ich dir versprochen habe? Denkst du das wirklich?"

Ich antwortete nicht. Was sollte ich auch sagen? Natürlich glaubte ich nicht, dass er mich schlagen würde, aber Angst davor hatte ich trotzdem. Ich hatte auch Rogelio nicht zugetraut, dass er übergriffig werden würde, und trotzdem war es passiert. Meine Wange brannte immer noch da, wo er mich getroffen hatte, und der Gedanke an die Vergangenheit schnürte mir den Hals zu.

„Weißt du was? Du hast recht. Das mit uns war von Anfang an zum Scheitern verurteilt, Janna. Und zwar nicht, weil wir nicht zueinanderpassen, sondern weil deine Angst einfach zu groß ist. Du hast Angst vor Neuem und du hast Angst wieder schlechte Erfahrungen in einer Beziehung zu machen. Deswegen igelst du dich zu Hause ein und weigerst dich, mehr als drei Schritte vor die Tür zu gehen. Ich dachte, es würde dir gut tun, mal über deinen Schatten zu springen und aus Deutschland herauszukommen. Aber da habe ich mich offensichtlich geirrt. Du brauchst mehr Zeit und du musst selber zu der Erkenntnis kommen, wann du so weit bist."

Mit diesen Worten drehte er sich um und stapfte davon.

„Warte!", rief ich ihm hinterher. Er konnte mich doch jetzt nicht einfach so stehen lassen. „Wo willst du hin?"

„Zu Alejandro. Ich muss mich auf mein Praktikum vorbereiten. Ich hoffe nur, dass meine blauen Flecke bis dahin wieder verschwunden sind. Ich will die Kinder schließlich nicht erschrecken."

„Wann … wann geht dein Flug?"

„Am 01.02."

„Da ist doch Lizzys Hochzeit."

Er sah mich an, als verstünde er gar nicht, was ich meinte. Offensichtlich hatte er das nicht gewusst. Dann schüttelte er den Kopf. „Ist doch egal. Du wirst sowieso nicht mitkommen."

„Nein, aber … vielleicht hätte ich mich gerne noch von dir verabschiedet."

Plötzlich wurden seine Gesichtszüge weich und er legte mir behutsam eine Hand auf die unverletzte Wange.

„Ich komme vorher noch mal vorbei, um meine Klamotten zu holen und um mich von Granny zu verabschieden. Wenn du mir bis dahin etwas zu sagen hast, solltest du es tun. Aber ich weiß jetzt, dass du mich nicht begleiten kannst. Ich nehme es dir nicht mal übel. Erst heute habe ich richtig verstanden, wie tief deine Angst geht. Und da werde nicht mal ich etwas gegen tun können."

Betreten sah ich zu Boden. Ich wollte ihm sagen, dass er sich irrte, dass ich stärker war als es den Anschein hatte, aber ich konnte nicht. Ich konnte gar nichts mehr und wollte am liebsten einfach nur noch weinen. Josh drückte mir einen Kuss auf die Stirn und wandte sich dann zum Gehen. Am liebsten hätte ich ihn zurückgerufen, aber das konnte ich nicht. Wozu auch? Es war alles besprochen, was es zu besprechen gab.

Kapitel 40

Deutschland 2014

Als es klopfte, riss ich die Tür so schnell auf, dass Joshs Großmutter mir fast entgegengefallen wäre. Sie hatte Cindy an der Leine und sah mich überaus irritiert an.

„Immer langsam mit den jungen Pferden", sagte sie. „Wir wollen doch nicht gleich mit der Tür ins Haus fallen."

„Oh. Verzeihung. Ich …"

„Ach, schon gut, Kindchen. Ich bringe nur Cindy wieder vorbei."

Sie übergab mir die Leine und ich nahm sie dankbar entgegen.

„Granny … warum tun Sie das für mich? Ich meine … ich habe Ihren Enkel mehr oder weniger aus der Wohnung getrieben und ich habe nichts getan, um so viel Freundlichkeit zu verdienen. Warum helfen Sie mir trotzdem mit Cindy?"

Granny sah mich an und seufzte. „Möchtest du nicht auf einen Kaffee mit nach oben kommen?"

„Wir könnten den Kaffee auch hier unten trinken", bot ich an. „Ich habe eine sehr gute Kaffeemaschine."

Granny lachte und erklärte sich einverstanden. Langsam folgte sie mir in die Wohnung und betrachtete eingehend die Räumlichkeiten.

„Ich könnte mir inzwischen gut vorstellen, hier unten zu wohnen", erklärte sie. „Der Sessellift funktioniert zwar gut, aber es würde einiges einfacher machen."

Ich antwortete nicht, sondern schaltete in der Küche die Kaffeemaschine an.

„Milch oder Zucker?", fragte ich.

„Zucker, bitte", gab sie zurück.

Ich nahm beides aus dem Schrank, weil ich selbst gerne Milch dazu trank, und stellte die Sachen sowie einige übrig gebliebene Weihnachtskekse auf den Tisch. Sie schmeckten köstlich.

„Ah. Der ist wirklich gut", gab Granny zu. „Viel besser als mein Kaffee oben."

Ich fand es unhöflich ihr beizupflichten, also schwieg ich und nippte an meinem eigenen Kaffee.

„Also, Mädchen. Du möchtest wissen, warum ich dir helfe? Ganz einfach. Weil ich es gerne tue. Ich habe mich damals, als ihr Kinder wart, schon gerne um euch gekümmert und das tue ich immer noch. Du bist zwar nicht meine Enkelin, aber du bist Joshs Freundin und daher gehörst du sozusagen zur Familie."

Ich biss mir auf die Unterlippe, um nicht klarzustellen, dass ich ganz und gar nicht Joshs Freundin war. Ich war einfach nur irgendein Mädchen, das sich in seinem Leben breitgemacht hatte und ihm allerlei Probleme bereitete.

„Außerdem mag ich deinen Hund sehr gerne. Cindy und ich passen sehr gut zusammen, nicht wahr, meine Gute."

Sie tätschelte Cindy den Kopf und mein Hund wedelte zufrieden mit dem Schwanz. Lizzy hatte mir mal erklärt, dass Hunde überhaupt nicht so treu waren, wie viele Menschen glaubten. Zumindest die meisten nicht. Ja, sie liebten ihre Herrchen und Frauchen, aber sie schafften es innerhalb kurzer Zeit sich auf neue Besitzer einzustellen, wenn sie dort gut behandelt wurden. Die Zeit, die ich damals in Mexiko verbracht hatte, hatte Cindy problemlos überstanden und auch jetzt hatte ich den Eindruck, dass sie Granny schon fast genauso sehr liebte wie mich. Die Erkenntnis erschütterte mich.

„Josh wird bald weg sein", sagte ich betrübt und Granny ergriff meine Hand.

„Das stimmt. Josh ist niemand, den man allzu lange an einem Ort festhalten kann. Er träumt davon, die ganze Welt zu sehen. Und wer mit ihm zusammen sein will, darf keine Angst vor neuen Dingen haben."

Ich senkte den Kopf. Es war so schwer sich einzugestehen, dass man mit jemandem nicht zusammenpasste. Das war bei Rogelio schon schwierig gewesen, aber damals hatte ich mir immer wieder vor Augen halten können, dass er mir durch sein Verhalten gar keine andere Wahl gelassen hatte. Jetzt mit Josh war das etwas völlig anderes. Es war meine Entscheidung und das machte es noch mal so viel schwerer, als man es sich vorstellen konnte.

„Was soll ich denn nur tun, Granny?"

„Das, mein Kind, musst du selbst herausfinden."

„Ale. Er war immer noch nicht da. Was soll ich denn machen, wenn er nicht mehr kommt?", fragte ich in mein Handy.

Es war ein Tag vor Lizzys Hochzeit und Joshs Flug. Er würde irgendwann gegen Nachmittag fliegen und war immer noch nicht gekommen, um seine restlichen Klamotten abzuholen. Ich stand an der Terrassentür und hatte meine Stirn gegen die kühle Scheibe gelehnt. Es regnete wieder einmal in Strömen und ich war froh, dass ich zwei Stunden zuvor mit Cindy draußen gewesen war und es keinen Grund gab, noch einmal vor die Tür zu gehen.

„Er wird kommen", versprach Alexis. „Er will doch seinen Kram nicht hier lassen. Außerdem hat er gesagt, du könntest dich bei ihm verabschieden."

„Aber was, wenn ich ihn nicht gehen lassen kann?“

„Du musst. Er hat recht, Janna. Du bist noch nicht so weit, das alles einfach hinter dir zu lassen. Du brauchst noch Zeit.“

Ich schüttelte verzweifelt den Kopf. „Aber wenn ich ihn einfach so gehen lasse … Wenn ich ihn nicht wissen lasse, dass …“

„Das bringt doch alles nichts, Janna. Du willst in Deutschland bleiben, er will die Welt sehen. Was erwartest du denn von ihm? Dass er all seine Pläne umschmeißt, nur wegen dir? Das ist egoistisch.“

Ich schwieg. Natürlich war es egoistisch, aber was sollte ich machen? Ich wollte ihn nicht loslassen, aber ich wollte auch nicht mit ihm gehen. Ich steckte in einer schrecklichen Zwickmühle und hatte keine Ahnung, wie ich mich daraus befreien sollte.

„Was soll ich tun, wenn er kommt?“

Eine Weile war es an der anderen Seite still.

„Dejalo ir“, sagte Alexis dann. Lass ihn gehen? Na super. Das war genau das, was ich nicht tun wollte.

In diesem Moment klingelte es an der Tür und ich schluckte. „Das wird er sein. Ich muss Schluss machen.“

„Buena suerte“, sagte Alexis und legte auf. Ja. Glück würde ich mit Sicherheit brauchen können.

Ich legte das Handy weg und ging zur Tür. Josh hielt seinen Schlüssel in der Hand und schien Zeit zu schinden, indem er damit herumspielte. Er war bereits ziemlich nass, aber das schien ihn überhaupt nicht zu stören. Er trug zwar eine Regenjacke, aber die hatte er offen gelassen, so dass darunter sein blaues T-Shirt zum Vorschein kam. Darauf stand: ‚Vom Regen in die Traufe.‘

Wenn das auf mich bezogen war, dann fand ich es nicht besonders nett.

„Wartest du auf etwas Bestimmtes?“, fragte ich, als ich die Tür öffnete.

Josh sah auf und blickte mich an. Die Verletzungen, die Rogelio ihm zugefügt hatte, waren schon fast wieder verheilt, denn ich sah nur noch einen ganz leichten blauen Schimmer an seiner Wange. Was mich allerdings viel mehr interessierte, waren seine Augen. Sie passten perfekt zu den dunklen Wolken hinter ihm und der Schmerz in seinem Blick raubte mir fast den Atem.

Ohne ein Wort zu sagen und ohne um Erlaubnis zu bitten, trat Josh ein, zog mich in seine nassen Arme und küsste mich, als wenn es kein Morgen gäbe. Ich quietschte auf, als seine nasse Kleidung mich berührte, aber um nichts auf der Welt hätte ich mich aus seinen Armen befreien wollen.

Tränen liefen mir die Wangen hinunter, als er mich immer enger an sich zog und mich mit einer Leidenschaft küsste, die mir heiße Schauer den Rücken hinabjagte. Ich wollte nicht, dass er ging. Ich wollte ihm am liebsten die Kleider vom Leib reißen und gleich hier im Flur mit ihm schlafen, ganz gleich, was seine Oma dazu sagen würde. Ich wollte nicht, dass er von mir fortging. Ich wollte …

„Komm mit mir", flehte Josh, als er eine Pause von seinem Kuss machte. All sein Schmerz und seine Frustration lagen in diesen drei Worten. Auch er wollte nicht, dass wir uns trennten.

Ich biss mir auf die Unterlippe und schaute weg. Ich konnte nicht. Wie sollte ich auch? Es ging einfach nicht.

„Janna, bitte. Komm mit mir", flehte er. „Ich weiß, dass du Angst hast. Das habe ich auch. Ich habe noch nie so stark für jemanden empfunden wie für dich und ich habe schreckliche Angst davor, wo uns das hinführt, aber ich flehe dich trotzdem an: Komm mit mir."

„Wie denn, Josh?", fragte ich voller Verzweiflung. „Selbst wenn ich es schaffen würde, über meinen Schatten zu springen … Ich will nicht so ein Leben wie du.

Von einem Land ins andere. Immer in Unruhe und auf der Suche nach Neuem. Ich mag es, an einer Stelle zu bleiben, an der ich mich wohlfühle."

„Aber ich könnte doch …"

„Nein. Du könntest nicht einfach bei mir bleiben. Am Ende würdest du mir das vorwerfen. Und das könnte ich nicht ertragen. Es tut mir so leid, Josh. Wir sind zu verschieden, du und ich."

Josh schüttelte den Kopf und ließ mich los. „Ist das also deine Antwort?", fragte er und ich sah den Schmerz in seinen Augen.

Er wollte mich halten, aber wollte mich gleichzeitig zu nichts zwingen. Das eine schloss das andere jedoch aus.

Ich nickte und er seufzte.

„Also gut", sagte er und ließ mich los.

„Wo … wo willst du hin?"

„Meine Sachen holen", erklärte er und verschwand in seinem Zimmer.

Ich blieb an der Tür stehen und wartete, bis er fertig war. Als er schließlich mit seiner Tasche vor mir stand, streckte ich die Hand nach ihm aus, hielt mich aber in letzter Sekunde davor zurück, ihn zu berühren. Ich konnte nicht. Es ging einfach nicht. Ich musste ihn gehen lassen und es gab nichts, um es uns beiden leichter zu machen.

„Viel Glück", sagte ich.

„Dir auch", erwiderte Josh. „Ich … ich hoffe, dass du es eines Tages schaffst, die Schatten deiner Vergangenheit zu besiegen. Nicht für mich, aber für dich."

Ich nickte und sah ihm dann hinterher, als er seine Tasche zu der alten Klapperkiste trug. Er schmiss sein Gepäck auf den Rücksitz und öffnete dann die Vordertür. Dort hielt er einen Moment inne und ließ den kalten Regen an sich hinab laufen, ohne dass es ihm etwas ausmachte. Genauso wie er es getan hatte, als wir gemeinsam barfuß durch den Regen gelaufen waren. Und plötzlich wusste ich, dass ich ihn nicht einfach so gehen lassen konnte.

„Josh!", rief ich und rannte ohne Schuhe zu ihm nach draußen.

Er drehte sich zu mir um und sah mich an.

„Josh. Bitte bleib."

Er ging auf mich zu, aber schüttelte mit gequälter Miene den Kopf. „Du weißt, dass ich das nicht kann."

„Nein. Ich meine, bleib jetzt. Bleib … bleib heute Nacht. Ich will … ich muss … ich brauche …"

Wir blieben kurz voreinander stehen. Meine Kleidung hatte sich bereits komplett mit Wasser vollgesogen, aber zum ersten Mal verstand ich, wie Josh es schaffte, solche Dinge nicht zu spüren. Es gab manchmal einfach wichtigere Dinge als so etwas Nebensächliches wie Nässe oder Kälte.

„Du willst, dass ich bleibe?", fragte Josh noch nach und schob mir eine Haarsträhne hinters Ohr. „Glaubst du wirklich, dass das eine gute Idee ist?"

Ich schüttelte den Kopf. „Nein", gab ich zu. „Aber das ist mir scheißegal."

„Aber morgen …"

„Morgen kann mich mal. Heute ist heute und es wird mich umbringen, dich heute Nacht gehen zu lassen. Also bitte … bleib bei mir und vergiss, dass morgen überhaupt existiert, ja?"

Er sah mich an, als wäre er unsicher, ob ich es ernst meinte. Aber dann schoss er nach vorne, hob mich hoch und wie selbstverständlich schlang ich meine Beine um seinen Oberkörper und küsste ihn so ausgiebig und intensiv, dass ich gar nicht merkte, dass wir wieder in unserer Wohnung angekommen waren.

Beim Versuch die Tür zu schließen knallten wir fast gegen die Wand, aber das war mir völlig egal. Wir hinterließen eine nasse Spur auf dem Boden, als Josh mich wieder absetzte und mir im Gehen den Pullover über den Kopf zog. Sanft dirigierte er mich in sein Schlafzimmer und ich zog wie wild an seiner Regenjacke, bis sie endlich zu Boden fiel. Gemeinsam landeten wir auf dem Bett und versuchten weiter uns gegenseitig zu entkleiden, ohne dabei unsere Münder voneinander lösen zu müssen. Als wir endlich in Unterwäsche nebeneinanderlagen, zitterte ich nicht vor Kälte, sondern vor Lust. Ehrfürchtig strich ich über seinen schönen Oberkörper und über seine glatte Haut, während Josh langsam seinen Weg von meinem Hals zu meinen Brüsten hinunterküsste.

Mir stockte der Atem, als er kurz davor innehielt und mich ansah.

„Bist du dir wirklich sicher, dass du das tun willst?“, fragte er, obwohl ich längst spüren konnte, wie sehr er selbst sich danach sehnte.

Ich nickte schnell. „So sicher wie nie“, versprach ich ihm.

Ein kleines Lächeln erschien auf Joshs Gesicht, bevor er den Verschluss an meinem BH löste und er dann ganz sanft mit den Lippen meine Brustwarze umschloss.

Mit einem Stöhnen ließ ich mich nach hinten sinken und ergab mich den Empfindungen, die auf mich einströmten. Josh verwöhnte mich auf eine Art, die Rogelio nie zustande gebracht hätte, und ich war selbst überrascht, wie wenig ich mich vor ihm schämte. Als er endlich in mich eindrang, wusste ich, dass ich nie wieder mit einem anderen Mann schlafen wollte. Und in diesem Moment war egal, dass dieser Traum wohl niemals Wirklichkeit werden würde. Jetzt gerade war ich glücklich mit Josh und ich würde dafür sorgen, dass diese Nacht die längste und schönste unseres gemeinsamen Lebens wurde.

Kapitel 41

Deutschland 2014

„Oh mein Gott, oh mein Gott, oh mein Gott, oh mein Gott. Was soll ich nur tun, Janna? Was soll ich nur tun?"

Lizzy lief in ihrem extravaganten Hochzeitskleid nervös auf und ab und fuchtelte dabei mit ihrem Blumenstrauß vor meiner Nase herum.

Ich seufzte und musste mich zusammennehmen, um nicht die Augen zu verdrehen. Ich war mit den Gedanken überhaupt nicht bei der Sache, sondern immer noch bei der letzten Nacht, die gleichzeitig so wunderschön und so schrecklich gewesen war. Josh und ich hatten uns unzählige Male geliebt und einander unrealistische Versprechungen gemacht, bevor wir völlig erschöpft und eng aneinander gekuschelt eingeschlafen waren.

Als ich ein paar Stunden später wieder aufwachte, war Josh verschwunden. Auf dem Bett neben mir lag nur ein Zettel mit den Worten: „Ich liebe dich. Vergiss das nie."

Ich hatte noch keine Zeit gehabt, großartig darüber nachzudenken. Stattdessen war ich aus dem Bett gesprungen, hatte mich geduscht, mir mein Kleid geschnappt und hatte mich in Windeseile fertiggemacht. Meine kurzen Haare erübrigten die Frage danach, ob ich zu einem Friseur gehen sollte, um mir eine Hochsteckfrisur machen zu lassen. Dafür waren sie ohnehin zu kurz. Stattdessen klatschte ich mir etwas Gel auf den Kopf und machte an der Seite eine Spange hinein. Dann sprang ich ins Auto und kam gerade noch rechtzeitig bei Lizzy an, um zu verhindern, dass sie ihre Hochzeit schmiss.

„Lizzy. Du kannst doch jetzt nicht kneifen“, sagte ich ernst. „Du liebst doch deinen Verlobten.“

„Ja, natürlich. Aber was, wenn das alles schiefgeht? Ich meine … er ist immerhin fast doppelt so alt wie ich.“

Ich rümpfte die Nase. Wenn ich so einen Satz gebracht hätte, dann hätte Lizzy mir vermutlich den Kopf abgerissen.

„Lizzy. Wovor genau hast du Angst?“

„Angst? Ich habe vor allem Angst. Ich habe Angst, dass er mir in zwanzig Jahren nicht mehr gefällt. Ich habe Angst, dass ich es nicht schaffen werde, mein Leben lang nur mit einem Mann zu schlafen. Ich habe Angst, dass er bald Kinder will und ich mir dann meine Figur ruiniere. Ich habe Angst mich wieder scheiden zu lassen wie du und …“

„Okay, okay. Ich habe verstanden.“

Ich hob beschwichtigend die Hände und gab mir Mühe, ihre Worte nicht persönlich zu nehmen. Wo war überhaupt Nadine, wenn man sie mal brauchte? Lizzys Eltern und meine Familie standen bereits unten im Wohnzimmer und warteten darauf, zum Standesamt zu fahren. Aber Lizzy hatte abgesehen von mir niemanden reingelassen. Nadine hatte sich offenbar verspätet.

„Janna? Kommt ihr? Der Standesbeamte wartet nicht gerne“, rief meine Mutter von der anderen Seite der Tür.

Lizzy brach der Schweiß aus und ich konnte sie gerade noch daran hindern, sich die Haare zu raufen.

„Wir kommen gleich“, versprach ich.

Dann nahm ich Lizzys Hände und drückte sie. „Lizzy. Hör mir zu. Du musst das nicht tun“, sagte ich eindringlich. „Ich weiß, es wäre eigentlich meine Aufgabe dich zu beruhigen und dir zu erzählen, dass schon alles gut werden wird. Aber das stimmt nicht. Jede dritte Ehe in Deutschland wird geschieden und ich selber habe der Statistik da nicht unbedingt geholfen. Was willst du denn von mir hören? Dass es dir garantiert anders ergehen wird als mir, weil du deinen Mann ja so viel mehr liebst, als ich Rogelio geliebt habe, und weil ihr sowieso viel besser zusammenpasst? Das kann ich nicht. Und weißt du warum? Weil es nicht stimmt und weil es auch darauf gar nicht ankommt. Ob eine Ehe hält oder nicht, hat nichts damit zu tun, wie sehr man sich liebt oder wie scharf man aufeinander ist. Es ist eine Vielzahl an Komponenten, die dabei eine Rolle spielt. Am wichtigsten dabei ist der gegenseitige Respekt und Kompromissbereitschaft. Nicht nur ab und zu, sondern immer und immer wieder. Und das ist es, was du dich fragen musst. Willst du das? Willst du dich in deinem Alter schon so festlegen, dass du deine eigenen Wünsche stets zurückstellst? Ich glaube kaum."

Lizzy sah mich ungläubig an. „Aber … du hast doch sogar noch früher geheiratet als ich."

„Ja. Und wie ist es mir ergangen? Ich stehe jetzt ganz alleine da, habe Angst davor, eine neue Beziehung einzugehen, und verstecke mich vor dem Leben. Willst du dir das wirklich antun?"

„Ich … ich … also meinst du, ich sollte es nicht tun? Meinst du, ich sollte einfach nicht hingehen?"

Ich verdrehte die Augen. „Nein. Das habe ich nicht gemeint. Aber du sollst dich zu nichts verpflichtet fühlen, nur weil schon alles geplant ist. Jeder sollte zu jeder Zeit das Recht haben, eine Verlobung zu lösen."

Lizzys Mundwinkel zuckten. „Interessante These."

„Ich hatte nicht den Mut, kurz vor der Hochzeit einen Rückzieher zu machen", erklärte ich. „Vielleicht war das ein Fehler."

„Also findest du, ich sollte es nicht tun?"

Ich stöhnte. „Nein, verdammt, Lizzy. Ich finde, du solltest selber wissen, was du tun willst, aber dich nicht zu etwas gezwungen fühlen."

Verständnislos sah Lizzy mich an und ich nahm ihre Hand.

„Lizzy", sagte ich. „Liebst du Paul?"

„Ja", antwortete sie im Brustton der Überzeugung.

„Willst du mit Paul lange Zeit zusammenbleiben? Denn darauf kommt es am Ende an. ‚Bis dass der Tod euch scheidet' ist veraltet. Daran hält sich schon lange kein Mensch mehr. Zumindest in Deutschland nicht. Es gibt keine Garantie, Lizzy. Für niemanden von uns. Wir können einfach nur nach vorne schauen und versuchen, das Beste daraus zu machen."

Erst als ich sie aussprach, wurde mir bewusst, wie viel Wahrheit in diesen Worten steckte. Ich hatte Rogelio damals wider besseres Wissen geheiratet, aber wenn ich es nicht getan hätte, dann wäre immer eine Unsicherheit zurückgeblieben, ein ‚was wäre gewesen, wenn'. Jetzt war ich zwar geschieden, aber ich hatte trotzdem etwas gewagt. Ich hatte es versucht, und wenn ich das nicht getan hätte, dann hätte ich es vermutlich für den Rest meines Lebens bereut. Ich sah auf mein Handgelenk und erblickte sofort die feine Silberuhr mit der Gravur, die Josh mir geschenkt hatte: ‚Feel the fear and do it anyway'.

Und da wusste ich plötzlich, dass ich hier völlig falsch war.

„Mein Gott", flüsterte ich. „Ich muss sofort los."

„Was?" Panisch sah Lizzy mich an. „Du kannst mich doch jetzt nicht hier allein lassen."

„Das tue ich nicht. Nadine ist jeden Moment hier und du hast deine gesamte liebende Familie bei dir." Ich beugte mich zu ihr vor und gab ihr einen Kuss auf die Wange. „Du wirst schon das Richtige tun."

Mit diesen Worten schloss ich die Tür auf und rannte auf dem Weg nach unten fast Nadine über den Haufen.

„Was ist denn …“, begann sie.

„Lizzy ist oben!“, rief ich. „Du machst das schon, Nadine. Viel Erfolg!“

Ich sprang die letzten Stufen herunter, umarmte dann meine überraschte Schwester und drückte auch ihr einen Kuss auf die Wange.

„Ich finde es toll, dass du nach China gehen willst“, erklärte ich ernst. „Tu, was du für richtig hältst, Schwesterchen. Lern laufen, fall hin, brich dir ein Bein. Aber dann steh wieder auf und lauf weiter. Egal, was kommt. Versprochen?“

Luisa sah mich vollkommen irritiert an, aber nickte dann einfach nur und ich umarmte sie noch einmal.

„Ich liebe dich, kleines Schwesterchen“, sagte ich und umarmte danach auch meine Eltern. „Und euch auch.“

„Aber, Janna. Was …“

„Ich muss los!“, rief ich und verließ den Raum. „Ich rufe euch an. Versprochen.“

Und dann war ich aus dem Haus.

Der Verkehr war schrecklich und ich sah immer wieder auf die Uhr. Es war nicht zu fassen, dass jedes Mal, wenn ich es eilig hatte, Stau sein musste. Ich hatte schon fünfmal versucht, Josh auf dem Handy zu erreichen, aber er ging einfach nicht dran. Entweder bedeutete das, dass er nicht mit mir reden wollte, oder … Tja. Ein Oder fiel mir auch nicht so wirklich ein.

Ich drückte auf die Hupe und kurbelte das Fenster herunter, um den Leuten neben mir ein paar Beleidigungen zuzurufen. Verdammter Mist. Warum musste auf der A1 nur ständig Stau sein?

Frustriert griff ich wieder zu meinem Handy und wählte dieses Mal eine andere Nummer.

„Bueno?“

„Alexis. Gott sei Dank. Bitte. Du musst ganz dringend zum Flughafen fahren.“

„Aber …“

„Bitte. Ich flehe dich an. Tu mir den Gefallen.“

Alexis seufzte theatralisch. „Also gut. Was soll ich tun?“

Kapitel 42

Deutschland 2014

Als ich zwei Stunden später am Flughafen ankam, war ich so aufgewühlt wie noch nie zuvor in meinem Leben. Mir war klar, dass Josh schon längst im Wartebereich des Flughafens sitzen müsste, der für Menschen ohne Ticket unzugänglich war. Zumindest falls Alexis ihn nicht mehr erreicht hatte. Genau wie er war auch sie nicht mehr ans Telefon gegangen und so langsam hatte ich das Gefühl, die beiden wollten mich einfach nur ärgern.

Mein elegantes Kleid war inzwischen vollkommen zerknittert, aber es gab nichts, was mir in diesem Moment gleichgültiger sein könnte. Auch die Blicke der Menschen um mich herum waren mir egal. Sollten sie doch alle glotzen. Alles, woran ich denken konnte, war Josh. Ich klammerte mich an die Hoffnung, dass das Flugzeug Verspätung hatte, dass er einfach nicht eingestiegen war oder dass sonst etwas geschehen war, warum er nicht ohne mich hatte fliegen können. Mein Gott. Mir war klar, dass das ein Klischee war, aber ich hoffte trotzdem so sehr darauf.

Ich rannte in die Abflughalle und blieb dann voller Nervosität stehen. Die Halle war groß und ich hatte keine Ahnung, wo er sein konnte. Ich zitterte am ganzen Körper vor Aufregung und hatte Angst jeden Moment ohnmächtig zu werden.

„Janna?", rief in diesem Moment Alexis.

„Alexis!“, rief ich, rannte auf sie zu und schmiss mich in ihre Arme. Tränen liefen mir die Wangen hinunter. „Wo ist er?“, fragte ich.

„Er ist nicht hier“, sagte sie und ich hatte das Gefühl, als würde eine eisige Faust mein Herz ergreifen.

Tränen schossen mir in die Augen und ich warf mich Alexis in die Arme.

„Das kann doch gar nicht sein. Er wusste doch, dass ich unterwegs bin. Da kann er doch nicht einfach ohne mich fliegen.“

Alexis drückte mich ein wenig von sich weg und sah mich an.

„Un momento. Ich sagte, er ist nicht hier. Aber das heißt nicht, dass er schon geflogen ist. Er ist gerade noch mal zum Flugschalter gegangen. Da hinten kommt er schon.“

Ich drehte mich herum und sah zu meiner grenzenlosen Erleichterung, wie Josh auf mich zugelaufen kam und mich im Kreis herumwirbelte.

„Janna! Gott sei Dank. Ich wusste, dass du noch kommen würdest. Ich wusste es einfach.“

Wieder stiegen mir die Tränen in die Augen und ich drückte mich so eng an Josh wie nur möglich. „Ich konnte dich nicht einfach so gehen lassen.“

„Ich weiß.“ Er nickte. „Aber wir haben nicht mehr viel Zeit. Ich muss gleich durch die Sicherheitsschranke.“

„Aber … ich dachte, ich komme mit dir.“

Josh lachte und sah mich von oben bis unten an. „So?“, fragte er.

Ich folgte seinem Blick und wurde rot, als mir klar wurde, dass ich immer noch das bodenlange Kleid trug.

„Hast du überhaupt deinen Reisepass dabei?“

„Nein, aber … ich dachte, das geht schon irgendwie.“

Josh lächelte wieder und gab mir einen Kuss. „Du

bist der Wahnsinn, Janna", sagte er und drückte mir dann ein Ticket in die Hand. „Hier. Das ist ein offenes Ticket. Nimm dir so viel Zeit, wie du brauchst, um dich auf die Reise vorzubereiten. Melde dich, sobald du soweit bist. Es gibt keinen Grund, dich zu hetzen."

„Aber ..."

„Kein aber. Vertrau mir."

Ich schluckte und nickte dann. Ich vertraute ihm tatsächlich. Ich hatte zwar erwartet, dass ich ihn auf der Stelle begleiten könnte, aber so etwas passierte wohl nur im Film. Nie im Leben würden die Sicherheitsleute mich ohne Reisepass nach Namibia fliegen lassen. Das hätte ich mir eigentlich denken können.

„Und du?", fragte ich zögerlich.

„Ich werde heute fliegen und in Namibia auf dich warten."

„Und wenn ich nicht komme?"

„Das wirst du. Du bist heute gekommen, also wirst du es auch nach Namibia schaffen. Das weiß ich."

„Woher?" Ungläubig sah ich ihn an.

„Weil ich dich liebe und weil ich glaube, dass es dir ganz genauso geht."

Ich wurde wieder rot und kuschelte mich an ihn. „Das heißt, dass ich dich jetzt doch gehen lassen muss?"

„Ja. Aber wie lange, das musst du entscheiden." Er deutete auf das Ticket. „Ich hoffe nur, dass du mich nicht zu lange auf die Folter spannst."

Eine Viertelstunde später stand ich mit Tränen in den Augen an der Absperrung und winkte Josh hinterher, der mich noch einmal angrinste, bevor er zu seinem Gate verschwand. Alexis stand neben mir und drückte ermutigend meinen Arm.

„Du willst ihm also tatsächlich folgen, ja?", fragte sie.

Ich nickte.

„Hast du denn gar keine Angst mehr?“

Ich sah auf meine Armbanduhr und zuckte mit den Schultern. „Doch. Die habe ich. Aber ich mache es verdammt noch mal trotzdem.“

Alexis lächelte. „Das freut mich. Und was machen wir jetzt als Nächstes?“

„Jetzt? Jetzt fahren wir zurück nach Münster und gehen auf eine Hochzeit. Mein Gefühl sagt mir nämlich, dass Lizzy es genauso wie ich geschafft hat, über ihren Schatten zu springen.“

Epilog

Deutschland 2014

Vier Wochen später

Namibia war riesig und ein Großteil des Landes schien aus reiner Wüste zu bestehen. Ich hatte mit Joshs Tante abgemacht, dass sie mir jemanden schickte, der mich sicher nach Usakos bringen würde. Natürlich hätte ich auch Josh bitten können, mich vom Flughafen abzuholen. Aber erstens wollte ich ihn gerne überraschen und zweitens tat es mir sicherlich gut, mal wieder etwas alleine zu wagen.

Der Flug war problemlos verlaufen und am Flughafen hatte ein netter Mann namens John auf mich gewartet, der mir mit dem Gepäck half und mir einen Platz in seinem Bulli zuwies. Unterwegs waren so viele Menschen aus- und eingestiegen, dass ich bereits völlig den Überblick verloren hatte. Aber John hatte mir versprochen mir Bescheid zu geben, sobald wir da waren, und mir blieb nichts anderes übrig als ihm zu vertrauen. Ich kannte mich in Namibia nicht aus. Ich hatte keine Ahnung, ob wir überhaupt in die richtige Richtung fuhren oder er mich am Ende ganz woanders hinbrachte.

Aber trotzdem fürchtete ich mich nicht. Ich war zwar nicht völlig sorglos, aber mir war einfach klar geworden, dass mir Angst nicht helfen konnte. Im Gegenteil. Sie lähmte mich und verhinderte, dass ich im Leben vorankam.

Lizzy hatte es wie erwartet auch ohne mich geschafft zu heiraten und hatte sich sehr gefreut, dass ich zu der eigentlichen Feier abends dazustoßen konnte. Granny war überglücklich gewesen, dass ich Cindy in ihrer Obhut zurückließ, und meine Familie hatte die Nachricht, dass ich nach Namibia gehen wollte, mit einer Mischung aus Sorge und Erleichterung aufgenommen.

Ich für meinen Teil war mehr als glücklich, dass ich mich dafür entschieden hatte zu gehen. Nicht nur wegen Josh, sondern auch wegen der Art und Weise, wie ich in den letzten Jahren mein Leben geführt hatte. Nichts von dem, was ich in der Zeit getan hatte, würde ich später mal meinen Enkeln erzählen können, einfach weil es viel zu nichtssagend gewesen war.

Wenn ich jetzt hingegen aus dem Fenster blickte und vereinzelte Warzenschweine am Wegesrand sah, dann wusste ich ganz genau, dass ich alles richtig gemacht hatte.

„So, lady from Germany. We are here", sagte John und sah mich freundlich an. Sein Englisch war zwar nicht besonders gut, aber er konnte sich verständigen. Ich lächelte, als er meinen Koffer aus dem Wagen hob, und sah ihn fragend an.

„Wo genau?", fragte ich.

„Lauf einfach die Straße hoch und dann links das Gebäude. Du kannst es gar nicht verfehlen."

Ich nickte. „Danke, John. Das ist wirklich nett von dir."

„Immer wieder gerne. Es wäre toll, wenn du mich noch weiterempfehlen würdest."

Ich versprach es ihm und schulterte dann meinen Rucksack und nahm meinen Koffer in die Hand. Entschlossen ging ich die Straße hinauf und betrachtete voller Faszination die vielen dunkelhäutigen Kinder, die lachend umherliefen. Die meisten von ihnen waren viel zu dünn, aber trotzdem hatten sie das Lachen nicht verlernt, wofür ich sie bewundern musste.

Als ich sie nach dem Standpunkt der Gebäude von Children of Namibia fragte, nahmen die Kinder mich sofort bei der Hand und führten mich weiter den Weg hinauf.

„Martina! Martina!“, riefen die Kinder, als wir an einem hübschen Haus ankamen, das mit einem hohen Zaun versehen war.

Wir gingen auf eine hochgewachsene blonde Frau zu, die Josh sogar ein kleines bisschen ähnlich sah. Lächelnd kam sie auf mich zu und reichte mir die Hand.

„Du musst Janna sein“, sagte sie.

Ich nickte.

„Und? Hattest du einen guten Flug?“

„Ja. Danke schön. Ist Josh auch hier?“

Die Frau lachte. „Na, du hast es ja eilig. Nein. Das ist er nicht. Er ist oben in der Schule und weiß von nichts. Komm. Wir stellen kurz deine Sachen ins Haus und dann bringe ich dich zu ihm.“

Ich nickte und folgte ihr. Sie zeigte mir kurz die Räumlichkeiten in dem hübschen Gebäude, das regelmäßig von Praktikanten genutzt wurde und zurzeit einzig und allein Josh und mir zur Verfügung stand. Als ich einige seiner Klamotten im Wohnzimmer wiedererkannte, schlug mein Herz vor Aufregung wie verrückt gegen meine Brust. Es war alles so aufregend. Wie hatte ich nur jahrelang auf so etwas verzichten können? Die Welt kennenlernen, Liebe und Leid erleben. Das machte das Leben doch erst spannend.

Martina fuhr einen alten Pick-up und wurde überall nett begrüßt. Offenbar war sie seit Jahren mit einem Namibier verheiratet und fühlte sich hier überaus wohl.

„Ich habe die Organisation zur Hilfe von Kindern gegründet, kurz nachdem ich hergekommen bin. Mir ist klar, dass wir nicht allen Kindern helfen können. Die meisten werden sowieso nur zu uns geschickt, weil sie hier gratis etwas zu essen bekommen. Es geht uns aber um so viel mehr. Bildung ist der Schlüssel für diese Kinder, um später nicht genauso arbeitslos zu enden wie ihre Eltern. Wir versuchen ihnen dabei zu helfen, indem wir ihnen Englisch beibringen und versuchen ihre Sexualerziehung zu verbessern. Ich freue mich wirklich, dass du uns dabei ein paar Monate helfen willst."

Ich nickte. „Das tue ich gerne. Früher habe ich immer davon geträumt, mal so etwas zu machen."

„Und warum hast du es nicht getan?"

Ich zuckte mit den Schultern. „Mir ist immer etwas dazwischengekommen", sagte ich ausweichend.

Sie nickte. „Das kenne ich. Aber wir sind auch schon da."

Sofort fing mein Herz wieder an schneller zu klopfen und ich sah aus dem Fenster. Das Gelände von Children of Namibia war relativ groß, mit einem eigenen Spielplatz und einem großen Gebäude, in dem die Kinder etwas zu essen bekamen und auch unterrichtet wurden.

„Wo …", begann ich.

„Ich schätze, er wird drinnen sein und mit den Kindern spielen. Zurzeit haben wir nicht viel Hilfe, aber ich wette, dass er sich für dich ein paar Minuten freimachen kann."

Ich lächelte.

„Na, steig schon aus", sagte Martina. „Ich komme gleich nach."

Das ließ ich mir nicht zweimal sagen, sondern sprang aus dem Pick-up und ging in das Gebäude. Überall liefen hier Kinder herum und freuten sich ganz offensichtlich über meine Ankunft.

„What's your name?", wurde ich immer wieder gefragt. „What's your name?"

„Janna", antwortete ich und versuchte mir einen Weg zu bahnen.

„Janna?!", rief in diesem Moment eine mir wohlbekannte Stimme und ich sah auf.

Keine zwei Sekunden später war Josh bereits bei mir, schloss mich in seine Arme und küsste mich voller Inbrunst.

Lachend wehrte ich ihn ab. „Hey“, sagte ich. „Dein Bart kratzt.“

Verstohlen strich er sich über den Dreitagebart, den ich noch nie an ihm gesehen hatte. Er gab ihm etwas Verruchtes und stand ihm verdammt gut.

„Wenn ich gewusst hätte, dass du heute kommst, dann hätte ich ihn noch abrasiert. Warum hast du denn nicht Bescheid gesagt? Ich hätte dich doch abgeholt.“

Ich lächelte ihn an. „Weil ich beschlossen habe, dass ich meinen Ängsten endlich entgegentreten muss. Ich kann nicht für immer Angst davor haben, etwas allein zu machen, und ich denke, der Weg hierher war da schon mal ein guter Anfang.“

Josh lächelte zurück und drückte mich wieder an sich, während die Kinder um uns herum applaudierten und lachten.

„Sie scheinen dich zu mögen“, stellte Josh fest. „Na? Immer noch Angst davor, dich um Kinder zu kümmern?“

Ich nickte. „Ja. Aber das macht nichts. Ich tue es einfach trotzdem.“

Josh strich mir zärtlich über die Wange und beugte sich dann vor, um mir einen langen Kuss zu geben. Ich war glücklich, weil ich das Gefühl hatte, genau da zu sein, wo ich sein sollte, und ich weigerte mich, mir weiterhin Sorgen über meine Zukunft zu machen. Wer wusste schon, wohin das Leben mich noch führen würde. Jetzt war ich hier. Mit Josh. Und das würde ich in vollen Zügen genießen.

Ende

Liebe Leser ...

Dieses Buch war für mich ein Experiment. Während bei meiner Fantasyserie Nubila alles reine Fiktion war, habe ich mich diesmal viel von der Realität inspirieren lassen. Es gibt einige Personen in der Geschichte, die stark an reale Menschen angelehnt sind, die ich im Laufe meines Lebens kennenlernen durfte. Dazu gehört zum Beispiel meine mexikanische Gastmutter Leticia, die ich 1:1 so übernommen habe und deren echten Namen ich sogar verwenden durfte. Alle anderen Namen sind verfremdet. Vielen Dank, Lety, dass du mir das Gefühl gegeben hast, auch in Mexiko eine Familie zu haben. Du und deine Familie, ihr seid super.

Real ist auch meine alte Hündin Cindy, die ich von ganzem Herzen geliebt habe und die vor ein paar Monaten im stolzen Alter von fünfzehn gestorben ist. Sie hat mich durch die schwierigste Phase meines Lebens begleitet, die Pubertät, und sie hat mir dabei geholfen, erwachsen zu werden und Verantwortung zu übernehmen. Das werde ich ihr nie vergessen.

Auch Alexis ist eine Mischung aus mehreren lateinamerikanischen Freundinnen, die ich habe und die immer für mich da sind, wenn ich sie brauche. Karla, Aliza, Jociane, Camila. Las quiero mucho.

Ich muss auch zugeben, dass Dr. Hart einem echten Dozenten nachempfunden ist, der meinen größten Respekt besitzt. Ich habe selten ein Seminar gehabt, das so lustig und lehrreich war. Und ja, den komischen Hut gibt es wirklich. ☺

Des Weiteren ist es so, dass Josh einige Charakterzüge meines jüngeren Bruders Jonathan aufweist. Vielen Dank, Bruderherz, dass ich Josh in einigen Situationen deine Stimme leihen durfte. Du hast zwar keine Höhenangst und auch keinen Ordnungsfimmel (eher im Gegenteil), aber deine klugen Sprüche hat Josh perfekt adaptiert.

Was die Geschichte selbst angeht … Wer mich kennt, wird einige Dinge aus meiner Geschichte wiedererkennen. Ja, ich war selbst ein Jahr im Schüleraustausch in Mexiko. Und ja, ich hatte lange Zeit eine Fernbeziehung mit einem Mexikaner. Ich habe auch in Dortmund meinen Master gemacht und lange in einer Eisdiele gejobbt. Auch viele andere Kleinigkeiten stimmen. Die Geschichte selbst ist aber frei erfunden.

Bedanken möchte ich mich auch diesmal wieder bei Corinna, meiner Lektorin von ebokks.de, die ich dieses Mal ganz schön gehetzt habe, damit das Buch pünktlich zur Buchmesse fertig wird. Ohne dich hätte das sicher nicht geklappt.

Des Weiteren möchte ich mich bei den Pimpinella-Mädels bedanken. Ich freue mich schon riesig darauf, euch bei der Buchmesse wiederzusehen. Das wird bestimmt super. ☺

Ansonsten bedanke ich mich bei Casandra für das schöne Cover, bei Claudia für die schöne Schrift und bei Kira und Melissa fürs Probelesen. Eure Tipps waren sehr wertvoll für mich.

Last but not least geht ein großer Dank natürlich wieder an alle meine Leser. Vielen Dank, dass ihr mir in dieses Experiment gefolgt seid, und ich hoffe sehr, dass euch „Barfuß im Regen" gefallen hat. Ich freue mich wie immer über Nachrichten von euch unter hannah@nubila-roman.de oder über einen Besuch auf Facebook.

Mehr von Hannah Siebern?

Wenn Ihnen der Schreibstil von Hannah Siebern gefallen hat und Sie Fantasybücher mögen, könnte auch die Nubilareihe etwas für Sie sein.

4361868R00255

Printed in Germany
by Amazon Distribution
GmbH, Leipzig